山口和夫著

近世日本政治史と朝廷

吉川弘文館

目次

序章 近世日本政治史と天皇・院・朝廷
――研究史と主題――

一 本書の主題

本書は、近世日本の政治史を、天皇・朝廷の存在と機能に視点をあて、通時変化にも留意して叙述するものである。日本史上、天皇は古代・中世・近世・幕末維新期・近代を経て、今なお存続する存在である。天皇に関する研究が盛んな他の時代に比べ、戦国期の没落以降、豊臣政権を経、江戸幕府が成立し、強大な将軍権力のあった近世期についての研究蓄積は多くない。天皇がなぜ長期的に存続したかを解明するためには、どのようにして近世期に存在したのかを問う必要がある。

近世京都の天皇は、終身在位する明治天皇以降の近代と異なり、生前譲位を基本とした(1)。譲位後の上皇・法皇は、京都の朝廷内で院政をおこなった(2)。

日本の近世社会を構成する基本単位は、家であった。天皇には天皇の家があり、天皇家、公家衆諸家、世襲親王家、諸門跡、地下官人諸家などは、朝廷という重層的な集団を構成した。洛中洛外の社家も、御所の奉仕者、非蔵人や後宮の女官を供出した(3)。それぞれの家は、家に伝わる官職や技芸、家職を世襲した(4)。天皇家では、皇位と祭祀祈禱・学芸などを世襲・相伝した(5)。

諸家の集合体である朝廷は、社会と諸関係を結び、国家的祭祀や官位叙任による序列編成などの政治的宗教的機能を担った(6)。近世の天皇・院を研究するためには、天皇家の基盤であった朝廷を問い、武家の権力や社会との関係を問う視点が求められる。このような考えから、書名を『近世日本政治史と朝廷』とした。

二　研究史

ここで、主題に関わる研究史を整理・叙述する。日本の歴史学は、時代の課題・制約と不可分に新しい歴史観と研究分野を開拓してきた。近世期の天皇・朝廷に関しても、これまでさまざまな視角と関心、課題設定の下に研究成果が蓄積されてきた。本節では、筆者の一九九五年段階での研究史整理(7)をもとに、その後の研究動向整理(8)を加味し、近世天皇・朝廷研究の軌跡と課題について叙述する。

本書の主題に鑑み、近世期、十六世紀終盤の統一政権成立期から十九世紀前半の江戸時代後期に関する研究を対象とする。条約勅許問題、尊王攘夷運動、大政奉還などの幕末政治史には言及しないことを、あらかじめお断りしておく。

近代歴史学以前

日本近世の天皇・朝廷についての考証は、近世期にも存在した。けれども、進行中の同時代の歴史叙述はそもそも完結しようがなかった。各種史料の公開も十全でなく、江戸時代には徳川家康（東照大権現、「権現様」）や将軍家（「御当家」）に関する幕府の出版禁令もあった(9)。

柳原紀光編「続史愚抄」[10]、江戸幕府編「徳川実紀」[11]などの編年体の史書や、朝廷との関係史料も収載した家康創業記「朝野旧聞裒藁」[12]、松平忠冬編の徳川秀忠伝記「東武実録」[13]などが編まれたが、未刊の書物が広く読まれることもなかった。

塙保己一と和学講談所による『群書類従』の出版も大きな事業であったが、歴代天皇や将軍を歴史学の客体とする視点には限界があった。

一九四五年以前の展開

近代日本の国家と歴史学は、ともに江戸時代を否定して出発した。慶応三年(一八六七)の「王政復古」の沙汰書は、神武創業への復古理念と政治方針・官制を布告し、幕府とともに摂関・内覧・摂籙門流や勅問御人数・国事御用掛・議奏・伝奏などを廃止した。近世公家社会において堂上諸家を圧倒した五摂家の特権や江戸幕府の朝廷支配機構は、近世朝廷が自ら整備した機構とともに廃された。天皇とともに公家たちの多くが京都を去り、東京に移っていった。内裏・仙洞と公家町を中心に営まれた近世京都公家社会は、解体された。

王政復古、明治維新と東京遷都により近世朝廷が育んだ組織機構が廃止・解体されると、各家・各機構などで作成・保存されてきた文書・記録の現用機能はなくなり、新たに史料が作られることもなくなった。残された史料は、近代歴史学、修史と考証史学の素材となった。

明治二年(一八六九)、維新政府は、江戸幕府の和学講談所跡に史料編輯国史校正局を開設し、塙保己一編纂「塙史料」の増補が始められた[14]。明治天皇は三条実美を修史事業の総裁に任命し、自筆の沙汰書を与えた。

修史ハ万世不朽ノ大典、祖宗ノ盛挙ナルニ、三代実録以後絶テ続ナキハ、豈大闕典ニ非スヤ、今ヤ鎌倉已降武門専権ノ弊ヲ革除シ、政務ヲ振興セリ、故ニ史局ヲ開キ、祖宗ノ芳躅ヲ継キ、大ニ文教ヲ天下ニ施サント欲シ、総裁ノ職ニ任ス、須ク速ニ君臣名分ノ誼ヲ正シ、華夷内外ノ弁ヲ明ニシ、以テ天下ノ綱常ヲ扶植セヨ、(15)

天皇権力の回復と正当性を強調し、武家政権期を否定し、名分論に立つ内容である。修史事業は、自国中心の国定史書、正史編纂を当初の目的とした。

事業は太政官、内閣から明治二十年（一八八七）大学に移管され、国史学の研究・教育とともに展開していった。(16)史料批判と実証主義を旨とし客観的な歴史解釈を追究する近代の考証史学が成立し、近世政治史と天皇・朝廷をも対象とする研究が始まった。

重野安繹・久米邦武・星野恒の著した『稿本国史眼』（帝国大学、一八九〇年）は、政治史の時代区分で編成された日本通史で、近世期は織田、豊臣、徳川の時代とされ、朝廷との関係が論じられている。天皇の治世ごとの編成を採らなかったことに注目したい。

清朝の考証史学を学んだ重野・久米らは、ヨーロッパの近代歴史学の方法も摂取し、「太平記」の史料批判や神武紀元批判、名分論的歴史解釈批判を展開していった。その研究成果は、新興学会、史学会（一八八九年成立）の会誌に発表された。

明治二十五年（一八九二）、久米邦武の論文「神道は祭天の古俗」（一八九一年）は、記紀神話や伊勢神宮を批判するものとして保守派の攻撃を浴びた。久米は大学を追われ、翌年には久米の筆禍事件もあり修史事業は機構ごと廃止された。考証史学は禁忌に衝突し、国の正史として構想された漢文体の『大日本編年史』編纂は途絶した。

その後、曲折を経、正史編纂の方針は放棄され、国内外各地から歴史史料を採訪・類聚した「史料稿本」を増補訂正し、網羅的な総合編年史料集『大日本史料』として編纂・出版し、歴史家の研究に供する事業へと目的を転換した（一九〇一年発刊）。今日も続く東京大学史料編纂所の研究事業である。[17]

明治以降の近代考証史学は、史料批判による事実の確定を重視し、実証成果を挙げたが、久米事件や南北朝正閏問題などは、学問の自由を歪めた。天皇制への禁忌と治安維持法の下、昭和戦中期までの歴史学は、研究の主題や内容を制限された。

歴代天皇が等しく「列聖」とされるなか、[18]天皇中心主義的な歴史解釈、尊王事績の顕彰が重視され、公刊史料の選定や文化財指定にも及んだ。[19]

近世に天皇・朝廷が存在し、江戸幕府が圧倒的な実力を有したという二つの事実は、国体の本義の永続・一貫性と大政委任論とで説明された。強大な幕府の倒壊と王政復古の実現は、平安後期から公家社会に一貫して存続した尊王思想の発展の筋道で説明された。

国家による先駆者への位階追贈[20]と先駆顕彰的歴史観とがあり、東京帝国大学では、史料編纂官と文学部国史学科教授を兼ねた三上参次により「江戸時代史」・「尊皇論発達史」[21]、辻善之助により「江戸時代朝幕関係」などが講義された。[22]

徳富猪一郎（蘇峰）も「史料稿本」を援用して『近世日本国民史』の大著を成し、朝幕関係について多く触れている。[23]けれども、天皇に関する主題設定・叙述には制限があり、人物史・事件史に傾斜し、総じて構造的理解の視点に欠けた。

一九三〇年代以降になると、国体論的解釈の主張が強まり、文部省に時局適合的な国民精神文化研究所が設立され、[24]

『国民精神文化文献』として「勤王家」の史料集が刊行された。

宮内省が編纂した歴代天皇などの伝記『天皇皇族実録』も、昭和十九年（一九四四年）に印刷を終えたが(25)、その全面公開は、二十一世紀を俟たねばならなかった。

一九四五年以前の近世天皇・朝廷研究を整理すると、第一に、方法論的に考証史学の史料批判の手続により、史料編纂所に蓄積された公家日記の写本を主な取材として、基礎的事実が確定されていった。公家日記の利用は、辻善之助『田沼時代』（一九一五年、岩波文庫）などの政治史叙述や、神道史でも行われ、近世史研究の常道とされた。

第二に、核心的な問題として、研究には禁忌はあった。「王政復古」に始まった近代日本では、天皇統治の歴史的一貫性の理論化を国是とした。江戸時代の体制は、多く克服すべきものとされた。幕府の統治は、天皇大権の委任に由来するものと解釈されるべきであった。天皇制や神道国教化を批判・相対化する議論は、許されなかった。南北両朝のうち、北朝は現代の天皇家の祖でありながら傍系とされ、歴代の代数は南朝で数えられた。歴代天皇の芳しくない行状も、禁忌とされた。実証的な研究も、課題設定・議論の枠組みに制約があったのである。「列聖」とされた歴代天皇の著作や遺墨は重視され、調査・公刊にも国家・学界を挙げ、資金や労力が投入された。

第三に、尊王論の発展系列の問題がある。宝暦事件・明和事件・尊号一件などで断罪された公家や学者は、等しく王政復古の先駆とされ、明治国家の顕彰の対象とされた。名分論の重視である。また、朝廷内に一貫して存在した尊王論と近世の思想家による尊王論発展との複合が王政復古を実現したとする三上・辻の見解は、両者の相互関連性や幕政、幕藩関係など現実政治との関係を解き得ていなかった。徳川将軍の勤王という把握も、権力編成の視点、階級関係、社会からの契機の分析視角を欠いた。

第四に、研究の対象時期として、初期・前期の密度が濃く、中期以降については特定の事件史、人物史が主であった。成立過程に近世期の特質を見出そうとする視角以前に、『大日本史料』の編纂・出版が、第十編（安土時代）、十一編（桃山時代）、十二編（江戸時代一）までとされ、『史料綜覧』全十七巻（一九二三―一九六三年）も寛永十六年（一六三九）を下限とし、十三編（江戸時代二）以降に及ばなかったように、基礎材料の整備・公開・共有の条件が影響したように思われる。

一九四五年以前には、体制に保障された学問、官学アカデミズムや国家的事業の対極に、抑圧あるいは停滞を余儀なくされた学問があったのである。

一九四五年以降の展開

皇国史観と国家神道の禁忌から解放された第二次世界大戦後の日本近世史学は、朝尾直弘「日本近世史の自立」（一九六五年）・「近世の政治と社会」（一九六九年）が整理したように、近代化の問題を基軸に経済的基礎構造の分析を発展させていった。(26) 戦争を体験した世代の天皇・朝廷研究に対する忌避の念も強かった。林基「近代天皇制の成立」（一九四六年）・同「近世における天皇の政治的地位」（一九四六年）は、近世の天皇・朝廷を無力な存在と評価した。(27) 伊東多三郎『幕藩体制』（アテネ文庫、一九五六年）は、江戸幕府を、朝廷・公家勢力を克服し得た封建体制のはじめての確立と断定し、具体的な天皇・朝廷分析は捨象した。藤野保『幕藩体制史の研究』（吉川弘文館、一九六一年）、北島正元『江戸幕府の権力構造』（岩波書店、一九六四年）、山口啓二・佐々木潤之介『体系・日本歴史四　幕藩体制』（日本評論社、一九七一年）、山口啓二『幕藩制成立史の研究』（校倉書房、一九七四年）など、一九六〇年代を中心とした近世政治史の業績も、天皇・朝廷を論じることはなかった。

小野信二「幕府と天皇」（一九六三年）は、戦前期の業績に依りながら、初期を中心に幕府・将軍と天皇・朝廷との政治的関係を論述し、天皇を古代的権威で名のみの無力な存在と評価した。[28]同「近世初期における朝幕関係　社会経済史的一考察」（一九六四年）も、領地の小さな近世の朝廷を幕藩制に利用される小寄生物と位置づけた。[29]

佐々木潤之介「幕藩制と天皇について」（『遡行』三、一九七四年）も、天皇なしで支配を維持できる国家が幕藩制国家であり、天皇は積極的な意義を持たない「臍の緒」であるとした。

この間、武部敏夫「貞享度大嘗会の再興について」（『書陵部紀要』四、一九五四年）のように公家日記を駆使し、朝幕間の交渉や朝廷内の路線対立を明らかにした実証的研究は存在したが、学界状況として、近世期の権力構造を天皇・朝廷と関わらせて追究されることはなかった。黒田俊雄「天皇制研究の新しい課題」（一九六七年）は、天皇の政治的無力の強調は、象徴天皇制正当化に結び付きかねないと警告したが、[30]ただちに近世史研究に継受されることはなかった。

一九七〇年代の展開

一九七〇年代になると、対外的契機や階級闘争の問題も組み込んだ国家史・国家論の提起、権力構造分析の深化とともに、教科書検定訴訟という現実の課題への取り組みもあって、天皇・朝廷の機能や位置づけをめぐる議論が沸騰した。この時期の国家史研究の動向については、朝尾直弘「前近代国家史研究の到達点と課題」（一九八二年）が詳述するところだが、[31]歴史学研究会近世史部会における幕藩制国家論の提起（一九七〇年）[32]とその後の権力編成論の深化（一九七八年）[33]、『大系日本国家史3近世』（東京大学出版会、一九七五年）、『講座日本近世史1幕藩制国家の成立』（有斐閣、一九八一年）の刊行などがあった。

その背景には、家永教科書検定訴訟における、政治上の実権を失った江戸時代の天皇をなお「君主としての地位にあった」と主張する検定側の見解もあった(34)。

検定意見を受け止めた朝尾直弘「幕藩制と天皇」(一九七五年)は、織田・豊臣・徳川政権と天皇との関係を分析し、寛永期の将軍親政体制を、官職制など天皇の機能を利用し朝廷をも包摂した幕藩制的政治秩序の成立と位置づけ、さらに将軍権力論を提起した(35)。

深谷克己「幕藩制と天皇」(一九七五年a)・「公儀と身分制」(一九七五年b)・「幕藩制国家の成立」(一九八一年a)は、将軍権力と天皇権威の一体化・相互補完関係による公儀の人民支配という視座を切り開いた。初期幕藩関係の確執は、幕府が朝廷を公儀の支配機構で宗教的身分的諸観念を担う金冠部分として適合化する過程とされた。同「幕藩制と天皇」(一九七八年)では、寛永年間の朝廷の宗教的機能を分析し、「領主権力と武家官位」(一九八一年b)では、盛岡南部家の事例から武家官位の機能を論じた(36)。

宮地正人「朝幕関係からみた幕藩制国家の特質」(一九七五年)・「幕藩制下の官位官職制度」(一九七六年)は、維新変革・近代天皇制の歴史的前提として、近世の公儀権力を天皇との関係から説いた。武家・神職・僧侶・職人などへの官位叙任に着眼して身分制と身分内階層の確立・固定化機能を積極的に評価し、近世期にも国家の重要な一部分として天皇・朝廷が機能し続けていたことを強調した(37)。

永原慶二・山口啓二「対談・日本封建制と天皇」(一九七六年)は、戦後の研究史整理から課題を提起し、その後の研究に多大の影響を与えた(38)。掲載誌『歴史評論』三一四号は、「被支配身分・諸階級にとって天皇がいかなる存在であったか」を解明すべく編集された「日本封建制と天皇」特集号で、対談の司会、深谷克己「「研究史」における幕藩制と天皇」も掲載された。研究の蓄積が不可欠という認識で一致した両者は、中世領主制研究の立場(永原)と律令制に由来する国郡制の枠組みを重視する立場(山口)から議論を続け、次の課題を提起した。

天皇の支持基盤であった公家社会集団の政治的機能や宗教勢力とのかかわりの検証、各時期の現実的支配階級が人民支配と階級結集の手段としてどのように天皇を利用したか、なぜ利用できたかを歴史段階に応じて解明すること（永原）。幕藩制成立過程での国制的枠組みの機能と天皇の位置づけの追究、幕藩制の国家的特質の解明、将軍権力の大政掌握過程の解明、幕藩制下に天皇・公家が保持していた伝統的権威と武家ほか諸階層の身分・地位とのかかわり、官位による国家的身分編成、国民支配のイデオロギーの問題、公家家業の解明、近代天皇制イデオロギーの骨幹をなす国家神道成立にいたる諸契機の解明（山口）。

高木昭作「幕藩初期の身分と国役」（一九七六年）は、国奉行・国役の実証的研究から、地域支配と分業掌握・身分編成における国郡制の機能を検証し、領主的土地所有が伝統的な国家の枠組みを利用・克服する過程として位置づけた。(39)

以上、一九七〇年代には、近世史の全体像に天皇・朝廷をどのように組み込み、位置づけ得るかが追究された。近世の幕藩領主の新しい権力機構、公儀が成立する過程で官位制や仏事神事など朝廷の政治的宗教的機能をいかに動員し、同時に朝廷をいかに新たな機構に組みこんでいったのかが問われた。六〇年代までの天皇・朝廷を無力とする見解から、有力だが統合・編成された構成要素とする見解への一大転換があった。

一九八〇年代以降の動向と成果

『歴史評論』四七五号（一九八九年）の「特集／近世史研究の原点」が、鎖国論・農民闘争と村請制・農民と村落共同体の研究史整理とともに、久保貴子「近世朝幕関係史研究の課題」を配置し、『日本の近世』（全十八巻）が辻達也編『日本の近世2天皇と将軍』（一九九一年）を配置したように、一九七〇年代の研究動向は八〇年代に継承され、以後定着した。天皇を政治的に利用した国民統合の進展や天皇代替りという現実の動向とも関わって、近世期の天皇・朝廷の諸機能の検証や皇位継承儀礼の解明が進められた。

一九八五年、歴史学研究会は連続講演会『歴研アカデミー天皇と天皇制を考える』を開始し（青木書店、一九八六年刊）、『いま天皇制を考える』（同、一九八七年刊）、『民衆文化と天皇制』（同、一九八九年刊）と続けた。一九九〇年には、天皇制問題勉強会で各時代の皇位継承儀礼を取り上げ（『歴史学研究月報』三六五・三六八・三六九、一九九〇年）、日本国憲法下で最初の即位の礼と大嘗祭のあった同年十一月には、臨時大会「歴史家は天皇制をどうみるか」を開催した（『歴史学研究』六二一、一九九一年）。日本史研究会は、「特集　近世国家と朝廷・寺社」（『日本史研究』二七七、一九八五年）、「特集　天皇制と祭祀」（同三〇〇、一九八七年）を企画し、一九八八年度大会全体会では「国家秩序と天皇」をテーマに、富田正弘「室町殿と天皇」・高埜利彦「江戸幕府の朝廷支配」の二報告を配置した（『日本史研究』三一九、一九八九年）。

この時期には、歴史学研究会・日本史研究会・歴史教育者協議会・歴史科学協議会編『「即位の礼」と大嘗祭』（青木書店、一九九〇年）、日本史研究会・京都民科歴史部会編『天皇制を問う』（人文書院、一九九〇年）、歴史科学協議会一九九〇年度大会「現代歴史学と天皇制」（『歴史評論』四九二、一九九一年）など諸学会の企画や、『別冊文芸　天皇制』（河出書房新社、一九九〇年）、『講座前近代の天皇』全五巻（青木書店、一九九二―一九九五年）の刊行も実現した。

一九七〇年代、研究史上に転換があり、天皇・朝廷は、領主階級の結集と階級支配貫徹のため権力構造に組み込まれつつ、無視し得ない機能を果たしたという理解が生み出された。一九八〇年代以降の近世天皇・朝廷研究は、その延長上に、国民統合や天皇代替りの動向とも関わりながら、着実に実証的研究成果等を蓄積するとともに、近世の時期区分や中世や幕末との連関を展望する基盤を築いてきている。

永原・山口対談の課題提起に応えるかのように、近世の朝廷・公家社会の構成要素（天皇・公家・官人・門跡など）およびその相互関係や組織機構、朝廷の社会的機能（位階官職制による領主階級・諸身分の統合序列化、家職渡世集団の組織、仏事・神事による祈禱）、朝幕関係史（近世中後期の朝廷の自律化傾向と幕府の統制の枠組みとの相互関係、近世中期の精緻な検証）、朝幕藩関係史（領主関係の結集と幕府の権力編成、近世後期の幕府の政策動向）などが深められていった。

その代表が、永原慶二編集代表『講座前近代の天皇』全五巻（青木書店、一九九二年―一九九五年）の刊行である。

さらに天皇の政治的個性については、正親町[40]、霊元[41]、光格・孝明[42]の具体像が豊かにされた。皇位継承儀礼では、即位灌頂の研究が進み、天皇・朝廷の神道祭祀の研究も深化した[43]。橋本政宣「寛延三年の「官位御定」をめぐって」（一九九二年）[44]、久保貴子「近世初頭の朝廷における女院の役割」（一九九四年）は、朝議運営における女院の機能に論及している[45]。近世天皇の体現した学芸については、渡部泰明・阿部泰郎・鈴木健一・松澤克行『天皇と芸能』（天皇の歴史10、講談社、二〇一一年）、天皇家を支えた禁裏文庫と蔵書については、田島公らの一連の研究が進んだ[46]。

朝廷・公家社会を構成する多様な身分・存在についての実態解明も進み、高埜利彦編『身分的周縁と近世社会8朝廷をとりまく人々』（吉川弘文館、二〇〇七年）、松田敬之『次男坊たちの江戸時代：公家社会の「厄介者」』（吉川弘文館、二〇〇八年）、同『〈華族爵位〉請願人名辞典』（吉川弘文館、二〇一五年）、西村慎太郎『近世朝廷社会と地下官人』（吉川弘文館、二〇〇八年）、高橋博『近世の朝廷と女官制度』（吉川弘文館、二〇〇九年）、松澤克行「公武の交流と上昇願望」（堀新・深谷克己編『江戸の人と身分3権威と上昇願望』吉川弘文館、二〇一〇年）、同「近世の公家社会」（『岩波講座日本歴史12近世3』、岩波書店、二〇一四年）などの成果がある。

本書の課題との関わりでは、織豊政権期の天皇・朝廷論が蓄積を増している。秀吉文書の網羅的収集・分析を含め、当該期の政権研究を牽引している三鬼清一郎『織豊期の国家と秩序』（青史出版、二〇一二年）は、秀吉の叙位任官日時や当該期の内印（「天皇御璽」）保管の実態など基礎的事実を解明した。堀新『織豊期王権論』（校倉書房、二〇一一年）は、秀吉による日中韓三国国割計画など、信長・秀吉の構想を論じている。神田裕理『戦国・織豊期の朝廷と公家社会』（校倉書房、二〇一一年）は、当該期の公家社会内部に着目した仕事で、武家政権との関係を儀礼面にほぼ限定した点に特色がある。矢部健太郎『豊臣政権の支配秩序と朝廷』（吉川弘文館、二〇一一年）は、秀吉による武家「清華」成りに視点を当て、徳川父子らに対する支配政策を追究している。跡部信『豊臣政権の権力構造と天皇』（戎光祥出版、二〇一六年）は、朝鮮出兵期の国制や公家処分について独自の見解を提起している。なお、これらの研究は、総じて織豊政権期に完結する傾向にある。

織豊期から江戸時代までを通観する視点も持つ研究に、朝尾直弘『将軍権力の創出』（岩波書店、一九九四年）があるが、朝廷の内部構造変化は課題設定の外にあるといえよう。藤井讓治「江戸幕府の成立と天皇」（『講座前近代の天皇2』青木書店、一九九三年）では、豊臣期伝奏から江戸時代武家伝奏への変化や禁裏料支配方式の変化に言及し、武家による朝廷機能接収を深めている。橋本政宣『近世公家社会の研究』（吉川弘文館、二〇〇二年）は、織豊期から江戸時代の多様な史料と事例を検証している。武家の政策基調や朝廷の構造変化をなお明らかにすべきと考える。

江戸時代の天皇を論じた仕事のうち、施超倫「江戸初期の譲位問題と天皇の政治的位置の構造―幕朝関係の捉え方との関連において」（『歴史学研究』六九四、一九九七年）は、天皇の意志「叡慮」の統御を論点とし、野村玄『日本近世国家の確立と天皇』（清文堂出版、二〇〇六年）は、家光・家綱政権期を主対象に広範な議論を展開した。

久保貴子『近世の朝廷運営』（岩田書院、一九九八年）、田中暁龍『近世前期朝幕関係の研究』（吉川弘文館、二〇一一年）、同『近世朝廷の法制と秩序』（山川出版社、二〇一二年）は、近世中期以降、霊元天皇期を主に朝幕関係について論じている。江戸時代前期からの朝廷機構遷移については、村和明『近世の朝廷制度と朝幕関係』（東京大学出版会、二〇一三年）、近世中後期の財政実態と江戸幕府との関係については、佐藤雄介『近世の朝廷財政と江戸幕府』（東京大学出版会、二〇一六年）が、実態を明らかにしている。近世後期の朝幕関係や幕府の政策意図については、藤田覚『近世政治史と天皇』（吉川弘文館、一九九九年）・『近世天皇論』（清文堂出版、二〇一一年）が論じている。

武家官位については、橋本政宣編『近世武家官位の研究』（続群書類従完成会、一九九九年）が、各時代の広範な事例を扱い、その後の研究の起点となっている。

公家や門跡の家職については、高埜利彦「近世陰陽道の編成と組織」（一九八四年）・「幕藩体制における家職と権威」（一九八七年）（同『近世日本の国家権力と宗教』東京大学出版会、一九八九年）を機に個別実証が加わり――例えば、山口和夫「職人受領の近世的展開」（一九九〇年）、同「公家家職と日記」（二〇〇四年）――江戸時代の公家吉田家および土御門家を家職の本所とする宗教者組織についての解明が進んでいる。(47)

三　本書の論点と構成

本書の主要論点、課題は次の三つである。第一には、近世初頭から後期までを通観する通時変化の視点。朝廷の近世化が問題となる。戦国期に政治的・経済的に衰退した朝廷という集団がどのようにして近世を迎えたのか。武家政権の権力編成の客体としてのみでなく、朝廷側の動向や、公武、朝幕両者の相互関係、朝廷内部の構造変化を問う視点から集団の近世化を問う。その際、豊臣政権期から江戸時代までを通観するよう努めた。

論点の第二は、院の問題である。経済的衰退で途絶した生前譲位の復活に伴い、近世には院と院御所、院の組織が存在した。院、上皇は、幕末維新期に存在しなかったため、当時を体験した下橋敬長の懐旧談『幕末の宮廷』（平凡社東洋文庫、一九七九年）に含まれず、幕末維新史研究で言及されてこなかったが、近世天皇家と朝廷の柱となる構成要素である。

これは、朝廷組織の問題につながる。豊臣政権、江戸幕府の後援で生前譲位を回復した天皇家・朝廷は、十七世紀の相続事情の結果、天皇御所と三人の院御所とが併存・群立した時代をもった。天皇親政と譲位、院政、政務移譲による親政との循環構造と組織編制、内部課題を解明する必要がある。武家政権との共生による再建にともない、朝廷の経済規模、構成員はともに近世に増加した。近世朝廷の成長、内部組織の整備、組織編制について、江戸幕府との関係を交え、朝廷の自律性を問うものとする。「叡慮」、天皇の意志とその統御を重視する議論に対して、筆者は朝廷内部の構造、および将軍権力・幕府との関係の相互を検証しなければならないと考える。

論点の第三は、近世朝廷、朝幕藩体制解体契機の問題である。江戸幕府の経済的支援と政治的関与で強固に保持された体制が、いかに変化したのか。近世朝幕藩体制の解体契機は、一般には外圧、ウェスタンインパクト、対外的危機から説かれる。藤田覚『近世政治史と天皇』（一九九九年）・『近世後期政治史と対外関係』（東京大学出版会、二〇〇五年）は、その一つの到達点で、対ロシア関係、北方危機を踏まえ、幕末に至る朝幕関係変化を寛政期まで遡及させ論じている。

さらに高埜利彦『近世日本の国家権力と宗教』（一九八九年）・『近世の朝廷と宗教』（吉川弘文館、二〇一四年）は、近世朝幕関係に延宝期、宝暦期の二つの画期を設定し、ゆるやかな変容を描くとともに、多様な家職間争論における家職組織化と、朝廷機能変化を重視し、朝儀・神事における排仏排穢措置から、近代に先立つ神仏習合の喪失を明らかにし、プレ神仏分離と位置づけている。

高埜・藤田両氏の議論には、近世化の徹底であり、近代の予兆ではないとする宮地正人「明治維新の論じ方」（『駒澤大学史学論集』三〇、二〇〇〇年）の強い批判もある。

本書では、三者の仕事に学び、家職論や習合の喪失についての高埜学説の個別実証から開始した筆者の現段階での展望を、朝廷内部での矛盾進行、社会との関係変化の相互関係を究明する視点を加味して示したい。ここで本書の構成について記す。

第一部「公儀権力成立と朝廷の近世化」には、十五世紀の内乱で室町幕府とともに経済的に衰退し、生前譲位・諸朝儀の用度や要員にも事欠いた朝廷が、いかにして近世を迎えたのかを扱った論稿と、豊臣政権、江戸幕府——両者を公儀権力あるいは統一政権という——の施策を扱った論稿を収めた。

公儀権力の成立過程を朝廷との関係から説くもので、知行充行・諸法度発令による役儀設定を媒介に、身分把握され、統一的知行体系に包摂され、全体秩序構築に集団ぐるみ動員されて寄与するとともに、朝廷自体も近世化を遂げた過程が対象となる。

研究史上、高埜利彦氏の業績で残されていた朝廷の近世的秩序化を主題とした第一章「統一政権成立と朝廷の近世化」と、第二章「近世初期武家官位の展開と特質」とでは、豊臣政権期と江戸幕府期とを通観し、両者の政策の共通点と転換を明らかにするよう留意した。

第三章「将軍権力と大名の元服・改名・官位叙任」・第四章「徳川秀忠・家光発給の官途状・一字書出について」では、幕藩初期の大名に対する武家官位を通じた権力編成を扱い、第五章「寛永期のキリシタン禁制と朝廷・幕府」では京都におけるキリシタン禁制を朝幕関係の文脈から論じた。

第二部「近世朝廷の成長と変容」には、公儀権力に動員されて自らも近世化を遂げ、豊臣政権・江戸幕府の支援で生前譲位・院御所（仙洞）を回復した以降の朝廷の、経済・構成員拡張と組織整備、院政に関する論稿を収めた。近世の院の政務と組織機構も、従来の研究蓄積に乏しく、開拓に努めたところである。

第一章「生前譲位と近世院参衆の形成」では、後陽成院・後水尾院御所の番衆、院参衆と取次を解明した。

第二章「天皇・院と公家集団」では、十七世紀の天皇家の相続事情と御所群立、天皇親政と院政の循環構造、禁裏や院の番衆編成と機構整備、職制昇進階梯形成、十八世紀に固定化する堂上諸家の階層分解、内部矛盾を包括的に説いた。

第三章「霊元院政について」では、霊元院の十七世紀後期、十八世紀初期の二度の院政と朝幕関係を扱い、第四章「近世の朝廷・幕府体制と天皇・院・摂家」では十七・十八世紀の天皇・院や摂家の幕府観から朝廷・幕府体制について検証した。

第三部「家職の体制と近世朝廷解体への契機」には、十八世紀から十九世紀にかけての朝廷内部や朝幕関係の変容を対象に、解体の契機を問う論稿を収めた。家職へ着目した先行研究は存在したが、近世初頭から幕末まで通観し、事例拡充に努めた。

第一章「近世の家職」では、公家衆が世襲・相伝した家職に着目し、近世化の過程から幕末維新期までを展望した。

第二章「石清水八幡宮放生会の宣命使について」では、十七世紀終盤幕府の認可と財政出動により再興された朝廷儀式の一役者が、十八世紀に五摂家諸大夫により巡任・占有される様相を述べた。

第三章「職人受領の近世的展開」では、十八世紀の朝廷が、職人受領の官位叙任制度秩序化のため江戸幕府の後援を得た施策と、その余波で権利を失いかけた真言宗三門跡の回復活動を扱った。

第四章「神仏習合と近世天皇の祭祀」では、近世の天皇が世襲・相伝し自ら実修した神道・仏教の祭祀祈禱すなわち近世天皇の家職の一端と、朝廷の祭祀、寺社の祭祀の三者の様相を述べ、明治維新前後の変容にも言及した。

第五章「朝廷と公家社会」では、朝廷の近世化、成長・機構整備と階層分解の矛盾・桎梏、公家社会外への利権獲得動向、近世京都公家町の土地制度について要約し、概括的に述べた。

本書は、筆者の既発表論稿に新稿二篇（第一部第五章・第三部第二章）を加えて編成したものである。寄稿初出時の条件から、注記や史料引用方法などに違いがあるが、おおむねそのままの体裁で収めた。各稿とも誤字脱字等を訂正した箇所がある。なお、学界の研究状況進捗や筆者の論稿へ寄せられた批判に対する回答など、論旨に関わる加筆は、各章の末尾に補注として配置し明記した。各稿の初出・成稿一覧は巻末に掲げるので、ご参照いただきたい。

注

（1）帝国学士院編『帝室制度史』三・四、「第一編天皇　第二章皇位継承」（一九三九・一九四〇年）。

（2）宮内庁書陵部編『皇室制度史料　太政天皇』三（吉川弘文館、一九八〇年）。

（3）羽倉敬尚編・発行『非蔵人文書』（一九三五年）、間瀬久美子「神社と天皇」（石上英一ほか編『講座前近代の天皇3天皇と社会諸集団』（青木書店、一九九三年）。

（4）公家衆諸家が世襲・相伝した家職については、「近世の家職」本書第三部第一章を参照。

（5）天皇の祭祀祈禱については、「神仏習合と近世天皇の祭祀」本書第三部第四章を、学芸については、渡部泰明・阿部泰郎・鈴木健一・松澤克行『天皇の歴史10天皇と芸能』（講談社、二〇一一年）を参照。

（6）高木昭作『日本近世国家史の研究』（岩波書店、一九九〇年）、同『将軍権力と天皇――秀吉・家康の神国観』（青木書店、二〇〇三年）、高埜利彦『近世日本の国家権力と宗教』（東京大学出版会、一九八九年）、同『近世の朝廷と宗教』（吉川弘文館、二〇一四年）。
（7）山口和夫「近世天皇・朝廷研究の軌跡と課題」（村井章介ほか編『講座前近代の天皇5世界史のなかの天皇　付・天皇制研究史』青木書店、一九九五年）。
（8）山口和夫「朝廷と公家社会」（歴史学研究会・日本史研究会編『日本史講座6近世社会論』東京大学出版会、二〇〇五年）本書第三部第五章、松澤克行「近世の公家社会」（『岩波講座日本歴史12 近世3』（岩波書店、二〇一四年）。
（9）高柳真三・石井良助編『御触書寛保集成』（岩波書店、一九三四年）、『御触書宝暦集成』（一九三五年）、『御触書天明集成』（一九三六年）、『御触書天保集成』（一九三七・一九四一年）、京都町触研究会編『京都町触集成』（岩波書店）。
（10）黒板勝美・国史大系編修会編『新訂増補国史大系　第13―15巻　続史愚抄』（吉川弘文館、一九三〇―一九三一年）。
（11）黒板勝美・国史大系編修会編『新訂増補国史大系　第38巻―第47巻　徳川実紀』（吉川弘文館、一九三〇―一九三一年）。
（12）史籍研究会編『内閣文庫所蔵史籍叢刊特刊　朝野旧聞裒藁』全二六巻（汲古書院、一九八二―一九八四年）。
（13）史籍研究会編『内閣文庫所蔵史籍叢刊　第1・2巻　東武実録』（汲古書院、一九八一年）。
（14）坂本太郎『日本の修史と史学』（至文堂、一九六六年）。
（15）「明治天皇宸翰御沙汰書」、東京大学史料編纂所架蔵。
（16）三上参次『明治時代の歴史学界』（吉川弘文館、一九九一年）。
（17）坂本太郎『日本の修史と史学』（至文堂、一九六六年）、東京大学史料編纂所編『東京大学史料編纂所史料集』（二〇〇一年）。
（18）列聖全集編纂会編纂『列聖全集』（一九一五―一九一七年）。
（19）黒板勝美編『特建国宝目録』（岩波書店、一九二七年）。
（20）田尻佐編『贈位諸賢伝』（国友社、一九二七年）。
（21）三上参次『江戸時代史』（一九四三・一九四四年、のち講談社学術文庫、一九九二年）、同『尊皇論発達史』（冨山房、一九四一年）。

(22)　辻善之助「江戸時代朝幕関係」（同『日本文化史五　江戸時代　上』春秋社、一九五〇年）。

(23)　徳富猪一郎『近世日本国民史　徳川家康時代下巻』（民友社、一九二四年）、同『近世日本国民史　元禄時代上巻政治篇』（民友社、一九二五年）など。

(24)　宮地正人「天皇制ファシズムとそのイデオローグたち」（『科学と思想』七六、一九九〇年）。

(25)　松澤克行「『天皇皇族実録』の編修事業について」（『史境』五三、二〇〇六年）。

(26)　朝尾直弘「日本近世史の自立」（一九六五年）・同「近世の政治と社会」（一九六九年）（同『日本近世史の自立』校倉書房、一九八八年所収）。

(27)　林基「近代天皇制の成立」（一九四六年）・同「近世における天皇の政治的地位」（一九四六年）（『歴史科学大系17天皇制の歴史　上』校倉書房、一九八六年所収）。

(28)　小野信二「幕府と天皇」（『岩波講座日本歴史10近世2』一九六三年）。

(29)　小野信二「近世初期における朝幕関係　社会経済史的一考察」（『拓殖大学論集』三九、一九六四年）。

(30)　黒田俊雄「天皇制研究の新しい課題」（一九六七年）（『黒田俊雄著作集1権門体制論』法蔵館、一九九四年所収）。

(31)　朝尾直弘「前近代国家史研究の到達点と課題」（一九八二年）（同『日本近世史の自立』所収）。

(32)　青木美智男「幕藩制国家論をめざして」（『歴史学研究』三六〇、一九七〇年）。

(33)　歴史学研究会近世史部会「中間プラン「幕藩制国家の権力構造」の提起にあたって」（『歴史学研究』四五六、一九七八年）。

(34)　落合延孝「歴史教科書における天皇の叙述」（『歴史評論』三一四、一九七六年）、佐々木潤之介『意見書』一九八四年、三鬼清一郎「江戸時代の天皇の地位」（安在邦夫ほか編『法廷に立つ歴史学』大月書店、一九九三年）。

(35)　朝尾直弘「幕藩制と天皇」（原秀三郎ほか編集『大系日本国家史3近世』東京大学出版会、一九七五年）。

(36)　深谷克己「幕藩制と天皇」（一九七五年ａ）・「公儀と身分制」（一九七五年ｂ）・「幕藩制国家の成立」（一九八一年ａ）、同「幕藩制と天皇」（一九七八年）・「領主権力と武家官位」（一九八一年ｂ）（同『近世の国家・社会と天皇』校倉書房、一九九一年所収）。

(37)　宮地正人「朝幕関係からみた幕藩制国家の特質」（一九七五年）・「幕藩制下の官位官職制度」（一九七六年）（同『天皇制

の政治史的研究』校倉書房、一九八一年所収）。
（38）永原慶二・山口啓二「対談・日本封建制と天皇」（『歴史評論』三一四、一九七六年）。
（39）高木昭作『日本近世国家史の研究』（岩波書店、一九九〇年）。
（40）今谷明『信長と天皇』（講談社現代新書、一九九二年）。
（41）高埜利彦『近世日本の国家権力と宗教』（東京大学出版会、一九八九年）、『近世の朝廷と宗教』（吉川弘文館、二〇一四年）。
（42）藤田覚『幕末の天皇』（講談社、一九九四年）、『近世政治史と天皇』（吉川弘文館、一九九九年）、『近世天皇論』（清文堂、二〇一一年）。
（43）『別冊文芸　天皇制』（河出書房新社、一九九〇年）、高埜利彦「近世の神社制度」（二〇〇三年）（同『近世の朝廷と宗教』吉川弘文館、二〇一四年所収）。
（44）橋本政宣「寛延三年の「官位御定」をめぐって」（一九九二年）（同『近世公家社会の研究』吉川弘文館、二〇〇二年所収）。
（45）久保貴子「近世初頭の朝廷における女院の役割」（一九九四年）（同『近世の朝廷運営』岩田書院、一九九八年所収）。
（46）田島公「典籍の伝来と文庫」（石上英一編『日本の時代史30歴史と素材』吉川弘文館、二〇〇四年）・同編『禁裏・公家文庫研究』一―五輯（思文閣出版、二〇〇三―二〇一五年）。
（47）井上智勝『近世の神社と朝廷権威』（吉川弘文館、二〇〇七年）、林淳『近世陰陽道の研究』（吉川弘文館、二〇〇五年）、梅田千尋『近世陰陽道組織の研究』（吉川弘文館、二〇〇九年）。

第一部　公儀権力成立と朝廷の近世化

第一章　統一政権成立と朝廷の近世化

はじめに

日本の近世初頭は、領主階級の結集を基軸とする社会構成史上の転換期であった。錯綜する諸階層のせめぎ合いのなかで、統一政権は成立した。豊臣政権はその一段階であり、全国を貫通する新たな秩序が構築されていった。統一政権とは、国土と民衆に対する支配を貫徹するため、領主が重層的に結集した新たな権力機構であった。新たな権力機構は「公儀」として諸身分・諸集団を編成掌握し、再生産を保障しつつ広範に動員していった(1)。

近世以前に成立した天皇・公家衆・官人等の家は、近世にも領主として存続した。幕藩領主に先行する領主集団であった京都の朝廷は、どのようにして統一政権が生成した時代、近世を迎えたのであろうか。

近世初頭の天皇・朝廷に関する研究史を大づかみに整理すると(2)、一九四五年以前の皇国史観下では天皇統治の永続性が強調された。学問の自由を手にした戦後の歴史学は、封建的基礎構造の解明を重視した。権力構造をめぐる幕藩体制論も武士階級の封建支配の問題を重視し、天皇・朝廷は無力な残滓として等閑に付される傾向にあった。天皇・朝廷を近世の政治権力の一構成要素として捉え、あらためて政治史の研究対象とするようになったのは主として一九七〇年代以降のことであった。右の動向のなかで、武家を主体とする領主階級が天皇・朝廷を含めて結集し、「公儀」権力を構成して階級支配を貫徹したという理解が確立された。官位叙任制による武家身分の統合の問題、天皇の「叡慮」を発動した関白秀吉による平和強制など朝廷の政治的機能をめぐって多くの研究成果が蓄積されつつあり(3)、朝廷の宗教的機能の検討や基礎的事実の充実に関する優れた問題提起もなされている(4)。

天皇・朝廷は、領主の集団であった。天皇（院）と公家衆は主従の関係にあり、中世前期には知行の給付や安堵、加級任官、朝廷の公務や天皇家への奉仕、公家法の規範を媒介に自律的な集団を構成した。本章では、統一政権の成立過程において天皇・朝廷が果たした諸機能を検証するとともに、当該期の政治過程で朝廷がいかに近世化を遂げたのかを追究したい。中世に天皇や院が体現した公家に対する知行安堵権が、秀吉・徳川将軍が領知判物・朱印状を発給する近世の統一的知行体系にいかに包摂され、朝廷が近世の「公儀」の規範にいかに包摂されたのか、集団の自律性と統一政権との関係が論点となる。江戸幕府の成立以降への展望を意識しつつも、豊臣政権期を対象とする。豊臣政権は官位制度や仏事神事など朝廷の諸機能を動員し、国内統合に寄与させた。空前の動員体制を国内に敷いて東アジア制覇を企図し、朝鮮半島を侵略した豊臣政権(5)こそが、結論的に言うと統一政権と天皇・朝廷の関係の基本的枠組みを規定したと考えるからである。

行論に際しては、次の三点に留意したい。第一に、狭義の公武関係史の克服。天皇と武家の首長との関係に局限することなく、領主階級全体の結集の動向を視野に置くものとする。第二には、朝廷の主体性の評価。当該期の朝廷は、武家の支配の客体であったばかりではなく、一貫してキリシタン禁制に取り組む(6)など、固有の営為を持った。近世初頭の公武の関係は後者による前者支配の実現を基調としたが、朝廷が統一政権に積極的に加担し、共生関係を築いた側面をも重視したい。第三には、朝廷の内的構造の問題。朝廷は天皇家・親王家・摂家・諸家・官人や門跡など、さまざまな階層の家から成る複合体であった。集団として取り扱うとともに、構成要素間の諸関係や集団の自律性に留意する必要がある。

以下、右の視角を複合させて転換期の朝廷の機能と実態を動態的に把握し、主題に接近したい。

一　豊臣政権成立の前提

戦国期の朝廷

戦国時代の動乱は、朝廷を直撃した。財政の困窮から諸朝儀の多くは廃絶した(7)。公家衆の多くが窮迫し、生き残りのため都を離れていった。応仁元～文亀四年（一四六七～一五〇四）に延べ七十二人が(8)、別の研究によれば応仁元～大永六年（一四六七～一五二六）の五十九年間に延べ百二十五人が都を離れている(9)。廷臣としての奉仕を放棄した公家に、後奈良天皇は加給任官に応じない姿勢で臨んだが、下向は止まなかった(10)。家領に「在国」して経営の維持を図った公家衆は次第に当知行を失い、天文年間（一五三二～五五）になると戦国大名に寄食する者が増えていった(11)。廃絶した家もあった。播磨国細川荘の居館に在国し数代の直務支配を維持した下冷泉家は、天正六年（一五七八）参議為純・左近衛権少将為勝父子が三木城主別所長治に討たれ、廃絶に瀕した(12)。

室町幕府の庇護も薄れた朝廷では、戦国大名への位階官職授与他で財政維持を図ったが(13)、その実態は大きく変化した。重要な内印（「天皇御璽」）管理の原則も崩れていた(14)。公卿議定制は崩壊し、消息宣下による略式の叙位任官が定着した。摂家は朝儀との関わりを薄め、禁裏小番の公家衆や女房たちが矮小化した朝廷を支えた(15)。

江戸時代の延宝七年（一六七九）、朝儀の再興を追究した霊元天皇の勅問に、右大臣一条兼輝は次のように答えている。

永正・大永頃、丞相（大臣、筆者注、以下同様）以下各在国、仍丞相行事、納言行之儀繁多、雖職事然、依無人被宥用歟、不勘始末者難信用、（上下略）[16]

財政基盤が動揺し、公家たちの在国で人員も欠いた戦国期の朝廷を非常事態とする見解である。

織田政権と朝廷

永禄十一年（一五六八）に入京した織田信長は、天正元年（一五七三）将軍足利義昭を京から追放し、天正三年には従三位権大納言に直任し右近衛権大将を兼ねた。[17]室町将軍に相当する位階官職を得た信長は同年十一月、諸公家・諸門跡等に一連の朱印状を発給し山城国内において「新地」を充行った。[18]天正七年には、五摂家の一つで天文十五年（一五四六）以来三十四年間中絶していた鷹司家を再興させた。[19]信長の家中では、織田政権を「公儀」と呼ぶようになった。[20]天正八年には、参議花山院家雅の家督相続を次のように安堵している。

当家門跡目事申沙汰之訖、伏見新地分幷京都地子銭等如有来被進止、可専朝役之状如件、

天正八年十一月十三日　　信長（朱印）

花山院宰相（家雅）殿[21]

信長は知行安堵とともに、「朝役」を全うすることを命じている。元亀元年（一五七〇）以降朝廷は信長の出陣に際し戦勝を祈願し、勅使を派遣して陣中を見舞うなど信長への奉仕を続けた。[22]朝役とは、朝臣として朝廷で役儀を果た

し、信長に奉仕することを意味した。天正九年の京都馬揃では、近衛信尹・正親町季秀・烏丸光宣・日野輝資・高倉永孝が「於京都、陣参被仕候公家衆」として動員された。[23] 一部の公家は、信長に「陣参」して奉仕する衆としても把握・編成されていた。

天正十年の本能寺の変突発により、織田政権と朝廷の関係は途絶した。[24]

分立状況

羽柴秀吉は天正十一年（一五八三）八月十二日附で権中納言烏丸光宣の知行を安堵した。その判物には「天正十年五月以前迄任御朱印旨」という文言があった。[25] 朱印状が象徴する信長の支配を再確認する趣旨である。秀吉は、比叡山延暦寺再興への助力要請にも「先主有治命、故難我背之」と難色を示した。[26] 本能寺の変後の秀吉は、前政権の規範に拘束された。

旧織田領の外には、戦国大名が領有する「分国」が広がっていた。天正十二年十二月十二日附の正親町天皇の綸旨は肥前の竜造寺政家に延暦寺・日吉社再興のため「分国中」「奉加」を命じ、政家は「勅命」に応えて用途を寄進した。[27] 天正十三年二月十日附の二通の綸旨は、吉川元春および備後甲山の山内隆通に天皇家の菩提寺泉涌寺舎利殿再興のため「分国中奉加」を命じた。[28] 同十三年三月十一日附の正親町天皇綸旨は陸奥の伊達政宗に延暦寺根本中堂戒壇院再興のため「分国中奉加」を命じ、[29] 恩賞として三月二十日附で美作守に任じた。[30] 十三年四月二十六日、朝廷は勧修寺尹豊を禁裏料所確保のため安芸に下向させた。[31] 財政安定や大寺再興への寄与を求めた朝廷は、戦国大名との回路を維持した。

毛利氏の庇護下の備後鞆には、将軍足利義昭が在国していた。依然将軍職にあった義昭は、天正十二年の朝鮮国王国書では、なお日本を代表する存在とされた[32]。十三年二月五日には公帖を発行し臨済僧永雄を京都五山の一つ建仁寺の住持に補任した[33]。薩摩の島津義久への使者は「公儀御使」として迎えられ[34]、島津義弘には十三年、十一月十八日附で一字書出を与えた[35]。室町殿の「公儀」は、命脈を保っていた。

秀吉の動向

秀吉は、京都・大坂を拠点に朝廷との関係を深めた。天正十二年三月十七日、秀吉は伊勢神宮の式年遷宮のため用途を寄進した[36]。同年四月、尾張長久手で徳川家康に敗北し、講和という政治的妥協を余儀なくされると、朝廷を組み込んだ権力編成に傾斜した。同年十月二十二日に従五位下左近衛権少将に直任して初めて位階官職を帯び[37]、十一月に従三位権大納言に進んだ。翌年三月十日には従二位内大臣に昇進し[38]、紀伊平定のため出陣した。この時点で秀吉の位階官職は、将軍義昭や信長の子織田信雄の従三位権大納言を凌駕した。三月二十二日、正親町天皇は内宮外宮・石清水八幡宮・賀茂下上社・興福寺・園城寺に綸旨を下し、秀吉のため戦勝祈願を命じた[39]。

秀吉軍により壊滅した根来寺・雑賀党一揆は、天皇の綸旨で「朝敵」とされた[40]。四月十日、秀吉の軍勢は高野山金剛峯寺に迫り、武装した一山組織を解体した[41]。六月、秀吉は高野山の旧領を没収し、新たに知行三千石を給付し「国家安全之懇祈」「仏事勤行」に専念することを確認した。国家的祈禱の再編である。後代の規範として秀吉は、正親町天皇に高野山充に綸旨を発給するよう要請した。秀吉は知行充行と役儀設定により金剛峯寺を掌握し、新たな支配を樹立した。その際、天皇をも動員した。秀吉は六月十一日附の綸旨とともに、十三日附で自身の判物を発給した[42]。二通の文書は一体として機能した。

秀吉は、朝廷を取り込み自身の位階官職を昇進させ、他の武家に優越しようとした。朝廷に戦勝を祈願させ、天皇に綸旨発給を要請して自らを装飾させた。

二　豊臣政権と朝廷

秀吉の関白就職

天正十三年（一五八五）七月十一日、秀吉は関白に就職した(43)。以後、天皇・朝廷の機能をさらに動員し、公家に対する支配をも進めていった。

秀吉の関白就職は、関白二条昭実・左大臣近衛信尹の相論に乗じ、信尹の父前久の猶子となり藤原氏長者になって実現した。信尹は「関白タル事、従昭宣公（藤原基経）于今至マテ、五家（五摂家）ノ外望職ニアラス」「近衛殿ノ称号ヲケカス」と抵抗したが、秀吉は近衛家に一千石、他の四家に各五百石の知行加増や信尹への関白職譲渡を約し懐柔した(44)。摂関家から分立した五摂家が十三世紀以来占有してきた家職は、初めて他者に渡った。「近衛文書」の伝える秀吉の言を次に掲げる。

関白ノ濫觴ハ一天下ヲアツカリ申ヲ云也、而ニ今秀吉四海ヲ掌ニ握レリ、五家ヲコト〳〵ク相果サレ候トモ、誰カ否ト申ヘキ、（上下略）(45)

後に文禄三年（一五九四）四月十二日附で前左大臣近衛信尹の不行状を弾劾して、伝奏衆に充てて天皇への披露を求めた条書では、次のように唱えている(46)。

一、関白職之儀、雖被仰出候、達而斟酌申上候処ニ、近衛《（信尹）》・二条《（昭実）》関白職廻持之儀ニ付而、互申事依有之、右両人衆双方関白職之儀、尤之由被申ニ付而、上儀ヲ申、御請申《（ママ）》上候事、

一、右之両人ニよらす九条・一条・鷹司三人之衆茂関白職もたるゝよし承及候間、天下之儀互ニ五人として廻持候段はおかしき次第与存候、其子細ハ右之五人衆御釼預候有之《（ママ）》ハ、天下之儀きりしたかゆへき為のよし聞及候、其天下之儀者不及申、一在所之儀茂きりしたかへられす候間、自然秀吉御釼預申而、国之壱ケ国もきりしたかへ候ハヽ《（カ）》、右之五人之関白職ニハ少まし候ハん哉と存候事、

秀吉は関白を、天皇の統治権を代行し「天下」を治める職と位置づけた。五摂家の巡任体制を否定し、国土・天下を平定する武人としての実力を要件とする、新たな意味を付与した。秀吉はこの後、天正十五年の九州、同十八年の関東奥羽平定に臨み、「叡慮」「勅命」を体現した関白による征伐であると呼号した。秀吉の権力は、軍事力を主柱に天皇・朝廷を操作動員して補完された。公約通り五摂家への知行加増を実施した天正十三年七月十八日附の秀吉判物では、その関白任官を正親町天皇の「叡慮」に応えるものと説明する。天皇は秀吉のために機能した。

今度就二条《（昭実）》殿関白職相論、秀吉天下依令異見、可拝任当職旨、雖及辞退、応叡慮御請申候、然者為扶助、以丹波・山城・近江内千石進置之、目録別紙在之、全可有御領知者也、

天正十三

七月十八日　秀吉（花押）

給付文言	役儀・書留	出典・備考
進置之	全可有御領知之状如件	「一条公爵家文書」東影　折紙
進置之	全可有御知行之状如件	「九条家文書」学写
進置之	全可有御知行之状如件	「鷹司家判物類」宮　折紙
進置之	全可有御知行之状如件	『豊臣秀吉文書集』2—1692
進之	全可領知可被専朝役之状如件	『豊臣秀吉文書集』2—1695
令領知	可被専朝役之状如件	「久我家文書」国　折紙
進之	可被専朝役之状如件	「古文書纂」東影　折紙
充行之	可専朝役之状如件	「勧修寺家文書」京　折紙
充行之	可専朝役之状如件	「高倉家文書」名　折紙
充行之	全可令領知候也	『豊臣秀吉文書集』2—1746
充行之	全領知可被専朝役之状如件	『豊臣秀吉文書集』2—1674　（折紙）
充行之	可被専朝役之状如件	『豊臣秀吉文書集』2—1680
充行之	全領知可専朝役之状如件	『豊臣秀吉文書集』2—1681
進之	行等事肝要也仍状如件	「三千院文書」東影
令寄付	可被専勤行等之状如件	「大覚寺文書」東影　折紙
令寄付	可被専勤行等之状如件	「青蓮院文書」東影　折紙
令寄付	可被専勤行等之状如件	「実相院文書」東影　折紙

近衛殿（信尹）[47]

七月十五日、秀吉は関白として親王と准后との座次争論を裁定した[48]。「今度摂家門跡之次第各依意趣、無参内[49]」という状況にあって、朝廷内秩序を確立するものであった。秀吉は親王と准后とを各座（同格）と裁定し、親王家・諸門跡・摂家・勅使に判物を発給した。その末尾を次に掲げる。

（上略）右三ケ条定置之者也、可為後代之亀鏡者哉、仍以此趣被成勅書、猶為治定之間、今令告触諸家諸門畢、弥可被守此法度者也、

天正十三年七月十五日

関白（秀吉）（花押）

法度を触知する主体は「関白」秀吉であり、「勅」を奉じて公家社会を律するものである。これより先秀吉は五月十三日に諸公家・諸門跡から差

表1　諸公家・諸門跡に対する知行給付（天正13年〔1585〕11月21日山城国内）

主体・充行状	充名（実名・位階官職・年齢）	給　地	石　高
秀吉判物（日下署名）	一条殿（内基・従一位前関白左大臣38）	九条内	100石
秀吉判物案（日下署名）	九条殿（兼孝・従一位前関白左大臣33）	当所内	340石
秀吉判物（日下署名）	鷹司殿（信房・従二位権大納言21）	九条内	150石
秀吉判物写（日下署名）	近衛入道殿（前久・准三宮48）	浄土寺内	150石
秀吉判物（日下署名）	西園寺殿（実益・正二位権大納言26）	九条内	270石
秀吉判物（日下署名）	久我殿（季通・従二位権大納言21）	当初上下庄	1230石
秀吉判物（日下署名）	花山院殿（家雅・従三位参議左中将28）	九条内	120石
秀吉朱印状	勧修寺大納言殿（晴豊・従二位42）	東土川内	300石
秀吉朱印状	藤中納言殿（高倉永相・正二位55）	竹田内	480石
秀吉朱印状	松木中納言殿（宗房・従二位49）	田中内	30石
秀吉朱印状	正親町中納言殿（季秀・従二位38）	下嵯峨内高田	54石
秀吉朱印状	烏丸中納言殿（光宣・従二位37）	久我内	130石
秀吉朱印状	甘露寺右衛門佐殿（経遠ヵ・正五位右少弁13）	下上野村	87石
秀吉朱印状案	梶井殿（三千院最胤親王）	大原内	290石
秀吉朱印状	大覚寺殿（尊信大僧正）	上嵯峨内	615石
秀吉朱印状	青蓮院殿（尊朝親王）	粟田口内	210石
秀吉朱印状案	実相院	北山内	180石

〔出典〕　東：東京大学史料編纂所　学：学習院大学史料館　宮：宮内庁書陵部　国：国学院大学編・蔵『久我家文書』（続群書類従完成会刊，口絵）　京：京都大学文学部博物館　名：名古屋市博物館　影：影写本　写：写真帳

〔付記〕　初出の表に『豊臣秀吉文書集』収載事例を加えた．

出を徴し[50]、さらに山城国で検地を強行した。検地の意図は権力基盤の確立にあった[51]。同年十一月二十一日、秀吉は諸公家・諸門跡等に一連の領知判物・朱印状を与え、知行を充行った。その様相を表1に整理した。綸旨が発給されることはなく、秀吉は諸公家・諸門跡に対する知行充行権を一元的に掌握した。充行状において秀吉は、諸家には「朝役」（朝臣としての役儀）、諸門跡には「勤行」の役儀を規定した。摂家に限り、役儀の規定がない（表1）。この段階で秀吉と五摂家との関係が、他の公家とは異なっていたことに注目したい。

後陽成天皇の擁立

天正十四年（一五八六）秀吉は、後陽成天皇（十六歳）を擁立した。正親町天皇の生前譲位は既定の方針であり[52]、戦国期の窮乏から途絶していた通例を回復するものであった[53]。秀吉は、豊臣朝臣の姓で太政大臣を兼任し[54]、五摂家の当主たちを官職

で完全に凌駕した。関白秀吉は、即位当日、高御座の新帝に即位灌頂の印明、印契と真言（呪文）を伝授した。「兼見卿記」はその模様を次のように伝えている。

廿五日、丙辰、御即位、早天向万里小路、着衣冠、参内、諸役者参勤也、先在陣義、上卿菊亭（晴季）、今度関白（秀吉）任太政大臣陣儀、（中略）未刻出御、劒璽、典侍・女王被持之、高御位へ入御アツテ関白高御位ノ面南ロヨリ入テ御灌頂御相伝云々、暫アツテ関白出ラル、此時典侍・女王左右ヨリトバリヲカヽク、於庭宣命次第在之、主上（後陽成）拝申トテ万人向ヘ罷出、中々無勿躰也、暫アツテトハリヲ垂テ入御、次各退出、但、関白無御退出、然而各相侍、暫時アツテ関白仰云内野へ帰路、公家衆可有見物歟、尤其望也、即急罷出、改衣冠、各々走、路次へ走出、見物了、関白殿上人・諸大夫各乗馬也、殿下乗輿四方物見開之、奇麗中々難書尽、（下略）(55)

即位灌頂は、顕密体制の王法仏法相依論に由来する皇位継承儀礼で、十一ないし十三世紀から幕末まで続けられた。(56)新帝への印明伝授は、南北朝以降摂関の職とされてきた。(57)新帝を擁立して伝授した秀吉は、公家社会における優位を確立した。

秀吉は朝廷を操作し、官位授与によって武家身分を編成しようとした。(58)右の記事に見える「関白殿上人・諸大夫」とは秀吉が任官させた麾下の武将である。公武に権力を樹立しつつあった秀吉は近衛前久の女前子を養い、同十四年十二月十六日に後陽成天皇の女御として入内させ、(59)天皇家との関係を深めた。

天正十六年正月二十二日、秀吉は長者宣を下し、藤原氏の氏神春日社の正預職を補任した。(60)十二月一日には、用途を欠いて途絶えていた春日祭の上卿参向の儀を再興した。三月には多武峯衆徒中に後陽成天皇綸旨とともに長者宣を下し、藤原氏の始祖神大織冠鎌足の神像ともども実弟秀長の城下大和郡山に遷宮させた(61)。奉者はともに右中弁蔵人・氏院別当中御門宣泰であった。

来月三日、至于郡山大織冠遷宮之由、被聞食訖、弥可奉抽　宝祚長久国家安全懇祈之旨、天気如此、仍執達如件、

天正十六年三月廿六日　　右中弁（中御門宣泰）（花押）

多武峯衆徒中

来月三日、至于郡山大織冠遷宮之事、弥可奉抽国家安全懇祈者、長者（秀吉）宣如此、悉之以状、

天正十六年三月卅日　　右中弁（中御門宣泰）（花押）

多武峯衆徒中

多武峯の再編・遷座は天正十三年以来計画され(62)、この段階になって強行された。五摂家の家職関白を襲った秀吉は、豊臣朝臣への改姓、太政大臣任官、後陽成天皇擁立、即位灌頂印明伝授と五摂家を圧倒していった。藤原氏長者を巡任した五摂家が支配してきた、春日社・多武峯をも掌握した。

聚楽行幸　公武の統合

天正十六年（一五八八）四月、秀吉は聚楽第に後陽成天皇を迎えた。聚楽行幸は、秀吉の公家・武家統合を飛躍さ

せる、さらなる画期となった。行幸二日目、秀吉は今出川晴季・勧修寺晴豊・中山親綱の三伝奏に充て次の披露状を発給した。

就今度聚楽行幸、京中銀子地子五千五百三十両余、為禁裏（後陽成）御料所奉進上之、幷米地子八百石、内三百石院（正親町）御所え進上之、五百石為関白領六宮（古佐麿、八条宮智仁親王）え進之、洛中地子米銀子不残奉進献之了、次諸公家・諸門跡、於近江高島郡八千石、以別紙之朱印令配分之、自然於無奉公輩者、為叡慮被相計之、可被仰付忠勤之族之状如件、

天正十六年四月十五日　　秀吉

菊亭殿（晴季）
勧修寺殿（晴豊）
中山殿（親綱）(63)

秀吉は、自身が洛中で知行していた屋地子＝地代を全て後陽成天皇・六宮兄弟と祖父の正親町上皇に贈与した。「関白領」は、秀吉が当時六宮（後の八条宮智仁）を猶子とし後継に当てていたことを示す。さらに諸公家・諸門跡には、蔵入地から近江高島郡内で八千石を配分した。秀吉を主体とする知行加増である。

表2は、このとき秀吉が発給した一連の領知判物・朱印状等を整理したものである。近衛信尹充判物及び大覚寺尊信充判物を例示する。

就今度聚楽行幸、近江国高嶋郡海津西庄浜分内弐百石令宛行訖、弥被励御奉公、其家道々可被相嗜状如件、

天正十六

卯月十五日　　　　　　　　　　　　　　　　　　秀吉（花押）

近衛殿《(信尹)》(64)

就今度聚楽行幸、江州国高嶋郡海津西庄蛭口村内弐百石之事令宛行訖、弥被励御奉公、其家道可被相嗜状如件、

天正十六

卯月十五日　　　　　　　　　　　　　　　　　　秀吉（花押）

大覚寺殿《(尊信)》(65)

秀吉は公家や門跡に知行を充行い、一律に朝廷のために「御奉公」に励み、「家之道」を嗜むよう命じた。五摂家も例外でなく、十三年段階での諸家との差異（表1参照）は解消された。

奉公を怠った廷臣の処分は、三伝奏に充てた披露状にあるように天皇の「叡慮」次第とされた。その内容は、同日附の六宮充秀吉判物の文言でより明確となる。

次諸公家・諸門跡江、於近江高嶋郡八千石、其々仁令配分以朱印別紙ニ雖遣之、自然於無奉公輩有之者、為　叡慮被召上、不寄誰々相励御奉公仁躰ニ可有御支配之状如件、(66)（上下略）

秀吉は、諸公家・諸門跡に対する知行没収や再配分を含む強い支配権を天皇に保障し、明文化したのである。

給付文言	書　留	出典　・　備考
令充行	其家道可被相嗜之状如件	『豊臣秀吉文書集』3—2641　（折紙）
令充行	其家道々可被相嗜状如件	「九条家文書」学写
令充行	其家道々可被相嗜状如件	「近衛文書」東写　折紙
令充行	其家道可被相嗜状如件	「鷹司家判物類」宮　折紙
令充行	其家道可被相嗜状如件	「久我家文書」国　折紙
令充行	其家之道可被相嗜状如件	「古文書纂」東影　折紙
令充行	其家道可被相嗜之状如件	『豊臣秀吉文書集』3—2468　（折紙）
令充行	其家之道可被相嗜候也	『豊臣秀吉文書集』3—2482　（折紙）
令充行	其家之道可被相嗜事肝要也	『豊臣秀吉文書集』3—2462　（折紙）
令充行	其家道可被相嗜状如件	「万里小路文書」東影　折紙
令充行	其家之道可被相嗜候也	「勧修寺家文書」京　折紙
令充行	其家之道可被相嗜候也	「高倉家文書」名　折紙
令充行	其家之道可被相嗜事肝要也	『豊臣秀吉文書集』3—2479　（折紙）
令充行	其家之道可被相嗜之状如件	『豊臣秀吉文書集』3—2481　（折紙）
令充行	其家之道可被相嗜候也	「勧修寺家文書」京　折紙
令充行	其家道之可被相嗜候也	「鹿苑寺文書」東写　折紙
令充行	其家道々可被相嗜候也	『豊臣秀吉文書集』3—2469　（折紙）
令充行	其家之道可被相嗜事肝要也	『豊臣秀吉文書集』3—2463　（折紙）
令充行	其家道々可被相嗜候也	「土御門文書」東影　折紙
令充行	其家道々可被相嗜候也	「壬生文書」東影
令充行	其家之道可被相嗜状如件	「三千院文書」東影
令充行	其家之道可被相嗜状如件	「大覚寺文書」　折紙
令充行	其家道可被相嗜状如件	「青蓮院文書」東影　折紙
令充行	其家道可被相嗜状如件	「妙法院文書」東写　折紙
		中御門宗満書状
		中御門宗満書状
		中御門宗満書状
		『御湯殿上日記』
		『御湯殿上日記』
		『御湯殿上日記』
		『御湯殿上日記』
		『御湯殿上日記』

表2　諸公家・諸門跡に対する知行加増
（天正16年〔1588〕4月15日聚楽行幸時，近江国高島郡内）

主体・充行状	充名(実名・位階官職・年齢)	給　　地	石　高
秀吉判物(日下署名)	一条殿(内基・従一位前関白左大臣41)	藤江今在家家	200　石
秀吉判物案(日下署名)	九条殿(兼孝・従一位前関白左大臣36)	海津西庄浜分内	202　石
秀吉判物(日下署名)	近衛殿(信尹・従一位関白左大臣24)	海津西庄浜分内	200　石
秀吉判物	鷹司殿(信房・従二位権大納言24)	海津西庄浜分内	105　石
秀吉判物	久我殿(敦通・正二位権大納言24)	海津西庄浜分内	105　石
秀吉判物	花山院殿(家雅・正三位参議左中将31)	海津西庄浜分内	105　石
秀吉判物	烏丸殿(日野輝資・正二位権大納言34)	下開田内	106　石
秀吉朱印状	水瀬中納言殿(兼成・正二位75)	海津西庄真野内	50　石
秀吉朱印状	正親町とのへ(季秀・正二位権中納言41)	海津西庄森之西内	105　石
秀吉判物	万里小路殿(充房・正四位上右大弁26)	海津西庄下開田内	100　石
秀吉判物	勧修寺殿(晴豊・従二位権大納言45)	武曽横山之内	200　石
秀吉判物	藤右衛門督殿(高倉永孝・従三位29)	武曽横山之内	203　石
秀吉朱印状	伯殿(白川雅朝・従三位権神祇伯34)	海津西庄寺窪内	50　石
秀吉朱印状	水瀬殿(氏成・従四位下左近衛少将18)	海津西庄真野内	50　石
秀吉朱印状	勧修寺弁殿(光豊・正五位下右少弁14)	日爪之内	58　石
秀吉朱印状	甘露寺殿(経遠・正五位下権右少弁13)	日爪内	58　石
秀吉朱印状	烏丸侍従とのへ(日野資勝・正五位下12)	海津西庄寺窪内	50　石
秀吉朱印状	正親町少将とのへ(季康・正五位下右近衛少将14)	海津西庄森之西	50　石
秀吉朱印状	土御門とのへ(久脩・正五位下天文博士29)	海津西庄真野内	50　石
秀吉朱印状	新蔵人とのへ(壬生孝亮・正六位上14)	海津西庄真野内	50　石
秀吉判物案(日下署名)	梶井殿(最胤親王)	海津西庄蛭口村内	100　石
秀吉判物(日下署名)	大覚寺殿(尊信大僧正)	海津西庄蛭口村内	200　石
秀吉判物(日下署名)	青蓮院殿(尊朝親王)	海津西庄蛭口村内	101.5 石
秀吉判物状	妙法院殿(常胤親王)	海津西庄蛭口村内	100　石
秀吉	(中御門宗満・正二位前中納言52)	木峠(木仰村)	50　石
秀吉	(中御門宗澄・従五位上侍従13)		50　石
秀吉	(中御門宗満女・権介殿)		50　石
秀吉	准后(国母勧修寺晴子)		300　石
秀吉	女御(秀吉養女近衛前子)		300　石
秀吉	大すけ殿(大典侍)		100　石
秀吉	なかはし(勾当内侍)		100　石
秀吉	大御ちの人(大乳人)		100　石

(注)　伝存する充行状24通の給地高合計は2598.5石．他に中御門宗満書状(中村直勝「聚楽行幸に関する一史料」〔『上方』11，1931年〕)・『御湯殿上日記』(天正16年4月16日条)から1050石の給付を特定することができる．

秀吉は更に、周知のように聚楽行幸に出仕した諸大名から、「禁中へ対し奉り」という名目で誓詞血判を徴した。宮門の守衛を本務とする衛門佐の官に補されていた、秀吉の甥秀俊（後の小早川秀秋）を充名とする形式がとられた。

敬白　起請

一、就今度聚楽第行幸、被仰出之趣誠以難有、催感涙事、

一、禁裏御料所地子以下、幷公家・門跡衆所々知行等、若無道之族於有之者、為各堅加意見、当分之儀不及申、子々孫々無異儀之様可申置事、

一、関白殿（秀吉）被仰聴之趣、於何篇聊不可申違背事、

右条々、若雖為一事於令違背者、

梵天・帝尺・四大天王・惣日本国中六十余州大小神祇、殊王城鎮守、別氏神春日大明神・八幡大菩薩・天満大自在天神、部類眷属神罰冥罰、各可罷蒙者也、仍起請如件、

天正十六年四月十五日

右近衛権少将豊臣（前田）利家
参議左近衛中将豊臣（宇喜多）秀家
権中納言豊臣秀次
権大納言豊臣秀長
権大納言源（徳川）家［康］
内大臣平（織田）信雄

金吾殿（秀俊）

同時別紙誓詞有之、文言日付同前、（中略）宛所同前（下略）[67]

秀吉が再興した朝廷の財政基盤を連帯して末代まで維持し、関白秀吉の支配に全面的に服する内容の誓約である。一紙に織田信雄・徳川家康・豊臣秀長・同秀次・宇喜多秀家・前田利家の六名が署名血判を加え、「別紙」に侍従・少将の官にある二十三名が署名血判を加えた。織田信長の一族・旧臣やかつての戦国大名は、関白秀吉が掌握する朝廷から位階・官職を授与され、官姓名を公称とすることとなった。その任官叙位は、秀吉の血族外にも豊臣朝臣の姓で行なわれていった。「別紙」に「豊後侍従豊臣義統」の官姓名で起請した大友義統を例にすると、同年三月二日に関白秀吉の執奏で叙任勅許が下り、七日に御礼に参内している。[68]叙任と聚楽行幸への出仕と起請文提出とにより、分国に君臨しあるいは秀吉と等しく信長に臣従してきた武家たちは、名実ともに秀吉の配下に編成されることとなった。将軍足利義昭も、この年大坂に上って辞官・落飾し、聚楽行幸に出仕した。[69]

聚楽行幸の意義は、次のように整理することができる。第一には、これまでの研究が明らかにしたように、天皇を動員し秀吉の武家編成を樹立し、誇示するものであった。[70]行幸を機に武家たちを召集した秀吉は、自身が掌握する位階官職制の序列に編入し、起請文を書かせて一律に忠誠を確認した。秀吉は、室町殿の残存「公儀」、織田政権の「公儀」を解消し、戦国大名の「公儀」に優越する最上級「公儀」を樹立することに成功した。

第二の意義は、朝廷秩序の再編にあった。戦国期、窮乏した少なからぬ公家衆が朝廷への奉仕を放棄し、諸国に散っていった。秀吉は天皇や公家たちに知行を給付し、財政基盤を安定させた。全ての公家門跡に京都の朝廷で天皇への「御奉公」に励み、「家之道」を嗜むよう命じた。その意図は、朝廷を掌握編成し、機能を維持して自身に寄与させることにあった。奉公を怠った廷臣の処分は、天皇に委ねられた。公家に対する天皇の支配権は、秀吉によって再生産され、近世に新たに成立したことに注意したい。

聚楽行幸により公武の領主階級統合は、飛躍的に前進した。聚楽第に集まった公家武家は天皇を戴く秀吉の下に結集し、豊臣政権は新たな段階に到達した。

国内の平定

秀吉は天正十七年（一五八九）十一月二十四日附で、後北条氏を弾劾する朱印状を発した。「条々」の書出で「一、北条事、近年蔑　公儀、不能上洛」に始まる弾劾状は、次の文言を伴っていた。

予既挙登龍揚鷹之誉、成塩梅則闕之臣、関万機政、然処氏直（北条）背天道之正理、対帝都企奸謀、何不蒙天罰哉、古諺云、巧訴〔詐〕不如拙誠、所詮普天下逆勅命輩、早不可不加誅伐、（上下略）[71]

この草案を秀吉の命で右大臣伝奏今出川晴季とともに起草した相国寺鹿苑院主西笑承兌は、この主旨を「此中表裏背勅命、軽公儀之間、来春被成発軫、可有御退治之由」と要約している[72]。秀吉は「勅命」と「公儀」を体現する関白太政大臣として、征伐開始を宣言した[73]。翌十八年三月一日、後陽成天皇は御所の門前で秀吉の出陣を歓送し[74]、五月二日には伝奏勧修寺晴豊・中山親綱を勅使として派遣して秀吉の陣を見舞った[75]。

三月十六日には、正親町上皇が諸寺社に秀吉の戦勝祈願を命じた。その間の事情を伝奏勧修寺晴豊は、次のように記録している。

十六日、天晴、院御所ヨリ関東江関白（秀吉）出陣ニ付而、御祈事諸神諸社江甘露寺権弁（経遠）召被仰候間、菊亭右大臣（晴季）ニ甘露寺遣候テ談合申候処ニ、院ヨリ弁職事ニ而被仰候事あるましき由尤ニ候、此旨院申入候処ニ御心得なされ候由、
（下略）[76]

院政の伝統の中絶から、朝廷は院宣発給の手続きをめぐり混乱したが、祈禱は実施された。四月十七日、院御所で妙法院常胤法親王が護摩法を修し[77]、内宮では、後陽成天皇の「勅定」と正親町上皇の「院宣」を奉じ神事を行なった[78]。秀吉は関東・奥羽を平定し、国内統合は終息に向かった。

「唐入り」

天正十九年（一五九一）九月十三日、秀吉は京中の地子を免除した。諸公家・諸門跡などが中世以来知行してきた洛中の地代徴収権は収公し、洛外に替地を充行った。個別領主の支配を洛中から一掃して京都の直轄支配を達成し[79]、公家・門跡等を完全に近世領主化し麾下に掌握するものであった。諸公家充の替地充行状を表3に整理した。行幸時（表2）と異なり、摂家にも判物は出さず、全て朱印状である。書札礼を薄くし、充名に対しより尊大に臨むようになっている[80]。

同年秀吉は「禁中」常置を名目に、全国の大名から国郡図とともに土地台帳、御前帳を徴収して全国の石高を把握した[81]。十二月二十七日に関白を辞し、翌日養子秀次が豊臣氏長者として関白を襲った[82]。関白交替に先立つ十二月二十日附で秀吉は、「一、たいり方（内裏）ねん比にいたし、御ほうこう（奉公）申へく候」等の掟を定め、秀次は遵守を誓約した[83]。秀次の関白就職は、「唐入り」に出陣する秀吉の留守を預かり、京の朝廷を掌握するためのものであった[84]。関白を家職と

書留	出典・備考
全可被領知候也	「近衛文書」東写　折紙
全可被領知候也	「一条公爵家文書」東影　折紙
全可被領知候也	「近衛文書」東写　折紙
全可有領知候也	「久我家文書」国　折紙
全可有領知候也	「徳大寺家史料」東　折紙
全可領知候也	「勧修寺家文書」京　折紙
全可領知候也	「将軍代々文書」東写
全可有領知候也	「古文書纂」東影　折紙
全可領知候也	「吉田文書」東影　折紙
可全領知候也	「万里小路文書」東影　折紙
全可領知候也	「高倉家文書」名　折紙
可全領知候也	「土御門文書」東　折紙
全可領知候也	「鹿苑寺文書」東写　折紙
全可有領知候也	「三千院文書」東影
全可有寺納候也	「大覚寺文書」東影　折紙

した五摂家へ返還する意志はなかった。

翌二十年三月二十六日、後陽成天皇は秀吉の出陣を歓送した[85]。九月五日、再出陣を前に秀吉は、諸公家諸門跡に合力米を給付している[86]。四月二十五日には御所の内侍所臨時神楽があり、五月十八日に天皇は伊勢神宮・八幡等に「異国征伐御祈」を命じた[87]。秀吉の命で朝鮮に出兵した安芸広島城主毛利輝元の臣宍戸元次は「一、慶尚道者、日本国安芸宰相(毛利輝元)奉　勅命、令世治也、自今日可守其旨事、」という禁制を出した[88]。秀吉の侵略は、従軍の武家だけでなく天皇・公家も加担して進められた。五月十八日、秀吉は関白秀次に充て二十五箇条からなる朱印状を発した[89]。朝廷に関わる十八条から二十二条を掲げる。

一、大唐都へ叡慮(後陽成天皇)うつし可申候、可有其御用意候、明後年可為行幸候、然者都廻之国十ケ国可進上之候、其内にて諸公家衆何も知行可被仰付候、下ノ衆可為十増倍候、其上之衆ハ可依仁躰事、

一、大唐関白右如被仰候、秀次江可被為譲候、然者都之廻百ケ国、可被成御渡候、日本関白ハ大和中納言(秀保)・備前宰相(宇喜多秀家)両人之

表３　諸公家・諸門跡に対する替地給付
（天正 19 年〔1591〕9 月 13 日京中地子免除時，山城国内）

主体・充行状	充名（実名・位階官職・年齢）	給　　地	石　高	給付文言
秀吉朱印状	龍山（近衛前久・出家・元関白太政大臣 53）	浄土寺村内	77.5	進之
秀吉朱印状	一条殿（内基・従一位前関白左大臣 44）	吉祥院内	218	進之
秀吉朱印状	近衛殿（信尹・従一位左大臣 27）	浄土寺村内	30.95	進之
秀吉朱印状	久我殿（敦通・正二位権大納言 27）	吉祥院内	4.45	遣之
秀吉朱印状	徳大寺殿（実久・正五位下侍従 9）	浄土寺村内	10.4	遣之
秀吉朱印状	勧修寺大納言殿（晴豊・正二位権大納言 48）	吉祥院内	27.7	遣之
秀吉朱印状案	烏丸大納言殿（光宣・正二位権大納言 43）	吉祥院内	18	遣之
秀吉朱印状	花山院殿（家雅・正二位権中納言 34）	吉祥院内	23.7	遣之
秀吉朱印状	吉田殿（兼見・正三位神祇権大副左衛門督 57）	吉祥院内	14.65	遣之
秀吉朱印状	万里小路とのへ（充房・従三位参議左大弁 30）	吉祥院村内	4.7	遣之
秀吉朱印状	藤右衛門督とのへ（高倉永孝・従三位 32）	吉祥院村内	18.67	遣之
秀吉朱印状	土御門とのへ（久脩・正五位下天文博士 32）	吉祥院村内	17.6	遣之
秀吉朱印状	甘露寺殿（経遠・正五位下権右少年 16）	吉祥院内	14.46	遣之
秀吉朱印状案	梶井殿（三千院最胤親王）	吉祥院村内	10.74	進之
秀吉朱印状	大覚寺殿（空性親王）	吉祥院村内	13.2	進之

内覚悟次第可被仰出事、
一、日本　帝位之儀、若宮（皇子良仁親王）・八条殿（皇弟智仁親王）何にても可被相究事、
一、高麗之儀者、岐阜宰相（秀勝カ）歟、不然者備前宰相可被置候、然者丹波中納言（秀俊）ハ九州ニ可被置候事、
一、晨旦（明）国江叡慮被為成候路次礼式、行幸之可為儀式候、御泊々今度御出陣道路・御座所可然候、人足・伝馬ハ国限に可申付事、

日中朝国割計画の発令である。後陽成天皇を北京に所替えし、関白秀次と公家衆に知行を加増して配し、日本の帝位には皇子良仁・皇弟智仁両親王のどちらかを当て、関白には秀保か秀家を配する構想である。日本の国制を越えて三国に君臨する秀吉の下で、天皇・朝廷は日中に分割併置され、その地位は相対的に下落するはずであった。(90)(補注1) 六月七日、所司代前田玄以は「勅定」を奉じて伏見宮邦房や九条兼孝ら四十四名の公家衆に廻状を発し、行幸儀式に関する記録の提出を求めた。(91) 天皇は秀吉の「入唐」要請受諾を表明した。(92)

秀吉は自身の渡海を計画し、明軍の救援・朝鮮民衆の蜂起・

朝鮮水軍の釜山浦襲撃が続いた[93][補注2]九月に延期した。その際、天皇が関与している。九月五日に伝奏衆は勅使として大坂に下向して、前田玄以と「勅書・院御文等之儀」について協議し案文を書き改め、九月九日に大坂城で「従両御所御文」を秀吉の見参に入れた[94]。こののち文禄二年（一五九三）二月に後陽成天皇自筆で秀吉に充てた消息（女房奉書）[補論]は、次の内容であった。

高麗国への下向、嶮路波濤をしのかれむ事、無勿躰候、諸卒をつかハし候ても、可事足哉、且朝家のため、且天下のため、かへす〳〵発足遠慮可然候、勝を千里に決して、此度の事おもひとまり給候ハヽ、別而悦おほしめし候へく候、猶勅使申候へく候、あなかしく[95]、

朝廷と天下のために秀吉の身を案じるもので、秀吉との共生を基本とする路線を示している。このとき秀吉の合意の下に発動された天皇の叡慮は、渡海延期の理由とされ、形式的には秀吉を拘束することとなった[96]。秀吉は明との和議に際しても、講和条件を後陽成天皇に奏達し、勅許を得て明使に回答する方針であった[97]。

覇権構想が破綻し、政権内部の権力闘争が深刻化した文禄四年（一五九五）、秀吉は関白秀次を粛清した[98]。以後関白は闕職のまま据え置かれた。秀吉は現職の太政大臣として、公家社会の首座にあり続けた。秀次事件直後の非常事態にあって、秀吉は領主階級の行動を規制し、秩序の維持をはかる基本法令「御掟」・「御掟追加」を発布させた[99]。次に掲げるのは、後者の第一条である。

一、諸公家・諸門跡、被嗜家々道、可被専　公儀御奉公事、

公家・門跡に「家々道」即ち家職を体現し、秀吉が掌握する朝廷において「公儀」への奉公に専念することを命じた規定である。秀吉が公家たちに求めた「御奉公」の問題について、次節であらためて整理・検討したい。

三　朝廷の機能と要員

秀吉は自ら関白となって朝議を掌握し、天皇を操作して「勅定」を発動させた。国内外での秀吉の戦争に天皇・朝廷は加担し、秀吉に寄与して機能した。公家たちは「御奉公」に励み、「朝役」に従って秀吉のために禁裏や院を支え、官位叙任や神事仏事などの朝儀公事に携わった。政教一致の朝廷の機能について、以下、便宜的に区分して整理する。

身分統合機能　官位叙任

秀吉が朝廷に求めた機能の一つは、官位叙任にあった。武家に対する官位叙任は、豊臣政権の権力編成の要といえた。[100] 従一位関白太政大臣として朝廷の官職制の頂点に立った秀吉は、服属した諸国の領主たちに、自身で奏請し朝廷から位階官職を授けさせた。文禄二年（一五九三）五月朔日附の高麗在番衆中充秀吉朱印状は、豊後の大友義統の「臆病」を罪して領国没収を触知するなかで、「公家に迄させられ、御一家に被仰付」られた恩典を特記している。[101]

武家の任官叙位に際して秀吉は、朝廷に豊臣姓で口宣案（図1参照）を作成させて当事者に下付し、豊臣姓と羽柴の苗字を授与した。口宣案での姓と苗字の授与は、徳川家や毛利家・上杉家など秀吉に直属した最有力の大名や、[102] そ

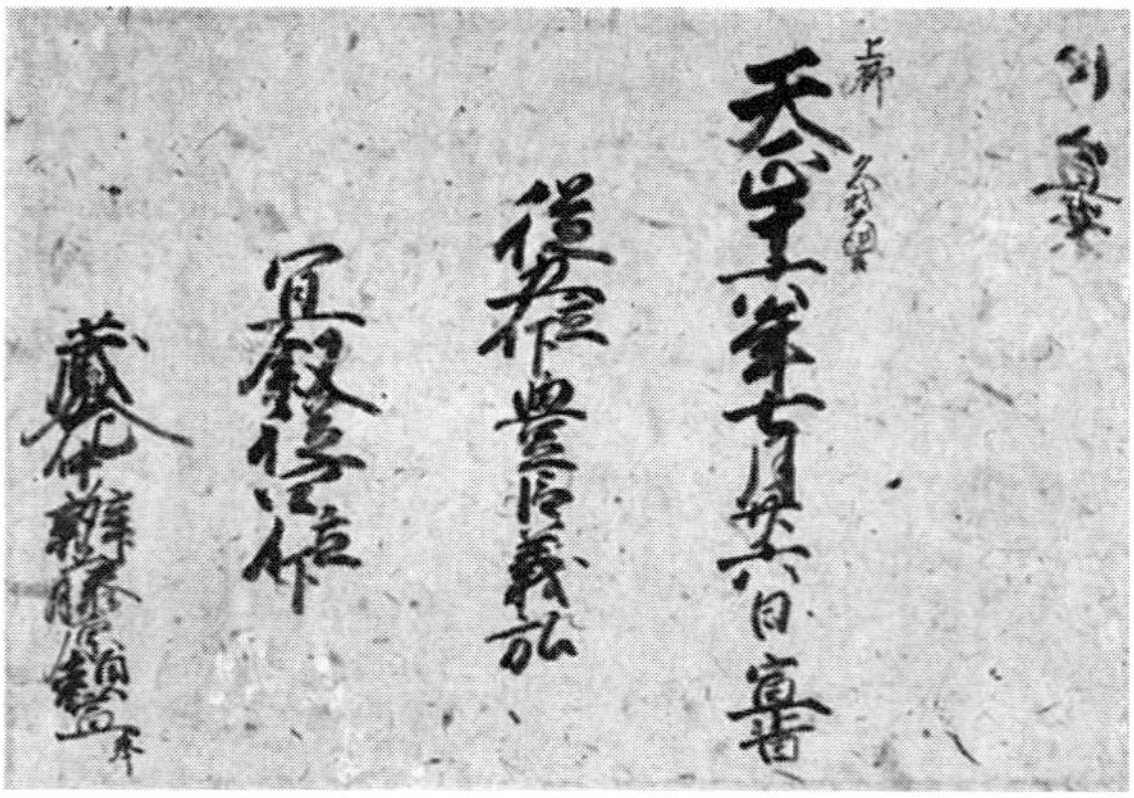

図1　天正16年（1588）7月26日附蔵人葉室頼宣奉口宣案
（東京大学史料編纂所架蔵島津家文書）
秀吉は朝廷に執奏し，服属した武家たちに位階官職を授与していった．中世以来の家系を誇る島津義弘も，豊臣の姓を拝受して従四位下に格付けされた．

の家中の主だつ者にも及んだ。[103] 秀吉は官位の授与に際し、二位大納言・中納言・三位参議の公卿、四位侍従、五位諸大夫の三階層の序列を設けた。徳川・毛利・上杉等や秀吉の一門は公卿に格付けされ、織田家の旧臣や戦国大名系の多くが四位侍従、禄高の小さい者や秀吉子飼いの衆は五位諸大夫に格付けされる傾向にあった。何人も、秀吉自身の位階官職を超えることはなかった。

中世武家社会には、一字書出・官途状等の文書の授受を媒介にした主従間の名付け儀礼があった。[104] 秀吉は朝廷の官位制度を採用し、口宣案という天皇文書を取り込んで位階官職と姓を授与して全国の武家を把握し、「御一家」に加えて自己の下に身分階層序列を編成していった。新たな支配儀礼の創出といえる。

宗教的機能　祈禱

天正十三年（一五八五）の紀伊、十八年の関東、二十年の朝鮮と秀吉の戦争の度に、天皇は御所の内侍所や伊勢・賀茂・春日・八幡等の大社で勝利を祈願させた。

朝廷の宗教的機能は、秀吉やその一族の病気平癒祈願にも動員された。文禄四年（一五九五）十一月秀吉が病むと、北政所の発願で禁中の清涼殿で青蓮院尊朝法親王を阿闍梨に七日間の不動法が修され、内侍所では天皇も「出御」して公家・官人らによる神楽が修された。諸寺社には勅使が発遣され、祈禱の勅命が下った。次に掲げるのは、伝奏中山親綱と地下官人小槻孝亮の日記の関係記事である。

十四、午、晴、従伏見有注進、大閤(秀吉)御所御煩付、於　禁中可被行御修法之由、阿闍梨青蓮院殿(尊朝親王)へ相定了、内侍所御神楽御立願・其外御立願之事、一祇園御湯、一北野、一愛宕、一賀茂下上、一松尾、一清水、一八幡、一春日、以上、此分御立願也、
十五、未、寅刻許出門、伏見へ相越候也、勧同道(伝奏勧修寺晴豊)、昨日書立通猶相究、直青門へ参、御導師等之事申談了、（下略）
十七日、酉、雨降、（中略）従伏見折紙有返事、大閤御所無異儀通之由也、御神楽・諸寺諸社勅使等之儀可急之由也、
十八、戌、雨降、但及晩属晴了、千妙寺被来礼、夜　禁裏御修法ニ被参、馳走持参候由也、
廿一、丑、早天賀茂下上へ参詣、大閤御祈禱為　勅使如此、（下略）[105]

十七日、依大閤御不例、政所ヨリ不動法被行云々、導師聖(青)蓮院殿(尊朝親王)也、於清涼殿有之、七ケ日之法云々、（下略）
廿七日、依大閤御不例御神楽有之、出御云々、脂燭九人、奉行烏丸左少弁(光広)、御劔西三条中将(実条)、御裾葉室頭弁(頼宣)、御簾同、草鞋柳原権弁(資純)、歌方持明院中納言(基孝)・五辻左馬頭(元仲)・園少将(基任)・持明院侍従(基久)、地下各有之、今度持明院中納言、宿老義歟、絲鞋被用云々、但先例有之哉、如何、脂燭衆下行五斗宛也、

晦日、大閤就御不例、為御祈禱下京ヨリ於祇園十二釜湯タテ有之、同能有之云々、
十二月一日、依大閤御不例、従上京為御祈禱七釜ノ湯立侍云々、同両五〔御〕霊、（下略）
十三日、今日御煤払有之、（中略）今日従大閤御鷹鳫三棹御進上也、御煩弥為御快気御礼云々、[106]

慶長三年（一五九八）秀吉が病んだ際にも、秀頼の奏請により御所では内侍所臨時神楽と禁中大元帥法が修され、伊勢神宮等に勅使が発遣され、平癒が祈禱された。[107]

同年八月十八日、秀吉が死去すると、朝廷は秀吉の遺言に従い豊国大明神の神号を宣下し、[108]正一位の神階を贈った（図2参照）。天皇や公家たちは朝儀を行なって秀吉を神に祭り上げ、秀頼は金銀で報いた。[109]後陽成天皇の朝廷は、慶長四年四月十七日附の豊国大明神神号宣下の宣命で「振兵威於異域之外比、施恩沢於率土之間、天皇朝廷乎天下昇平乎海内静謐尓護恤[110]」と秀吉を称え、豊国祭に勅使を発遣して奉幣を続けた。[111]

疎外された摂家

秀吉のために朝儀公事の役者を務めたのは、公家・官人であった。武家への官位叙任に際しては秀吉の意向を伝奏が天皇に取次ぎ、勅許を得て職事（蔵人）や上卿（大納言・中納言）が関与して消息宣下があり、当事者に口宣案が伝達された。戦勝や病気平癒の祈禱の際には、天皇の勅命を奉って職事（蔵人）が綸旨を整え、伝奏や当官の大納言や中納言等が勅使として寺社に発遣された。寺家・社家も祈禱に従事した。御所の内侍所神楽では、公家や官人らが役者を務め天皇が「出御」することもあった。禁中での顕密の修法は、門跡が担った。宣命や宣旨の調進には外記方の官人も従事した。蔵人・弁官を経、大納言に至る名家の家格の公家には役儀が多くあり、官金官物の収入もあった。

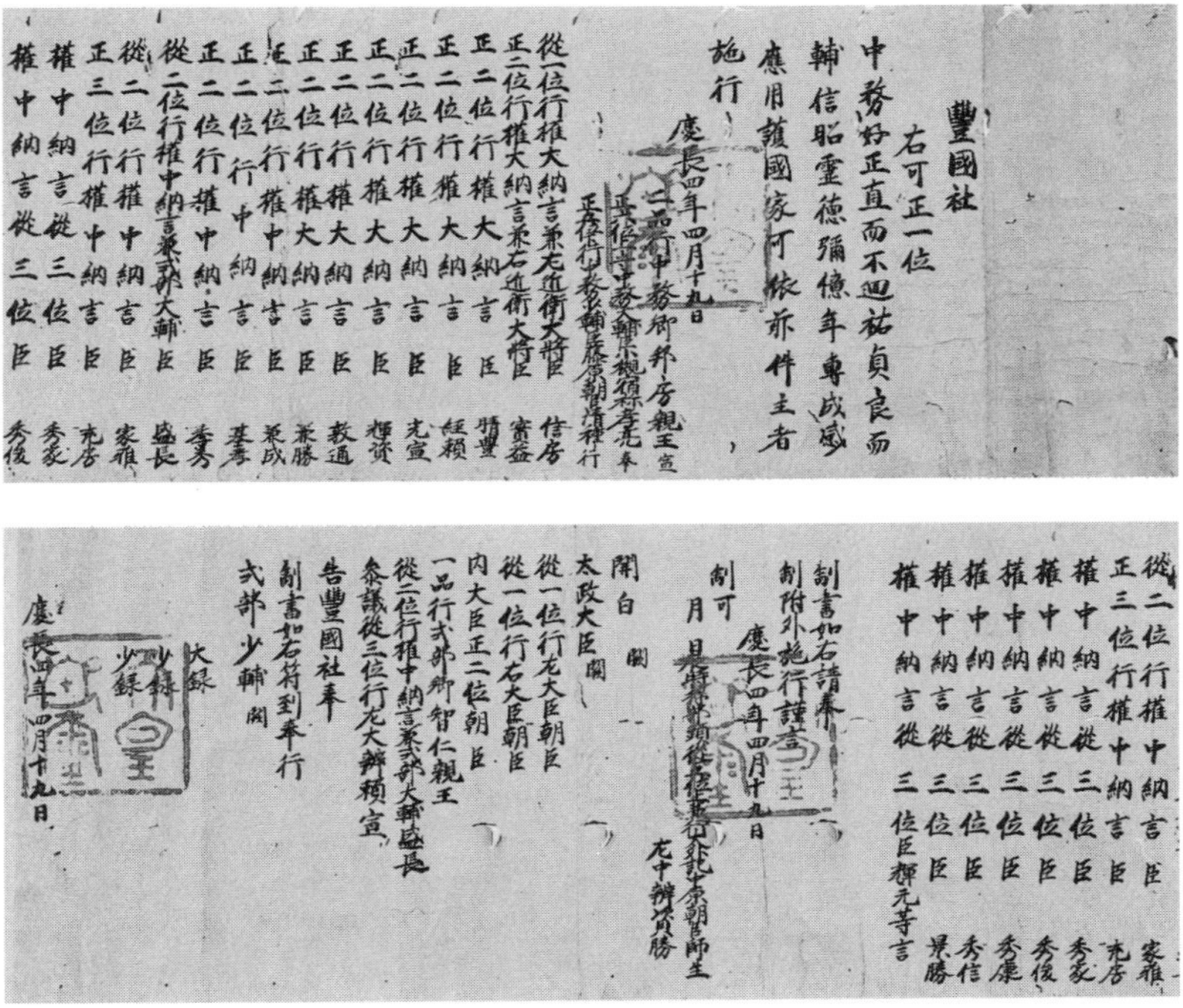

豊國社
右可正一位
中務、好正直而不廻、祐貞良而
輔信、昭霊徳彌億年、専成感
應、用護國家、可依前件、主者
施行、
慶長四年四月十九日
二品行中務卿邦房親王宣
從一位行権大納言兼左近衛大将臣 信房
正二位行権大納言兼右近衛大将臣 實益
正二位行権大納言臣 晴豊
正二位行権大納言臣 經頼
正二位行権大納言臣 光宣
正二位行権大納言臣 輝資
正二位行権大納言臣 教通
正二位行権大納言臣 兼勝
正二位行権中納言臣 兼成
正二位行中納言臣 基孝
正二位行権中納言臣 [illegible]
從二位行権中納言兼式部大輔臣 盛長
從二位行権中納言臣 家雅
正三位行権中納言臣 [illegible]
権中納言從三位臣 秀家
権中納言從三位臣 秀俊

從二位行権中納言臣 家雅
正三位行権中納言臣 [illegible]
権中納言從三位臣 秀家
権中納言從三位臣 秀俊
権中納言從三位臣 秀康
権中納言從三位臣 秀信
権中納言從三位臣 景勝
権中納言從三位臣輝元等言
制書如右、請奉
制附外施行、謹言、
慶長四年四月十九日
制可
月 日
関白 闕
太政大臣 闕
從一位行左大臣朝臣
從一位行右大臣朝臣
内大臣正二位朝臣
一品行式部卿智仁親王
從二位行権中納言兼式部大輔盛長
参議從三位行左大弁穎宣
告豊國社、奉
制書如右、符到奉行
式部少輔 闕
大録
少録
少録
慶長四年四月十九日

図 2　慶長 4 年（1599）4 月 19 日附豊国社叙正一位位記
（豊国神社宝物館蔵萩原家寄贈文書）
秀吉が没すると，遺命で京都阿弥陀峰山麓に壮麗な社殿が造営され，朝廷は正一位の神階と豊国大明神の神号を贈った．この位記には「天皇御璽」が押され，鷹司信房等公家 14 名・宇喜多秀家等武家 6 名の大納言・中納言が実名を連ね，徳川家康の官名内大臣も見える．豊臣政権下の朝廷に統合された公武の領主たちが，亡き秀吉に奉仕する姿を伝える．

公家衆諸家には、中世以来の禁裏小番や院参もあり、輪番で天皇や上皇の御所に出仕・宿直した。各種の奉行を公務に持つ公家もあった。秀吉は彼らに知行を給付し再生産を保障し、朝廷での奉公を命じた。

禁裏小番も中世以来免除されていた五摂家が問題であった。九条・一条・二条三家の当主は既に関白を退き、官職上の公務はなかった。左大臣近衛信尹は天正十九年（一五九一）に関白を「若輩無智」の秀次に奪われ、翌年には左大臣も失い、惑乱して肥前名護屋に秀吉を訪ね「武辺ノ奉公」を願い出た。文禄三年（一五九四）秀吉は信尹の不行跡を弾劾し、後陽成天皇は勅勘を下して薩摩に配流した。完全な失脚である。

（112）（113）（114）（115）（116）（117）

文禄二年二月、関白豊臣秀次は「諸家々業」の再興を唱え、後陽成天皇の内意を得て禁裏での「家道」「家業」稽古の制を定めた。五摂家・清華家・大臣家・名家の家格の者には有職、菅家と勧修寺家・日野家（名家）の家格の者には儒道と、全ての公家に新たに家業が設定された。「有職」を「家業」とされた五摂家のうち大納言鷹司信房のみが当官に残った。五摂家が家格によって有職を発揮する場は、改元の勅答程度に限られた。文禄改元の勅問には関白豊臣秀次と前関白九条兼孝・一条内基・二条昭実と左大将鷹司信房が勅答し、文禄大地震を契機とする慶長改元（一五九六）では大納言鷹司信房が上卿を務め、前関白九条兼孝・二条昭実が勅答した。

（118）（119）（120）

文禄四年の秀次事件後は、関白職とともに左大臣は闕官とされた。秀次に連座した舅の右大臣菊亭晴季も官を解かれると、当官の大臣は太政大臣の秀吉と内大臣徳川家康のみとなった。秀吉は、贈答等の場においても皇親を優遇し、摂家を軽んじた。秀吉はついに、摂家に関白の家職を返還しなかった。

（121）

公家の官職のほとんどには定員があった。公家成りした武家は、公卿となると公家と等しく「公卿補任」に記載された。大納言・中納言の官職にあれば、叙位に際して位記に官姓名を連ねた。慶長四年四月十九日に神となった秀吉に正一位を追贈した位記（図2）をみると、関白・太政大臣は闕職・闕官で、内大臣は徳川家康であった。中納言宇喜多秀家・小早川秀俊・結城秀康・織田秀信・上杉景勝・毛利輝元の六人が公家の大納言・中納言十四人とともに名を連ねている。(122) 武家の公家は秀吉のために国内外で軍役を担い、公家として家職を嗜み朝役に従うことは期待されなかった。けれども彼らの存在は、朝儀公事の場で、本来の公家が家職を実修する機会を奪い、狭めるものとなった。

豊臣政権は、官位制度や神事仏事など朝廷の諸機能を動員し、全国統合を進めた。朝廷に仕える公家たちは知行を与えられ、家職を設定されて役儀を勤めた。しかし秀吉以下の武家が公家当官に参入し、摂家をはじめとする公家は関白や大臣の職から排除された。公家社会は、未曾有の状況を迎えた。

天皇の地位

秀吉によって機能を引き出され、権力に寄与した朝廷で天皇は地位を固めた。天正十三年(一五八五)六月、高野山金剛峯寺を武装解除し新たに寺領を給付した際には、秀吉は後代の規範として正親町天皇に綸旨発給を要請した。七月の伊勢専修寺の住持職・末寺門徒進退安堵に際しても天皇は秀吉判物に先じて綸旨を発給した。(123) 同年七月の関白就職も秀吉によれば、「叡慮」に応え「御請」けしたものであった。親王・准后間の座次争論は、秀吉が関白として「勅」を奉じて裁定した。

十五年五月九日附で島津義久に与えた秀吉の赦免状(図3)は、「日本六十余州之儀、改可進止之旨、被　仰出之条、不残申付候、(中略)義久捨一命走入間、御赦免候、然上、薩摩一国被充行訖、全令領知、自今以後、相守　叡慮、可抽忠功事専一候也」という内容であった。(124) 大名は「叡慮」を掌握した関白秀吉に隷属する構造である。

同年十二月十四日所司代前田玄以は、勧修寺門跡被官等に対する夫役賦課を正親町上皇の「仰出」を請け免除した。(125) 十七年春の京都の清浄華院と金戒光明寺との本末争論は関白秀吉が裁許し、浄華院道残上人には後陽成天皇の女房奉

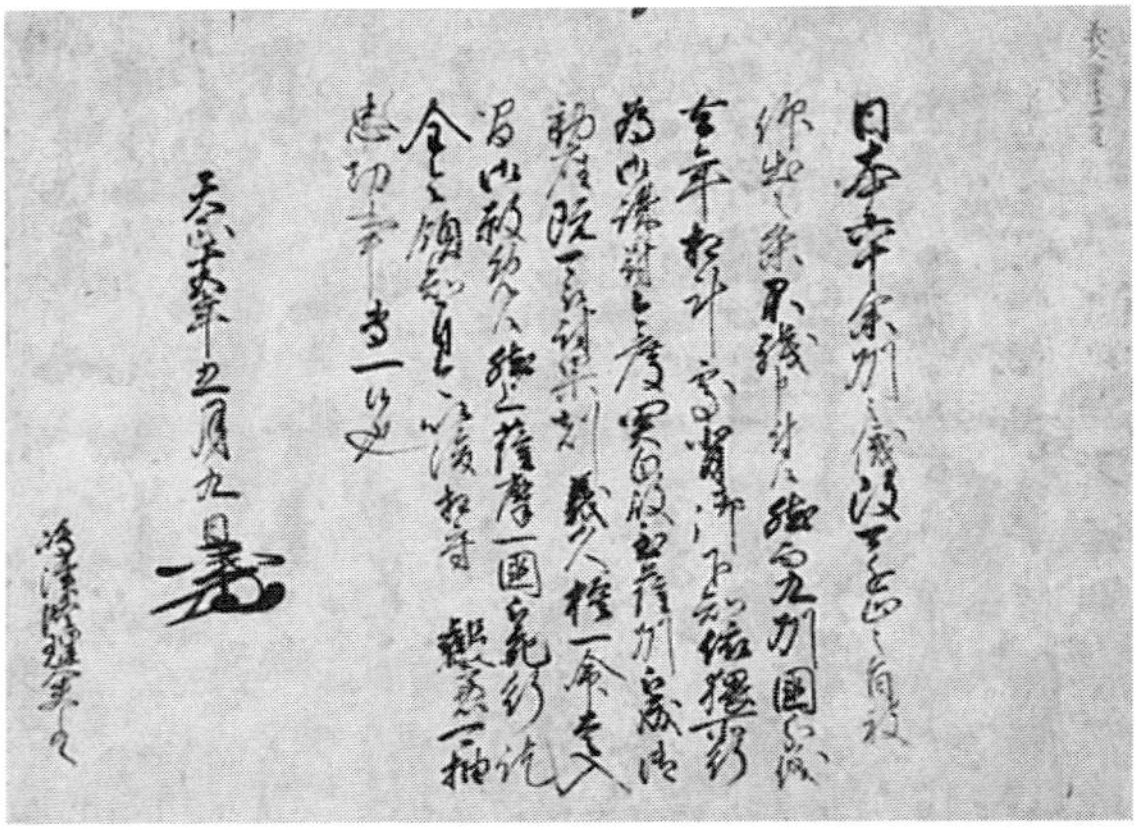

図３　天正 15 年（1587）5 月 9 日附島津義久充豊臣秀吉判物
（東京大学史料編纂所架蔵島津家文書）
秀吉は関白として九州国分を命じ，背いた島津義久を攻め屈服させた．あらためて薩摩一国を充行い，今後は「叡慮」を守り秀吉への忠功を抽んでるよう命じた．

書で下達された[126]。

秀吉の朝鮮渡海延期は、形式的には後陽成天皇・正親町上皇の諫止に従うものであった。文禄五年（一五九六）八月、京の御霊社祭礼で旅居期間について相論が生じた際には、後陽成天皇が朝廷に公家衆を召し裁許を下した[127]。

秀吉は公家・門跡に対する知行充行権を秀次関白時代も含め一貫して掌握し[128]、自身を頂点とする統一的知行体系下に統合した。知行給付に関わって綸旨が出されることはなかった。けれども公家に対する身分的支配権は、天皇に帰属する原則が天正十六年聚楽行幸時の秀吉判物に明記された。知行の没収と再配分を含む、強い内容であった。文禄二年の「諸家々業」稽古の制も勅旨によって定められた。文禄三年の前左大臣近衛信尹の薩摩配流は、秀吉の奏上に後陽成天皇が同意を与え勅勘を下す形式であった[補注3]。同四年七月二十五日秀次事件に連座した伝奏右大臣今出川晴季の解官・越後配流も秀吉の奏上による勅勘であった[129]。慶長元年（一五九六）五月の両人の赦免も、秀吉の奏上を受けての勅免であった[130]。

秀吉死後の慶長四年八月、後陽成天皇は勅勘を下し、密通が露見した伝奏大納言久我敦通の出仕を停止し勾当内侍を罷免した[131]。同年八月二十四日には内々小番衆二十三名・外様小番衆三十六名に法度を定め、署名連判を徴して遵守

を誓約させた。(132)

秀吉の後援を得た天皇は、公家衆に君臨した。秀吉は戦国期に窮乏・混乱した朝廷を再興し、天皇と公家との主従関係を再確認した。秀吉によって再生産された天皇の公家に対する支配は、現実に機能した。天皇をも対象とする法度を定め、厳然と統制を加えた江戸幕府期に比し、豊臣政権期には天皇の地位は高かった。

おわりに

これまで述べてきたように、秀吉が代表した統一政権は位階官職制度の身分序列編成機能や仏事神事等の宗教的機能を動員し、朝廷を全体秩序の構築に寄与させた。同時に全体秩序に適合するよう朝廷を掌握・近世化し、新たな全体秩序に統合していった。その媒介となったの知行充行であった。

公家たちが中世に知行した所領や洛中の地子は、そのまま近世に持続した訳ではなかった。秀吉は公家たちの知行を収公し新たに給付し直して、公家に対する知行充行権を掌握した。公家・門跡は武家とともに、秀吉を頂点に創出された近世の統一的知行体系に編入された。中世と近世との画期がそこにある。知行給付とともに秀吉は規範を定め、自身が擁立した天皇に奉仕させた。秀吉は、知行充行と朝役・家職の設定を媒介に公家を把握し、天皇の支配下に身分的に編成し掌握した。近世の公家の身分は、統一政権によって確立されたのである。公家たちは朝役を全うして身分を維持した。奉仕の対象は、新たな統一政権下の天皇・朝廷であった。

戦国時代の公家衆の流寓で揺らいだ天皇の公家に対する支配を再確立したのも、秀吉であった。戦国時代に衰退解体の危機に瀕した天皇・朝廷は、その機能に価値を見出した秀吉によって動員され、統一政権の樹立に寄与して命脈を保ち、近世領主へと転換を遂げていった。領主階級結集の動向に規定され、再生産されたのである。天皇は北京行幸計画をも受け容れ、一貫して秀吉の権力を支持し続け、寄与した。公家・武家・寺家・社家の全領主階級が重層的に結集した近世の公儀は、右の政治過程を経て成立した。

本章を終えるに当たり、江戸時代についての展望を示したい。秀吉・秀次は関白に就職し、関白を豊臣家の家職として公武の身分編成を進めた。五摂家は関白・大臣職から排除された。秀吉没後の状況を概観すると、徳川家康が全領主階級を統合した。将軍家は知行充行権を掌握し、将軍家を頂点とする新たな統一的知行体系を構築していった。豊臣体制克服のために家康・秀忠は将軍に任官し、徳川の家職を確立していった。武家身分の統合については秀吉の体制を換骨奪胎し、将軍家の執奏による官位叙任制を確立した。朝廷では摂家衆を関白に巡任させて家職を回復し、秀頼の芽を封じた(133)。摂家を登用して朝議運営を委ね、公家に対する「武家之沙汰」による支配に機能させた(134)。

元和元年（一六一五）制定の「禁中并公家中諸法度」は、天皇をも幕府の規範下に置き、五摂家の特権を確認して江戸幕府の朝廷支配の基礎を固め、近世の公家の役と身分を確定した(135)。朝廷は集団としての自律性を大きく喪失した。江戸幕府により強い管理を加えられながら、公武の身分統合に寄与して存続を許された朝廷はやがて経済的に安定する。天皇は自我に覚醒し、朝廷の自律化を志向した。元和十年正月二十一日、後水尾天皇は、公家衆の放鷹を禁じる法度を定めた(136)。天皇を制定主体とする江戸時代の公家法である。寛永六年（一六二九）十一月八日、後水尾天皇は幕府の同意を得ず、独断で譲位した(137)。天皇を統御できなかった幕府は、家康が定めた法度の趣旨を再度強調し、関白・摂家・武家伝奏制による朝廷支配を強化した(138)。幕府は公家衆の官位昇進全般を統御することも模索したが(139)、後水尾の子霊元天皇の代になると、近習の寵臣の官位を「旧例」を破って恣意的に昇進させた(140)。

延宝七年（一六七九）霊元天皇は禁裏小番を闕怠した公家衆に後陽成院以来例がないという勅勘を下し(141)、閉門に処した。[142]公家衆に対する君主としての、身分支配権の主張である。霊元は譲位後も二度の院政を敷き、関白・諸役人から誓詞血判を徴して忠誠を確認し、朝廷に君臨した。[143]統一政権の成立に寄与して存続した天皇は、江戸時代に自我を発揮し新たな段階を迎えたのである。

注

(1) 高木昭作『日本近世国家史の研究』(岩波書店、一九九〇年)。
(2) 山口和夫「近世天皇・朝廷研究の軌跡と課題」(『講座前近代の天皇』5、青木書店、一九九五年)、および本書序章。
(3) 水林彪「幕藩体制における公儀と朝廷」(『日本の社会史』3、岩波書店、一九八七年)、池享「織豊政権と天皇」(『講座前近代の天皇』2、青木書店、一九九三年)・「武家官位制の創出」(永原慶二編『大名領国を歩く』吉川弘文館、一九九三年)、下村效「天正文禄慶長年間の公家成・諸大夫成一覧」(『栃木史学』7、一九九三年)・「豊臣氏官位制度の成立と展開」(『日本史研究』377、一九九四年)、藤木久志『豊臣平和令と戦国社会』(東京大学出版会、一九八五年)、藤田達生「豊臣政権と天皇制」(『歴史学研究』667、一九九五年)など。
(4) 三鬼清一郎「戦国・近世初期の天皇・朝廷をめぐって」(『歴史評論』492、一九九一年)。
(5) 三鬼清一郎「朝鮮役における軍役体系について」(『史学雑誌』75―2、一九六六年)・「太閤検地と朝鮮出兵」(岩波講座『日本歴史』9、一九七五年)、北島万次『豊臣政権の対外認識と朝鮮侵略』(校倉書房、一九九〇年)・『豊臣秀吉の朝鮮侵略』(吉川弘文館、一九九五年)。
(6) 村井早苗『幕藩制成立とキリシタン禁制』(文献出版、一九八七年)。
(7) 富田正弘「室町殿と天皇」(『日本史研究』319、一九八九年)。
(8) 今泉淑夫「文明二年七月六日付飛鳥井雅親書状案をめぐって」(『日本歴史』369、一九七九年)。
(9) 今谷明『言継卿記――公家社会と町衆文化の接点』(そしえて、一九八〇年)。
(10) 富田正弘「戦国期の公家衆」(『立命館文学』509、一九八八年)。
(11) 伊東正子「戦国時代における公家衆の『在国』」(『日本歴史』517、一九九一年)。

(12) 今泉前掲論文［注8］、『諸家伝』、太田青丘『人物叢書藤原惺窩』（吉川弘文館、一九八五年新装版）。
(13) 永原慶二「応仁・戦国期の天皇」（『講座前近代の天皇』2、青木書店、一九九三年）。
(14) 三鬼前掲論文［注4］。
(15) 池享「戦国・織豊期の朝廷政治」（『一橋大学研究年報経済学研究』33、一九九二年）。
(16) 「兼輝公記」延宝七年六月三日条（東京大学史料編纂所架蔵謄写本）。
(17) 橋本政宣「織田信長と朝廷」（『日本歴史』405、一九八二年）。
(18) 下村信博「織田政権の徳政と知行制」（有光友学編『戦国期権力と地域社会』吉川弘文館、一九八六年）。
(19) 「鷹司家譜」（東京大学史料編纂所架蔵本）、奥野高広『増訂織田信長文書の研究』（吉川弘文館、一九八八年、補遺九六号）。
(20) 例えば天正七年（一五七九）六月五日附中川清秀宛羽柴秀吉誓書（『増訂織田信長文書の研究』八一一号参考）。
(21) 「古文書纂」廿九（東京大学史料編纂所架蔵影写本）。
(22) 立花京子「本能寺の変と朝廷」（『古文書研究』39、一九九四年）。
(23) 奥野高広・岩沢愿彦校注『信長公記』（角川日本古典文庫、一九六九年）、『増訂織田信長文書の研究』九一一号。
(24) 織田政権の最終局面については、岩沢愿彦「本能寺の変拾遺――『日々記』所収天正十年夏記について」（『歴史地理』91―4、一九六八年）、立花京子「信長への三職推任について」（『歴史評論』497、一九九一年）参照。
(25) 「烏丸文書」（『大日本史料』第十一編之四、天正十一年八月十二日条）。
(26) 「天正本山再興之記」（『大日本史料』第十一編之十四、天正十三年三月十一日第一条）。
(27) 「藤竜家譜」（『大日本史料』第十一編之十、天正十二年十二月十二日第一条）。
(28) 「吉川家文書」・「山内首藤家文書」（『大日本史料』第十一編之十三、天正十三年二月十日第一条）。
(29) 「延暦寺文書」（『大日本史料』第十一編之十四、天正十三年三月十一日第一条）。
(30) 「伊達家文書」（『大日本史料』第十一編之十四、天正十三年三月二十日第一条）。
(31) 「兼見卿記」天正十三年四月二十四・六月五・同八日条（『大日本史料』第十一編之十五、天正十三年四月二十六日第二条）。

(32) 「続善隣国宝記」(『大日本史料』第十一編之十、天正十二年是歳第二条)。
(33) 「鹿苑院公文帳」(『大日本史料』第十一編之十三、天正十三年二月五日第一条)。
(34) 「上井覚兼日記」天正十二年十二月五日条(『大日本史料』第十一編之十、天正十二年二月六日第三条)。
(35) 『島津家文書』(大日本古文書、二—六四〇号)。
(36) 『大日本史料』第十一編之六、天正十二年三月十七日第一条。
(37) 三鬼清一郎「織田・豊臣政権と官職制」(『別冊文芸　天皇制』河出書房新社、一九九〇年)。
(38) 『大日本史料』第十一編之十四、天正十三年三月十日第一条。「足守木下家文書」(『ねねと木下家文書』山陽新聞社、一九八二年)。
(39) 『大日本史料』第十一編之十四、天正十三年三月二十二日条。
(40) 天正十三年六月十一日附金剛峯寺宛正親町天皇綸旨(『大日本史料』第十一編之十六、天正十三年六月十一日第一条)。
(41) 『大日本史料』第十一編之十四、天正十三年四月十日条。
(42) 『大日本史料』第十一編之十六、天正十三年六月十一日第一条。
(43) 「近衛文書」・「兼見卿記」(『大日本史料』第十一編之十七、天正十三年七月十一日第一条)、「足守木下家文書」。
(44) 「近衛文書」[前掲43]。
(45) 「近衛文書」[前掲43]。
(46) 『駒井日記』文禄三年四月十三日条(藤田恒春校訂文献出版本)。
(47) 「近衛文書」(『大日本史料』第十一編之十七、天正十三年七月十八日第一条)。
(48) 『大日本史料』第十一編之十七、天正十三年七月十五日第一条。
(49) 「兼見卿記」天正十三年七月十四日条。
(50) 『大日本史料』第十一編之十五、天正十三年五月十三日第二条。
(51) 秋沢繁「太閤検地」・三鬼清一郎「在地秩序の近世的編成」(岩波講座『日本通史』11、一九九三年)。
(52) 『大日本史料』第十一編之十四、天正十三年四月七日第一条など。
(53) 帝国学士院編『帝室制度史3・4　第一編天皇第二章皇位継承』(一九三九・四〇年)、宮内庁書陵部編『皇室制度史料太上天皇』3（吉川弘文館、一九八〇年）。
(54)「押小路文書」（七十七）四九（国立公文書館内閣文庫所蔵、東京大学史料編纂所架蔵写真帳）。
(55)「兼見卿記」天正十四年十一月二十五日条（東京大学史料編纂所架蔵謄写本）。
(56)上川通夫「中世の即位儀礼と仏教」（『日本史研究』300、一九八七年）。
(57)「二条殿秘説」所収「当御流御即位御伝授之事」（東京大学史料編纂所架蔵林家旧蔵本）。寛永二十年（一六四三）後光明天皇即位の際、将軍家の儒者林鵞峯が二条家の秘記を閲覧して編み、林家が相伝した。
(58)池前掲論文［注3］。
(59)『御湯殿上日記』（続群書類従完成会本）。女御入内は南北朝期に途絶し、秀吉により再興された（『皇室制度史料后妃』4、吉川弘文館、一九九〇年）。
(60)「辰市文書」一（東京大学史料編纂所架蔵影写本）。
(61)談山神社刊書奉賛会編『談山神社文書』（一九二九年、名著出版、一九八五年複刻）三九・四〇号文書。なお編者は長者宣（四〇号）の長者及び奉者の比定を保留しているが、本稿では発給の意義とともに私見を示す。秀吉は藤原氏長者として関白に任官した。太政大臣には豊臣朝臣の姓で任官したが、秀吉に代わる藤原氏長者は補任されなかった。秀吉は藤原氏長者を包摂する豊臣氏長者を創出したと理解したい。
(62)中村直勝「談山神社の古文書」（一九二六年、『中村直勝著作集』2、淡交社、一九七八年）。
(63)大村由己「聚楽第行幸記」（天正十六年五月）（塙保己一編『群書類従帝王部』）。
(64)「近衛文書」（東京大学史料編纂所架蔵写真帳）。
(65)「大覚寺文書」（東京大学史料編纂所架蔵影写本）。なお近衛家出身の門主尊信大僧正は四月の行幸には供奉せず［前掲63］、六月二日に病死した（「大覚寺譜」、大覚寺史資料編纂室編『大覚寺文書』上、一九八〇年）。
(66)「桂宮御判物御朱印文書類」（宮内庁書陵部所蔵桂宮旧蔵史料）。
(67)「聚楽第行幸記」［前掲63］。
(68)「親綱卿記」（東京大学史料編纂所架蔵影写本）。
(69)『公卿補任』・「聚楽第行幸記」・奥野高広『人物叢書足利義昭』（吉川弘文館、一九六〇年）。秀吉は関白となり、天正十四

年五月には義昭に代わって公帖発行権を掌握した（「丹後宗雲寺文書」東京大学史料編纂所架蔵影写本）。
(70) 朝尾直弘「幕藩制と天皇」（一九七五年、『将軍権力の創出』岩波書店、一九九四年）、脇田修『近世封建制成立史論』（東京大学出版会、一九七七年）、永原慶二「天下人」（『日本の社会史』3、岩波書店、一九八七年）。
(71) 『早稲田大学所蔵荻野研究室収集文書』（吉川弘文館、下―一〇八八号）。
(72) 『鹿苑日録』天正十七年十一月二十三日条（辻善之助編纂太洋社本）。
(73) 藤木前掲書［注3］参照。
(74) 『御湯殿上日記』・「晴豊公記」（東京大学史料編纂所架蔵写真帳）。
(75) 『御湯殿上日記』・「晴豊公記」・「兼見卿記」。
(76) 「晴豊公記」天正十八年三月十六日条。
(77) 『御湯殿上日記』・「晴豊公記」。
(78) 五月十日附内宮社人中宛秀吉朱印状写（「内宮神官所持古文書」東京大学史料編纂所架蔵謄写本）。
(79) 岩橋小弥太「京都の屋地子について（上・下・再）」（『歴史と地理』12―5・6、13―6、一九二三・二四年）、小野晃嗣「京都の近世都市化」（一九四〇年、『近世城下町の研究増補版』法政大学出版局、一九九三年）、吉田伸之「公儀と町人身分」（『歴史学研究別冊』一九八〇年）。
(80) 書札礼については、三鬼清一郎「豊臣秀吉文書に関する基礎的研究」（『名古屋大学文学部研究論集史学』34・35、一九八八・八九年）、掘新「秀吉文書の書札礼」（『戦国史研究』23、一九九二年）、小林清治「秀吉の書札礼」（一九九二年、『秀吉権力の形成』東京大学出版会、一九九四年）、国立歴史民俗博物館企画展示図録『近世武家社会』（一九九四年）参照。
(81) 秋沢繁「天正十九年豊臣政権による御前帳徴収について」（『論集中世の窓』吉川弘文館、一九七七年）。
(82) 「足守木下家文書」。
(83) 「本願寺文書」五（東京大学史料編纂所架蔵影写本）。
(84) 中野等「太閤・関白並立期の豊臣政権について」（『歴史評論』507、一九九二年）。
(85) 「三藐院記別記古今聴観」（史料纂集）・「兼見卿記」。
(86) 宇野日出生「大中院文書について」（『京都市歴史資料館紀要』8、一九九一年）、「兼見卿記」、「京都市伏見区役所々蔵文書」（西田直二郎『京都史蹟の研究』吉川弘文館、一九六一年）。

(87)『多聞院日記』・『続史愚抄』。

(88)「長州萩洞春寺所蔵文書」（伴信友『中外経緯伝』四、『改定史籍集覧』11）。

(89)「尊経閣古文書纂」三四（前田育徳会尊経閣文庫所蔵、東京大学史料編纂所架蔵写真帳）。

(90)中野前掲論文［注84］、三鬼清一郎「江戸時代の天皇の地位」（安在邦夫等編『法廷に立つ歴史学』大月書店、一九九三年）。

(91)「前中友輔氏所蔵前田玄以廻状」（東京大学史料編纂所架蔵台紙付写真）。

(92)『鹿苑日録』天正二十年六月十三日条。「斎了、侍鳳闕聯句、百韻了也、主聖（後陽成天皇）曰、自太閤（秀吉）御入唐云々、然者予（相国寺鹿苑僧録有節瑞保）可被召連之由聖帝直仁勅言也、欽而抵（低）頭諾矣、於五岳出世衆廿員可有召具云々」。なお天皇の入唐が実現することはなかった。

(93)北島前掲書［注5］。

(94)「親綱卿記」（「中山家記」東京大学史料編纂所蔵謄写本）・「親綱卿記」（影写本）。

(95)帝国学士院編『宸翰英華』（紀元二千六百年奉祝会、一九四四年、図版二六一号）・東京国立博物館等編集『御在位六十年記念日本美術名宝展』（一九八六年、図版八五号）。

(96)橋本政宣「後陽成天皇に対する秀吉の請文」（『日本歴史』357、一九七八年）。

(97)北島前掲［注5］『豊臣政権の対外認識と朝鮮侵略』。

(98)三鬼清一郎「御掟・御掟追加をめぐって」（尾藤正英先生還暦記念会編『日本近世史論叢』上、吉川弘文館、一九八四年）。

(99)『浅野家文書』（大日本古文書、二六五・二六六号）。三鬼前掲論文［注98］。なお「御掟」・「御掟追加」には天皇を直接に対象とする規定はなかった。

(100)水林・池・下村前掲論文［注3］。

(101)『島津家文書』（大日本古文書、二―九五四号）。

(102)米田雄介「徳川家康・秀忠の任官叙位文書について」（『栃木史学』8、一九九四年）、『毛利家文書』・『上杉家文書』（『大日本古文書』）。

(103)神崎彰利「磐城平藩内藤家文書の研究（二）」（『明治大学刑事博物館年報』20、一九八九年）、「井伊家伝来古文書」（彦根城博物館所蔵）、『萩藩閥閲録』、「上杉景勝家来任官並大坂陣軍功者書上」。

(104) 加藤秀幸「一字書出と官途（受領）挙状の混淆について」（『古文書研究』5、一九七一年）。

(105)「親綱卿記」文禄四年十一月各日条（東京大学史料編纂所架蔵影写本）。

(106)「孝亮宿禰記」文禄四年十一月各日条（壬生本、東京大学史料編纂所架蔵写真帳）。

(107)『御湯殿上日記』慶長三年七月五・六・七・八・十・十一日条。七月八日に内侍所臨時神楽が修され、十一日に伊勢・石清水・春日・祇園・清水他の寺社に堂上十六名の勅使が発遣された。

(108) 三鬼清一郎「豊国社の造営に関する一考察」（『名古屋大学文学部研究論集史学』33、一九八七年）。『御湯殿上日記』慶長四年三月五・四月十八・十九日条。

(109)『御湯殿上日記』慶長四年四月二十九日条、「ひてより中納言、大かうひてよしとよくにの大みやうしんになされ候いわゐとて、しろかね千枝〔枚〕まいる、しゆこうへきかね十まい、女御へきかね五枚、女中のこらす一まいつゝまいる、せつけ・せいくわ・と〔さ脱〕ま・ない〳〵・御ひく人御所・もんせきたちへもかねともまいる、とよくにへのやくしやにはへつして一かとまいりたると也」。

(110)「押小路文書」（七十七）四九。

(111) 豊国社への勅使派遣は慶長五年四月十八日大納言日野輝資、同八月十八日大納言烏丸光宣、六年四月十八日大納言広橋兼勝、同八月十八日大納言万里小路充房、八年八月十八日中納言中山慶親、十四年八月十八日中納言正親町季秀、十五年四月十八日中納言中山慶親と江戸開府後も続けられた。

(112) 池前掲論文［注15］。

(113)『公卿補任』（新訂増補国史大系本）。

(114)「三藐院記別記豊臣秀次任内大臣次第」（史料纂集）。

(115)『公卿補任』・「足守木下家文書」。

(116)『多聞院日記』天正二十年八月二十四日条（三教書院本）、『駒井日記』文禄三年四月十三日条（文献出版本）。

(117) 近衛通隆・名和修・橋本政宣「解説」（『史料纂集三藐院記』）。秀吉は伝奏衆に宛てた条書（『駒井日記』文禄三年四月十三日条所収）で信尹の罪状を列挙し、流罪を提案して後陽成天皇の勅許を求めた。

(118)「時慶卿記」文禄二年二月三・四日条、「文禄二年諸家々業以下御沙汰事」（東京大学史料編纂所架蔵正親町家史料）（橋本政宣「豊臣政権と公家衆の家業」『書状研究』11、一九九三年掲載図版）。

(119)「改元勅答部類文禄度」。

(120)「孝亮宿禰日次記」文禄五年九月二十一日・十月二十七日条。

(121) 天正十六年聚楽行幸時の秀吉文書は、後水尾天皇には伝奏充披露状、六宮充には竪紙の判物、摂家には折紙の判物という順の礼をとった。同十九年十二月二十六日秀吉が尾張の鷹狩から帰京した際、出迎えの摂家衆は立見物を余儀なくされ、後陽成天皇と八条宮智仁・大覚寺空性・曼殊院良恕・新宮道勝の諸親王にのみ桟敷が用意された（「三藐院記別記古今聴観」）。慶長元年十二月十日土佐の国に漂着した南蛮船からの緞子等贈答では「禁裏（後陽成天皇）へ百巻進上、親王親方（皇子良仁）廿巻、摂家十巻、八条殿（皇弟八条宮智仁）廿巻、准后廿巻、諸門跡方五巻宛、諸公家衆三巻宛」と差がつけられた（「孝亮宿禰日次記」）。

(122) 慶長四年四月十九日附豊国社叙正一位位記（豊国神社宝物館蔵萩原家寄贈文書）。

(123)『大日本史料』第十一編之十七、天正十三年七月十三日第二条。綸旨は七月十三日附、秀吉判物は二十五日附とされた。

(124)『島津家文書』（大日本古文書、一―三四五号）。藤田前掲論文［注3］参照。

(125)「勧修寺文書」三（東京大学史料編纂所架蔵影写本）。

(126)「清浄華院文書」（水野恭一郎・中井真孝『京畿浄土宗寺院文書』、同朋舎出版、一九八〇年）。

(127)「御霊神社文書」（東京大学史料編纂所架蔵影写本）文禄五年八月二十一日附本所別当祐純宛前田玄以書状、「御霊社祭礼事、古来七月十八日有神幸、八月十八日雖為還幸、当年閏七月在之付、閏月茂安座神輿申、八月十八日可成還幸申旨、旅所社若代申之、然本所別当祐純法印申分者、旅居之義、古今卅ケ日之由来申立、不可構閏月由申候条、神慮之儀候間、達　叡聞候之処、始神道御預之吉田三位兼見公家中被召、被遂御穿鑿畢、所詮往古以来三十日旅居之通被聞召届、閏月雖在之、六十日旅居之義不可有之由、既被成　奉書（大納言勧修寺晴豊充女房奉書）候、自今以後可守此旨事肝要候也」。

(128) 文禄二年八月二十日附妙法院宛秀吉領知朱印状（「知行方目録」「妙法院文書」一）、同三年十一月二十日附烏丸光宣宛秀吉領知朱印状（「将軍代々文書」）（ともに東京大学史料編纂所架蔵写真帳）。

(129)『御湯殿上日記』文禄四年七月二十五日条。

(130)『言経卿記』慶長元年五月二日条(大日本古記録)。
(131)『鹿苑日録』慶長四年七月二十一・二十三日条、『御湯殿上日記』慶長四年八月四日条、『言経卿記』慶長四年八月二十四・二十九日条。
(132)『言経卿記』慶長四年八月二十四日条。
(133)山口和夫「近世の家職」(岩波講座『日本通史』14、一九九五年、本書第三部第一章)。
(134)藤井讓治「江戸幕府の成立と天皇」(『講座前近代の天皇』2、青木書店、一九九三年)。
(135)山口前掲論文[注133]。
(136)「泰重卿記」元和十年正月二十一日条(宮内庁書陵部所蔵、東京大学史料編纂所架蔵写真帳)、「廿一日、丙子、晴、予(中務少輔土御門泰重)午時伺公、度々有御尋、召御前、御鷹之事被仰聞候、予申云、御所御鷹ハ不苦候、若輩之公家鷹持之事、堅御法度被仰出可然之由申上候、学問稽古難成候上、又百姓田畠損可申候間、不可然之由申候、叡慮尤思召之由仰也、則三条西伝奏(実条)以談合、諸家法度之事可申付之由被仰出候、御鷹之取候鳩二、三条西ニ被下候、予御使也、御法度之事申渡候也、畏之由御返答被申上候」。
(137)洞富雄「譲位と灸治」(『日本歴史』360、一九七八年)。
(138)『本光国師日記』寛永七年九月十四・十六日条(副島種経新訂続群書類従完成会本)。
(139)『本光国師日記』寛永十年正月二日条。
(140)田中暁龍「江戸時代議奏制の成立について」(『史海』34、一九八八年)・同「江戸時代近習公家衆について」(『東京学芸大学附属高等学校大泉校舎研究紀要』15、一九九〇年)。
(141)「基熙公記」延宝七年七月十七・十八日条(東京大学史料編纂所架蔵写真帳)。
(142)「基量卿記」延宝七年七月十七・十九日条(東京大学史料編纂所架蔵影写本)、「兼輝公記」同七月十七日条(謄写本)。
(143)山口和夫「霊元天皇」(『日本史ピープル一〇一人』新書館出版、一九九六年)および本書第二部第三章参照。

補注

本章初出（一九九六年）後、跡部信氏からの批判や諸氏の新たな研究に接した。以下に補注を加える。

（補注1）　天正二十年（一五九二）五月十八日附関白秀次充秀吉朱印状の日中朝国割計画の評価について

本文四五頁で、「日本の国制を越えて三国に君臨する秀吉の下で、天皇・朝廷は日中に分割併置され、その地位は相対的に下落するはずであった。」と評価した。

跡部信「秀吉の朝鮮渡海と国制」（『大阪城天守閣紀要』31、二〇〇三年）の北京に移された後陽成天皇は中華皇帝となり昇格するとの批判を踏まえ、再考した。現在の考えを次に記す。

秀吉は、三国を版図としつつ、「大唐都」＝北京と「平安城」＝京都とに二つの朝廷と天皇を擁立する構想であった。天皇・朝廷を維持・包摂する意図を続けたことに留意したい。

（補注2）　秀吉の天正二十年渡海延期の決定時期について

跡部信「秀吉の朝鮮渡海と国制」（前掲、二〇〇三年）で、「六月二十日以前であったはずの秀吉の渡海延期の決定時期を、九月ととりちがえている。」との批判に接した。本文四六頁の「九月に延期した。」の記述は、訂正を要する。

（補注3）　文禄三年の近衛信尹の薩摩配流について

本文五四頁で、「秀吉の奏上に後陽成天皇が同意を与え勅勘を下す形式であった。」と記した。これに対し、跡部信「豊臣政権の代替わり」（『大阪城天守閣紀要』28、二〇〇〇年）から勅勘ではないとの批判があり、藤田恒春「「関白職まハり持候儀」について―文禄三年四月十二日付豊臣秀吉朱印覚書の紹介」（『織豊期研究』2、二〇〇〇年）・前田多美子『三藐院近衛信尹』（思文閣出版、二〇〇六年）も同様の見解を示す。

『史料綜覧』に当該条綱文材料として書名が掲載され、藤田氏が全文を紹介している「萩野由之氏所蔵文書」二（東京大学史料編纂所架蔵影写本）所収秀吉覚書写は、近衛信尹の罪状を挙げた七箇条に続き、次の文言で終っている。

右七ヶ条者、定而　上(後陽成天皇)にも少しハ可被及聞召処、信輔(近衛信尹)ニ御対面之段、ふしん存候、彼者腹をもきらせ候ハんやと雖思案仕候、いつれも一類有之付而、天下之御法度を背、延慮(遠)せしめ、只今遠国へ流者にいたし候、雖然大閤(秀吉)一書不届と思召候者、延引可仕候、此由御ひろうあつて、急度殿下(秀次)へ可被仰出候、恐々謹言

(文禄三年)卯月十二日　　秀吉

菊亭(晴季)右大臣殿

勧修寺(晴豊)大納言殿

中山(親綱)大納言殿

本人への処分の伝達は、秀吉から関白秀次等を介した回路でなされている（『増補 駒井日記』等）。秀吉が処分を主導し、事後通告に等しく、勅勘ではないという点で、跡部・藤田・前田三氏の見解は共通する。

けれども、秀吉は三伝奏を介した右の披露状で、形式的には後陽成天皇の承認を求めており、天皇の判断次第では処分延期の可能性をも残している。実際に近衛が都を発したのは四月十四日である（『史料纂集三藐院記』）。

また、本処分は、赦免時の手続を含め検討し、総合的に評価すべきである。注(130)で典拠名のみ示し、近衛信尹と、秀次事件に連座した菊亭晴季との赦免過程を伝えた『言経卿記』慶長元年（一五九六）五月二日条を、あらためて以下に摘記する（『大日本古記録 言経卿記』七）。

一、石河日向守(家成)へ罷向対顔了、茶有之、一昨日従　大閤(秀吉)　禁中へ江戸内府(家康)・前田大納言(利家)両使ニテ、近衛殿(信尹)・菊亭前右府(晴季)等可召出之由被仰入之也云々、近衛殿ハ薩摩国ニ去々年ヨリノ左遷也、菊亭ハ去年七月――ニ越後国へ左遷也、可有上洛之由飛脚等也云々、石河日向守雑談了、

配流先の両人の赦免は、秀吉から後陽成天皇への奏請を経た勅免の形式をとるものであった。公家衆諸家への人身支配の権限は、天正十六年（一五八八）聚楽行幸時に秀吉が保障した通り天皇にあり、近衛信尹の薩摩配流・赦免とも形式的には天皇が決した勅勘・勅免であった、というのが私見である。

補論　後陽成天皇の秀吉に対する二通の勅書

本書四六頁で後陽成天皇が秀吉に充てた勅書（自筆女房奉書）について述べた。その後、関連して二通が存在することを知ったので、以下に紹介・解説する。

A　「後陽成天皇宸筆女房奉書」京都国立博物館所蔵　台帳番号B甲319
　蜂須賀侯爵家旧蔵　守屋美孝寄贈　国指定重要文化財
　縦四五・八センチ　横（二紙計）一三一センチ

高麗国への下向、嶮路波濤をしのかれむ事、無勿躰候、諸卒をつかハし候ても、可事足哉、且朝家のため、且天下のため、かへす〳〵発足遠慮可然候、勝を千里に決して、此度の事おもひとまり給候ハヽ、別而悦おほしめし候へく候、猶勅使申候へく候、あなかしく、
（切封墨引）
大閤（秀吉）とのへ

Aは、高麗渡海を諫止する内容で、帝国学士院編纂『宸翰英華』（紀元二千六百年奉祝会、一九四四年）や、坂本太郎他監修『書の日本史』五（平凡社、一九七五年、斎木一馬解説）にも収載され、周知の史料である。本章初出（一九九六年）時には、通説（橋本政宣「後陽成天皇に対する秀吉の請文」『日本歴史』三五七、一九七八年）により、天正二十年九月頃のものとしたが、跡部信氏の論文「秀吉の朝鮮渡海と国制」（『大阪城天守閣紀要』31、二〇〇三年）に接し、文面と秀吉の居所（藤井讓治編『織豊期主要人物居所集成』第二版、思文閣出版、二〇一六年）にも鑑み、文禄二年（一五九三）正月か二月のものと本文を変更訂正した。

同年秀吉は肥前名護屋に八月十五日まで在陣しており、このAの勅書の高麗渡海諫止の文面と整合する。

B　「後陽成天皇女房奉書」東京国立博物館所蔵　B2879
　縦四三・四センチ　横（第一紙）六三・四、（第二紙）六一・七センチ

年内はこなたに逗留と聞召候間、ないく都をも見廻りたるへきまゝ、まち入給候へハ、近日なこや《(名護屋)》へ下向候よしとりさた候、驚きおほしめし候、寒天の刻、在国達而無心元被思召候、殊高麗の事も別義なき由候、つくし《(筑紫)》にもれきく《(歴々)》おられ候よし候まゝ、かたく此たひの事、延引候やうにとおほしめし候、猶御つかい《(使)》へ被仰出、あなかしく、

（切封墨引）
大閤《(秀吉)》とのへ

上方逗留を促し、肥前名護屋へ向けた出陣延期を求める内容である。天正二十年（一五九二）の秀吉は、三月二十八日に京都を発し、四月二十五日名護屋に着き、七月二十二日名護屋を発し、八月一日大坂に帰着、十月一日大坂を出馬した（藤井譲治編『織豊期主要人物居所集成』第二版）。新たに目にする機会を得たBの勅書を、秀吉上方帰還中の天正二十年九月のものと解した方がよい。

これに対応する秀吉の請文（返書）写が、複数ある。真名（漢字）書きの一通は、三浦周行氏が収集し、「豊太閤の書状につきて」（『史林』三巻四号、一九一八年）で紹介している。仮名書きの写のうち、永青文庫所蔵「細川家史料」分は、橋本政宣「後陽成天皇に対する秀吉の請文」（前掲）に、足守木下家伝来分は、人見彰彦「足守木下家文書」（山陽新聞社編集・発行『ねねと木下家文書』一九八二年）にそれぞれ全文が紹介されている。三通ともに九州への発足を諫止する勅書への返書で、日附は九月九日である。

「足守木下家」伝来の秀吉請文写を前掲書の図版から次に掲げる。

ちよくしよ《(勅書)》、こんにち《(今日)》たつ《(辰)》のこく《(刻)》、つんしんて《(慎)》ちやうだい《(頂戴)》つかまつり候、つくし《(筑紫)》ざいこく《(在国)》の儀、かんてん《(寒天)》ニむかひ、まかりこし候事、いかゝとおほしめし、きくていう大じん《(菊亭晴季)》くわしゆう寺大なこん《(勧修寺晴豊)》・中山大なこん《(親綱)》・こか大なこん《(久我敦通)》をもって、ゑんいん《(延引)》いたすへきむねおほせふくめられくたされ候儀、かたしけなく《(忝)》そんちたてまつり候事、

一、ゑいふん《(叡聞)》のことく、かうらい《(高麗)》の儀、ぢやうぶ《(丈夫)》ニ申つけ、ゆるかせをそんせす候でう《(条)》、御心やすくおほしめさるへく候事、

一、つくし九かこく《(国)》の儀、ろしぢう《(路次中)》ニいたるまてもかたく申つけ、ならひになこや《(名護屋)》にハ、くわんとう《(関東)》八しう《(州)》・でハ《(出羽)》・

あふしう（奥州）・ほつこく（北国）のしよせい（諸勢）、いつれもぢやうぶニ申つけ候、これ又御きつかいなさるましく候事、
一、みぎのごとく申つけ候間、えいりよ（叡慮）にまかせ、たうねんぢう（当年中）とうりう（逗留）いたし、さい〳〵（再々）さんたい（参内）申、御めみえいたしたく候といへとも、かうらいへとかい（渡海）申つけ候人しゆ（数）、つくし九かこく・さんやうだう（山陽道）八かこく・四こく（国）・さんいんだう（山陰道）八かこく・いき（壱岐）・つしま（対馬）、右の人しゆ、ならひになこやにざいちん（在陣）候て、しよじ（諸事）心をそへ候さへ、ちやうぢん（長陣）ふびん（不便）ニ候と申つけをき候あひだ、しよそつ（諸卒）どうぜん（同然）になこやにしよさふらひ（諸士）、六十よしう（州）のこるところなくころニ、ゑいりよと申なから、ひてよし（秀吉）こゝもと（爰許）にとうりういたし候ハヽ、みぎのしよせい、それがし（某）たいくし（退屈）いたし、ゆたん（油断）をもつかまつるやうにそんぢ（存）候へば、かつうハ、上（後陽成天皇）の御ためと申、又ハ、ひでよしかくご（覚悟）をも見かぎり候へハ、いまゝでしよし申つけ候事、む（無）にまかりなるべく候や、ちよくぢやう（勅諚）をあいそむくやうに、しぜん（自然）下〳〵そんぢ候へハ、いかゞしくてう、この月ぢうあひのべ、らい月まかりくたり候て、さいわひ（幸）十月ハ風ものとかに、かいしやう（海上）もをだやかなるよし申候間、御心やすくおほしめされ、御いとまくたされ候やうにつかまつりたく候でう、りよう（両）四人として、みぎそんぢより候しんぢう（心中）のこさす御ひろうたのみ入候、恐々謹言、
九月九日（天正二十年）　ひて吉
菊ていう大しん殿

この秀吉書状は、勅使の伝奏から勅書と勅諚を伝達されたことに対する返書、請文で、伝奏充の披露状である。秀吉の居所・文面とも勅書Bと整合し、勅使の一人、中山親綱の日記『親綱卿記』天正二十年（一五九二）九月九日条の「従両御所（正親町上皇・後陽成天皇）御文入見参」の記載とも一致する。勅書Bと秀吉書状とは、一対で、年代はともに天正二十年（一五九二）九月九日のものと比定することができる。

秀吉の請文（披露状）には、後陽成天皇の勅諚を無視せず諫止・拘束を容れ、都から九州出陣のための「御いとま」を請う意が記されている。

勅書A・Bに共通して秀吉の身を案じ、Aは「朝家のため、且天下のため」とする。四人の伝奏は天正二十年九月五日、大坂で前田玄以と会し、「勅書・院御文等之儀」につき談合したのち、同九日に勅書（B）を伝達しており（『親綱卿記』、橋本前掲論文）Aについても後陽成天皇が自発的に認めたか、秀吉の要請を容れて認めたかという点を考慮する必要は残る。

けれども、後陽成天皇が、秀吉の行動を掣肘する内容の文面の勅書A・Bを自筆で書き、秀吉に伝達され、秀吉もそれに沿う意向と行動を示した事実は動かない。秀吉と後陽成とが、江戸時代の天皇・院と将軍・大御所とは異なり、より属人的に親しい関係にあり、秀吉の軍事行動、政治そのものへ天皇が容喙している点に留意したい。

なお、A・Bの女房奉書の料紙の法量が、後陽成以前の中世の天皇の女房奉書の事例（京都国立博物館編集・発行『宸翰天皇の書―御手が織りなす至高の美』二〇一二年など）より大きく、関白就任後に巨大化した秀吉文書（藤井譲治「解説」神戸大学文学部日本史学研究室編集『中川家文書』臨川書店、一九八七年など）の法量と近似している点も注目に値する。

第二章　近世初期武家官位の展開と特質

はじめに

日本近世の武家の官位は、統一政権による身分編成機能を担い、当事者やその家の社会的地位を示す指標の一つとして作用した。近世の武家官位については、多様な研究成果が蓄積されてきた。(1)豊臣政権期の叙任事例の網羅的収集と分析、(2)江戸幕府成立後の慶長期の実態解明、(3)江戸時代の朝幕藩関係史料による叙任手続きの把握、(4)大名家側の多様な動向に即した全体像への接近、(5)等々が進められつつある。筆者も、近世の統一政権の成立と朝廷との関わりを問うなかで、武家官位の問題に触れてきた。(6)

本章では、研究史の状況に鑑み、次の課題を設定し、武家官位をめぐる基礎的事実の検証を一次史料により進めたい。すなわち第一には、豊臣政権から江戸幕府への転換にともなう通時変化の把握。また第二には、叙任についての一件記録が整備・蓄積される十七世紀後半以前の実態解明。以下、第一節では秀吉が創出した豊臣姓武家官位の体系と江戸幕府草創期の課題について概括的に整理する。第二節では、将軍秀忠による松平の苗字・偏諱授与、紅葉山東照社社参を素材に武家官位の再編過程を扱う。第三節では、さらに江戸城中の儀礼における身分標識としての機能深化を問う。第四節では、参勤交代の制度化にともなう年末定期叙任の成立と諸家の姓の確定について検証する。

これらの作業を通して、豊臣政権期から江戸時代初期に至る変化の筋道を整理し、当該期の武家官位の特質を明確にしたい。

一　豊臣政権から江戸幕府へ

秀吉は諸大名等を召集し、朝廷に奏請して官位を叙任し、豊臣朝臣の姓と羽柴の苗字を広範に授与して自己の下に編入していった。各々の分国に自立した戦国大名、織田体制下のかつての同僚、自己の一族・子飼いの者を統合・再編したのである。従一位関白太政大臣として朝廷を掌握した秀吉の下に、A参議以上の公卿、B従四位下から従五位下の侍従、C従五位下の諸大夫の階層が創出された。B以上への叙任は「公家成り」、Cへの叙任は「諸大夫成り」と称された。Aには豊臣一族や徳川家康ら最有力の大名、Bには新旧の国持大名級等、Cにはその他が任ぜられ、無位無官の者とは一線を画した。

武家の位階官職は、城中での座次や装束、秀吉発給文書での書札礼等と連動した。具体例を挙げると、文禄二年（一五九三）五月二十三日、肥前名護屋での秀吉と明国の使節との会見の折、在陣諸将はそれぞれの官位に応じた装束を着用して従った。次に掲げるのは、二十五日附で京都の関白秀次の取次駒井重勝に充て、当日の模様を報じた前田玄以の書状の一節である。

一、一昨日廿三日唐之勅使ニ被成御対面候、大閤（秀吉）様御装束被成候ニ付、公家・諸大夫・平侍衆悉それ〳〵の装束にて、にき〳〵敷御様躰にて三献被下、其後黄金之御座敷にて御食・御茶被下候事、[7]

また慶長三年（一五九八）八月五日、死に瀕した秀吉が徳川家康（正二位内大臣）・前田利家（従三位前権大納言）と毛利輝元・上杉景勝・宇喜多秀家（いずれも従三位前権中納言）の「五人のしゆ（衆）」に一子秀頼の行く末を託した自筆の遺言書付でも、充名の順は官位の次第によった。[8]

豊臣政権期の武家に対する官位叙任に際しては、周知のように、豊臣朝臣の姓を記した口宣案が頻発された。後に将軍となる徳川秀忠も、天正二十年（一五九二）には「豊臣朝臣」姓で権中納言に任じられた。[9] 豊後の大名大友吉統を例にすると、天正十六年（一五八八）三月二日に関白秀吉の執奏で叙任勅許があり、七日に「御礼」に参内している。[10] 次いで四月の聚楽行幸に出仕し、他の侍従以上の大名と一律に秀吉への忠誠を誓約させられている。このとき誓詞には「豊後侍従豊臣吉統」の官姓名が記された。[11]

この後、秀吉は吉統の朝鮮の戦場における怯懦を糾弾し、領国を没収した。文禄二年（一五九三）五月朔日附で高麗在番衆中に充てた秀吉朱印状案の第五条を次に掲げる。

一、右曲事条々をも不顧、公家ニ迄させられ、御一家ニ被仰付候間、忝存、其身の事者不及申、一類下々の者迄御用ニ可立と被思召候処、彼大友家事者不及云、御一家之儀迄臆病疵を付候事、中々御無念さ御心中可被仰出やうも無之候事、[12]

「曲事をも不顧」とは、天正十五年（一五八七）の秀吉の来援まで島津勢を支えられなかった大友に豊後領有を宥した一件をさしている。知行給付、官位叙任、姓と苗字の授与による「御一家」への編入は、等しく秀吉が垂れる恩典とされた。給恩を媒介に主従の関係が成立した。

秀吉が強調する恩を歓迎する者も確かに存在した。次に掲げるのは、天正十七年（一五八九）に肥前松浦の波多親が有浦大和守に充てた三月三十日附の書状の一節である。

（前略）仍去廿七、至浅野（長政）殿、上様（秀吉）光御候、以少弼殿（浅野長政）被仰出候ハ、公家之位を御免候、被任諸大夫之由、上意ニ候、
同今日晦日令参内、於禁中、三川（河）守ニ被召成候、氏をも　殿下様（秀吉）之をと被仰下、豊臣氏ニ被相定候、家之面目、

一代名誉、後代之連続、大慶無極候、（後略）(13)

諸大夫成り（三河守勅任）・豊臣姓の授与は、家門の誉れとされている。けれども、本姓での叙任の家例や、家の苗字の主体性を重視する立場もあり得た。秀吉の死後、徳川家康・秀忠父子は、豊臣体制から自立し、新たな体制の樹立を進めていった。

秀吉が死去し、家康が関ケ原の合戦に勝利して将軍となっても、豊臣体制はすぐには消えなかった。秀頼の位階官職は家康・秀忠に雁行して正二位右大臣まで進み、公家衆・親王等は大坂下向を続けた。

武家への官位叙任に際しては、豊臣朝臣姓の口宣案発給が続けられた。慶長八年（一六〇三）三月二十五日の新将軍家康の参内・拝賀の礼を機に、諸大名等は官位を叙任された。家康参内の供連れの格式を整え、さらに諸大名の序列を再編する意図によると思われる。このとき山内一豊の従四位下・土佐守叙任の口宣案は、豊臣の姓で作成された。(14)

秀忠が将軍になっても、慶長十七年九月五日附の肥前平戸城主松浦隆信の従五位下・肥前守叙任、(15)同十九年七月三日附の大坂衆片桐元包《孝利》の従五位下・出雲守叙任(16)のように、豊臣の姓での武家官位の叙任（口宣案作成）は続いた。

片桐の叙任は、大坂衆十四人同時の「諸大夫成り」の一環で、(17)方広寺大仏殿堂供養に臨む秀頼への供奉が名目とされた。公家広橋家には、当時の武家伝奏広橋兼勝に充て大仏供養前に大坂衆十五人の口宣案調進を求めた書状が伝来している。(18)この書状は、他の大坂関係の二通ともども日附・差出が裁断されているが、内容から慶長十九年であることは動かない。さらに執奏の主体は秀頼だったと考えられる。

家康・秀忠にとっては、豊臣家と諸武家とを結ぶ豊臣姓の紐帯を断ち、武家への官位叙任の執奏権を独占することが課題だった。

二　将軍家による再編

慶長十年（一六〇五）以降、将軍家は徳川一門を「公家成り」させ、外様の有力大名には松平の苗字や領国受領名・偏諱の授与、官位叙任、縁組、嫡子の「公家成り」を進めていった。[19] 将軍秀忠による松平の苗字・領国受領名と偏諱の授与、幕府から朝廷への官位執奏、口宣案発給の様相を、慶長十五年（一六一〇）の土佐高知城主山内康豊を事例に確認したい。

この年三月朔日附で将軍秀忠は山内康豊に官途状と一字書出を与えた。ともに中世武家社会の伝統を受け継ぐ文書様式だった。[20] なお秀吉は口宣案を多用したが、官途状を発給した事例は、管見の限りない。豊臣の遺制を克服するため、将軍家が意図的に武家文書の伝統を再生産したものと評価したい。

宜任
　　松平土佐守
慶長十五年三月朔日（秀忠）（花押）

　忠
慶長十五
三月朔日（秀忠）（花押）
（山内忠義）松平土佐守とのへ[21]

幕府の年寄衆から武家伝奏への申し入れに基づき、京都で忠義の口宣案二通（従四位下・土佐守叙任）が作成された。[22]口宣案は慶長十五年九月二十八日附で、「源」姓のものだった。[23]土佐山内家の初代は、豊臣一豊だった。将軍秀忠は康豊に「松平土佐守」の称号と偏諱を与え忠義と改名させた。幕府の執奏により朝廷の叙任手続きが完了し、二代目は松平土佐守源忠義となった。秀吉が創出した武家官位の体系を換骨奪胎する施策といえる。

慶長二十年（一六一五）大坂夏の陣で豊臣家を滅ぼした幕府は、武家官位執奏権の独占を達成した。元和二年（一六一六）大御所家康が死去すると、朝廷に奏請して「東照大権現」の神号を得、霊廟・祭祀を整えていった。江戸城紅葉山にも東照社が営まれ、京都から勅使武家伝奏・奉幣使・宣命使の公卿や地下官人が参向して、元和四年四月十七日に正遷宮が行われた。二十日には将軍秀忠が初めて参詣した。[24]

創建当初の紅葉山東照社を実見したイギリス商館長リチャード・コックスは、その様子を次のように記録している。

我等は新築せられし大御所様（家康）の廟を見に行きしが、そは驚くべき建築にして、京都なる太閤様（秀吉）の廟よりも遥に勝れたり、（下略）[25]

京都東山の豊国廟を凌ぐという江戸城紅葉山東照社に、将軍秀忠は四月十七日の祥月命日や各月の命日に社参を続けた。江戸在府の諸大名は、官位に応じた装束を着用し、これに従った。若干の事例を示すと、出羽久保田城主佐竹義宣の家臣梅津政景の日記の元和五年四月十七日条から、この日秀忠が社参し義宣が供奉したことを確定できる。

四月十七日、一、相国様（家康）御しやう月ニ御座候間、御装束ニて、紅葉山へ御社参ノ御供被成候、[26]

また南禅寺金地院主で僧録として禅院行政に携わった以心崇伝の日記の元和六年正月十七日条に、次の記載がある。

一、十七日、御社参、上様（秀忠）かさ折烏帽子、直垂、大名、公家、諸大夫以下、各装束也、我等紫衣九条掛テ供奉、[27]

公家成り・諸大夫成りを遂げた大名たちが、各々の装束で参列していたことが判る。紅葉山東照社で将軍が主催した権現の祭典は、在府の諸大名を動員した服属儀礼に他ならなかった。江戸城中での儀礼の展開と武家官位の機能について、次節でさらに検証したい。

三　江戸城中儀礼の整備

元和七年（一六二一）正月十六日、将軍秀忠は肥後人吉城主相良長毎（初名頼房）の男頼寛（初名頼尚）を諸大夫と成し、翌日の紅葉山社参に諸大夫の装束で供奉するよう命じた(28)。以下、暫く関連文書を示して経過を復元し、考察を加えたい。まず幕府年寄土井利勝・安藤重信の連署奉書と安藤重信の添状を掲げる。

以上、

一筆申入候、仍貴殿事、諸大夫ニ被仰付候間、其御心得候而、明日之御社参、可被成御供候、恐々謹言、

安藤対馬守

（元和七年）正月十六日　重信（花押）

土井大炊助

利勝（花押）

相良長次郎（頼寛）殿

尚以、無御気遣、装束御とりよせ被成、明日之御社参御供可被成候、以上、

一筆申入候、仍貴殿之儀、諸太夫ニ被仰付候間、其分御心得可被成候、装束之儀ハ、我等所ニ御座候間、御とり

よせ被成、明日御社参之御供可被成候、為其申入候、恐々謹言、

安藤対馬守

重信（花押）

（元和七年）正月十六日

相良（頼寛）長次郎殿[29]

将軍の新年最初の紅葉山社参に際し、諸大夫の格の装束着用を許し、供奉を命じるものだった。装束は安藤の手元に用意され、貸与の手筈が整えられていたことも注目に値する。

幕府年寄酒井忠世・本多正純・土井利勝は五月二十六日附で武家伝奏広橋兼勝・三条西実条に口宣案の調進を要請した。

以上、

相良（頼寛）壱岐守、被成諸大夫候之様、口宣之儀被仰調、尤存候、恐惶謹言、

土井大炊助

利勝（花押）

本多上野介

正純（花押）

酒井雅楽頭

忠世（花押）

（元和七年）五月廿六日

広橋（兼勝）殿

三条（三条西実条）殿[30]

朝廷は、幕府年寄連署状と同じ元和七年五月二十六日の日附で二通の口宣案を調進した。

（端裏書）
「口　宣案」
上卿　清閑寺中納言（共房）
元和七年五月廿六日　宣旨
藤原頼尚（頼寛）
宣叙従五位下
蔵人頭右近衛権中将藤原季俊（正親町）奉

（端裏書）
「口　宣案」
上卿　清閑寺中納言（共房）
元和七年五月廿六日　宣旨
藤原頼尚（頼寛）
宣任壱岐守
蔵人頭右近衛権中将藤原季俊（正親町）奉(31)

相良頼寛の叙任は、藤原姓によるものだった。父の長房は、慶長四年（一五九九）正月十一日附口宣案で「豊臣頼房」の姓名で従五位下に叙されていた(32)。

この事例について要点を整理すると、第一に、武家に対する諸大夫成り＝従五位下・国守叙任の主体は将軍秀忠だった。第二に、諸大夫成りとは将軍が発令し、江戸で即座に機能するものだった。朝廷の口宣案は、後日調進・交付され、副次的なものといえた。第三に、諸大夫成りは、紅葉山東照社社参供奉という場で、定められた装束を着用する資格を与える可視的なものだった。第四に、幕府執奏の官位叙任の結果、父親の代の豊臣姓から子の代には藤原姓に改められている。

第三の装束について、『梅津政景日記』の記事を参照すると、秀吉時代に従四位下侍従に叙任され(33)、元和七年（一六二一）八月十七日に紅葉山に社参した出羽久保田城主佐竹義宣の場合、その装束は肩衣・長袴だった。義宣は、この日装束の用意を怠り失態を重ねた家臣を召し放している(34)。社参供奉の装束が、極めて重要視されていたことが判る。また元和十年正月十七日の例では(35)、大御所秀忠は紫の精好織の直垂、将軍家光は赤の精好織の直垂を着て紅葉山に詣で、浅葱の直垂を着た常陸水戸城主参議徳川頼房以下江戸に詰めていた大名衆・諸大夫衆は残らずこれに従った。義宣は「御しゃうそくニ而」社参し、政景は「ほへ(布衣)ニて」その供をした。

次に、肥前佐賀城主鍋島勝茂の嫡男翁助(忠直)の事例を取りあげたい(36)。元和八年（一六二二）十二月二十六日、将軍秀忠は翁助に「宜任　松平肥前守」の官途状と偏諱「忠」の一字書出を与え(37)、「御前」で元服させ諸大夫の身分に編入した(38)。

父の勝茂は嫡男忠直の元服について、十二月晦日附の書状で国元の老臣鍋島道虎に次のように報じている。

一、此比如申遣候、肥前守(鍋島忠直)元服いたし、御位之儀何共御沙汰無御座候処ニ、諸大夫ニ被成召之由、昨日(元和八年十二月二十九日)被仰出候通、今朝土井大炊助(利勝)殿より被仰聞候、御一家之御衆にても、無官之御衆ハ、三日ニ長袴にて御目見えにて候、肥前儀も、内々ハ長袴にて三日ニ可為致御目見と存候処ニ、右之通重々忝仰出にて、外聞無此上候、其方被承、満足之程令推察候(39)、

この年、江戸城本丸殿舎の新造が成り、将軍秀忠は十一月十日に西丸から本丸に帰還していた(40)。竣工早々の九年正

月年賀の礼で幕府は、官位の有無や松平の苗字の授与を基準に、在府の諸大名家の登城日と装束とを定めていた。諸大夫格の者と無官の者とを明確に差別していたことに注意したい。

なお鍋島家への口宣案をみると、天正十七年（一五八九）正月七日の直茂（信生、従五位下加賀守）、文禄四年（一五九五）二月十四日の勝茂（清茂、従五位下信濃守）とも豊臣姓で、寛永三年（一六二六）八月十九日の勝茂の侍従昇進の際には藤原姓となっている。(41) 元和八年（一六二二）の鍋島翁助の元服、松平肥前守忠直の誕生は、これも豊臣姓の連鎖を断ち切るものだった。

四　近世化の終着——年末定期叙任の成立、諸家の姓の確定——

元和七年（一六二一）正月の相良頼寛の諸大夫成り、同八年十二月の鍋島忠直の諸大夫成り・松平の苗字授与は、ともに江戸在府の大名嫡子に、江戸城中での正月儀礼に参列する際の格式——装束着用許可——を与えるものだった。(42)

幕初には大名の参勤交代に成文規定はなく、妻子の在国も稀ではなかった。幕府は、諸大名妻子の江戸在府を促した。寛永十二年（一六三五）の武家諸法度では参勤交代の規定を明文化し、(43) 十九年にはその対象を外様大名から譜代大名に広げ、ついで在府・在国する大名の組み合わせを改編し制度を整えた。(44)

武家への官位叙任の契機は、幕初には第一節でみたように将軍の参内や秀頼の方広寺大仏供養臨会（未遂）等、京都に関わるものが少なくなかった。けれども寛永十一年の家光上洛を最後に将軍の上洛は絶え、諸大名が将軍に従って京都に集まることもなくなった。

その一方で、諸大名は隔年で江戸に参勤し、新年を迎えるようになった。子弟も江戸で成人し、元服の日を迎えるようになった。このような状況を背景に、年末に将軍が大名やその子息に官位を「仰せ付け」、正月参賀の格を授与することが定例化していったものと思われる。

享保七年（一七二二）将軍吉宗は、上米徴収の代償として参勤交代の制を緩和して諸大名の在府期間を短縮し、交代期を三月と九月に改めた。この結果、江戸で越年しない大名も出来し、年末の官位「仰せ付け」が一部不可能となった。吉宗は御用取次有馬氏倫を介して老中に次のように指示を下した。

官位之儀者、暮ニ至り被　仰付来候得共、去年諸大名参勤交替割合替り候付、九月御暇被下候面々ハ毎暮在所ニ有之事ニ候間、右之内ニ而官位可被　仰付者も有之節ハ、向後八月中官位可被　仰付候、勿論此外之面々ハ、只今迄之通、至暮官位可被　仰付旨、以有馬兵庫頭（氏倫）被　仰出、

享保八卯

八月七日　　月番

対馬守（安藤信友）[45]

この時点で、大名の参勤交代と江戸での越年、暮の定期叙任を一体のものとして将軍が認識していたことがわかる。

次に姓の問題に移る。寛永九年（一六三二）正月二十四日に大御所秀忠が没し、芝増上寺に霊廟が営まれると、諸大名は競って燈籠や手洗水鉢を寄進した。その銘に松平の苗字を授けられていた大名たちは、源姓・本姓のどちらを名乗るべきなのか混乱した。その間の事情を、諸大名の依頼を受け銘文を起草した以心崇伝の日記から摘記する。

崇伝は三月五日、陸奥仙台城主伊達政宗に「中納言藤原政宗敬白」という官姓名の銘文案を示した。[46] 六月二十四日には、長門萩城主毛利秀就に「長門少将源朝臣秀就敬白」の官姓名の案を示し、「毛利ハ大江氏ナレトモ、今ハ松平故、源ト書之」と注記した。[47] 毛利秀就は、慶長十三年（一六〇八）九月十三日附で将軍秀忠から「宜任　松平長門守」という官途状を発給され、松平の苗字を授けられていた。[48] 事情は伊達政宗も同様だった。政宗はあらためて崇伝に照

会した。

一、同六月廿九日、政宗公ゟ状来、金燈籠銘ニ、藤原朝臣ト書可申や如何と尋ニ、則下書し候而遣ス、案在左、
伊達ハ藤原尤ニ候、今ハ松平ニ候間、源可然歟、貴意次第ト申遣ス、

奉拝献　　寛永九年壬申七月二十四日
台徳院殿（秀忠）一品大相国公　御廟前
金燈籠両箇　　仙台中納言源朝臣政宗敬白[49]

「貴意次第」という言に明らかなように、崇伝に当初定見はなかった。けれども最終的には、松平の苗字を授与されていた諸家を一律に源朝臣として処理した。

一、同日（七月六日）、晩　御城へ召候而出仕、於奥之間、　御対面、（中略）又次ニ申上ルハ、今度増上寺へ大名・小名石燈籠・金燈籠・釣燈籠被上候、其書付被頼衆も御座候、台徳院殿――ト上ニ書、下ニ年号・日付、上而之名書付申候、松平ニ被為成候衆ハ、源ト書付申由致言上候、一段尤ニ候ト直ニ被成　御諚、重畳忝仕合ニ而退出、
（下略）[50]

崇伝のこの処置は、将軍家光の意に適った。けれども、松平の苗字を授けられた大名諸家は叙任に際して、本姓・源姓のいずれを用いるべきなのか、課題が残った。

この問題は、寛永十八年（一六四一）家光が下命し儒者林道春を主任に同二十年に成った「寛永諸家系図伝」により解決された。系図伝巻頭の「示諭」の方針は明確だった。

一、松平の称号をたまふものをば、おの〳〵その本氏の部に入て、そのたまふ所の由来をしるすべし、若他の氏にたまふものをば、清和源氏の部に混乱すべ〔からず脱〕、たとへば、漢の項伯・婁敬に劉氏し（マヽ）をたまふといへども、班

固・司馬遷其宗室につらねず、唐の藩鎮・功臣に李氏をたまふといへども、永叔その宗室にいれざる例のごとし、今又是に同じかるべし、[51]

ここに近世の大名・旗本諸家の姓は、初めて確定された。新たに編まれた「寛永諸家系図伝」では、豊臣姓の武家は備中足守・豊後日出・旗本の木下三家のみとなった。さらに正保二年（一六四五）、家光は朝廷に奏請して家康・秀忠の任官叙位文書の不足分や藤原姓（家康）・豊臣姓（秀忠）の分を源姓で新調した。[52] 源氏の長者の家として系譜を粉飾し、豊臣家に服属した過去を改竄する措置だった。

おわりに

近世初期の武家官位について、具体的な事例に即して検証してきた。あらためて論点を整理し、まとめたい。

近世の武家官位とは、秀吉や徳川将軍が、朝廷に執奏して叙任文書を調進させ、武家に授与するものだった。天下人が服属する下位者に施す恩典の一つであり、当事者は領知名・官姓名・実名（諱）を組み合わせて自称し、また他称された。武家社会における命名行為の一つといえる。

豊臣期武家官位は、関白となって国内の政治的統合を達成した秀吉が創出した。秀吉は服属した各地の武家を上洛させ、朝廷に口宣案を調進させ、位階官職と豊臣姓を授与し、あわせて羽柴の苗字を与えた。官位・姓・苗字は相俟って、近世の武家領主階級を編成・序列化する全国横断的な身分標識として機能した。こうして武家の公家成りが頻発された。空前の事態だった。慶長七年（一六〇二）の二月二十日附で前関白太政大臣近衛竜山（前久）が息の左大臣信尹に充てた書状は、永禄九年（一五六六）に家例を欠く徳川家康の三河守任官が難航した顛末を述べ、その後の状況変化を次のように綴っている。

（前略）近代ハ雖無由緒候、以権門悉公家ニ成申候、（下略）[53]

武家官位をめぐる中世・近世の画期を示す同時代人の証言として重視したい。

秀吉の死後覇権を掌握した徳川将軍も、武家への官位叙任を続けた。家康は、源氏の長者として将軍に任官し、豊臣体制から自立していった。さらに豊臣武家官位の体系を克服するため、執奏権の独占・新規叙任・諸家の豊臣姓からの改姓を進めた。その一環として、有力な外様大名と縁組し、官途状により松平の苗字・領国受領名を授け、元服の名付け親として偏諱を与えた。かつて将軍秀忠も組み込まれた豊臣姓武家官位の体系は、将軍家の再編策と諸家の世代交替によって解消され、新たな徳川武家官位の体系が成立した。

将軍は江戸にあって、諸大名の参勤交代制度を整え、儀礼を整備していった。諸大名の妻子も江戸に集められ、大名家の嗣子は江戸で成人・元服し、家督を継いだ。将軍は彼らに官位を「仰せ付」けた。三代家光以降は将軍や諸大名の上洛・参内も途絶えた。武家の官位は、松平の苗字などとともに、主に江戸城中での座次や装束を決める標識として機能した。やがて参勤交代・大名の江戸での越年・年末の官位「仰せ付け」は一体のものとして幕府内部で運用され、認識されるようになった。その延長に年末の定期叙任が定着していった。官位叙任は呼び名の授与、命名行為の一つでもあり、江戸における武家身分の通過儀礼として整備されていった。

豊臣政権の武家官位の体系と江戸幕府のそれとを比較すると、①執奏・実質的な授与主体に関白・太閤、将軍という相違があった。徳川将軍は豊臣関白と異なり、叙任に先だち武家文書の伝統を引く官途状を発給することもあった。②政権所在地に京坂と江戸の相違があり、将軍や大名の上洛・参内の途絶もあって、武家官位は主に江戸城中で機能するようになっていった。③姓については、豊臣体制では豊臣姓・羽柴の苗字が広範に授与されたが、徳川体制ではこれを廃止した。さらに松平の苗字授与と叙任の際の姓とを切り離し、諸家の本姓を確定した。④公卿身分の構成と「公家当官」との員外性の点でも、両者の差異は著しい。豊臣政権では、内大臣徳川家康を筆頭に外様の有力者を公卿に叙任し、さらに政権維持のため五人に政務を管掌させている。江戸幕府は、元和元年（一六一五）の「禁中幷公家中諸法度」第七条により、武家の官位を公家当官の外と規定して別枠扱いし、定員のある官職を公家のために保全した。[54] さらに幕府は寛永期の伊達政宗・島津家久・前田利常等の中納言任官を最後に外様大名の官位昇進を抑制し、親藩・家門・譜代との格差を調整している。⑤叙任の契機では、政権の成立・展開過程や成熟度の問題に帰結することだが、年末の定期叙任は江戸幕府によって完成された。

本章の最後に、積み残した課題を挙げたい。秀や頼を通字とする徳川秀忠・毛利秀元・同秀就・伊達秀宗・徳川頼宣・同頼房らの元服の具体的手続きを解明し、将軍の一字書出と比較する必要がある。また参勤交代制・江戸幕府正月儀礼との相互関連性から年末定期叙任の成立について論じたが、なお事例の拡充と画期の把握は課題である。さらに朝廷側の問題として、寛文期には叙任に関わる上卿・職事の収益（官物官銀）を複数の資格者間で公平に「分配」する体制が存在したが、[55] その始期を明らかにする必要がある。また口宣案の料紙の宿紙は、本来の漉き返しから近世には単に墨を混ぜて漉いたものへと変化している。発給量の増大と紙の生産・流通の問題を想定し得るが、いつどのように変化したのだろうか。いずれも検証作業が不可欠だが、他日を期したい。

注

（1）箱石大編「近世武家官位関係文献目録」（研究代表者橋本政宣『近世武家官位をめぐる朝幕藩関係の基礎的研究　平成六年度〜平成八年度科学研究費補助金（基盤研究（B）（2））研究成果報告書』一九九七年）参照。

（2）池享「武家官位制の創出」（永原慶二編『大名領国を歩く』吉川弘文館、一九九三年）、下村效「天正　文禄　慶長年間の公家成・諸大夫成一覧」（一九九三年）・「豊臣氏官位制度の成立と発展――公家成・諸大夫成・豊臣授姓――」（一九九四年）（ともに『日本中世の法と経済』続群書類従完成会、一九九八年所収）。

（3）黒田基樹「慶長期大名の氏姓と官位」（『日本史研究』四一四、一九九七年）。

（4）藤田覚「近世武家官位の叙任手続きについて――諸大夫成の場合――」（『日本歴史』五八六、一九九七年）、小宮木代良『武家補任』について」・松澤克行「近世武家官位叙任手続きと朝廷――十七世紀後期の公家日記から――」・鶴田啓「近世大名の官位叙任過程――対馬藩主宗義倫、義誠の事例を中心に――」・橋本政宣「江戸幕府における「武家官位叙任」の選考について」・藤田覚「武家官位の「価格」」・箱石大「幕末期武家官位制の改変」（いずれも『近世武家官位をめぐる朝幕藩関係の基礎的研究　平成六年度〜平成八年度科学研究費補助金（基盤研究（B）（2））研究成果報告書』一九九七年所収）。

（5）堀新「近世武家官位の成立と展開――大名の官位を中心に――」（山本博文編『新しい近世史　一　国家と秩序』新人物往来社、一九九六年）・「近世武家官位試論」（『歴史学研究』七〇三、一九九七年）。

（6）山口和夫「三鬼報告「戦国・近世初期の天皇・朝廷をめぐって」によせて」（『歴史評論』四九四、一九九一年）、「近世の家職」（一九九五年、本書第三部第一章）、「統一政権の成立と朝廷の近世化」（一九九六年、本書第一部第一章）。

（7）福岡市博物館所蔵前田玄以書状（大阪市立博物館等編集『黄金と侘び「秀吉展」』図版八九、NHK大阪放送局等、一九九六年）。

（8）「毛利家文書」三（東京大学史料編纂所編纂『大日本古文書　家わけ八ノ三　毛利家文書之三』九六〇、一九二二年、東京大学出版会、一九五三年）。

（9）「勧修寺家旧蔵記録」一三七（東京大学史料編纂所架蔵写真帳）。

（10）「親綱卿記」（東京大学史料編纂所架蔵影写本）。

（11）「聚楽第行幸記」（『群書類従　帝王部』四十一、続群書類従完成会、一九三三年）。

（12）「島津家文書」二（『大日本古文書　家わけ十六ノ二　島津家文書之二』九五四、東京大学出版会、一九五三年）。

（13）「有浦家文書」―一五五（佐賀県立図書館編集・発行『佐賀県史料集成　古文書編十九』一九七八年）。

（14）「山内一豊略伝」（東京大学史料編纂所編纂『大日本史料』第十二編之一、慶長八年三月二十五日第二条、一九〇一年）。

(15)「松浦文書類」二（『大日本史料』第十二編之十、慶長十七年八月二十三日条、一九〇七年）。

(16)「片桐文書」三四・三五（芥川龍男編『お茶の水図書館蔵　成簣堂文庫　武家文書の研究と目録（上）』財団法人石川文化事業財団お茶の水図書館、一九八八年）。

(17)「時慶卿記」慶長十九年七月二十八日条（『大日本史料』第十二編之十四、同日条、一九一〇年）。

(18)「広橋文書」（『大日本史料』第十二編之五十、元和八年十二月十八日第二条、一九八五年）。

(19)黒田基樹「慶長期大名の氏姓と官位」（前掲（3））。

(20)加藤秀幸「一字書出と官途（受領）挙状の混淆について」（『古文書研究』五、一九七一年）。

(21)『山内家史料　第二代忠義公紀　第一篇』巻頭図版及び慶長十五年三月朔日条（山内神社宝物資料館、一九八〇年）。

(22)「勧修寺光豊公文案」三（『大日本史料』第十二編之七、慶長十五年三月一日条、一九〇五年）。

(23)「南路志」五十四所収「年譜」（『大日本史料』第十二編之七、慶長十五年三月一日条、一九〇五年）。

(24)以上、『大日本史料』第十二編之二十八（一九二八年）、元和三年是冬第一条。『大日本史料』第十二編之二十九（一九二九年）、元和四年閏三月二日第一条・閏三月五日条・閏三月六日条・閏三月二十五日第一条・四月十四日条・四月十七日条・四月二十日条。

(25)「リチャルド・コックス日記」一六一八年十月十六日（元和四年九月八日）条（『大日本史料』第十二編之二十九、元和四年四月十四日条所収欧文材料第三号訳文）。

(26)「梅津政景日記」元和五年四月十七日条（東京大学史料編纂所編纂『大日本古記録　梅津政景日記　四』岩波書店、一九五七年）。

(27)「本光国師日記」元和六年正月十七日条（『大日本史料』第十二編之三十三、元和六年正月十七日第二条、一九三八年）。

(28)『大日本史料』第十二編之三十七、元和七年正月十七日第三条（一九五五年）。

(29)「相良家文書」二（『大日本古文書　家わけ五ノ二　相良家文書之二』九二一・九二二、一九一八年）。

(30)「広橋文書」（『大日本史料』第十二編之五十、元和八年十二月十八日第二条、一九八五年）。小稿では口宣案の日附から元和七年に年次比定した。

(31)「相良文書」三十七（東京大学史料編纂所架蔵影写本）。これらの口宣案は、『大日本古文書』の編纂・出版（一九一八年）

に際し、全文の翻刻を省略されてしまった。
(32)「相良家文書」二（『大日本古文書　家わけ五ノ二　相良家文書之二』八六五、一九一八年）。
(33)「義宣家譜」二、天正十八年十二月二十三日条（東京大学史料編纂所架蔵謄写本）。
(34)「梅津政景日記」元和七年八月十七日条（『大日本史料』第十二編之三十七、元和七年正月十七日第三条、一九五五年）。
(35)「梅津政景日記」元和十年正月十七日条（『大日本古記録　梅津政景日記　五』一九五九年）。
(36)『大日本史料』第十二編之五十、元和八年十二月二十六日第一条（一九八五年）。
(37)「坊所鍋島文書」十二（前掲（36）所収）。
(38)「忠直公御事蹟」所収（元和九年）正月二十二日附鍋島道虎充松平肥前守（鍋島）忠直書状案（前掲（36）所収）。
(39)「坊所鍋島文書」三（『大日本史料』第十二編之五十、元和八年十二月三日第二条、一九八五年）。
(40)『大日本史料』第十二編之四十九、元和八年十一月十日第二条（一九八二年）。
(41)「葉隠」聞書三・四（齋木一馬・岡山泰四・相良亨校注『日本思想大系　二十六　三河物語　葉隠』岩波書店、一九七四年）。
(42)『大日本史料』第十二編之四十九、補遺、元和八年正月二十五日条（一九八二年）。
(43)「御当家令条」巻一―五（石井良助編『近世法制史料叢書　二』創文社、一九五四年）。
(44)藤井讓治『人物叢書　新装版　徳川家光』（吉川弘文館、一九九七年）。
(45)「幕府御祐筆文例」乾「官位」（東京大学史料編纂所架蔵本）。主題分類を施して文書案を書写した史料で、「東京帝國大學附属圖書館」・「大正五年六月二日」の蔵書印が押されている。表紙・表題は後補で、「三上様」・「幕府御祐筆文例貳冊」・「下谷區御徒町二丁目十三　和泉橋通　書林　吉田吉五郎」・「古書籍展覧会」・「３７３」・「金壱円」と記された紙片が挿まっている。三上参次が選定した史料であろう。
(46)「本光国師日記」寛永九年三月五日条（副島種経校訂『新訂　本光国師日記　七』続群書類従完成会、一九七一年）。
(47)「本光国師日記」寛永九年六月二十四日条。
(48)「毛利家文書」三（『大日本古文書　家わけ八ノ三　毛利家文書之三』一〇四二、一九二二年）。
(49)「本光国師日記」寛永九年六月二十九日条。

(50)「本光国師日記」寛永九年七月六日条。
(51)齋木一馬・林亮勝・橋本政宣校訂『寛永諸家系図伝　一』(続群書類従完成会、一九八〇年)。
(52)米田雄介「徳川家康・秀忠の叙位任官文書について」(『栃木史学』八、一九九四年)。
(53)辻達也「徳川氏の系図について」(網野善彦編『週刊朝日百科日本の歴史別冊　歴史の読み方8　名前と系図・花押と印章』朝日新聞社、一九八九年)。
(54)山口和夫、前掲(6)参照。
(55)今江廣道「江戸時代の武家官位と公家の家計」(『栃木史学』四、一九九〇年)。

補注

本章初出(一九九九年)後、豊臣政権期や江戸時代の武家官位研究が進み、豊臣期武家清華成りに着目した一連の研究を集成した矢部健太郎『豊臣政権の支配秩序と朝廷』(吉川弘文館、二〇一一年)等が公表されている。

第三章　将軍権力と大名の元服・改名・官位叙任

――上杉定勝・蜂須賀忠英・池田光政について――

はじめに

本章の課題

元和九年（一六二三）将軍徳川秀忠は家光へ職を譲った。出羽米沢城主上杉景勝嗣子定勝、阿波徳島城主蜂須賀忠英、因幡鳥取城主池田光政は、同年正月江戸城で将軍秀忠が主催した茶事の相伴衆三十余名に含まれ、ともに無位無官だったが（「家光公元和年中御茶事記」ほか、『大日本史料』第十二編之六十）、年内に元服または改名し、官位を授与された。

本章では、これら三名に関する朝廷・幕府・藩伝存史料を分析し、命名・改名と武家官位叙任の経過・日時を考証・確定し、『史料綜覧』への綱文改訂案も提起したい。

武家伝奏の覚書

先ず、武家伝奏三条西実条が書き残した「実条公御覚書」（早稲田大学図書館所蔵）から関連記事を掲出する。

「実条公御覚書」○早稲田大学図書館所蔵

元和九ヨリ　覚　予一人分也、」

武家ノ衆

△公家成幷官位ノ事、

△諸大夫成幷官位ノ事、

△上卿幷奉行書出等事、

△右外具ニ上卿幷奉行書出等事、

右前〻ヨリ大外記宣旨出ルトイヘ共、口宣案ソヘラル、間、今以其分ニ用候ムリ也、」

二月十三日、公家成、

一、上杉弾正少弼藤原定勝、カケ(景)勝息也、

口宣案　侍従ト従四位下ト二通也、

上卿公広(三条)卿、書出頭中将季俊(正親町)朝臣、

宣旨一枚、外記、

六月二十二日歟、諸大夫幷四品之事、

一、松平阿波守藤原忠鎮《つね歟》、

口宣二通、

上卿宣季(今出川)卿、書出経広、勧修寺弁、

七月廿七日、有陣儀、

一、将軍宣下幷正二位[redacted](従二位カ)、次内大臣御推任、

上卿下官（三条西実条）、奉行頭中将、弁勧修寺、
右外　大内記、少納、地下役人等之様子、別紙ニアリ、」
（中略）
八月六日之日付ノ公家成・諸大夫成ハ別紙ニアリ、」

覚書冒頭の「元和九ヨリ　覚　予一人分也」の記載は、先任の武家伝奏広橋兼勝の死去（元和八年〔一六二二〕十二月十八日）後、九年十月二十八日に中院通村が補充されるまでの間、三条西実条が一人で武家伝奏を務めていたことを示す。

つづく武家官位叙任の記事は、①上杉定勝の「公家成」り、②蜂須賀忠鎮（のち忠英）の「諸大夫成」り、③家光の将軍宣下、④新将軍家光の参内当日（八月六日）供奉した諸大名の叙任分注記である。後述の池田光政も④の分に含まれる。なお附言すると、実条の伝奏就任は慶長十六年（一六一一）で、家康（慶長八年〔一六〇三〕）・秀忠（同十年）二代の将軍宣下後であった。以下、①②④の様相を順に検討する。

一　上杉定勝の元服・叙任

年始の定勝は江戸に在府し、無位無官であった。正月の「元和年中家光公御茶事記」（題名と異なり実は秀忠主催茶会記）等での表記・呼称は、「上杉喜平次」である。

喜平次は、「上杉年譜」に拠ると、二月十二日、江戸城で将軍秀忠から元服を命じられ、従四位下侍従の官位を与

えられ、弾正大弼定勝と改称した。

「上杉年譜」五十一　定勝一　（東京大学史料編纂所所蔵謄写本）

同春(元和九年)二月十三日、(上杉定勝)公登城シ玉ヒ、将軍　秀忠公へ御謁アリ、御元服ヲ命セラレ、従四位下ニ叙シ、侍従ニ任セラレ、弾正大弼定勝ト称シ玉フ、享燕ノ上、大柿正宗ノ佩刀ヲ拝シ玉フ、（下略）

二月十三日を従四位下侍従叙任（「公家成」り）の示達とする点は、「寛永諸家系図伝」も同様である。

「寛永諸家系図伝」乙一　上杉

定勝　（上下略）九年二月十三日、従四位下に叙せられ、侍従に任ず、

次に『大日本古文書　上杉家文書』所収の関係一次史料から経過を確認・摘記する。

『上杉家文書』三―一〇三七、正月十日附上杉定勝（「喜兵次殿」）充同景勝書状は、「其方侍従ニ可被成由、仰出之由」への祝意を出羽米沢の父から江戸の嗣子に伝達したものである。叙任主体は江戸の将軍秀忠で、正月十日以前の早期に内示があったことが判る。

『上杉家文書』二―九二七、二月廿六日附景勝充板倉重宗書状では、京都所司代の板倉が、「上杉弾正大弼殿」定勝の「四位侍従被仰出之由」への祝意、口宣案の上杉家使者への渡付、「御礼」授受の終了について京都から米沢へ伝達している。

『上杉家文書』三―一〇九六、三月朔日景勝充秀忠御内書は、定勝の弾正大弼任官謝意・礼物（江戸で授受）への将軍の返書である。

『史料綜覧』巻十六は、元和九年三月一日に次の綱文を立条している。

出羽米沢城主上杉景勝ノ子定勝ヲ従四位下ニ叙シ、侍従ニ任ズ、是日、秀忠、景勝ノ礼物ヲ進メシヲ謝ス、

「上杉年譜」五十一・定勝一には、定勝の従四位下侍従叙任の「藤原」朝臣の姓の口宣案二通が収載され、その日附は二月二十六日である。上卿（大納言三条公広）、書き出し（蔵人頭正親町季俊）も含め武家伝奏三条西の「実条公御覚書」の記載と一致する。

小括すると、定勝にとって初の官位叙任は正月十日以前早期に将軍秀忠が決定・内示した。「上杉年譜」を採用すると、二月十三日江戸城で秀忠が定勝に元服・改名を命じ叙任も発令し、京都で二月二十六日附の叙任文書が作成・授受され、「上杉弾正大弼」の呼称・格が確定したのである。

定勝は、三月二十日に父景勝が死去すると遺跡相続を許され、一時帰国した。ついで秀忠・家光父子に先行して東海道経由上洛し、侍従（公家成り）格の一員として六月二十五日将軍秀忠の参内、八月六日新将軍家光の参内等の供奉にも出仕し、江戸に戻った（「元和九年上洛記」など）。

ここでは、元服・命名・官位叙任により将軍が大名の呼称・序列を決定したこと、朝廷での叙任文書作成が将軍の決定事項の事後手続といえたこと、の二点を確認しておく。

二　蜂須賀忠英の元服・叙任

同じ元和九年（一六二三）阿波徳島城主蜂須賀千松は、将軍秀忠から「忠」の偏諱を授けられて元服し（初名忠鎮、のち忠英）、従四位下阿波守に叙任され、松平千松から松平阿波守へと改名した。「公条公御覚書」に「諸大夫成幷四品之事」とあるように、「四品」＝従四位下の位階を与えられたが、官職は上杉定勝の侍従（公家）より下の阿波守（諸大夫）に留まった。上杉定勝の高い格付けは、家督継承以前ながら、父景勝が豊臣政権期に中納言に任官した先例が考慮されたためであろう。

松平千松の元服・松平氏授与・官位叙任の月日については、二説が併存する。以下で日附等を詳しく検討する。

九月十日説の代表は、『史料綜覧』巻十六で、次の綱文を立条している。

　秀忠、阿波徳島城主蜂須賀千松〈忠英〉ニ首服ヲ加ヘ、松平氏及ビ偏諱ヲ与ヘ、忠鎮ト称セシム、

元服・偏諱一字授与に加え、官位叙任も九月十日と明記する十七世紀成立の史料に以下がある。

「寛永諸家系図伝」癸一　蜂須賀

忠英　同（元和）九年九月十日、台徳院殿（秀忠）の命により従四位下に叙し、阿波守に任ぜられ、御諱の忠の字を下さる、（上下略）

右では、松平の称号授与はないが、九月十日に叙任・偏諱「忠」授与・官位叙任発令があったとする。

「東武実録」十　○国立公文書館内閣文庫本
同十日（元和九年九月）、松平千松（蜂須賀忠鎮○忠英）、公（秀忠）御諱ノ字ヲ賜リ、忠英ト号シ、従四位ニ叙シ、阿波守ニ任ス、

右では、「松平千松」への偏諱授与・官位叙任を九月十日とするが、初名の忠鎮ではなく、寛永十年（一六三三）に改名した忠英と称したとされる。

さらに近世後期の考証の結果、九月十日に松平の称号授与もあったとする史料が現れる。

「寛政重修諸家譜」三百六十一
蜂須賀忠英　　（元和）九年九月十日、御前にをいて元服し、御諱字をたまはり忠鎮とあらため、長光の御刀を拝賜し、従四位下阿波守に叙任す、この日松平の御称号をゆるさる、のち代々例とす、（上下略）

初名が正確に記され、九月十日に松平の称号も授与されたとする。「御称号拝領日附」（「阿波徳島蜂須賀家文書」国文学研究資料館所蔵）の記載も同様である。

けれども、元和九年の正月十二日附で山内忠義に登城召しを伝達した江戸幕府年寄酒井忠世・土井利勝奉書に「松平千松殿」の表記が先行してある（「山内家歴史資料」）。『史料綜覧』・『寛政重修諸家譜』・「御称号拝領日附」が九月十

日に授与されたと記す松平の称は、幼名と合わせて元服以前から幕府年寄も使用していた。後世に混乱が生じ、『史料綜覧』綱文に及んだ可能性がある。

口宣案二通（「阿波徳島蜂須賀家文書」）が伝存し、六月二十二日の日附・叙任内容・上卿・書き出し（蔵人）が、「実条公御覚書」の通りであることを確認し得る。次に掲げる。

「阿波徳島蜂須賀家文書」〇国文学研究資料館所蔵

（端裏書）「口　宣案」

上卿　今出川（経季）大納言

元和九年六月廿二日　宣旨

藤原（蜂須賀）忠鎮

宣叙従四位下

蔵人権左少弁藤原（勧修寺）朝臣経広奉

（端裏書）「口　宣案」

上卿　今出川（経季）大納言

元和九年六月廿二日　宣旨

藤原（蜂須賀）忠鎮

宣任阿波守

蔵人権左少弁藤原《（勧修寺）》朝臣経広奉

六月二十二日附で作成された口宣案が存在し、九月十日に従四位下阿波守に叙任されたとする『寛永諸家系図伝』・『東武実録』・『寛政重修諸家譜』の記述への疑問が深まる（『史料綜覧』綱文は叙任を含まない）。

次に五月十日説の検討に移る。五月十日に江戸城で元服・一字拝領・叙任発令があったと記す史料を示す。

「阿淡年表秘録」公源院殿　（『徳島県史料一』）

五月十日《（元和九年）》、千松丸《（蜂須賀）》君、御登城、御目見、被叙四品、御盃御頂戴、御一字《（忠）》・御称号《（松平）》・御刀〈長光〉・御馬〈南部栗毛〉御拝領、阿波守忠鎮《シゲ》ト御改、寛永十酉年春、忠英《テル》ト御改、同日、御帰国御暇被蒙仰、五月十三日、江府御発駕、同廿七日、将軍家より御先へ京都御着座、六月上旬、蓬庵公《（蜂須賀家政）》、同七日《（ママ）》、秀忠公・家光公御上洛、七月廿一日、秀忠公御辞譲、奉称大御所、同廿七日、於二《（ママ）》条御城、家光公将軍宣下、正二位内大臣、（徳島県立図書館所蔵早雲氏旧蔵本）

「八月六日、御参内、」秋、蓬庵（徳島県立図書館所蔵早雲氏旧蔵本）「両」公御帰国御暇被蒙仰、

「蜂須賀家譜」（「史料稿本」所収）

興源公忠英、初諱正鎮、小字千松丸、峻徳公《（蜂須賀至鎮）》長子、慶長十六年辛亥四月某日生于徳嶋城、母徳川氏《（家康養女、小笠原秀政女）》、元和二年丙辰、公始如江戸、六年庚申二月、峻徳公卒、四月、幕府、命公襲封、以其幼、使瑞雲公《（蜂須賀家政）》為後見、（中略）九年癸亥五月《九月十日》、公、叙従四位下、任阿波守、台徳公《（秀忠）》為加首服、賜偏諱《松平の御称号をゆるさる、》、更諱忠鎮、賜杯酒及名刀《長光の名刀、》・良馬、後以為例、

（下略）

二つの史料とも松平の称号授与も記し、「史料稿本」所収「蜂須賀家譜」には五月に九月十日の日附が傍書される。

では、五月十日という月日の信憑性はどうであろうか。

五月の秀忠の所在・移動を確認すると、江戸を発足して東海道経由で上洛の途に就き、五月二十二日に小田原へ着いている（島原松平文庫本「松平忠利公御日記写」元上、元和九年五月二十四日条）。五月十日に江戸城中で元服・偏諱授与（命名）・官位叙任発令があったとする「阿淡年表記録」の記載は成立する可能性がある。

幸いにも同時期の当人の書状で、一例だが自称を確認することができ、問題は解決する。


「徳島県女子師範学校所蔵文書」（東京大学史料編纂所所蔵影写本）

以上、

貴札忝存候、其以後者以書状も不申通、所存之外候、然者、某も　御上洛近々ニ御座候故、直在京仕事候、公方様（秀忠）、去八日被成御京着、御機嫌宜御座候間、可御心安候、猶期後音之時候、恐惶謹言、

松平阿波守（蜂須賀）
忠鎮（忠英）（花押）

六月十一日（元和九年）
池田鶴松様（由英）
御報

六月八日の「公方様」上洛を報じた六月十一日附の忠鎮書状に、「松平阿波守」の自称と「忠鎮」の署名とがあ

る。忠鎮の元服（千松から阿波守への改名）後で該当するのは、元和九年の将軍秀忠上洛だけである（藤井讓治「徳川秀忠の居所と行動」・「徳川家光の居所と行動」同編『近世前期政治的主要人物の居所と行動』京都大学人文科学研究所、一九九四年）。この書状は同年六月十一日附のものである。

充名の「池田鶴松」は、因幡鳥取城主池田幸隆（光政）家老で米子城三万二千石を知行した池田出羽由之（信輝孫、元和四年没、室は蜂須賀家政女）の次男、内膳由英の幼名である。池田由英の亡父由之の遺跡（家老、米子城三万二千石）は長兄の池田出羽由成が継ぎ、鶴松（由英）は、元和元年（一六一五）大坂夏の陣に際して江戸へ証人として送られ、寛永三年（一六二六）から蜂須賀忠鎮（忠英）に仕え、蜂須賀山城とも称し、のち家老となった（以上、岡山県立図書館所蔵和装本「池田老臣略記」・「備前老臣伝」、『徳島藩士譜』）。

掲出した書状は、元和九年の六月十一日附で京都の蜂須賀忠鎮（のち忠英）から縁戚の鳥取（のち備前）池田家江戸証人池田鶴松（由英）に充てたもので、秀忠から松平千松への偏諱「忠」・受領名「阿波守」授与は、この日以前であったと確定できる（在京中の忠鎮は、音信途絶を遺憾としつつも、阿波守忠鎮への改名には言及せず、両者間の了解事項としている）。

九月十日に偏諱・松平称号・阿波守授与があったとする「寛永諸国家系図伝」・「東武実録」・「寛政重修諸家譜」等の記載は検討を要する。『史料綜覧』綱文は、月日・内容とも改訂が必要である。

秀忠・千松（忠鎮のち忠英）の所在にも鑑み、五月十日に江戸城で元服・偏諱授与等があったとする「阿淡年表記録」・「蜂須賀家譜」本文記載を一部採用し、次の綱文改訂案を提起したい。

元和九年五月十日、秀忠、阿波徳島城主蜂須賀千松ニ首服ヲ加ヘ、偏諱ヲ与ヘ、忠鎮ト称セシム、尋デ、忠鎮、

従四位下阿波守ニ叙任セラル、

従四位下・阿波守叙任についての秀忠からの発令日を、ここでは留保した。五月十日の可能性もあり得、忠鎮が六月十一日附書状で自称する以前であることは動かない。いずれにしても、朝廷での叙任文書作成（事後手続）の日附に先行した。

上杉定勝の事例でも、江戸での元服・改名・官位叙任発令が先行し、京都での口宣案作成は江戸での発令以後に作成されたと考えられる。

蜂須賀忠鎮（忠英）の口宣案二通（「阿波徳島蜂須賀家文書」）の日附が六月二十二日となっているのは、忠英・秀忠・幕府年寄とも順次江戸から京都へと移動・上洛し、その迎接や家光の上洛（七月十三日）・将軍宣下（同二十七日）等を前に、武家伝奏三条西実条が一人繁忙を極め――実条の伝奏就任は慶長十六年（一六一一）で、家康・秀忠の将軍宣下に携わった経験もなかった――、江戸幕府・京都所司代・朝廷間の指示伝達や文書調進に日時を要したためではなかろうか。この点は、なお課題としたい。（補注）

三　池田光政の改名・叙任

同年八月六日、家光の将軍襲職奏慶参内の供奉行列を飾らせるため、多くの大名等に武家官位叙任の発令があった（「東武実録」・「寛政重修諸家譜」等）。実条の覚書には、「八月六日之日付ノ公家成・諸大夫成ハ別紙ニアリ、」と記され、詳細はみえない。

けれども無位無官だった池田光政（松平新太郎、初名幸隆）の例では上洛し、家光の偏諱を授けられて光政と改名し、従四位下侍従に叙任されたことがわかる。光政の家老池田由成（池田鶴松由英の兄）も上洛し、家光から時服を拝領している。先ず系譜史料を示す。

「池田家譜」岡山県立図書館所蔵和装本 KW298/6

光政《（池田）》、
称新太郎、初名幸隆、（中下略）九年《（元和）》癸亥七月、将軍《（家光）》ニ従テ上洛、叙従四位下、任侍従、将軍ヨリ名字ヲ授リ、光政ト改ム、〈子孫更名、皆此例ナリ、〉

「池田老臣累記」岡山県立図書館所蔵和装本 KW291/3

池田出羽由成、〈慶長十七生、初名竹松、主計、出羽、〉（中下略）元和九年、家光公御上洛、光政《（池田）》公供奉ニ付御供、従家光公御紋付時服拝領、

前者の記述を、他の史料等で追究する。江戸から上洛し六月八日入京した将軍秀忠は、二十五日に後水尾天皇の御所に参内した。秀忠に従って上洛していた因幡鳥取城主池田幸隆（のち光政）は、無位無官だったので、秀忠の参内に供奉し得なかった。このことを、亡父利隆の乳母で在江戸の栄寿尼（古田陣内後室）へ伝えた当人の書状を掲げる。

「古田氏所蔵文書」（『池田光政公伝』上所収）

御文たまはりまんそく申候、そこもと（江戸）別事なく候よしまんそく申候、此もと（京都）かわる事も御さなく候、はれ（わ）〲も一たんそくさいの事に候、うへさま（秀忠）廿五日（六月）に御さんたい（参内）あいすみ申候、はれ〲はいまたくらい（位）につき申さす候ゆへ、御とも（供）申さす候、御くだりもやかてのやうに申候まゝ、しやはせよくわれ〲もくたり候て申候へく候、ゑと（江戸）にもなに事なきよし御申こし候まゝ、こゝろやすく候へく候、かしく、

八月一日（元和九年）　よし隆（幸隆、池田光政）（花押）

かへす〲、此かたかわる事なく候まゝ、きすかい候ましく候、かしく、

ゑいしゆ参（栄寿尼、古田陣内後室）　しん太（新太郎）

本状を初めて掲出した侯爵池田家家令石坂善次郎編輯兼発行『池田光政公伝』上巻（一九三二年五月、二六六―二六七頁）、つづく谷口澄夫氏『人物叢書池田光政』（吉川弘文館、一九六一年、二六―二七頁）は、ともに参内に関する箇所を七月二十三日の家光参内と解し、二十五日を誤記とするが、二書とも訂正を要する。六月二十五日の秀忠参内に関する記述に他ならない。池田幸隆（光政）は当時無位無官だったため、供奉する資格を欠いたのである。

「御くだりもやかてのやうに」とは、秀忠の江戸帰還についての観測で、大御所となった秀忠が実際に京都二条城を発したのは、閏八月二十一日のことであった。

七月二十七日、伏見城で家光の将軍宣下があった。八月三日、新将軍家光は、因幡鳥取城主池田幸隆に偏諱「光」を授け、光政と改名させた。その時の一字書出が伝存する。次に掲出する。

「御拝領御一字」岡山大学附属図書館池田家文庫藩政史料マイクロ版集成

光

元和九

八月三日（花押）（徳川家光）

松平新太郎（池田光政）とのへ

家光は、六月二十六日に江戸城を発して西上し、七月十三日入京し、伏見城へ入った。その後も家光は伏見城を宿所とし、七月二十七日に将軍宣下があり、八月一日には諸公家・諸大名等から八朔の礼を受け、二日・五日には大御所秀忠の宿所二条城に赴いている（「松平忠利公御日記写」・「凉源院殿御記」）。一字書出の日附の三日、家光・光政はともに上洛中で、文書授受の場は伏見城か二条城かであった。

日下に据えられた家光の花押の形状は、藤井讓治氏の分類（「徳川家光の花押」『本郷』一二、一九九七年十月）のⅡ型・Ⅲ型の中間で、将軍就職当初期の典型例である。なお形状は折紙で、法量は縦四六センチ、横六六センチである。

改名等について光政が後年に書した「自歴覚」の記述は、次のように簡潔である。

「池田光政自歴覚」（『池田光政日記』所収）

十五才（元和九年）、縁組被仰付、其夏、御上洛、将軍様（家光）より光ノ御字被下、侍従ニ被仰付、御刀被下、

「縁組被仰付」を、光政は元和九年のことと記すが、前年の元和八年（一六二二）には将軍秀忠が内定していた。す

なわち本多忠刻・千姫夫妻の女（秀忠孫）を幸隆（光政）に嫁せる決定を、忠刻の父忠政から聞知した関白九条忠英（のち幸家）の自筆日記「幸家公記」九年六月二十七日条に次の記事がある。

未刻許、本多美濃守（忠政）被参候、帷子拾之内単物参つ也、馬代銀子壱枚也、徳勝院相客参候也、振舞申候、少時言談、已後被退出了、京より播州迄陸地参十二里有之云々、永日両日に参着也、又被談云、孫女に因幡・伯耆両国主（池田幸隆○光政）むこ也、去年江戸にて被仰出候由物語也、池田三左衛門（輝政）孫の事也、武蔵（池田利隆）と申候の子息也云々、又播州之内十二万石小笠原（忠真）領知也云々、是又美濃守と縁者也、

なお実際の婚儀は、寛永五年（一六二八）正月二十六日に江戸で行われ、大御所秀忠は自身の養女としたうえで光政に配した。

将軍家光からの偏諱「光」の一字書出は、前掲の通り元和九年八月三日附で、従四位下侍従への叙任文書は、家光が参内し光政も供奉した八月六日の日附であった。『池田光政公伝』上巻（一九三二年五月、三一五―三一六頁）に図版・翻刻文が掲載されている八月六日附の従四位下侍従叙任の口宣案二通と宣旨を示す。

（端裏書）「口　宣案」
上卿　三条新大納言（三条西実条）
元和九年八月六日　宣旨
源光政（池田）

宣叙従四位下
　蔵人権左少弁藤原（勧修寺）経広奉

「口（端裏書）　宣案」
　上卿　三条新大納言（三条西実条）
元和九年八月六日　宣旨
　源（池田）光政
　宣叙〔任〕侍従
　　蔵人権左少弁藤原（勧修寺）経広奉

従四位下源（池田）朝臣光政
正二位行権大納言藤原朝臣（三条西）
実条宣奉　勅、件人宜令
任侍従者、
元和九年八月六日掃部頭兼大外記造酒正助教中原朝臣（押小路）師生奉

『史料綜覧』には、家光から池田光政への偏諱授与（幸隆からの改名）や官位叙任についての記載はない。綱文の新規立条や既存綱文下への史料の編入等が必要となろう。八月三日附の偏諱授与については立条、六日附の叙任については家光参内条への合叙を提言する。
八月六日、新将軍家光は牛車で参内し、供奉の行列中、「武家之公家」(侍従以上の大名)たちは牛車の後に装束を着用し塗輿で従い、光政もその中にあった(「凉源院殿御記」等)。
将軍家光の参内行列中に供奉する大名の格・序列として、侍従以上への官職補任(「公家成り」)が機能している。武家官位叙任の主体は、将軍家であり、豊臣政権期の仕組みを踏襲する施策といえる。

おわりに

本章では、元和九年の上杉定勝・蜂須賀忠英・池田光政の元服・改名・官位叙任について検討した。上杉への命名・官位叙任、蜂須賀への偏諱授与・官位叙任の主体は、将軍秀忠であった。池田への偏諱授与=一字書出発給(改名)の主体は、将軍家光であった。

上杉定勝(喜平次)については『史料綜覧』既存綱文(三月一日、叙任謝恩答礼条)の二月十三日元服・叙任発令条への改訂、蜂須賀忠英(幼名千松、初名忠鎮)については、『史料綜覧』既存綱文の月日(九月十日を五月十日に)・内容(松平氏授与を削除し従四位下阿波守叙任を追加)改定が、池田光政については、八月三日に偏諱授与(改名)綱文の新規立条等の要があることにも論及した。

なお元和九年の家光の将軍宣下後も、実権の多くを大御所秀忠が保持し続けたが、大名等への新将軍家光の偏諱「光」授与=一字書出発給による命名が開始され、池田光政がその最初期の対象であったことを確認しておきたい。

補注

本書収録に際して文章表現を修訂した。また蜂須賀忠英（幼名千松、初名忠鎮）の元服・叙任について、本章初出（二〇一一年）後、元和九年（一六二三）九月十日附秀忠官途状と一字書出の存在を知った。同人の元服・叙任については、次章で再検討する。

第四章　徳川秀忠・家光発給の官途状・一字書出について

はじめに

本章の課題

近世の将軍家から大名等に宛て発給された官途状・一字書出は、中世以来の武家社会での命名慣行に由来し、官位制とも関連して朝幕藩関係史を論じる一テーマたり得、一定の研究史が蓄積されている。

また、幕府が諸大名を単位に大規模動員、平時・戦時軍役賦課を実施する際、賦課対象大名の呼び名（呼称）設定・改編・把握に機能した。

本章では、標題の如く、秀忠・家光が諸大名等へ発給した官途状や一字書出を素材に、二〇〇九年四月一日から二〇一三年三月三十一日までの間、日本学術振興会科学研究費補助金、基盤研究（B）「近世前期西南諸藩史料の統合的研究——大規模軍役動員時の幕藩・藩藩関係から——」に参加して得られた史料・史料情報の知見を、既成の「史料稿本」・『史料綜覧』・「大日本史料総合データベース」や先行研究による事例の蓄積に加味し、整理・論述する。

あわせて、二〇一一年初出の前章（山口「将軍権力と大名の元服・改名・官位叙任——上杉定勝・蜂須賀忠英・池田光政について——」同編『将軍父子上洛と将軍宣下の政治社会史的研究』東京大学史料編纂所研究成果報告二〇一〇—二所収を一部修訂）での蜂須賀忠英元服日時を、新に知り得た素材から再検討し補訂したい。

行論の都合上、官途状・一字書出に関する研究史を概括しておく。

研究史

加藤秀幸氏の論文「一字書出と官途（受領）挙状の混淆について」（『古文書研究』五、一九七一年）は、当該文書について中世から近世までを見通した先駆的業績である。

近年の木下聡氏の編・著『全国官途状・加冠状・一字状目録』（日本史史料研究会企画部、二〇一〇年）は広範な事例を収集・整理し、同著『中世武家官位の研究』（吉川弘文館、二〇一一年）の基礎となる労作である。

豊臣政権期の羽柴苗字授与、江戸時代の松平苗字授与を扱った仕事に、村川浩平氏の著『日本近世武家政権論』（日本図書刊行会、二〇〇〇年）がある。

また永禄・天正年間の家康文書の事例を整理・検証した論稿に、井口信久氏の「徳川家康一字書出について」（『川越市立博物館だより』四、一九九二年）がある。

筆者自身は、豊臣政権の羽柴苗字授与と豊臣朝臣姓口宣案での官位叙任による序列編成から江戸幕府が主導した武家官位制への再編過程を、将軍秀忠の官途状・一字書出発給も加味し、通時的に論述した（山口「近世初期武家官位の展開と特質について」橋本政宣編『近世武家官位の研究』続群書類従完成会、一九九九年初出、本書第一部第二章）。

豊臣政権が近世武家官位制を創出し、その統合・序列化の枠内に編成された徳川家康・秀忠が将軍職を襲い、武家官位の体系を換骨奪胎して再編したという右の見通しは、現時点でも有効であると考えている。

一　秀忠将軍襲職前の一字書出発給

【事例①】 細川忠利

「細川家記」忠利 ○史料稿本所収

忠

慶長五
八月廿一日　秀忠御判
（細川忠利）
長岡内記殿

慶長五年（一六〇〇）八月二十一日、関ヶ原（美濃での合戦は九月十五日）の前段、豊臣政権「公儀」の老職、内大臣徳川家康の子秀忠（羽柴江戸中納言）は、会津の上杉景勝追討のため下野宇都宮在陣中、丹後宮津城主長岡（のち細川）忠興の三子光千代に偏諱を与え、忠利（初名忠辰とも）と名付けた。右の一字書出は、系譜史料に引用された写しで、形状は判然としないが、付年号であったと考えられる。

なお、細川忠利の実名は、慶長十年（一六〇五）四月八日附の従五位下侍従叙任の口宣案・宣旨（八代市立博物館未来の森ミュージアム・北九州市立いのちのたび博物館編集・発行企画展図録『大名細川家―文と武の軌跡―』二〇〇五年、図版三十二・三十三）では、忠利で、氏姓は源朝臣であった。

徳川秀忠からの一字書出による元服を機に、父忠興代の羽柴苗字・豊臣朝臣の姓を離れ、名前と官位を帯びたのである。

慶長八年（一六〇三）二月十日、権大納言徳川秀忠は、若狭小浜城主京極高次の子熊麿（十一歳）を、江戸で引見し、偏諱を与えて元服させ、忠高と名付けた。なお、秀忠の室浅井氏は、忠高生母初の同母妹だった。

その際の一字書出を掲げる。

【事例②】　京極忠高

「京極家文書」○丸亀市立資料館所蔵　（松江歴史館編集・発行特別展図録『松江創世記 松江藩主 京極忠高の挑戦』二〇一一年、図版十二―一

「徳川秀忠一字書出」）

忠

（慶長八年）
二月十日（花押）（徳川秀忠）

若狭侍従殿（京極忠高）

この一字書出は、原本で、形状は竪紙、事例①と異なり年紀はない。また図録の記述に依れば、料紙は大鷹檀紙、法量は縦四〇・六センチ・横六四・〇センチである。

以上、事例①・②の如く、秀忠は将軍職就任前にも一字書出を発給していたが、その様式は定まってはいなかった。

二　将軍秀忠の官途状・一字書出発給

秀忠は、大坂城に拠った豊臣秀頼と雁行して位階官職を昇進し、慶長十年（一六〇五）四月十六日、父家康の征夷大将軍職を継いだ。

同十二年（一六〇七）六月二日には、播磨姫路城主池田輝政の長子照直に官途状を与え、「松平武蔵守」利政と名付

けた。

利政は、慶長十年四月の侍従任官時（従五位下）の宣旨の記載では、「豊臣朝臣照直」であった。

豊臣政権期に家康・秀忠自身も池田等諸大名も編成されていた羽柴の苗字と豊臣朝臣姓の武家官位制を脱し、将軍家主導で新たな序列を編成し、諸大名との新たな上下関係を明確にする施策の一環であったといえる。

秀忠がこの時発給した官途状を次に掲げる。

【事例③】　池田利政

「池田家資料」一六―三　〇株式会社林原資料センター（二〇一二年一月改組・活動休止）「林原収蔵品データベース」所載

加冠

宜任松平（池田利政）武蔵守

慶長十二年六月二日（花押）（秀忠）

この官途状は、竪紙で、法量は縦四四・七センチ・横六一・八センチと記録される。

後掲するこれ以降の時期に発給された秀忠官途状とは異なり、冒頭に「加冠」の墨付（文言）を有する点が、「宜任松平武蔵守」の行が下がっている点とともに、特徴的である（他の事例とは異なっている）。なお実見してはいないので、写、案紙の可能性もある。

慶長十四年（一六〇九）十二月二十二日、将軍秀忠は、常陸土浦城主松平信吉の長男・二男を召し、官途状（事例⑤1は竪紙）と偏諱「忠」の一字書出を与えて元服させ、兄を松平山城守に任じ忠勝（のち忠国）、弟を松平伊賀守に任じ忠晴と名付けた（『大日本史料』第十二編之六）。

【事例④1】　松平忠晴

「藤井松平家文書」〇上田市立博物館所蔵　（同編・発行図録『松平氏史料展』一九八五年、一八頁掲載「徳川秀忠受領書出」図版）

（折掛封紙ウハ書）
「松平伊賀守（忠晴）とのへ」

宜任　　松平伊賀守

慶長拾四年十二月廿二日（花押（秀忠））

【事例④2】

「古文書集」七　信州上田城主松平家蔵　台徳院様御書之写（『大日本史料』第十二編之六、八四二頁、慶長十四年十二月二十二日第一条）

忠

慶長十四年十二月廿二日　御判（秀忠）

松平伊賀守（忠晴）とのへ

事例④1・2は、忠晴への官途状（原本）・一字書出（写し）で、従五位下叙位の手続――口宣案発給と考えられる――は、遅れて元和元年（一六一五）正月二十七日附のことであった（「寛政重修諸家譜」八、松平忠晴譜）。将軍秀忠は、松平の苗字と伊賀守の受領名を組み合わせた官途状（事例④1）を発給し、「松平伊賀守」と命名した。

その命名行為は、朝廷での口宣案作成に約五年先行し、江戸幕府主導の官職補任に等しいものであった。
慶長十五年（一六一〇）土佐高知城主山内康豊は、駿府で大御所家康に引見され、三月一日同地で秀忠から官途状・一字書出を与えられ、松平土佐守忠義と改名した。
授受文書を次に掲げる、

【事例⑤1】　山内忠義

「山内家史料」○財団法人山内家宝物資料館所蔵（同編集・発行『山内家資料目録1 古文書の部 朝廷関係文書・豊臣関係文書・徳川将軍発給文書』巻頭図版「賜姓官途書出（資料番号：秀忠―1）」）

宜任
　　　　松平土佐守
慶長十五年三月朔日（花押）（秀忠）

【事例⑤2】

「山内家史料」○財団法人山内家宝物資料館所蔵（同編集・発行『山内家資料目録1 古文書の部 朝廷関係文書・豊臣関係文書・徳川将軍発給文書』巻頭図版「一字書出（資料番号：秀忠―2）」）

　　忠
慶長十五
三月朔日（花押）（秀忠）

松平土佐守《（山内忠義）》とのへ

事例⑤の二つは同日附で、1が官途状、2が一字書出である。1は竪紙、法量が縦四四・五センチ・横六三・〇センチとされ、書下年号で充名がない。2は折紙、法量が縦四五・六センチ・横六二・三センチとされ、付年号で充名がある。また1・2とも料紙の大きさは、同目録の記載に拠れば、元和三年（一六一七）九月十三日附山内忠義（「松平土佐守殿」）充徳川秀忠領知判物や慶長・元和・寛永期の将軍・大御所秀忠発給御内書とほぼ同じで、将軍秀忠発給文書に定型的な紙が用いられたと考えてよい。

本事例の経過と意義については、旧稿（山口「近世初期武家官位の展開と特質について」橋本政宣編『近世武家官位の研究』続群書類従完成会、一九九九年初出、本書第一部第二章）で述べた処だが（忠義以降歴代に関しては、渡部淳「松平姓と将軍偏諱―土佐藩山内氏の場合―」財団法人山内家宝物資料館編集・発行企画展図録『将軍と大名―徳川幕府と山内家―』二〇〇〇年を参照されたい）、江戸幕府から朝廷への執奏により、遅れて同年九月二十八日附で従四位下土佐守叙任の口宣案（源姓）が作成された。

康豊養父一豊の慶長八年従四位下土佐守叙任時の口宣案では、氏姓は豊臣姓であった。

ここでは、将軍発給の官途状・一字書出による松平苗字・受領名・偏諱を含む命名・任命が朝廷での口宣案作成に先行し、一連の文書授受を通じてかつて羽柴苗字授与と豊臣姓の武家官位の体制に編成されていた大名家が、その連鎖・枠組から離脱させられ、将軍家再編の新たな序列に組み込まれたこと、朝廷は幕府の意向通り遅れて叙任文書を作成して事後手続を担ったこと、の諸点を確認しておきたい。

三　秀忠大御所時代の官途状・一字書出発給

元和九年（一六二三）、将軍秀忠・世子家光は上洛し、七月二十七日、伏見城で家光の将軍宣下が行われた（山口編『将軍父子上洛と将軍宣下の政治社会史的研究』東京大学史料編纂所研究成果報告二〇一〇―二、二〇一一年）。

八月三日、京都で将軍家光は、因幡鳥取城主池田幸隆に一字書出で偏諱を与え、光政と改名させた。この改名については、前章で述べたが（山口「将軍権力と大名の元服・改名・官位叙任――上杉定勝・蜂須賀忠英・池田光政について――」、二〇一一年三月初出）、家光の一字書出を示す。

【事例⑥】　池田光政

「池田家文庫史料」○岡山大学附属図書館所蔵（池田家文庫藩政史料マイクロ版集成リール番号YCF―005、ラヴェル番号C6―317「大猷院様御判物」）

光

元和九
八月三日（花押）（家光）
松平新太郎（池田光政）とのへ

続く八月六日、家光の将軍拝賀参内行列に光政も供奉した。光政はこれ以前、無位無官で将軍家の参内に供奉する資格を欠いたが、幕府の執奏による同日附の口宣案・宣旨で従四位下・侍従に叙任され、「公家成り」大名の一員に加えられ、家光の参内供奉行列にも編入されたのである。

この一字書出は折紙で、法量は縦四六センチ×横六六センチとされる。その様態は、事例⑤2の秀忠一字書出に近似する。

家光が将軍となると、諸大名等への官途状（松平苗字・受領名授与）と、一字書出（偏諱授与）の発給主体が、大御所秀忠ではなく家光へと基本的には移行していることが判る（「史料稿本」・『史料綜覧』・「大日本史料総合データベース」等）。

管見の限りではあるが、秀忠大御所時代（元和九年（一六二三）—寛永九年（一六三二））の将軍家光による官途状・一字書出発給事例を、次に示す。

秀忠大御所時代の将軍家光による官途状・一字書出発給事例

1寛永四年八月二十六日、浅野岩松、松平安芸守光晟、安芸広島城主浅野長晟男、
2寛永七年冬、加藤虎之助、松平豊後守光広、肥後熊本城主加藤忠広男、
3寛永八年四月一日、島津忠元、松平薩摩守光久、薩摩鹿児島城主島津家久男、
4寛永八年十二月二十七日、前田利次、松平淡路守、加賀金沢城主前田利常次男、

1は、寛永四年（一六二七）八月二十六日、江戸城で将軍家光が、浅野岩松（安芸広島城主浅野長晟世子）に一字書出を授与して元服させ、松平安芸守光晟と命名した事例である。

その事実経過は、系譜史料「玄徳公済美録」二一（浅野長愛氏所蔵、東京大学史料編纂所所蔵写真帳）で確認することが

できる。

以下、経過と授受文書、官位授与決定権限（政治的実権）の所在について考察を加える。

岩松は、西丸の大御所秀忠・本丸の将軍家光の双方へ登城・目見得し、家光の前で元服した。先に八月二十二日に家光から「松平御称号御拝領之儀　御内意」の示達があり、八月二十六日、城内で家光の「御諱字光之御一字御折紙を以御拝領」した。

一字書出（折紙）の写を次に示す。

【事例⑦】　浅野光晟

「玄徳公済美録」二一　○浅野長愛氏所蔵（東京大学史料編纂所所蔵写真帳）

新真　○新御蔵御蔵書真蹟ノ意、

光

寛永四

八月廿六日（花押）（家光）

（浅野光晟）松平安芸守とのへ

「済美録」は、「松平安芸守」に任じた官途状を収載していない。けれども、右の一字書出の充名に明らかな様に、偏諱と同時に、「松平安芸守」の称号と受領名が授与されたことは、確実である。

松平「御称号」・安芸守「受領」は、将軍家からの恩典・嘉儀とされ、当事者の浅野光晟は父長晟とともに要路・

諸家と音信贈答を交わし、浅野家家中から広範な祝儀献上もあった。

「済美録」の記載からの引用を続ける。

此時御官位ハ不被　仰付、御無官ニ而、御名安芸守と御改被遊候様依　上意、松平安芸守と御改被遊、御諱　光晟と被為附、（中略）只今御官位可被　仰付候得共、御余人と被為連候義ニ候間、重而御官位ニも可被　仰付之旨、　秀忠公上意之趣、土井利勝君を以自得公（浅野長晟）へ被　仰出、（下略）

光晟は、寛永十一年（一六三四）の侍従任官が初官で、同四年の元服時には、叙任のことは見送られた。当座、官位叙任を無と決定した主体＝最高権限の所在が大御所秀忠にあり、将軍家光にはなかったことが判る。大御所時代の秀忠は広く「公方様」と尊称され続け、家光は「将軍様」と呼ばれた（藤井讓治「近世「公方」論」朝尾直弘教授退官記念会編『日本国家の史的特質　近世・近代』思文閣出版、一九九五年）。大御所時代の寛永年間、秀忠は大名・旗本等への知行充行権を掌握して領知判物・朱印状を発給し、将軍家光が初めて五万石以上の大名に領知判物・朱印状を交付し得たのは、大御所没（寛永九年〈一六三二〉）後の寛永十一年（一六三四）上洛時のことであった（藤井讓治『徳川将軍領知宛行制の研究』思文閣出版、二〇〇八年）。秀忠大御所時代、江戸幕府は将軍家光との二元・二頭政治体制ではなく、最高実力者はあくまで大御所秀忠であったことを、あらためて確認しておきたい。

なお、家光の将軍襲職後も、大御所秀忠による官途状・一字書出発給が、確実に存在した。元和九年（一六二三）九月十日、千松（蜂須賀忠鎮、のち忠英）への事例である。

筆者は、前章で、各種史料上五月十日、九月十日の二つに分かれる一字書出等発給＝蜂須賀忠英元服の月日について、前者（五月十日）の蓋然性が高いと判断・叙述した。その後、個人が現蔵する当該文書（後掲）が二〇一〇年秋に初公開されたことを知った。以下で再考したい。

【事例⑧1】　蜂須賀忠英

「徳川秀忠官途書出」○徳島市立徳島城博物館編集・発行図録『特別展　蜂須賀三代』二〇一〇年、図版九七（「個人蔵」「初公開」）

宜任

　　松平阿波守

元和九年九月十日（花押）（秀忠）

　　千松とのへ（蜂須賀忠鎮○忠英）

この官途状は、事例③・④1・⑤1等と異なり、充名が記されている（＊）。形状は、竪紙で、法量は縦四五・五センチ・横六一・五センチとされる。

（＊）元和八年（一六二二）十二月二十六日、江戸城で将軍秀忠が肥前佐賀城主鍋島勝茂の嗣子翁助（忠直）を元服させ、偏諱（一字書出）とともに与えた官途状（写）（事例⑧参考①、左記）にも、やはり充名はない。事例⑧1が特異と言えよう。

【事例⑧1参考①】鍋島忠直（秀忠将軍時代）

「坊所鍋島文書」十二　○肥前（『大日本史料』第十二編之五十、三三五頁）

宣任

松平肥前守

元和八年十二月廿六日　御判（秀忠）

なお、事例⑧1の元和九年九月十日附官途状で、「千松」は「松平阿波守」に任じられ、称号と受領名をあわせて名付けられている。

けれども、「松平千松」という呼称は、これ以前にも幕府年寄の次の奉書中で用例を確認することができる。

【事例⑧1参考②】

「山内家歴史資料」○山内神社宝物資料館保管

（包紙）「正月十二日

松平土佐守殿（山内忠義）　土井大炊助（利勝）

酒井雅楽頭（忠世）」

以上、

明日十三日之晩、御茶可給之旨被仰出候、堀尾山城守殿（忠晴）・松平新太郎殿（池田幸隆○光政）・松平千松殿（蜂須賀忠鎮○忠英）・稲葉彦六殿（典通）・立花飛騨守殿（宗茂）

被仰談、八以前可有御登城候、恐々謹言、

土井大炊助

（元和九年）
正月十二日　　利勝（花押）

酒井雅楽頭

忠世（花押）

松平土佐守殿

元和九年（一六二三）九月十日の官途状・一字書出授受以前から、幕府年寄に「松平千松」と把握され、松平の苗字を冠して称（記載）されていたことに注意したい。

次に同日附の一字書出を掲げる。

【事例⑧2】

「徳川秀忠一字書出」○徳島市立徳島城博物館編集・発行図録『特別展 蜂須賀三代』二〇一〇年、図版九八（「個人蔵」「初公開」）

忠

元和九

九月十日（秀忠）（花押）

松平阿波守とのへ（蜂須賀忠鎮○忠英）

この一字書出は折紙で、法量は縦四五・八センチ・横六二・六センチとされる。

ここで、あらためて元和九年（一六二三）の蜂須賀忠英（初名忠鎮）の元服・叙任について、前章で紹介・提示した史料も加味し、経過を記す。

A　正月十三日　江戸幕府年寄奉書で「松平千松殿」と呼ばれる（「山内家歴史資料」）。

B　五月十日　在江戸の将軍秀忠から元服・従四位下阿波守叙任を発令される（「東武実録」「寛永諸家系図伝」「寛政重修諸家譜」「阿淡年表秘録」「蜂須賀家譜」）。

C　六月八日　江戸を立った秀忠、入京（藤井譲治『近世前期政治的主要人物の居所と行動』ほか）。

D　六月十一日附　京都から「松平阿波守忠鎮」の名乗りで、因幡鳥取城主池田光政家老池田由成弟の江戸証人池田鶴松（由英）に充て、自身在京と秀忠入京を告げる書状を発信（「徳島県女子師範学校所蔵文書」）。

E　六月二十二日附　朝廷で「松平阿波守藤原忠鎮」の叙従四位下、任阿波守口宣案二通が作成される（「阿波徳島蜂須賀家文書」「実条公覚書」）。

F　九月十日附　在江戸の大御所秀忠から「松平千松」充の「松平阿波守」に任ずる官途状と「松平阿波守」充の一字書出が発給される（本章事例⑧1・2、「徳川秀忠官途書出」・「徳川秀忠一字書出」）。

Fの存在（事例⑧1・2）が問題になるが、まず正文と判断する。五月十日に発令があり、六月二十二日附で口宣案が作成され、何らかの事情で九月十日附の官途状・一字書出が遅れて発給されたものと解したい。秀忠が元和九年（一六二三）七月の家光への将軍職移譲後の日附でもなお官途状・一字書出を発給した事例と見做しておきたい。

おわりに

本章では、秀忠の官途状・一字書出と家光の一字書出について、限られた事例ではあるが、文書の形態・様式・文言や発給の背景・意義について論じて来た（家光発給官途状の実例を把握することはできていない）。

以下にその要点を整理・小括し、残る課題を提示したい。

（1）秀忠の官途状は、㋐将軍時代（家康大御所期、秀忠親政期）・大御所期を通じて発給されたことが確認でき、㋑類例から竪紙、㋒書下年号であったと考えることができる。

㋓さらに、慶長十二年（一六〇七）六月二日附で池田利隆を「松平武蔵守」に任じた事例③では、「加冠」の文言を有した。

㋔また、大御所時代の元和九年（一六二三）九月十日附で蜂須賀（松平）千松（忠鎮のち忠英）を「松平阿波守」に任じた事例⑧1の官途状では、将軍在職期の事例③（慶長十二年六月二日池田利政任「松平武蔵守」）・④（慶長十四年十二月二十二日松平忠晴任「松平伊賀守」）・⑤1（同十五年三月一日山内忠義任「松平土佐守」）・事例⑧1参考①（元和八年十二月二十六日鍋島忠直任「松平肥前守」）と異なり、充名があった。

以上、時期により文言の変化・充名の有無があり、様態が一定でなかったことを確認できた。

（2）秀忠の一字書出は、㋕将軍襲職前、将軍在任期、大御所期を通じて発給され、㋖（慶長八年（一六〇三）二月十日附の京極忠高への事例②では、年紀を欠く竪紙であったが、㋗慶長十五年三月朔日附の山内忠義への事例⑤2等では、付年号をもつ折紙へと変化している。

（3）将軍家光の一字書出は、㋘付年号を記した折紙（事例⑥元和九年八月三日附池田光政充、事例⑦寛永四年八月二十六日附浅野光晟充）で、㋙充名に松平苗字と受領名等を記した秀忠後半の様式を継承した可能性がある。

㋚けれども、寛永九年（一六三二、正月の大御所秀忠没後）七月七日、紀伊和歌山城主大納言頼宣の嗣子長福（光貞）へ偏諱を与えた一字書出は、折紙だが、年紀はなかったと考えられる。

光貞への一字書出発給の具体的な過程・様相と将軍側近の動向とを、「史料稿本」・『史料綜覧』所載の周知の素材ではあるが、以心崇伝「本光国師日記」の記事で確認しておく。

【事例⑨】徳川光貞

「本光国師日記」四十六　寛永九年七月六日条

一、同日（寛永九年七月六日）、晩、御城へ召候而出仕、於奥之間、御対面、土井大炊殿（利勝）・酒井讃岐殿（忠勝）御前ニ伺公、被成　上意ハ、紀伊長福（光貞）明七日元服ニ付而、名乗字被遣事、又ハ徳川ト名字ヲ書度由被望候、如何有之哉ト被　仰出候、国（以心崇伝）申上ハ、御名乗ハ下之字御尤ニ候、充所ハ常陸ト被成可然歟ト申上ル、叶　御意、其通ニ治定也、其次而ニ申上ルハ、権現様（家康）被成　御意候ハ、新田ハ武家之名字、徳川ハ公家之称号ト被仰聞候、譬ハ、接（摂）家ニも、近衛・二条・九条・鷹司・一条ト申心、先代室町ト申心ニ而候、家督之外へハ、其称号不用候ト申上候、一段尤御合点之由御諚也、御書出之案在左、（中略）

「

光

七月七日家光御判

常陸介（紀州徳川光貞）殿」

如此大高二ツ折ニシテ書之、建部伝右衛門（昌興、右筆）筆、
御直判可被成ニテ、松平伊豆守（信綱）預り被置候也、

寛永九年（一六三二）、七月七日附で家光から光貞へ偏諱を授与した一字書出は、付年号が無く、大鷹檀紙の折紙で、幕府右筆建部昌興が染筆し、日下に家光が署名・花押を加え、崇伝の進言が採用されて充名には徳川・松平いずれの苗字も記されなかったことが判る。

寛永九年の家光字書出（七月七日徳川光貞充、事例⑨）は、同⑥（元和九年八月三日池田光政充）・⑦（寛永四年八月二十六日浅野光晟充）とは異なり年紀が無かった。家光一字書出も、時期を通じてその様式が変動したことを予見させる。

本章で検討した事例では、将軍ないし大御所が、大名嗣子等に官途状を授与し、官途を名乗らせて武家官位を決定し、朝廷での口宣言案作成は事後手続であったことにも留意したい。官途状・一字書出とも事例把握の拡充、原本での料紙観察がなお必要だが、今後の課題とする。

【引用・参照文献一覧】（執筆者五十音順）

井口信久「徳川家康一字書出について」（『川越市立博物館だより』四、一九九二年）
加藤秀幸「一字書出と官途（受領）挙状の混淆について」（『古文書研究』五、一九七一年）
木下聡編・著『全国官途状・加冠状・一字状目録』（日本史史料研究会企画部、二〇一〇年）
木下聡『中世武家官位の研究』（吉川弘文館、二〇一一年）
藤井讓治編『近世前期政治的主要人物の居所と行動』（京都大学人文科学研究所、一九九四年）

藤井譲治「近世「公方」論」（朝尾直弘教授退官記念会編『日本国家の史的特質 近世・近代』思文閣出版、一九九五年）
同『徳川将軍領知宛行制の研究』（思文閣出版、二〇〇八年）
村川浩平『日本近世武家政権論』（日本図書刊行会、二〇〇〇年）
山口和夫「近世初期武家官位の展開と特質」（一九九九年初出、本書第一部第二章）
同「将軍権力と大名の元服・改名・官位叙任——上杉定勝・蜂須賀忠英・池田光政について——」（二〇一一年初出、本書第一部第三章）
渡部淳「松平姓と将軍偏諱——土佐藩山内氏の場合——」（財団法人山内家宝物資料館編集・発行企画展図録『将軍と大名—徳川幕府と山内家—』二〇〇〇年）

附記

本章で用いた史料のうち、京極家・池田家については、日本学術振興会・科学研究費補助金「島原の乱と近世的軍制の基礎的研究」（二〇一一年度—二〇一四年度、基盤研究（C）、課題番号二三五二〇八〇一、研究代表者山口和夫）による史料所在情報調査・収集作業の素材を援用した。

補注

本章初出稿（二〇一三年）から、蜂須賀忠英の元服・叙任に関する記述を加筆修整した。

第五章　寛永期のキリシタン禁制と朝廷・幕府

はじめに

近世の朝廷と幕府とは神仏習合・多神教・政教一致の体制下で天皇家・将軍家の始祖神天照大神・東照大権現を祭り、外来の一神教キリスト教を禁止し、共存関係にあった(1)。

江戸幕府は寛永年間に洛中洛外へキリシタン禁制の法令を出し続けた(2)。頻回に発せられた禁令は、当時の洛中洛外地域社会におけるキリシタンの存在を想起させる。

以下、本章では、当時の朝廷・公家・幕府史料を素材に禁令の施行過程やキリシタンの実態を検証したい。

一　寛永十一年の詮議

1　公家社会での露見

寛永十一年（一六三四）、京都でキリシタン詮議があり、八条宮智忠親王家臣本郷織部・意伯父子が捕えられ、牢に入れられた。寛永十一年十二月十五日附豊永賢斎（伊丹重好、元幕臣、在京）充細川忠利書状案の一節を次に掲げる。

一、京都きりしたん御せんさく御座候ニ付而、板防州（板倉重宗）下向も相延候処、霜月廿五日ニ江戸ゟ御左右候て、俄ニ同廿六日父子共御下之由、
一、公家方にも貴理志旦御座候而、八条様（八条宮智忠親王）御内織部（本郷）と申仁、父子共（本郷意伯）ニ宗旨ニ而籠者之由、笑止成儀共候、我等も存候人にて候事、
（前後略）(3)

続いて「孝亮宿禰記」（壬生本）寛永十一年十一月十九日条を示す。

十九日、辛未、雨降、入小寒、
京都キリシタン之事、有穿鑿、八条殿（八条宮智忠親王）御殿織部（本郷）并意伯（本郷）令籠者云々、(4)

八条宮家智忠親王は、後水尾院の従兄弟で世襲親王家二代当主、文字通り「公家方」「御内」（細川忠利書状案）、「御殿」（「孝亮宿禰記」）に帰属するキリシタンの存在が露顕し、捕縛されたのであった。

2　寛永十一年の詮議

かかる事態で京都所司代板倉重宗から申し入れがあり、朝廷では摂政二条康道と武家伝奏三条西実条・日野資勝が対応を議した。「資勝卿記」寛永十一年十一月二十八日条の当該箇所を摘記する。

(前略)摂政殿(二条康道)より御用御座候間、伺公可仕由御使候間、則伺公申候へハ、ヤカテ有御対面、北ノ御内儀方へ被召候、高辻(遂長)同公候て被居候、被仰候ハ、二三日以前板倉周防守(重宗)致伺公、被申上候ハ、女中方・公家方御内之者ニキリシタンノギ難可被仰付由被申候、此比公家衆ノ中ニ有之由申候ハ、今度イハク(本郷意伯)・オリヘ(同織部)キリシタン露見申候、此義ニテ申たるかと被申上候由也、(中略)、三条(三条西実条)・資勝(日野)両人ヨリ公家衆へ内ノ者宗躰ヲモ相尋、カ、へ被申候様ニと可申触由仰ニ候間、幸御番結改も御座候間、番頭触ニ可仕由申上候也、番組書改候を懸御目候也、(後略)[5]

所司代は摂政に「女中方・公家方身内之者」のキリシタン詮議徹底を説いた。摂政に召された両伝奏は禁裏小番結改の触を機に、番衆の公家たちに「内ノ者」の宗旨を質し、キリシタンでないことを確認したうえで召し抱える様触知することを提案したのである。幕府・朝廷が連携しての規制策といえる。

次に、寛永十一年十二月二十六日湘雪守沅(東福寺塔頭霊雲庵主、細川家家臣沢村氏の子、在京)充細川忠利書状案の一節を示す。

一、上方もきりしたん御改ニ付、国母様(東福門院徳川和子)御内女中衆ニ有之由、其段承及候事、[6]

上方での詮議の過程で、女院御所で明正天皇生母東福門院徳川和子に仕える「国母様御内女中衆」の中からもキリシタンが露顕したという。当時の公家社会で御所や親王家に奉仕する男女たちにキリシタンも潜伏・混在して居たと考えて良い。

二　寛永十二年の全国禁令

1　江戸での発令

寛永十二年（一六三五）江戸幕府は全国的な禁令を実施した。江戸城での将軍家光からの発令を伝える「江戸幕府日記」（姫路酒井家本）寛永十二年九月六日条の一節を次に掲げる。

一、伴天連幷きりしたん宗旨之義、従此已前雖為御制禁、至于今無断絶様被聞召之間、弥領内幷面々家中急度相改、自然右之宗門於有之者、捕置可致言上之、自分之儀は勿論、組中与力歩行同心以下迄可相触之旨執役之面々於御白書院　上意之趣年寄中被申渡事、(7)

家光は、度々の制禁にも関わらず断絶のないことを問題視し、広範な詮議の実施を幕府年寄衆に命じたのである。

2　大名領での詮議

大名への伝達と禁制実施の様相は、肥後熊本藩主細川忠利の二通の書状案に詳しい。まず寛永十二年九月二十六日附伊丹康勝（旗本）充細川忠利書状案を掲げる。

一書令啓上候、十一月朔日より国々にてきりしたんを改申付事候、左候へハ、きりしたんつかまへ次第至江戸御左右可申上由、御年寄衆被仰聞候、就其、得御意度事御座候、一人にてもきりしたんつかまへ候ハヽ、それを糺明仕、同類を尋出つかまへ申度儀ニ候、無左候ハヽ、多知兼可申、江戸へ御注進申上候ものをきつく糺明仕、若相果候ハヽ、其所如何存候間、大炊殿（土井利勝）・讃岐殿（酒井忠勝）へ右之通被仰、きりしたんさへつかまへ候ハヽ糺明を仕、同類尋申度候間、此通御年寄衆へ被仰候て、御返事之通被仰聞可被下候、恐惶謹言

九月廿六日

伊幡〔播〕磨守様（伊丹康勝）　人々御中

尚々、遠国之儀にて御座候間、早々御相談候て可被下候、以上（8）

詮議の開始は十一月一日で、対象は「国々」すなわち大名領を含み、捕縛したキリシタンは江戸へ送致するものとされた。

次に寛永十二年十月十八日附酒井忠勝（幕府年寄）充細川忠利書状案を全文掲出する。

去年従上方罷下候時、伴天連改之儀念を入可申候、幷長崎之様子可承合由被仰聞候ニ付、

一、長崎之様子承候へハ、銀子被成御懸候、其様子、伴天連の訴人ニハ銀子百枚、入満ニハ五十枚、平僧ニハ三十枚、如此御座候、如其銀子をかけ申候事、

一、貴理師旦の内方々仕、宿を定不申候て法を弘候者、我等之国へ参候を二三人つかまへ、長崎へ進上申候、其宿仕候者、きりしたんにて御座候、落可申と申候へ共、為以来と存、罪之重ハ国中を引、其次ハ所ニ而成敗仕候、

人数十四五人御座候と覚申候

一、此外ニきりしたんハ無御座候つる、国中五人組十人組ニ仕、何之宗躰にて候共、其坊主之書物を取、きりしたんにて無御座との代々宗躰之証拠を書物ニ仕らせ、一人〳〵右之通堅め置申候、度々のせんさく数通御座候事、

一、古へきりしたんを落て居申候者にハ取分念ヲ入、書物をさせ申候、弥疑敷ハ書物之案文別ニ而御座候、其様子ハ、きりしたんハ邪法にて御座候、縦死きわにて御座候共、邪法ニ立帰候儀御座有間敷候、為其日本之起請如此とかゝせ、請人を立させ、其上きりしたんの仏の絵を足にてふませ申候事、

一、古へきりしたんの御座候つる在所ニはへ山なと御座候へハ、伴天連を隠候かと鹿なと必狩候、山さかし申付候つる事、

一、奉公人他国より切々参候故、たとへハ在郷にても町にても宿を仕候時、きりしたんにて無御座との国並の書物をはや取候て宿を仕候、扨、奉公人へ召出候而、弥書物を取かため置せ申候事、

一、肥後ハ国端にて御座候故、使者なとの外は旅人もすくなき所にて御座候故、若飛脚なとゝ申、又ハ商人にても宿をかり候へハ、きりしたんにて無御座とのきりしたんのいやがり候書物案文を渡置、それニ判を不仕候へハ宿をかし不申候事、

一、月ニ二日きりしたんの祝日御座候、此時衣裳を改、振舞を改、たべ申候故、此儀を所々ニ横目を申付、承申候、此祝日月々ニ替り候故、其年〳〵の祝日を長崎へ書付ニ不遣候へハ、被覚儀にて無御座候、

一、古へきりしたんにても、或ハ親子親類を日本の寺へ遣、吊、又ハ火葬ニ仕候へハ、きりしたんを落候儀無紛と存候、きりしたんハ火葬ニ仕候儀、少も成不申候、又、日本之寺へ遣、吊わせ候事、何ほと法を隠候ても不罷成候事、

一、国中ニ修行者居申候、夫も仏法を改不申候ヘハ、国ニ置不申候事、

此度申遣、十一月朔日より十二月中比迄急度改候へと申付候ハ、

一、弥きりしたん祝日又はかニ十文字を立候事、又、近き比長崎より肥後へ参有付候者ニ成程心を付、不審ニ候ハヽつかまへ、やさかしを仕、きりしたん道具候ハヽ、召籠可申候事、

一、同類を申候ハヽ扶可申由申聞せ、大勢つかまへ候様ニ可仕由、申遣候事、

一、為同類共訴人ニ出候ハヽ、其仕様ニより右の札之面より沢山ニ金銀可出由申付候事、

一、他国よりの者とて浦々ニ用もなく舟にて居申候ハヽ、とかめ、わけ不聞候者、誰々の者にても留置、さきの国へ承、其上返可申由申付候、又、理り聞え申候ハヽ、勿論せんさくニ不及候事、

一、きりしたんをつかまへ、訴人も不仕候ハヽ、少ハ糺明仕、其上不申候共、不痛先ニ籠者申付候へと申遣候、不審成者ハ勿論、旅人にてもせんさく仕候へと申付候、

一、死人御座候を、となりへも又ハ其在々の内にても無届隠取置候ハヽ、其主召籠せんさく可仕由申遣候事、

一、きりしたんつかまへ候ハヽ、此方へ注進仕候へと申遣候、

右之通ニ申付候と覚申候、以上

十月十八日

酒井讃岐《（忠勝）》様へ被進候留也(9)

前年の寛永十一年（一六三四）上方で詮議があったこと、十二年の細川領の詮議では、訴人へ褒美の銀を与え、領

内のキリシタンを捕縛して長崎へ送り、あるいは処刑したこと、五人組・十人組単位で宗門を改め「坊主之書物」を取ったこと、他国からの奉公人・旅人や巡歴する宗教者も改めたこと等が幕府年寄酒井忠勝に注進されたことがわかる。

なお、細川領のほか、豊後府内の日根野吉明領内で徴収された誓詞が別に伝存し、同様の詮議のあったこともわかる。(10)

三　寛永十二年京都での詮議

1　所司代の詮議

続いて同年、京都公家社会での詮議の様相を検討する。所司代板倉重宗による洛中洛外詮議により、神宮祭主藤波友忠の祖母の家からも信者が露顕した。重宗の書状を次に示す。

以上、

貴札致拝見候、仍今度京中吉支丹御改御座候ニ付、下塔壇桜町貴殿御祖母家之義蒙仰候、提宇子門徒、日本之儀ニて無之候、其上誓紙にてハ有之間敷候間、町人並ニ罷成可然候、猶期面上候条不詳候、恐惶謹言、

「寛永十二年」（異筆）　　板倉周防守

十月十一日　　重宗（花押）

祭主殿（藤波種忠）
御報(11)

神祇・神道を家職とし、伊勢神宮の祭主を世襲した藤波家(12)の係累、祖母の洛中の家からもキリシタンが露顕したのである。

2　朝廷での誓詞徴収

京都所司代板倉重宗は、江戸からのキリシタン詮議についての指示を両武家伝奏に伝達した。摂政二条康道の自筆日記「康道公記」寛永十二年十月十八日条を次に掲げる。

十八日、乙未、雨、自両伝奏（三条西実条・日野資勝）使者来、今度吉利支丹の自江戸可穿鑿由申来ニ付、従板倉周防守（重宗）所、此書付幷文来、
禁裏（明正天皇）・仙洞（後水尾院）・女院（東福門院）内衆、公家・門跡内衆、不残可加判由申来、則心得候由申返也、其趣如此、

　吉利支丹ころひ申しゆ〔ら脱〕めんとの事

一、我々ハ、何年より何年まできりしたんにて御座候へ共、何年の　御法度よりころひ申事、うたかひ無之候、今程なにの宗躰にて御座候、

一、きりしたん宗旨になり、此前方ねかひ申事、今に後悔にて御座候間、後々末代きりしたむに立帰候事、仕間敷候、同妻子・けんそく・他人へも其すゝめ仕間敷候、自然何方より伴天連参り、こんひさんのすゝめなすと云共、此書物判をいたし申上ハ、其儀かつて妄念にもおこし取あつかう事に同心いたすましく候、もとのきりしたんに

立帰におゐてハ、しゆらめんとの起請文を以テ是をてつする者也、
一、上ニハ天公てうす、さんたまりやをはしめたてまつりもろ〳〵のあんしよの蒙御罰、死てハいんへる野と云於獄所、諸天狗の手に渡り、永々五衰三熱のくるしみを請、重而又現世にてハ、追付らさるになり、人に白癩黒癩とよはるへき者也、仍而おそろしきしゆらめんと如件、
　寛永拾弐年十月
右三ケ条ハころひ候きりしたん、奥二ケ条は亭主、町中ハ不残幷召仕上下男女共かゝせ、主仁之所ニ取置可申者也、

周防守副状折紙如此、
　以上、
一筆致啓上候、此中きりしたん之穿鑿仕候へハ、昨日此書物を仕事不罷成候て、きりしたん欠落仕候由申候間、写進上申候、禁中方ニも御座候様ニ申候間、御鳥飼・仕丁、御公家衆被召仕候上下男女共ニ一札を被仰付、御覧可被成候、若書不申もの御座候ニをゐてハ、此方へ可被下候、猶期後音之時候、恐惶謹言、
　　　　　　　　　　　　　　　　　　板倉周防守
　十月十七日　　　　　　　　　　　　　　　重宗判
　三条様
　日野様(13)

江戸から所司代板倉重宗へ詮議について指示があったこと、対象は「禁裏（明正天皇）・仙洞（後水尾院）・女院（東福門院）内衆、公家・門跡内衆、不残」で、転宗した元キリシタンは「案文」通り三か条の誓詞に加判、それ以外の者は公家方・町方奉公人男女とも案文の後ろ二か条の誓詞に加判し、主人が責任をもって保管することが指示された。岡田章雄氏の研究のある南蛮誓詞の事例である。(14) 誓詞中の外来語の語彙を、岡田氏の論文から引用・摘記する。

しゅらめんと：誓約
こんひさん　：告解、告白
てうす　　　：天主、天帝
さんたまりあ：聖母
あんしよ　　：天使
いんへる野　：地獄
らさる　　　：「癩病」

所司代の添状によれば、誓詞への加判を逃れ駆け落ちした者が、「禁中方」、明正天皇の御所に仕える奉公人中も含めて存在し、朝廷は、鳥飼・仕丁（園丁）や公家衆の男女召使に徹底することを求められた。

この指示は、速やかに実行された。東福門院の女院御所附旗本天野長信の日記「大内日記」寛永十二年十月二十日条を次に掲げる。

十月廿日、テイウス改之キセウ、男方上下、御家中衆へ案文ノ如ク今日カ、セ申候、(15)

天野が統括する女院御所の「男方上下、御家中衆」へ案文の如く誓詞をこの日書かせたことがわかる。

3　妙法院門跡内の誓詞

前項にみた通り所司代板倉重宗は、江戸の指示を受け、武家伝奏三条西実条・日野資勝に、明正天皇・後水尾上皇・東福門院の各御所や諸公家・諸門跡に仕える奉公人からの誓詞徴収を求めた。両伝奏から報告を受けた摂政二条康道が日記に綴った経緯での対象に加え、同じ達書は洛外の大徳寺・鹿苑寺・法金剛院の文書等に、提出された誓詞の実例は妙法院門跡に二通残されている。[16]『妙法院史料　第五巻　古記録・古文書1』（吉川弘文館、一九八〇年）所収、古文書一三六が坊官・諸大夫以下の誓詞、同一三七が下部衆の誓詞である。同書の翻刻文には誤植に加え一三六の連署者に脱落があるので、「妙法院文書」写真帳から次に掲出する。

吉利支丹ころひ申しゆ〔ら脱〕めんとの事

一、きりしたん宗旨ニ成、此前方ねかひ申事、于今後悔にて御座候間、後々末代きりしたんに立帰る事、仕間敷候、同妻子・けんそく・他人へも其すゝめ仕間敷候、自然何方より伴天連参り、こんひさんのすゝめなすと云共、此書物判をいたし申上者、其儀且而妄念にもおこし取あつかう事に同心いたすましく候、もとのきりしたんに立帰るにおゐてハ、しゆらめんとの起請文を以是をてつする者也、

一、上ニハ天公てうす、さんたまりやをはしめ奉りもろ〳〵のあんしよの蒙御罰、死てハいんへるのと云於獄所、もろ〳〵の諸天狗の手に渡り、永々五衰三熱のくるしみを請、重而又現世にては、追付らさるになり、人に白癩

黒癩とよはるへきもの也、仍おそろしきしゆらめんと如件、

妙法院御門跡内

寛永十二年十月廿日　庁務大蔵卿

堀部重悦（花押）　今小路大進

松井清嘉（花押）　菅谷刑部卿（花押）

同　伊与（花押）　菅谷左京（花押）

堀部彦右衛門（花押）　今西新右衛門

松井平兵衛（花押）　松井主殿（花押）

三谷弥五左衛門　山田定間（花押）

今村八右衛門（花押）　羽田采女（花押）

小沢才兵衛（花押）　小川久馬（花押）

青柳庄兵衛（印）　三雲十兵衛（花押）

多賀四郎右衛門（花押）　三雲太郎八（花押）

原田作衛門　樋口藤八郎（花押）(17)

「右三ケ条ハころひ候きりしたん、奥二ケ条は亭主、町中ハ不残幷召仕上下男女共かゝせ、主仁之所ニ取置可申者也、」という所司代からの趣旨通り、案文の一条目を削り、奥二か条に連署・連印して誓約したものである。

事書（表題）は「吉利支丹ころひ申しゆ〔ら脱〕めんとの事」である。岡田章雄氏が紹介された近江野洲郡浄土真宗大谷派

蓮正寺の事例では、「ころひ申」を欠いたのに対し、[18]ここでは天台宗妙法院門跡の法体の坊官以下の僧俗が、一条目を削りながらも案文に従い、「ころひ」＝転宗者となりかねない起請をしていることにも注目したい。

おわりに

本章で述べたことを整理する。寛永期の京都公家社会では、女院御所・親王家・公家の奉公人にキリシタンが存在した。江戸幕府は全国規模、上方、洛中洛外等を対象に度々の詮議・禁制を実施した。

寛永十一年（一六三四）、十二年の事例では、幕府からの申入れに応え朝廷での詮議や規制が実施された。十二年の対象と方法は、明正天皇・後水尾上皇・東福門院の各御所や諸公家・諸門跡に仕える奉公人からの誓詞徴収で、主人が取り置くものとされた。

「大内日記」の記事や「妙法院文書」に残る二通の誓詞から、この規制が実施されたことは確実である。これらの施策は、朝廷にとって、幕府からの強圧的な支配・介入であろうか。

朝廷は、神仏習合・多神教の宗教的秩序にあり、天皇・院は神道・神道の祭祀を自ら実修し、あるいは祈禱を主宰した。[19]日本の神道・仏教と相容れず、新たに渡来した一神教を禁制することは、朝廷・幕府両者に益した。筆者は、両者が連携・協同して禁制に取り組んだものとして積極的に評価したい。

幕府が禁教・排撃を維持する力を欠いたとき、朝廷からの信頼を失う、というのが幕末期を展望した際の一論点となるが、[20]具体的な検討は他日を期したい。

注

(1) 村井早苗『幕藩制成立とキリシタン禁制』(文献出版、一九八七年)、宮地正人「明治維新の論じ方」(『駒澤大学史学論集』30、二〇〇〇年)、高木昭作『将軍権力と天皇』(青木書店、二〇〇三年)。
(2) 京都町触研究会編『京都町触集成』別巻二(岩波書店、一九八九年)。
(3) 東京大学史料編纂所編纂『大日本近世史料　細川家史料』十八—二七五四。
(4) 「孝亮宿禰記」(壬生本)、東京大学史料編纂所架蔵写真帳。
(5) 「資勝卿記」、東京大学史料編纂所架蔵謄写本。
(6) 東京大学史料編纂所編纂『大日本近世史料　細川家史料』十八—二七六六。
(7) 『江戸幕府日記』(姫路酒井家本、ゆまに書房影印本)寛永十二年九月六日条。
(8) 東京大学史料編纂所編纂『大日本近世史料　細川家史料』十九—三〇二〇。
(9) 東京大学史料編纂所編纂『大日本近世史料　細川家史料』十九—三〇二六。
(10) マリオ・マレガ編『豊後切支丹史料』(一九四二年)。
(11) 早稲田大学図書館編『早稲田大学所蔵荻野研究室収集文書』下巻一一一四(吉川弘文館、一九八〇年)。
(12) 藤波家については、国学院大学日本文化研究所編集『大中臣祭主藤波家の研究』(続群書類従完成会、二〇〇〇年)を参照のこと。
(13) 「康道公記」寛永十二年十月十八日条、東京大学史料編纂所架蔵「二条家記録」自筆原本、架番号S二条家記録一—一。なお記主の二条康道は、二代将軍徳川秀忠室浅井氏の二度目の結婚から生じた孫で、大御所家康の一字を請けて元服し、「洛中洛外図屏風」池田家本に描かれた内裏南隣の屋敷には望楼もあった(山口和夫「池田家旧蔵林原美術館本「洛中洛外図屏風」の内裏と公家町」(黒田日出男編『第二定型洛中洛外図屏風の総合的研究』、二〇〇五年)。子の光平とも長期摂関を占め、江戸時代前期の朝幕関係で枢要な存在だった。
(14) 岡田章雄「いわゆる「南蛮誓詞」についての一考察」(一九五三年、『岡田章雄著作集Ⅰ』思文閣出版、一九八三年)。
(15) 「大内日記」(記録御用所本)寛永十二年十月二十日条、東京大学史料編纂所架蔵写真帳。
(16) 「大徳寺文書」・「鹿苑寺文書」・「法金剛院文書」・「離宮八幡宮文書」、東京大学史料編纂所架蔵影写本。

（17）「妙法院文書」、東京大学史料編纂所架蔵写真帳。
（18）岡田章雄、前掲（14）。
（19）山口和夫「神仏習合と近世天皇の祭祀」（二〇一四年初出、本書第三部第四章）。
（20）宮地正人「明治維新の論じ方」（『駒澤大学史学論集』30、二〇〇〇年）。

第二部　近世朝廷の成長と変容

第一章　生前譲位と近世院参衆の形成

一　研究史と本章の課題

近世の朝廷

天皇家や諸公家・地下官人・門跡等中世領主の集団だった朝廷は、統一政権の成立に寄与し、諸身分への官位叙任による統合・序列化や祈禱勤行等の政治的宗教的機能を果たし近世にも存続した（山口和夫・一九九五ａ・一九九六・一九九九）。朝廷は、「公儀」権力に編成された無視し得ない身分集団である。

歴代の天皇は、豊臣政権・江戸幕府の編成を受容し、戦国期の窮乏下に希求しながら果たし得なかった生前譲位を回復し、限定的な院政を再開した（山口・一九九八ａ）。慶長六年（一六〇一）に一万石だった禁裏料は、元和九年（一六二三）二万石に加増された。天皇家の相続事情も相俟ち、寛文延宝期（一六六三—七六）には禁裏（霊元天皇二万石）・法皇（後水尾院一万石）・本院（明正院五千石）・新院（後西院五千石）・女院（東福門院、秀忠の娘、後水尾院妃三千石）の御所が群立し、番衆を拡充するため堂上新家の取立と知行充行・蔵米給付も相次いだ（山口・一九九八ｂ）。幕府の経済的庇護下に、十七世紀の朝廷は成長した。慶長六年に構成員合計六万五千九百石余だった知行高は、寛文延宝期には概算十一万石を超えた（「京都諸知行方」「壬生家記録」『御料地史稿』）。

研究史を顧みると、朝廷と幕府との対立・確執を重視する傾向が強く、天皇を中心とする関白・摂家・武家伝奏・

議奏・禁裏小番衆の機構が解明され、朝幕関係についての概説書（高埜利彦・二〇〇一）が刊行されている。

近世の天皇家は、近代と異なり生前譲位を基本とし、院（上皇・法皇）が存在した。院の機構と院政の解明は、近世朝廷研究の課題の一つである（山口・一九九四・一九九五b）。

近世史料をめぐる研究状況

日本の近世古文書学・史料学、記録史料認識論（安藤正人・一九九五）は、対象の多様さ膨大さと近世史研究の動向に規定され、様式論・機能論が整えられた中世に比べ蓄積が薄い。部分からの着手という方法が提唱され（大野瑞男・一九八二）、提言（深谷克己・一九八二、高木昭作・一九八六）や試論が重ねられ（高木・一九九五・一九九九・二〇〇二）、将軍の領知判物朱印状・老中奉書等の幕政文書、地方文書等に成果を重ねつつある（大野・二〇〇二）。朝廷文書については、開拓の余地が大きい現状にある。

本章の課題と意図

本章では、近世史料と政治史研究に関する一試論として朝廷関係に限定し、さらに江戸時代前半期の院伝奏・評定（院の取次役の公卿）と院参衆（院御所に勤番・宿直した公家衆）の授受文書を主な対象に論じる。同時代の記録や系譜史料を加味して個々の史料を具体的に例示・分析し、院と院近臣の群像を把握し、考察する。無年号の書状・奉書・院宣の年代比定と史実の確定に努める。後段では、朝幕関係の文書制度についても言及する。

主な素材は、東京大学の附置研究所、史料編纂所が百年以上調査・蒐集を継続して来た架蔵史料＝各種複本（影写本・謄写本・写真帳等）・原本史料・史料集と、史料編纂所が研究・編纂・出版して来た史料集とから採取した。「東京大学史料編纂所データベース」も援用した（http://www.hi.u-tokyo.ac.jp/cgi-bin/ships/std_m_anc.pl）。包括的な近世史料論の概説ではなく、対象を限定したが、史料を読み解き、微細な史実の確定を積み重ね、過ぎ去った時代の京都に江戸幕府に抱えられて存在した主従制の世界を復元する試論としてもご一読願いたい。

二　後陽成院の院参衆

江戸時代最初の上皇

後陽成院は、慶長十六年（一六一一）三月二十七日皇子後水尾天皇に譲位し、内裏の北隣の院御所に居住し（『大日本史料』第十二編之八—補遺所収「安政内裏造営志」等）、幕府から二千石（第十二編之八—三六頁、「涼源院殿御記」寛永七年十月六日条では三千石）の料所を給され、元和三年（一六一七）八月二十六日四十七歳で死去した。

院参衆

院参衆に秋篠忠治と岩倉具尭がいた（授受文書と同時代人の日記から新たに確定することができた）。

秋篠忠治は、阿野季時の孫で（「諸家伝」「公卿補任」「清水谷家譜」）、慶長六年正月六日、十五歳で後陽成院生母新上東門院「御給」で従五位下に叙され（「言経卿記」）、後陽成院に近侍して酌・陪膳・申次をし（「言緒卿記」慶長十八年正月四日・二十年閏六月二十一日条、「慶長日件録」十八年正月十五日条）、十七年七月八日附の院から後水尾天皇への道具引渡目録に毘沙門堂公厳と連判し（「言緒卿記」慶長十七年九月一日・十八年四月六日条）、江戸への院使も務めている（「本光国師日記」元和二年六月十一日条）。岩倉具尭は、久我右大将晴通四男で堂上新家岩倉家の初代で正五位下木工頭に叙任され（「岩倉家譜」）、単独でも院使を務めている（「言緒卿記」元和三年正月十一日条）。
両名揃っても院使として、大御所家康（「言緒卿記」慶長二十年正月二日条）、将軍秀忠（「泰重卿記」元和三年六月三十日条）に差遣されている。両者は元和二年頃、京都・松尾社の社務職・知行相続を巡る争論（経過は『大日本史料』第十二編之二十三所収元和元年年末雑載訴訟条、及び第十二編之四十九所収元和八年十一月二十一日条に詳しい）に際し、江戸幕府の京都所司代板倉勝重に院の意向を伝達する院宣を発給している。

「東文書」九（東京大学史料編纂所架蔵影写本。ここでは尚々書＝追伸部分は略した。）

尊書拝見仕候、松尾社人出入之儀、双方爰元へ呼出之、様子相尋申候へハ、社務領之儀ハ、前々より口宣申請候者、修来候由申候間、我等申付弥不聴分、前々被成其御心得、可被仰上候、恐惶謹言、

板倉伊賀守
勝重（花押）

二月廿九日（元和二年カ）

岩倉木工頭（具堯）様
貴報

「東文書」六

先年伊州（板倉勝重）へ被　仰遣候写、

為
院（後陽成院）御所様御諚、先度相談申候松尾社職之儀、中務（東相長）重代ニ候間、縦権佐（南相朝）へ口宣出申候共、被改候て可然候、綸旨・口宣依誤而返上申、又者被召返、又者余人被成下候事、常之儀ニ候、公家衆之官位如右にて候、殊社家・地

下等之官位被改儀者如此候間、以其御分別、証文次第被申付可然候由、　院之　仰候也、

三月三日（元和二年カ）　秋篠弾正大弼（忠治）
岩倉木工頭（具堯）

板倉伊賀守殿

洛西の古社の争論処理に院が関与していること、所司代板倉の書状（院への披露状＝相手を敬って近侍者に充てる）の厚礼さ（「恐惶」、様付）、両名が奉じた院宣写（折紙）の「也」で結ぶ書札例の尊大さに注目したい。

両名は、関ケ原敗戦後剃髪・隠居した毛利輝元から院への歳暮の祝儀を取り次ぎ、披露して院宣を発給している（年次は慶長十六年から元和二年の間）。

「毛利家文書補遺」一（山口県文書館所蔵原本。折紙。東京大学史料編纂所架蔵写真帳）

院（後陽成院）御所様へ、為歳暮之御祝儀、銀子五枚御進上候、則致披露候処、目出思召　院之御気色候、恐々謹言、

秋篠弾正大弼

極月廿八日　忠治（花押）

岩倉木工頭

具堯（花押）

毛利中納言入道殿（輝元）

かつて従三位中納言に至った大大名に、両名は対等な書札礼（「恐々」の書留）で臨んでいる。

院が崩じた後の両名の履歴を追跡すると、岩倉は元和五年（一六一九）に将軍秀忠から新知百石を拝領し（第十二編之三十一―七九九頁）、中和門院（故後陽成院女御）使として元和六年に江戸へ赴き（第十二編之三十四―二一四頁）、やがて病気のため剃髪し寛永十年（一六三三）死去した（「岩倉家譜」）。秋篠は、清水谷家を相続して実任と改名し、元和五年秀忠から新知二百石を拝領し（第十二編之三十一―七九五頁）、寛永二年（一六二五）後陽成院同母弟八条宮の将軍秀忠への参礼に供しを勅許され（「幸家公記」「諸家伝」「公卿補任」）、翌六年閏十二月三十四歳で後水尾天皇の内裏の昇殿（「智仁親王江戸道中日記」寛永二年三月十一日条）、七年に幕府が後水尾上皇に料所を給付した際、武家伝奏日野資勝から先例を照会され、次のように回答している。「院ノ御料、清水谷（実任＝秋篠忠治）より参候書立、三千石ノ中ニテ院参ノ衆知行候由也」（「凉源院殿御記」寛永七年十月六日条）。同十一年十二月十二日には、女帝明正天皇の禁裏小番内々衆として禁中の煤払に伺公している（「資勝卿記」）。

以上、秋篠等が①後陽成院に院参衆として直属した取次で、②院の料所から内分で給付を受け、③五位の身で、院宣を奉じて所司代板倉勝重や毛利輝元に高い姿勢で臨んでいたこと、④所司代が院の意向に応分に配慮していたこと、⑤院の死後、後水尾天皇と新たに主従関係を結び、⑥将軍からも他の諸公家同様に知行を給され、⑦禁裏番衆として再編されたこと、⑧院の料所運営の知識と経験を個人的に保有していたことを確認しておく。

三　後水尾院の院参衆

長寿の院

後水尾院は寛永六年（一六二九）十一月八日皇女興子内親王（明正天皇）に譲位し、七年十月三日幕府から三千石を給され（「泉源院殿御記」）、内裏東南に幕府が新営した仙洞御所に居し、十一年閏七月三日将軍家光から七千石を加増され（「資勝卿記」「大内日記」）、慶安四年（一六五一）五月六日落飾して法皇となり（神仏習合の時代、天皇家と朝廷は神道・仏教の双方に深く関わった）、延宝八年（一六八〇）八月十九日八十五歳で崩じた。正保二年（一六四五・皇子後光明天皇在位三年）将軍家光から日光東照宮への例幣使派遣を要請され（「譜牒余録」）、寛文三年（一六六三）皇子霊元天皇代始に年寄衆（議奏）を新設し近習番の条規を定める等（田中暁龍・一九八八・一九八九）、長期の院政を敷いた。院参衆の授受文書の分析から、中枢が三世代交代していることが判る。

第一世代

当初の院参衆の中心は、中御門宣衡（のち尚良と改名）・阿野実顕（秋篠忠治の実兄。娘は中御門の息宣順に嫁した）・清閑寺共房（中御門の実兄）の三名で、突然の譲位二日後に院に伺公した八名のうちである（「泰重卿記」）。各々、元和三年（一六一七）九月に将軍秀忠から知行二百石、四百七十八石九斗余、百八十石を充行われている（第十二編之二十八）。

中御門は、元和三年後陽成院の臨終に後水尾天皇が急遽院御所に行幸した際唯一人供奉し（第十二編之二十七―七〇九頁）、後水尾院の俄かな譲位も唯一人事前に承知していたとされ（「時慶卿記」寛永六年十一月八日条）、その訃報に接した右大臣九条道房から「当時院近臣也」と評されている（「道房公記」寛永十八年八月二十五日条）。

中御門と阿野の両名は、譲位翌年九月十四日に幕府年寄酒井忠世・同土井利勝・所司代板倉重宗らが伝達した大御所秀忠・将軍家光からの武家伝奏中院通村更迭人事等の「口上」（「本光国師日記」）や、同年の十二月十六日附両伝奏宛の秀忠・家光からの仙洞御所移徙を賀した祝儀の披露状・進物を院に取次ぎ（「東武実録」「凉源院殿御記」）、申次として「常依院参也」と記録されている（「本源自性院記」寛永八年正月一日条）。寛永十一年七月十二日には、上洛して二条城にいた家光への院使を両名で務めている（「江戸幕府日記」「大内日記」）。

次の文書は、江戸の将軍家から院への祝儀収受に中御門・阿野が、御所役人土山武久（寛永十一年正月二十三日死去）とともに関与したことを示すものである。

「土山文書」二（影写本）

以上、

御状拝見仕候、仍御預ヶ被成候黄金参枚幷銀子五拾枚、御紙面之通、則土山駿河守（武久）殿へ相渡、進上申候、猶貴面
可得御意候、恐惶謹言、

板倉周防守
重宗（花押）

（寛永七年カ）十一月廿一日
中御門中〔大〕納言様（宣衡）
阿野中納言様（実顕）
貴報

また清閑寺共房は、「資勝卿記」寛永十四年（一六三七）八月二十五日条、「尚嗣公記」同十八年正月元日条等から院の取次であることを確定でき、七月廿四日附で院の異母弟大覚寺尊性親王の坊官永田性白に充て、院の「仰」として翌日院参すべき旨を伝達した披露状を発給している（『大覚寺文書』下巻三二九号）。

中御門尚良は寛永十八年（一六四一）五十二歳で、阿野実顕は正保二年（一六四五）六十五歳で院に先立った。清閑寺共房も慶安五年（一六五二）二月七日武家伝奏に転じ、寛文元年（一六六一）七十三歳で死去した。第一世代の三名は、退陣していった。

第二世代

次世代の院参衆の中心は、外戚の坊城俊完（寛文五年家綱から百八十石を給付〔「寛文朱印留」〕）と闔閥の園基音（元和三年秀忠から男俊広に百八十六石九斗余を給付）である。両者は連名で、正保二年（一六四五）六月十三日附で院から相国寺への饋法具寄進状を発給している（『相国寺史料』二）。臨済宗京都五山当住が評議し鹿苑寺鳳林承章（勧修寺晴豊男、院の父後陽成院の従兄弟）を「対馬五山書役」（対馬の以酊庵に赴任して対朝鮮外交の文書行政に従事する役僧）に選出し江戸幕府も内諾していた人事を、院が撤回させた際に取次を務め、南禅寺金地院元良等に奉書を発給している（「隔蓂記」慶安四年十二月一・二・三・二十五日、五年九月九日条）。

坊城は、勧修寺晴豊の孫で（「諸家伝」）後陽成院・後水尾院とは血縁関係にあり、岩倉具堯の娘を室とした（「岩倉家譜」）。寛永二十年（一六四三）から入道前年の明暦二年（一六五六）まで江戸城の将軍家光・家綱への院使を十数回務めている（「江戸幕府日記」「大猷院殿御実紀」「厳有院殿御実紀」）。大覚寺尊性親王の院家に充てた二通の披露状では、次の様な院の意向を伝達している（年次は「隔蓂記」の記事で特定した）。正保三年（一六四六）七月朔日附では、三日に仙洞御所で行われる院の生母中和門院十七回忌法会への回向を（『大覚寺文書』下巻四四三号、竪紙三四・〇×五二・二センチ）、慶安三年（一六五〇）十月二十八日附では、来月四日の仙洞御所の猿楽への参院を求めている（同四四四号、竪紙三五・〇×五二・八センチ）。親王は院の異母弟であり、院の意向は披露状で丁重に伝達された。

坊城はまた、慶安五年二月十八日泉涌寺での院の祖母新上東門院（勧修寺晴子）の三十三回忌法会に、名代として焼香している（「隔蓂記」）。明暦二年（一六五六）正月二十五日には、院の皇子後西院天皇の即位を賀すため江戸から上洛・参院した将軍家綱の上使讃岐高松城主松平頼重や所司代牧野親成等を、仙洞御所の殿上の間で出迎え、法皇（後水尾院）・儲君（院の皇子、後の霊元天皇）への将軍からの口上を取次ぎ、中段の間で太刀を披露している（「松平頼重京都日帳」京都大学文学部所蔵本）。

同じ明暦二年に二月朔日附で、信濃松代城主真田信之に充て、院への祝儀を取次ぎ披露した旨の奉書を発給している（後筆で「院御所江御馬・太刀御献上之御奉書」という記載がある）。

「真田家文書」吉一一六（真田宝物館所蔵原本。折紙。東京大学史料編纂所採訪写真）

為　御即位之　御祝儀、　院御所江御馬・太刀　御進献候、令披露候処、　御機嫌之御事候、相心得可申入之旨、
被　仰下候、恐々謹言、

小川坊城前大納言（俊完）
（花押）

（明暦二年）二月朔日
真田伊豆守殿（信之）

また同日附で、薩摩鹿児島城主島津光久充てにも奉書を発給している。

「島津家文書」（東京大学史料編纂所架蔵原本。八―五「御文書　光久公十七　二十四通　巻五十四」一〇「小川俊完書状」折紙四〇・七×五六・二センチ。懸紙二一・〇×四・六センチ）

為　御即位之御祝儀、院御所江御名代被為差上、殊馬・太刀御進献候、御機嫌之御事候、相心得可申入旨、被
仰下候、次自分江も御馬・太刀・御樽一荷・御肴二種、被掛御意、忝存候、委曲市正（島津忠広）江御礼申入候条、不能詳
候、恐々謹言、
（明暦二年）二月朔日　俊完
（島津家久）薩摩少将殿
（懸紙）「薩摩少将殿　小川坊城前大納言」

院の取次を務め、将軍家や大名からの祝儀を披露し、島津家からは自身も進物を得ている。

園基音は、後水尾院初期の寛永九年（一六三二）六月五日時点の院参衆二十三人の一人で（「大内日記」後編八）、院の後宮壬生院光子（後光明天皇生母）の兄で院の後宮新広義門院国子（霊元院生母）の父で閨閥である。寛永十五年（一六三八）、正保四年（一六四七）、慶安四年（一六五一）等に江戸の将軍家光への院使を務め（「江戸幕府日記」等）、慶安元年に家例の無い大納言に昇任し、死の前年の承応三年（一六五四）まで院に近侍している（「隔蓂記」）。

次の院宣・奉書二通は、権中納言水無瀬兼俊の五男で摂家近衛家の殿上人桜井兼里（「桜井家譜」「寛文二年公武両家

官位分限帳」「諸家知譜拙記」）に充て、院の意向を伝達し、近衛尚嗣への披露を求めたものである。

「近衛文書」書状篇五三（陽明文庫所蔵原本。史料編纂所架蔵写真帳）

（端裏捻封ウハ書）
「（墨引）桜井縫殿（兼里）頭（ママ）殿　　基音（園）」

追而、清書之御沙汰無之候条、御詠草御進上候様、御尤存候、

此御題、来十八日巳刻以前、御詠進候様可申入之旨、仙洞（後水尾院）御気色候、此等之趣、宜令洩申給候、恐々謹言、

（承応元年カ）十月十五日　　　　　　基音

（端裏捻封ウハ書）
「（墨引）桜井縫殿助殿（兼里）　基音（園）」

追而、昼前御参候様仕、尤存候、

為　仙洞（後水尾院）仰申入候、明後廿七日、徳大寺大納言（公信）御昼被上候、御相伴御参被成候様可申入之旨被　仰出候、此等之趣宜洩申候、恐々謹言、

小春廿五日　　　　　　基音

前者の年代は、「続史愚抄」の法皇御所での和歌会の日から承応元年（一六五二）と推定する。後者は、上限を徳大寺公信の大納言昇任から寛永十七年（一六四〇）に、下限を近衛尚嗣の没年から承応元年と推定する（尚嗣は承応二年七月十九日死去。息基熙は同三年十二月二十四日に七歳で元服し、翌四年二月十七日に園基音は死去している。十月二十五日附で二十七日の茶事への相伴を命じる対象として基熙は想定し難い）。二通とも披露状である。尚嗣の父信尋は院の同母弟で母

系の近衛家を相続し、累代の関白職を父子とも襲った。大納言任官の家例もなかった園基音との格の違いが、披露状という形式に現れている。

次の院宣は、慶安三年（一六五〇）八月に没した元建仁寺二百九十五世住持で高台寺住職三江紹益（サントリー美術館等編・一九九五）充てで、同元年七月六日の基音の大納言任官後の同二年か三年のものと考えられる。本人充てで書留は「恐々」である。

「高台寺文書」二（影写本）

一筆令啓候、仍此春桃一桶幷蜜柑・松露・筍等、少分至被　思召候得共、被遣候、相心得可申達之旨、仙洞（後水尾院）御
気色候、為其如此候、恐々謹言、

　二月廿一日　　　基音

（見返奥ウハ書）
「　　　　　　園大納言
（墨引）円徳院和尚禅室（三江紹益）　　基音」

園基音・坊城俊完は連名では、次の奉書を発給している。

「延暦寺文書」一（影写本）

楞厳院之衆徒等、四季講堂之再興之事、達　叡聞、従　仙洞（後水尾院）御奉加被　仰候、満山之喜悦忝被存候段、先度紙
面之趣、則令披露候、猶期後音之時候、恐惶謹言、

（承応三年）七月廿七日　　　　　　　　　　　（坊城）俊完
　　　　　　　　　　　　　　　　　　　　　（園）基音
毘沙門堂御門主（公海）

織田信長に焼討ちされた比叡山延暦寺は、慶長十三年（一六〇八）七月十七日に幕府から寺領五千石を充行われ（第十二編之五）、寛永十九年（一六四二）には家光により総工費銀四千九百五十六貫を要して東塔の根本中堂が竣工した（村山修一・一九九四）。承応元年（一六五二）九月二十三日附で首楞厳院（横川中堂）の四季講堂再建の勧進助縁を命じる後光明天皇綸旨が出され、同年九月二十五日附で曼殊院良恕・青蓮院尊純両親王が勧化帳を執筆し（「延暦寺文書」一・三）、承応三年七月四日後水尾院は銀子十貫目を遣わすことを沙汰している（「忠利宿禰日次記」）。充名の毘沙門堂（寺領千七十石）公海僧正は、花山院家に生まれ九条幸家の猶子で天海の法弟である（「華頂要略」百四十一、諸門跡伝三）。院が四季講堂再建の勧進に銀十貫目を奉加し、院参衆の両名が毘沙門堂門跡との取次に当り、本人充ての奉書を発給していること、書留は「恐惶」と丁重なことを確認できる。

園基音は承応四年（一六五五）に五十二歳で死去した。坊城俊完も明暦三年（一六五七）に出家して寛文二年（一六六二）五十四歳で死去し、後水尾院に先立った。

第三世代

最終世代の中心は、芝山宣豊・池尻共孝・梅小路定矩である。後水尾院に取り立てられた堂上新家で、若年時から延宝八年（一六八〇）の院の末期まで近侍し続けた。長じて院参衆の中枢に昇り、院が臨終に拝んでいた遺品の念持仏の釈迦像を皇子妙法院尭恕親王へ伝えている（「尭恕法親王日記」延宝八年十一月六日条）。

この三名は、寛文十二年（一六七二）、院が山荘を営む目的で岩倉の実相院門跡に所望し、進上された幡枝の山地に関する権利証文が火災で焼失したので、再発行するよう同門跡坊官に下達している。

「実相院文書」六（影写本）

留記

幡枝之内袴腰山之北面、先御門主（義尊）御代、従　法皇（後水尾院）様依御所望、即被進候、為証文被進御書候処、先年火難令失却候条、重而坊官中令一筆、可奉献上之旨、蒙御下知候、尤右之趣、承置候事候、永代違乱有之間鋪候、仍而連判、如件、

岡本織部　在判
寛文十二子年霜月廿三日
芝坊法眼　在判
岸坊法眼　在判

芝山中納言（宣豊）様
池尻中納言（共孝）様
梅小路中納言（定矩）様

芝山は、勧修寺晴豊の孫で、蔵米百石取の新家芝山家の初代で（「京都御役所向大概覚書」一・四）、寛永三年（一六二六）十五歳で元服し昇殿を勅許され（「公卿補任」「諸家伝」）、後水尾院の院参衆に加えられ（「大内日記」後編八、「江戸幕

府日記」寛永十一年（一六三四）七月十四・二十一日条、「泰重卿記」正保五年（一六四八）正月七日条、「禁裏日次記」慶安二年（一六四九）正月六日条）、院の死後霊元天皇に召し出され禁裏の学問所で主従の対面をしている（「伊季公記」延宝八年（一六八〇）十二月九日条）。院から将軍家光進上の茶を分与され（「隔蓂記」寛永十八年（一六四一）十月十七日条）、長谷山荘行幸に供奉し（同慶安四年（一六五一）三月七・九日条）、息女を典侍として仕えさせ（同寛文三年（一六六三）四月二十一日条）、将軍家綱による泉涌寺造営時に院の取次を務め（「東山泉涌寺再興日次記」寛文六年（一六六六）四月十三日条等）、同七年（一六六七）の「御公家分限帳」（新町三井家旧蔵版本。学習院大学人文科学研究所蒐集写真帳）には法皇御所一万石の「伝奏」と記され、延宝元年（一六七三）十二月八日の福井・運正寺（越前松平家初代中納言秀康菩提寺）住持浄光院梵誉の常紫衣勅許時に法皇の「伝奏」として銭壱百疋の礼銭を贈られている（「運正寺文書」乾。写真帳。大老老中連署奉書により、家綱が勅許前に裁可していたことも確認できる）。晩年、霊元上皇から「後水尾院旧臣」としての奉公の労を賞され大納言昇任の「朝恩」に浴した（「基量卿記」貞享五年（一六八八）五月十六・十七日条）。

芝山は大膳大夫在官中の慶安元年（一六四八）以前、七月十一日附で大覚寺門跡坊官に仙洞御所への蔀戸進上を求める内証の披露状を発し（『大覚寺文書』下巻四八〇号、竪紙三五・一×五一・五センチ）、七月二十六日附では格子戸八枚進上を受けた院が「御気色不斜被思召候」旨を伝える披露状を発給している（同四八一号、折紙三五・二×五二・四センチ）。また近江蒲生郡日野の正明寺中興開山龍渓性潜充てに、次の奉書を発給している。

「正明寺文書」（影写本　尚々書は略した）

先刻芳翰之趣、令披露候処、委細被聞召入、珍重被　思召候、正明寺入院何比之義候哉、其以前可被遊　御対面候間、明日にても可有伺公候哉之旨被　仰下候条、御報可承候、恐々謹言、

（寛文四年）四月六日　　宣豊

（見返シ奥ウハ書）「龍渓和尚（性潜）　芝山中納言

宣豊」

龍渓は黄檗僧隠元を招請し、幕府に運動して宇治の万福寺（寺領四百石）開山に尽力し、寛文四年（一六六四）四月に正明寺に入寺している（大槻幹郎等編著・一九八八）。この文書は、寛文四年のものと推定できる。公家・武家社会の黄檗宗受容自体も興味深い。

次の院宣は勧修寺大納言充てに、院と芝山の祖先でもある勧修寺尹豊の九十歳（文禄元年）を賀した和歌写の献上を嘉賞したものである。主従を結ぶ血縁関係の濃さを伝える。

「古文書集」九（影写本）

（ウハ書）「（墨引）勧修寺大納言殿　　（芝山）宣豊」

（勧修寺尹豊）長寿院内府九十賀之和歌、早々被遂書写、御献上、御機嫌之御事ニ候、相心得可申達之旨、（後水尾院）法皇御気色候、恐々謹言、

十月廿四日　　宣豊

池尻共孝は、第一期の院参衆清閑寺共房の次男で、蔵米五十石三人扶持の新家池尻家の初代で（「京都御役所向概覚書」一・四）、寛永五年（一六二八）十六歳で元服し昇殿を勅許され（「諸家伝」「公卿補任」）、院参衆に加えられ（「大内日

記」後編八、「江戸幕府日記」寛永十一年（一六三四）七月十四・二十一日条、「泰重卿記」正保五年（一六四八）正月七日条、「禁裏日次記」慶安二年（一六四九）正月六日条）、仙洞御所庭園の池での舟遊酒宴では院の乗船の船頭を務め（「隔蓂記」承応三年（一六四八）二月二十七日条）、寛文七年（一六六七）の「御公家分限帳」では芝山とともに法皇の「伝奏」と記され、延宝三年（一六七五）・同七年等に法皇使として江戸に赴いた（「百弐録」「熙定卿記」）。院の死後霊元天皇の禁裏に召し出され、学問所で対面し（「伊季公記」延宝八年（一六八〇）十二月九日条）、臨終には、関白一条兼輝に「自幼陪後水尾院之近習、蒙朝恩、至権中納言、（中略）依病危急、任権大納言」と評された（「兼輝公記」天和三年（一六八三）九月十七日条）。

池尻は延宝六年（一六七八）、院が帰依した臨済僧一糸文守（岩倉具尭次男、母は園基継女）への国師号追贈について、所司代戸田忠昌と院との間を取次でいる。院は同三年密々に追贈していたが、三十三回忌を機に関東に披露したのである（辻善之助・一九七〇）。

「洞裏日次之記」延宝六年三月四日条（「京都御所東山御文庫記録」丁十九。東京大学史料編纂所架蔵謄写本）

従戸田越前守（忠昌）口上之写、

霊源寺・法常寺開基一糸之事、国師号被遊度之由、法皇（後水尾院）御気色之旨、以両伝奏（花山院定誠・千草有能）先頃被　仰聞候、則江戸江申越候処、思食之通被成候様ニと申来候、此旨可被仰上候、以上、

三月四日　戸田越前守

池尻中納言（共孝）殿

右之返書之口上書、

霊源寺先住一糸、国師贈号之事、早速関東江被申達候処、任　法皇御機色別条有間敷之旨、御満足被思召候、

此旨宜心得候而被申入候様ニ可申達之旨被　仰下候、以上、

三月四日　池尻中納言

戸田越前守殿

国師号を追贈したいという法皇の意向が、武家伝奏（一糸の同母弟千種有能が在役していた）—京都所司代という公的な回路で江戸に伝えられ将軍家綱が同意したこと、所司代と法皇の伝奏池尻との間では「口上書」が交わされ（所司代戸田忠昌からの口上書は霊源寺に伝存する）、独自の回路として機能していたことを確認できる。

梅小路定矩は、清閑寺共房の三男（「梅小路家譜」）で池尻共孝の実弟、蔵米五十石三人扶持の新家梅小路家の初代で（「京都御役所向大概覚書」一・四）、寛永十年（一六三三）十五歳で元服し昇殿勅許（「諸家伝」「公卿補任」）、院参衆に加えられ（「江戸幕府日記」寛永十一年七月十四・二十一日条、「隔蓂記」承応二年（一六五三）三月二十七日条）、寛文十二年（一六七二）・延宝四年（一六七六）や延宝八年に法皇使として江戸に赴き（「洞裏記」延宝八年二月十九・三月二十四日条）、七十歳の貞享五年（一六八八）五月十六日霊元上皇から「梅小路義、後水尾院旧臣、久敷御奉公勤たる者之間」と評価され十七日に大納言に昇任し（「基量卿記」）、十八日に辞し十九日に入道した。

次に梅小路が奉じた院宣を例示する。

「近衛文書」書状篇五二一（陽明文庫所蔵原本。史料編纂所架蔵写真帳）

(端裏捻封ウハ書)
「(墨引)桜井縫殿助(兼里)殿　　(梅小路)定矩」

追而、巳之上刻可被遊御参候、

先日御一巡之御連歌、来十日可有御会候間、可被遊御参之旨、法皇(後水尾院)御気色候、此等之趣可令申洩給候、恐々謹言、

(延宝五年)閏十二月五日　　　　定矩

この院宣は延宝五年（一六七七）閏十二月十日の法皇の連歌会に女婿（皇女品宮の夫）正二位左大臣近衛基熙（三十歳）を召したもので、当日の人数は、新院（後西院上皇）・近衛基熙・平松時量・風早実種・醍醐冬基・猪苗代兼寿であった（「基熙公記」延宝五年閏十二月十日条）。従二位前中納言で五十九歳の定矩が、若年の近衛基熙に院の意向を伝達する時、同家殿上人に充てた披露状を用いたことは、家格・官位の差を厳然と現している。

次の奉書は、幕府の禁裏附旗本牧野成喬（従五位下・二千二百石）に充てたものである。

「南部文書」九（影写本）

(端裏書)
「牧野摂津守(成喬)殿　　梅小路中納言(定矩)」

唯今北面所迄御出候得共、折節御用取込、不得面旨、速水長門守(安益)ニ被申置候通、委細得其意候、従甲府中将殿(徳川綱豊、後の将軍家宣)、就　東福門院(徳川和子)御三回忌、為被窺　法皇(後水尾院)御機嫌候、御使者被差上候得共、江戸御法事之内故、御遠慮候て、御手前より御取次候之段、尤存候、則池尻中納言(共孝)令相談、及　叡聞候処、　御感被　思召候、相心得可申達之旨、御気色候、先日も卒度承候故、此方からも可申請存候処候、御手前取次ニて幸甚之義存候、宜様御心得候而可被申伝候、以上、

六月（延宝八年）十六日

東福門院の三回忌とあり、延宝八年（一六八〇）と特定できる。「江戸御法事之内」とは、五月八日に死去した将軍家綱の法要中で、甲府宰相中将綱豊からの使者が禁裏附牧野の指示で院参を遠慮したこと、院の内意を院参衆梅小路定矩が池尻共孝と協議して取次ぎ、牧野に伝達していることが判る。

この奉書の授受の二ヵ月後に後水尾院は崩じた。第三世代の三名は、十代から後水尾院の末期まで近侍し続け、霊元院の時代には故院の遺臣として遇された。終生の主従といえる。

四　仙洞御所における朝幕間の文書授受

仙洞御所の日記

本節では、後水尾院晩年（延宝六・七年〈一六七八・七九〉）の仙洞御所の日記から、江戸幕府と院との間の儀礼文書の流れを検証・確認する。

「洞裏日次」延宝六年正月二十八日条（「京都御所東山御文庫記録」丁十九。謄写本）

　廿八日、晴、為年頭御祝儀、大樹（家綱）使大沢右京大夫基秀　院参、白銀五十枚・蠟燭五百梃進上、（中略）此序戸田越前守（忠昌）、太刀・馬代白銀一錠献上、各御対面、賜天盃、

　一、大樹書札留、

為年頭之御祝儀、法皇（後水尾院）江御太刀一腰・御馬一疋進献之候、委曲大沢侍従可令言上候、此内（由）宜有　奏達候、謹
言、

正月十一日　　家綱判

花山院（定誠）前大納言殿
千種（有能）前大納言殿

将軍から法皇への年賀の御内書は、武家伝奏充の披露状で書留は「謹言」と薄礼である。上使の高家が江戸から持参し、仙洞御所の日記に記録されている。武家伝奏を介して披露されたと想定し得る。

「洞裏日次」延宝六年二月十八日条（同前）

十八日、終日雨、（中略）、両伝奏（花山院定誠・千種有能）参公、従関東之状持参、

一筆令啓達候、霊鑑寺殿（法皇皇女宗澄女王）薨去之由示給之趣、及　高聴候処、驚被思召候、法皇（後水尾院）御愁傷之程、御推察旨、伝奏衆
迄可申入之由、御意候、此旨相心得可被申達候、恐々謹言、

二月十三日　大久保加賀守（忠朝）
土屋但馬守（数直）
久世大和守（広之）
稲葉美濃守（正則）
酒井雅楽頭（忠清）

戸田越前守（忠昌）殿

将軍家綱からの弔意を伝える大老・老中奉書（連署の順は、酒井以下左から先任順となっている）が所司代戸田忠昌充てに発給され、武家伝奏が仙洞御所に持参し披露している。差出が大老・老中で所司代充ての為、将軍の行為に関する敬語表現は御内書より篤い。

「洞裏日次」延宝六年二月二十九日条（同前）

廿九日、雨、自大樹《（家綱）》人参三斤献上、内々戸田越前守《（忠昌）》方江御用之由可達於関東之旨被　仰出、因茲従越前守以口上書献上之、又自老中以口上書　御喜悦之由越前守方江被仰遣候、（下略）

「洞裏日次之記」延宝六年三月三日条（同前）

三日、晴、（中略）去廿九日自将軍家被献上人参三斤、壱箱、入於御蔵、宣豊卿《（芝山）》・共孝卿《（池尻）》奉之、

法皇が「内々」に人参を所望し、江戸の家綱から所司代の「口上書」を付して贈られている（当時朝鮮人参は国産できず、高価な輸入薬品だった）。仙洞御所の記録上は「献上」と記されている。武家伝奏は関与していないが、二月二十一日関東に発向して不在だった。仙洞御所の蔵への収納には芝山・池尻が奉仕していることも判る。

「洞裏日次之記」延宝六年三月十九日条（同前）

十九日、雨、（中略）依仁和寺宮《（法皇皇子性承親王）》薨去、従関東状到来、

其状云、

仁和寺御門跡、先月廿九日薨去之由、及上聞候之処、驚被思食候、当今（霊元天皇）・法皇（後水尾院）御愁傷之程、
御推察之御事候、此旨被達　叡聞候様、関白殿（鷹司房輔）江可有洩達候、恐々謹言、

三月十五日

大久保加賀守忠朝
土屋但馬守（数直）
久世大和守（広之）
稲葉美濃守（正則）
酒井雅楽頭（忠清）

青木（嘉永）民部権少輔殿

右、関白殿御持参、（下略）

武家伝奏不在中で、弔問の大老・老中奉書は関白鷹司房輔の諸大夫充の披露状で、関白自らが仙洞御所に持参している。法皇に披露されたと考えられる。

「洞裏日次之記」延宝六年三月二十三日・二十六日条（同前）

廿三日、雨、（中下略）一、梅小路中納言（定矩）上洛、大樹（家綱）　勅答之趣言上、
廿六日、晴、花山院前大納言（定誠）・千種前大納言（有能）、従関東上洛、今日　院参、則於御小座敷　御対面、大樹　勅答之趣、一条殿（昭良）二郎君（醍醐冬基）新家御取立可被召清花之列之由、尤思召之旨　勅答幷医師春沢（井上）可被叙法印之旨、是亦御尤之

由言上、
右御満足之由、以池尻中納言《共孝》、戸田越前守《忠昌》江被　仰遣、（下略）

将軍家綱からの年賀に答礼するため江戸に赴いた法皇使梅小路定矩・勅使武家伝奏が帰京し、院参して家綱からの「勅答之趣」（朝廷からの勅問への回答）を口頭で報告している。正式な報告は、武家伝奏が行い、法皇同母弟故一条昭良の次男醍醐冬基の新家取立と前年に東福門院を診療した幕府医師井上春沢の叙位を将軍が許諾したことが伝えられた。冬基は、延宝二年（一六七四）十一月二十日に元服し院の昇殿を許されていたが（「洞中日記」）、法皇の推挙で今回将軍から新知三百石の給付、清華の家格での新家取立てが認可された（「基熙公記」延宝六年四月二日条）。二十九日に従四位下少将に叙任され禁色を勅許され（「諸家伝」「公卿補任」）、四月二日はじめて参内・昇殿して常御殿で霊元天皇に対面し天盃を賜っている（「お湯殿上の日記」）。「当時新家建立之事、武家一向不被庶幾」という状況下、父系の甥を慈しんだ法皇の要望に将軍が応えた異例・破格な取立とされる（「基熙公記」）。当初数年間は、禁裏に属さず、将軍からの知行給付もない院の内々の殿上人だったこと、同じ新家でも知行・家格・官位昇進の先途とも芝山・池尻・梅小路等の従者とは処遇が異なることに注目したい。なお池尻共孝が、将軍の許諾に対する法皇の謝辞を所司代に伝達している。

「洞中之日記」延宝六年十月二十三日条（「京都御所東山御文庫記録」丁二十。謄写本）
廿三日、（中略）自関東鷹鶴就献上、千種大納言《有能》被参之状、文章如左、
法皇《後水尾院》江御鷹鶴御進献之候、伝奏衆被申入、御披露候様尤候、恐々謹言、

十月十八日

大久保加賀守
土屋但馬守
久世大和守
稲葉美濃守
酒井雅楽頭

戸田越前守殿（忠昌）

（中略）女房之奉書、千種大納言亭へ被伝之、（下略）

将軍家綱が鷹場で得た鶴を法皇に贈る旨の大老・老中奉書が所司代戸田忠昌充に発給され、武家伝奏千種有能が仙洞御所に持参・披露し、法皇からの答礼の女房奉書が武家伝奏に伝達されたことが判る。

延宝七年（一六七九）の日記にも、年始には高家が江戸から参院して両伝奏充の将軍の御内書（折紙）が採録され、門跡等の死去時の弔問や定期的な進物については大老・老中奉書（折紙）が採録されている（「京都御所東山御文庫記録」丁二十一。謄写本）。

五　朝廷・幕府の機構・文書制度の改編
――課題と展望――

これまで、江戸時代前期の院参衆の授受文書を中心に、細かな事例を紹介し、断片的な事象や論点を記して来た。筆者は、多様な史料を網羅的総合的に分析し、細部に亘る細かな基礎的事実を確定する営み＝古典的な考証史学の方法を鍛えることが、史料に基づき過去を再構成し、歴史認識と歴史叙述を進める基礎であると考える。もとより歴史理論、史料調査、保存運動、記録史料管理論、記録史料学の発展も不可欠ではあるが。

本文で明らかにした事実を繰り返すことは避け、時期対象を限定した古文書を扱った本章が、日本近世の政治史・朝廷史・幕政史研究とどのように関るかを述べ、結びたい。

朝廷・幕府とも江戸時代前期は政治的経済的に成長の時代にあり、機構が整備され、職制昇進の階梯が形成されていった（児玉幸多先生古希記念会・一九八三、藤井讓治・一九九九、山口・一九九八b）。以下、三つの事例に即して論点と課題を提起し、展望を示す。

①幕府による新院伝奏公設と役料支給

明正天皇から後光明天皇への譲位に備えた寛永二十年（一六四三）、将軍家光は禁裏附・新院（明正院、家光の姪）附の職を新設して各二名の旗本を任命し、九月朔日附で黒印を捺した「条々」を発令した。新院附榊原元義・中根正久充の「新院御所御法度書御黒印之写」の一通は全十五箇条からなり、第一条は次の内容であった（「大内日記」後編八））。

一、諸事両人令相談、分別に難及儀者、板倉周防守《（重宗）》任差図可申付之、事により　新院《（明正院）》の伝　奏へも可申談事、

家光が規定・公認した新院伝奏の役職に就いたのは、かつて後陽成院に院参衆として仕えた秋篠忠治＝清水谷実任であった。寛永十一年暮には明正天皇の禁裏小番内々衆（五番）であった実任は、やがて中納言に昇進し（最終的には

大納言に至った）、新院伝奏・新院使として江戸城に差遣された。勅使武家伝奏今出川経季・飛鳥井雅宣、院使園基音とともに帰京の暇乞に登城した実任の白書院での行動を伝える「江戸幕府日記」三十九（姫路酒井家本右筆所日記。東京大学史料編纂所架蔵写真帳）正保二年（一六四五）五月八日条の記事を次に掲げる。

一、清水谷中納言（実任）、去時分　新院（明正院）之伝　奏被　仰付、依之去年御合力米三十石御加増ニ付而、今日以太刀目録御礼、（下略）

将軍から新院伝奏として「合力米」（役料）の給付を受け（補注、村和明・二〇一二）、江戸城本丸表御殿白書院の下座から将軍家光に太刀等を献上して「御礼」していることが判る。朝廷に新設された機構が、幕府に公認され、「公儀」の機構と化していく一過程として位置づけたい。

②霊元院による院評定創設と院宣発給

霊元院は、貞享四年（一六八七）の譲位に際し「人分」けし、院伝奏（東園基量・庭田重条）、評定（三室戸誠光・藤谷為茂・押小路公起）・献奉行三名・院参衆二十二名・非蔵人・女中等と禁裏（東山天皇）の議奏・近習等を選別した。院評定衆を新設し、院の母系の従兄弟で近臣、献奉行を経た三室戸誠光等を登用した（山口・一九九八b）。院評定の職務の一つは、院が廷臣を召す際に文書を発給することだった。院評定三室戸誠光の発給文書を次に示す。

「下郷共済会所蔵文書」四（同会所蔵原本　東京大学史料編纂所架蔵写真帳）

追而、未刻可有参　院候、少御用之義も有之候間、必可有伺公候也、

明後十四日酒饌可被下候間、可有祗候之旨　仙洞(霊元院)御気色之所候也、恐惶謹言、

(異筆)「元禄元年」

十二月十二日　誠光(三室戸)

(見返シ奥ウハ書カ)「烏丸大納言殿(光雄)　誠光」

霊元院の仙洞御所で酒饌を下賜する旨の「御気色」を伝達する院宣である。霊元院譲位初年の議奏前権大納言勧修寺経慶の日記貞享四年（一六八七）十二月十五日条に、次の記事がある（「勧慶日記」四十四。京都大学所蔵原本。史料編纂所架蔵写真帳）。

十五日、乙未、晴、(中略)及暮従　仙洞為仰藤谷三位(為茂、評定)消息、明日御口切茶可被下之由、可忝旨畏所候旨請文進上、即御礼参也、(下略)

権大納言今出川伊季の日記にも同様の記事がある（「伊季公記」六。謄写本）。

十五日、晴、於　仙洞明日酒饌御茶可被下之由被仰下之旨、押小路三位(公起、評定)以書状被申送、仍申刻参院、申辱之由、

翌元禄元年（一六八八）十二月十二日の勧修寺経慶の日記には、次の記事がある（「勧慶日記」四十九）。

十二日、辛亥、晴、（中略）、従　院評定衆奉書、明日可賜酒饌之由　院宣也、右日乍迷惑、上儀之間、御請申了、家公（父経広、同年九月死去）毎度従　後水尾院右召之時、別而忝旨言上御参也、仍如此、即御礼参、（下略）

院の評定の発給する文書は受け手により、「消息」・「書状」・「奉書」と表記されている。院の評定からの文書により仙洞に召され酒饌・茶を下賜されることは、表向き有り難いものとされ、「院宣」を伝達され予告を受ければ即日参院して謝辞を述べるのが礼節とされた。

けれども霊元院と確執の続いた左大臣近衛基熙の日記は、異なる見解を伝える。

「基熙公記」六三（写真帳）元禄元年（一六八八）十二月十二日条

十二日、辛亥、天晴、（中略）従　仙洞評定衆、諸大夫一人可来旨示来、即所遣、明日可賜御茶旨也、又以使者畏存旨申入了、依風気今日不参之由申入了、　後水尾院・　後西院之御時、如此事、多従女中以奉書被仰下、当時毎々如此、不知其故、不便事也、

基熙によると、霊元院が院の評定衆を新設した結果、後水尾院・後西院時代に多く院の女房が主に所管し奉書で伝達されていた事項・権限が、評定衆に移管されたという。諸家の例を踏まえると院評定の奉書により「院宣」が伝達される制度に改編されたと考えることができる。近世朝廷における院の機構と文書制度の一つの変化である。

霊元院は、異母兄後光明天皇の急死により皇儲とされ、生まれながらの天皇ではなかった。前半生を父法皇後水尾

院・姉本院明正院・兄新院後西院の三御所と分属する院参衆の主従に囲まれて成長し、自身を頂点とする朝廷秩序の再編を課題とした（山口・一九九八b）。第三・四節で紹介したように後水尾院とその院参衆は、長期間多様な活動をし、寛文三年（一六六三）に霊元院が即位してからも江戸の将軍や京都所司代・禁裏附との独自の関係と回路を維持していた。院評定の新設と伝達文書の授受を巡る改編は、霊元院による朝廷再編の一環として捉えることができる。

③将軍家綱から京都所司代への信任状

板倉勝重・重宗父子の所司代在職は五十年を超えたが、十七世紀後半以降は、例外を除き数年で交替する職となった。興味深い二名の履歴と就任時に受領した文書を紹介する。

永井伊賀守尚庸は、将軍秀忠の年寄から山城淀十万石の城主となった尚政の三男で、寛永十一年（一六三四）家綱の誕生とともに十一歳で小姓に選抜され、父の隠居時に二万石の分知を受け、将軍家綱の寛文印知の奉行や「本朝通鑑」編集事業の奉行を勤め、奏者番、若年寄を経、寛文十年（一六七〇）家綱から京都所司代に任命され畿内で一万石を加増され従四位下侍従に進められ、延宝四年（一六七六）辞職し翌年病死した（「寛政重修諸家譜」巻六百二十）。宿老の三男が十代で生後七日目の将軍世子の小姓として出仕し、成長し、分知を受け大名となり、幕府の要職を歴任し若年寄から所司代に至る経歴である。

戸田越前守忠昌は、三河田原一万石の城主忠能の養子となり、肥後二万一千石富岡城主、ついで常陸下館城主となり、奏者番・寺社奉行を経、延宝四年家綱から京都所司代に任命され、従四位下侍従に進められ一万石を加増され、天和二年（一六八二）将軍綱吉から老中に任命され、転封加増を重ね下総佐倉七万一千石の城主となり、元禄十二年（一六九九）病死した（「寛政重修諸家譜」巻九百六）。第四節に登場した所司代が戸田である。譜代大名の家を相続し、奏者番・寺社奉行・京都所司代を経、将軍代替を越えて老中に至る、「旧事諮問録第一編正誤及批評」（進士慶幹校注『旧事諮問録』岩波文庫上巻補訂17）のいう「階梯」を登りつめた典型といえる。

両者は所司代就任に際して、将軍家綱から同様に遇され、同文の文書を手交されている。

『弘文荘敬愛書図録』一〇八号文書図版

覚

自然不慮之儀在之節、江戸へ相窺候間於無之ハ、以其方覚悟、雖為誰人、為能様に致差図、其趣早速可注進之者也、

寛文十

六月廿五日（家綱花押）

永井（尚庸）伊賀守とのへ

同図録には「上封の表書」として「寛文十年六月廿五日／御筆　御書付／於　御前御手自頂戴之、（綴目封黒印）」という図版も掲載されている。黒印の印文は「尚庸」と読める。家綱の「御前」で手交された尚庸自身が記し封をしたと考え得る。尚庸が貞享年間に幕府に提出した系譜史料には、より具体的な記載がみえる（「譜牒余録」五十一、永井伊賀守）。

一、同（寛文）十年二月十四日、御座之間江被為　召、京都所司代被　仰付、御加増壱万石被下之、六月三日御暇ニ付御

料理被下之、御手前ニ而御茶頂戴、其上被任侍従、且又御馬黄金時服等拝領之仕候、
一、同年六月廿五日、御前江被為　召、御手自御召之御羽織被下之、其上　御自筆之　御書付被成下、頂戴之仕候、

次に戸田忠昌の事例を示す。

「戸田忠和家文書」三二一（栃木県立文書館所蔵文書二〇二）（原本）（大鷹檀紙折紙六四・五×四四・四センチ）

覚

自然不慮之儀有之節、江戸江相窺候間於無之者、以其方覚悟、雖為誰人、為能様ニ致差図、其趣早速可注進之者也、

延宝四

七月廿三日（家綱花押）

戸田越前守（忠昌）とのへ

この文書は包書に入れられ、「忠昌様京都御諸司代被蒙／仰候、彼地江御暇之節に／御前御自筆之御直判　御手自御頂戴之、／右御判物者　御上儀ニ候哉、宝暦十一年十月／殿様御拝見被遊、御封印被遊候以後、御取落シ／被遊候哉、重而御改之節、御入可被遊事、」という上書があり、更に木箱に納められている。箱の上蓋には、「延宝四辰年七月廿三日／厳有院（家綱）様御代忠昌（戸田）様京都御諸司代被／仰付之、彼地江御暇於／御前　御自筆之御直判　御手自／御頂戴

之、〈忠余様御自筆之御上書／御印有之、〉」という墨書がある。子孫により相伝・秘蔵された様子が窺える。さらに戸田家文書の「御家記　忠昌公」は、昭和十二年（一九三七）七月の「緒言」が付され華族戸田家の家職松井恒太郎が編纂した史料だが、江戸時代の「公用留」を用い、文書授受の様相を次のように伝えている。

公用留ニ云、

一、延宝四丙辰年四月三日、　御座ノ間ニ召サレ壱万石御加増、京都所司代　仰付ラル、旨、御直ニ　仰セ出サル、同五日越前守ト改ム、同七月廿三日、京都へ御暇、依テ　御座ノ間ニテ御料理、其上御囲ニ於テ御手前ニテ御茶ヲ下サレ、御自筆御判ノ御下知状頂戴、以後従四位侍従御任官、備前長光御刀代金弐拾枚・御馬壱疋・時服五・黄金弐拾枚下サル、

永井・戸田は共通して、江戸城本丸中奥御殿の将軍家綱の「御座の間」に召され、所司代発令人事を直接伝達され、在京賄領の加増と官位昇進を告げられている。赴任に先立ち、料理・点前・拝領物とともに、将軍から自筆の花押を据えた書付を手ずから与えられている。中奥での主従間の文書手交の事実は、後に編まれた「柳営日次記」や「実紀」には記されていない。

書付の文面は、任地で不慮の事態が発生し、江戸に注進し指図を仰ぐ時間的余裕が無い非常時には、所司代の覚悟で誰人であれ、将軍の為よき様に自己判断して指図して対処する権限を与え、迅速な事後報告を命じたものである。発給意図として、承応二年（一六五三）・万治四年（一六六一）と続いた内裏焼失等の非常事態が想定されていた可能性もある。また裁量権限と信任の情を明示し、奉公の覚悟を求めた可能性もあり得る。俄かに断定し難いが、幕府職

制史を論じる上で重要な事例である。類例の発掘と今後の検討を期したい。

本章で取り扱った近世前期の院参衆の構成と彼らの発給した文書群は、近世朝廷が消滅した今日では、多様な文書・記録・系譜史料を分析し、脈絡を復元しなければ理解できない。記載分析に終始したが、毛利・真田・島津家文書の三例は共に折紙だった。近世後期に関しては言及できなかったが、院伝奏を輩出した平松家等の記録史料や各時期の構成員を記した番組や補任類・「雲上明鑑」「雲上明覧」（版本）等が多数残され、院参衆とその授受文書を把握する手掛りに事欠かない。形態・料紙の問題とともに課題としたい。

新任の所司代が京都に赴く際、将軍が江戸城中で手交した信任状は、後代まで大名家に秘蔵され、二十世紀後半に公開された結果、把握できた事例である。

歴史認識の素材である史料を守り伝え、調査・整理・保存・公開に尽力され、活用する途を開拓されて来た無数の先人に感謝し、本章を終える。

参考文献

蘆田伊人編纂『御料地史稿』（帝室林野局、一九三七年）
安藤正人「記録史料学とアーキビスト」（『岩波講座日本通史別巻3史料論』、一九九五年）
大槻幹郎等編著『黄檗文化人名辞典』（思文閣出版、一九八八年）
大野瑞男「近世古文書学の課題」（『歴史評論』389、一九八二年）
「日本近世史料学の成果と課題」（同編著『史料が語る日本の近世』、吉川弘文館、二〇〇二年）
児玉幸多先生古希記念会編『幕府制度史の研究』（吉川弘文館、一九八三年）
近藤文宗監修『清涼山霊源寺図録』（同寺護持会、一九九一年）

サントリー美術館等編集『高台寺の名宝』（高台寺、一九九五年）
高木昭作「近世史研究にも古文書学は必要である」（稲垣泰彦・永原慶二・山口啓二編『中世・近世の国家と社会』、東京大学出版会、一九八六年）
「近世史料論の試み――老中とその発給文書について――」（『岩波講座日本通史別巻3史料論』、一九九五年）
『江戸幕府の制度と伝達文書』（角川書店、一九九九年）
『日本文化研究』（放送大学教育振興会、二〇〇二年）
高埜利彦『江戸幕府と朝廷』（山川出版社、二〇〇一年）
田中暁龍「江戸時代議奏制の成立について」（『史海』34、一九八八年）
「寛文三年「禁裏御所御定目」について」（『東京学芸大学附属高等学校大泉校舎研究紀要』14、一九八九年）
辻善之助「一絲和尚と朝幕関係」（『日本文化史　別録3』、春秋社、一九七〇年）
深谷克己「歴史史料と歴史認識」（歴史学研究会編『現代歴史学の成果と課題Ⅱ　第一分冊』、青木書店、一九八二年）
藤井譲治『江戸時代の官僚制』（青木書店、一九九九年）
村山修一『比叡山史』（東京美術、一九九四年）
山口和夫「滋野井公澄日記」（『日本「日記」総覧』、新人物往来社、一九九四年）
「近世の家職」（一九九五年a、本書第三部第一章）
「近世天皇・朝廷研究の軌跡と課題」（村井章介等編『講座前近代の天皇5』、青木書店、一九九五年b）
「統一政権成立と朝廷の近世化」（一九九六年、本書第一部第一章）
「霊元院政について」（一九九八年a、本書第二部第三章）
「天皇・院と公家集団」（一九九八年b、本書第二部第二章）
「近世初期武家官位の展開と特質について」（一九九九年、本書第一部第二章）

補注

本章初出（二〇〇四年）後、この事例を含む明正院の伝奏とその役料については、村和明「明正上皇の御所と江戸幕府」（初出二〇〇九年、『近世の朝廷制度と朝幕関係』東京大学出版会、二〇一三年）が論じている。

第二章　天皇・院と公家集団

――編成の進展と近世朝廷の自律化、階層制について――

はじめに――課題と視角――

近世朝廷は、天皇家や公家衆諸家ら領主の集団で、統一政権から知行給付・役賦課・身分編成を受け、その成立に寄与した（山口一九九五a・一九九六）。官位叙任による諸身分の編成、国家や豊臣家・徳川家の成員の安全祈願、秀吉・家康神格化等の政治的宗教的機能を担い、幕末まで存続した。

本章では、統一政権成立後の近世朝廷の構造変化を問い、身分や集団・政治史の研究に供したい（補注1）。関連する研究史の到達点を整理すると（山口一九九五b）、江戸幕府により朝議運営の中枢に据えられた関白・摂家（高埜一九八九）、武家伝奏・議奏（以下、職制と呼ぶ）や禁裏小番内々・外様・近習番等の機構が解明されつつあり、霊元天皇の近習衆の構成や職制昇進階梯に関する提起がなされている（田中一九九〇）。公家の家に関しては、新家取り立てによる倍増（高埜一九八九）、困窮した蔵米三十石三人扶持（計三十五石強）の新家の救済要求（高埜一九九三）、執奏家と諸寺社（間瀬一九八〇）、摂家の家礼（松澤一九九四）について基礎的事実が解明されつつある。

これらを前提に、京都朝廷における天皇・院と公家間の諸関係を究明し、現時点での構図を示したい。その際、集団内組織・結合・基礎単位とその相互関係の通時変化に留意し、重層的な構造を解きたい。

多様な動向のなかで、分析視角の第一は、天皇・院による編成の進展に置く。朝廷は近世の権力の編成を受容した集団の一つで、その長は天皇・院だった。譲位と院政は近世にも続けられた（山口一九九八）。院政と親政と循環構造、天皇・院の公家衆に対する支配・編成、院の機構を追究したい。その際、史料の開拓と基礎的事実の発掘に努め、戦前来学界で共有されてきた当該期の関白・職制等公家衆の日記に加え、天皇・院が自ら筆を執って記した文書を素材に彼らの自我や営為にも接近したい。

分析視角の第二は、公家集団の動向である。新家取り立ての内実や意義、成員倍増の余波、本家・分家の「一家」の関係等を問い、上からの編成の進展と並行した疎外体の形成過程を照射したい。

一　番衆の拡充と編成

1　江戸時代の天皇と院

近世には、生前譲位の通例が復活した。承応三年（一六五四）以降の後水尾院自筆覚書は、「乱世」で途絶した譲位は近世の権力の財政援助で再興したとしている（辻一九四〇）。霊元天皇も、延喜以来の先例や後花園院の吉例踏襲を望み（「基熙公記」天和四年（一六八四）二月二十三日条）、幕府の後援で譲位した。

十七世紀の朝廷は、成長の時代にあった。急死した後光明天皇の前後に中継ぎの天皇二人をはさみ、寛文三年（一六六三）園家を外戚とする非嫡出の霊元天皇が継いだ。京の公家町には後水尾・明正・後西の三つの院御所と霊元の禁裏御所とが群立した。江戸幕府は御所を造営し、料所を加増した。元和九年（一六二三）禁裏料を一万石から二万石にし、寛文・延宝期には三院の二万石を加え総計四万石超とした。十八世紀以降も禁裏三万石、仙洞一万石の計四万石を基本とした。

秀吉や歴代の徳川将軍は、公家衆にも知行を給し天皇・院に仕えさせた。朝廷を集団として機能させ、体制に奉仕させるための措置であった。天皇・院と公家衆とは近世にも主従の関係にあった。御所の群立は、従者の増員を必須とした。

2　堂上新家の取り立て

公家衆の家は、戦国期に少なからず没落した。近世の歴代天皇は、公家衆の次三男等に称号を与え（例えば『大日本史料』第十二編之三、慶長十年〔一六〇五〕八月十六日第二条）、官位を叙任し元服時に昇殿を勅許して新家を取り立て、番衆を増員した。

新家取り立ての趨勢を表に示した。御所の群立に対応して慶長・元和期から増え、寛永期が最多で、寛文・延宝期が次いだ。江戸幕府は当初新家の増設を許容し知行給付を続けた。延宝六年（一六七八）、摂家一条家分家の醍醐家（清華三百石）設立に際して左大臣近衛基熙が「当時新家建立之事、武家一向不被庶幾之処」と録しているように（「基熙公記」延宝六年四月二日条）、やがて抑制に転じた。

3　番の体制

公家衆諸家は、御所での番を義務づけられた（慶長十八年〔一六一三〕「公家衆法度」）。家康が死去した元和二年（一六一六）、将軍秀忠に拝謁するため禁裏の番衆達は江戸下向を願ったが、後水尾天皇は規制した（『言緒卿記』）。番衆に

表　近世堂上新家の取り立て（初代の元服・昇殿勅許年代）

東(地方知行：蔵米取)	諸	計	備考（御所の数）
文禄 1(1：0)		1	正親町死去（1）
慶長 9(9：0)		9	後陽成院譲位・後水尾院即位（2）
元和 9(9：0)	2	11	後陽成院死去（1）
寛永16(8：8)	9	25	後水尾院譲位・明正院即位（2） 明正院譲位・後光明院即位（3）
正保 3(2：1《風早》)		3	
慶安 1(0：1《交野》)		1	
承応	1	1	後光明院死去・後西院践祚（3）
万治 1(1《壬生》：0)		1	
寛文 8(5：3)	7	15	後西院譲位・霊元院即位（4）
延宝 5(0：5)		5	後水尾院死去（3）
天和 2(0：2)		2	
貞享 1(0：1)		1	後西院死去（2） 霊元院譲位・東山院即位（3）
元禄 3(0：3)		3	明正院死去（2）
宝永 5(0：5)		5	東山院譲位・中御門院即位（3） 東山院死去（2）
正徳 1(1《八条》：0)		1	
享保 1(0：1)		1	霊元院死去（1） 中御門院譲位・桜町院即位（2）
計　66(36：30)	19	85	
(＊)68(38：30)	19	87	(＊)新設の清華家，広幡・醍醐を加算
五摂家 5			
清華家 9(＊)			
旧家　54			
新家　66			
計　134			

典拠史料は次のとおり．

東：寛延３年（1750）「官位定条々」（〔京都御所東山文庫記録〕乙七十二，東京大学史料編纂所架蔵）．先行研究（高埜 1989）の典拠史料で，家として定着した分が記された．

諸：正宗敦夫編纂『諸家伝』十五（日本古典全集刊行会，1940）．本家相続，継承者なし，非公転落等の理由から途絶した分が記された．

移動の自由はなかった。

寛永十五年（一六三八）三月十九日、将軍家光が「新家之衆」に知行五十石宛を加増した際も、勤番状況が質され病者は除かれた（「江戸幕府日記」・「資勝卿記」）。番は、新旧諸家の基本的役務と言えた。

禁裏小番の始期は南北朝頃で、摂家等は免除され、諸家は元服後、老年まで輪番で御所に参仕し宿直し続けた。禁裏には、室町期の後花園天皇から内々番所・外様番所の二つが設けられ（明石一九九一）、寛文三年（一六六三）霊元天皇（十歳）代始に父後水尾院（六十八歳）により近習番所が増設された（本田一九九〇）。近習の番衆は日常的に天皇に近侍した。

後小松上皇と後花園天皇（伏見宮貞成男）とは父子でなく、院御所には禁裏の番衆とは別に院参衆が組織された（『古事類苑官位部』二十所収「実豊卿職方聞書」）。永享二年（一四三〇）当時、後花園天皇の禁裏番衆は五番三十三名で、後小松上皇の院参衆は五番二十二名だった（明石一九九一）。

近世の権力は生前譲位とともに院御所・院参衆を復活させた。後水尾院の院参衆は、新家で組織された。寛永十一年（一六三四）七月二十一日の例では、十八名中十七名が元和元年（一六一五）から寛永十年に取り立てられた新家だった（「江戸幕府日記」）。正保五年（一六四八）正月七日の例でも二十一名中十七名が元和八年から正保二年までの新家だった（「泰重卿記」）。二例に共通した院参衆は七名で、芝山宣豊（武家伝奏勧修寺晴豊孫、寛永三年元服昇殿、十五歳）・池尻共孝（院伝奏清閑寺共房次男、寛永五年元服昇殿、十六歳）等は仙洞御所の南の「院参町」に住み（「新改内裏之図」、延宝五年刊）、幼時から後水尾院の末期まで仕え続けた（「兼輝公記」天和三年（一六八三）九月十七日条等）。院参衆岡崎宣持（院伝奏中御門尚良男、寛永八年元服、十五歳）は、後水尾院の執奏で従三位に叙され公卿となった（「中御門大納言宣順卿記」承応二年（一六五三）八月二十一日条、東京大学附属図書館架蔵旧和学講談所本）。院と院参衆は属人的な強い関係で結ばれた。

明正院や後西院にも固有の院参衆があった。寛文四年（一六六四）、後西院の院参衆のうち九名が抽出され、霊元天皇の禁裏の番衆に転属させられている（「尭恕法親王日記」寛文四年九月七日条）。次項で、番衆の編成替とその権限の所在について検証したい。

4　番衆の編成権

番衆の編成権は、院政期には後水尾院が掌握した。霊元天皇や近習「若衆」の放埒を憂慮した後水尾院は、寛文十一年（一六七一）、女婿の内大臣近衛基熙らと連携し統制した。このとき霊元天皇は禁裏の番衆の結改を試みたが、武家伝奏中院通茂の後水尾院の意向次第という言に遭い、撤回した（「中院通茂日記」寛文十一年四月十二日条）。当時朝廷では、武家伝奏・五人年寄衆（後の議奏）と難波宗量・三室戸誠光ら天皇側近の「若衆」との乖離が問題になっていた（「中院通茂日記」寛文十一年五月四日条）。

親政を志向する霊元天皇は独自の番衆編成の意を抱いていた。寛文十年（一六七〇）、十七歳の天皇は、難波宗量・三室戸誠光の両名に充て次の自筆文書を発した（「霊元天皇宸翰」、大津平野神社原蔵、一九二二年京都帝国大学撮影、東京大学史料編纂所架蔵台紙付写真。戦前期に調査・収集され、公刊は見送られた）。

一、自今以後弥以水魚之勢約（誓）無違背、別而可令入魂者也、且又万事不残心底、被申聞候上ハ、少も他言不可有之候也、宗量（難波）卿・誠光（三室戸）等両人之外者、雖為父子兄、曽以不可令他言候也、況於外人乎、

一、宗量卿儀者、当時雖為遠臣、往々以与誠光無相違、可為近臣事、

一、仮令遜位之後も、猶院参之儀ニ而可有之候也、

右三ケ条之趣、秋毫之末も於相違者、忽以日本国諸神第一者、
天照太神、相次石清水・賀茂・春日等之冥罰可在朕身也、
　寛文十年三月廿七日　（霊元天皇）（花押○第1型）
　難波三位殿へ
　三室戸権佐殿へ

主従の特別な関係を強調し、難波を「近臣」に加え、将来譲位した際には両人共「院参」衆とする旨を誓約した自筆神文である。霊元は、前年の寛文九年二月十四日附の書付でも、難波・三室戸・東園基量の三名と心を合わせ、三条西実教・武家伝奏正親町実豊等五人を排斥する旨を神仏に誓っていた（「大津平野神社文書」）。三室戸と東園は園家の血統の新家で、霊元の従兄弟だった。十代の霊元天皇は、彼らを近習に組織して親政を進め、譲位の後も院参衆とする構想を抱いていた。

5　小　括

近世の権力は、朝廷を再編し生前譲位の通例を回復させた。天皇家の相続事情から院御所が群立した十七世紀、新家が取り立てられ、番衆が拡充された。院と院参衆とは個別の主従関係で結ばれた。成員の急増した朝廷は、全体の組織化規律化を課題とした。

二　霊元天皇（院）の政務と近臣・院参衆――人的基盤――

1　近臣の機能

霊元の近臣は、取次として機能した。先の文書の充名難波宗量は、堂上五条家相続勅許（「霊元天皇自筆書状」Century Museum所蔵）、藤波家再興勅許（平井一九九三）に際し内々の勅使を務め、また綸旨の発給を左右する君側の実力者とも目されていた（「尭恕法親王日記」天和二年（一六八二）七月十九日条）。

難波・東園・三室戸等は天皇に近侍し、延宝九年（一六八一）六月二十七日には故将軍家綱廟の勅額清書に奉仕して白銀五十両宛を拝領した（「基量卿記」）。東照大権現百回忌の贈経や家継元服の名字も霊元院の勅筆だった（山口一九九八）。朝廷は将軍家の儀礼を装飾する集団で、天皇・院・近臣はその要員であった。

三室戸は、霊元の勅命で稀書の筆写にも奉仕した（橋本義一九九八）。内裏の罹災が続いた十七世紀、文庫の再建と集書事業、有職研究が進められた。延宝度内裏が安定した霊元朝は、朝儀の再興を図った。

2　政　務

霊元は江戸幕府が重用した関白・摂家を軽視して朝議を運営し、朝儀再興の経費を幕府に要求した（高埜一九八九）。霊元に批判的な左大臣近衛基熙は、延宝六年（一六七八）、「関白之職戸位之様ニ見え候へ者」「官位封禄公武之御恩ニ候へハ、朝廷之御為之事ハ勿論、太樹様御為」と老中稲葉正則への内報を試みた（『伊達家文書』五―二二七二）。女御鷹司房子は中宮でなく准后とされ、前関白鷹司房輔は「所詮当時之躰摂家滅亡也、是則朝廷大乱之間」と憤った（「基熙公記」天和二年十二月二日条）。

霊元は近臣・院参衆を組織再編し、親政・院政を進めた。延宝八年（一六八〇）後水尾院、貞享二年（一六八五）後西院が死去すると、各院参衆を禁裏の番衆に吸収した（「勧修寺家旧蔵記録四七〇　勧慶日記」延宝八年十二月七日条、「伊季公記」延宝八年十二月九日条、「尭恕法親王日記」貞享二年七月二十二日条）。

後西院は生前、院伝奏今城定淳を勘当し蟄居させていた（『通誠公記』貞享元年十二月十九日条）。貞享四年霊元は定淳を赦免したが、院亡き後故に可能な措置とされた（「基熙公記」貞享四年八月十六日条）。

群立する院と各院参衆とは濃密な主従関係にあった。霊元は院の死を契機に院参衆を解体し、禁裏番衆に吸収・統合して主従関係を再編した。

貞享四年（一六八七）、三十四歳の霊元は、予定通り十三歳の皇太子（東山天皇）に譲位した。三月七日、議奏二名を自らの院伝奏に抽出し、議奏三名を新帝に残し二名を補充する人事を内定した。議奏五名には幕府から年間蔵米四十石宛の役料が支給されていた。霊元は院伝奏に転任する二名の処遇に腐心し、明正上皇からの院伝奏役料一名分の提供と勧修寺経慶の議奏役料辞退を喜んだ。三月十三日には自身の院参衆三十名と新帝の禁裏近習番衆二十一名や非蔵人・女中を「人分」けした。（補注2）朝廷の政務を掌握した霊元が人事を決め、院伝奏東園基量ら二名、院評定衆三室戸誠光ら三名、献奉行三名、院参衆二十二名等を選定した。霊元の院参衆には東園・三室戸ら霊元の従兄弟が三名、後宮の係累が六名、父子が三組あった（以上、「勧修寺家旧蔵記録四八〇　勧慶日記」）。属人的関係の濃い編成だった。

東園基量・三室戸誠光は終生親交を結び（「基量卿記」元禄二年（一六八九）十一月五日条）、霊元は一貫して彼らを優遇した。東園の大納言昇進に際しては、外戚で院伝奏を勤めたことから特に院御所での奏慶を許し（「兼輝公記」元禄十年九月二十三日条）、後に嫡男基長も院伝奏に登用した（山口一九九八）。三室戸の嫡男資順は院参衆に加えられ（「公通記」元禄十年閏二月九日条）、次男徳光は東山天皇の稚児を勤めて新家北小路家を取り立てられた（「基長卿記」元禄十年二月十六日条）。

霊元は、朝廷に従来にない強硬な主従制支配を展開し、親政に続け二度の院政を敷いた（山口一九九八）。延宝七年（一六七九）には、禁裏小番内々衆三名の懈怠を咎め勅勘を下した。「勅勘之事、後陽成院以来希為」（「基熙公記」七月十八日条）、「近年珍事」（「尭恕法親王日記」七月二十日条）というように異様な処分とされたが、以後も勅勘・院勘を頻発した。また廷臣の忠誠を質し、しばしば誓詞血判を取り立てた。院政第一期の元禄四年（一六九一）には院伝奏・評定衆に命じ、関白近衛基熙からも徴収した。「仙洞御在位中比以後切々有此事、於朝家古今未曽有歟」（「基熙公記」元禄四年四月十五日条）という言に注意したい。

第一期院政は朝議運営を巡り幕府・近衛らと確執が絶えず、東山天皇に政務を委譲して終わった。東山上皇の急死から始まった第二期院政では、将軍家継の名付親となり皇女八十宮との婚約を裁可するなど、幕府への融和的姿勢に転じた。

3　職制昇進の階梯

東園基長は、東山天皇の近習に選抜され、やがて霊元院の院参衆に召されて院伝奏に昇った。近習への登用は「予自若年列近臣、朝恩尤深」（「基長卿記」宝永七年〈一七一〇〉正月十日条）「朝恩」とされ、職制への階梯でもあった。

享保三年（一七一八）に編まれた「雲上当時鈔」（平井一九八九）に記された中御門天皇（十八歳、母櫛笥賀子）の近習三十八名中、十名が後に議奏に昇進している（川田・本田一九八六）。霊元法皇の外戚園基香はさらに武家伝奏に昇り、中御門上皇の院伝奏に転じた。また中御門の伯父櫛笥隆成は議奏、叔父櫛笥隆兼は中御門院の評定から次の桜町天皇の議奏に、叔父八条隆英は中御門の皇太子時代の稚児（扶持米年三十五石）から新家を取り立てられ近習、桜町の議奏、院伝奏と累進した。十八世紀の朝廷で、近習の番衆は職制選抜の母体として定着し、外戚重用の傾向が続いた。「雲上当時鈔」記載の霊元法皇（六十五歳）の院参衆二十八名には、外戚や後宮の係累が六名、父子が六組十二名あった。属人的関係はここでも濃い。後に職制に昇進した者は二名のみだった。政務委譲後の晩年の院の周辺は、朝廷機構の傍流といえた。

4　武家伝奏人事——朝廷内部の慣行の生成——

元禄六年（一六九三）八月十九日、東山天皇は「一、今度伝奏之事、従関東又々相定了、而去年持明院為伝奏之時、向後従此方可被仰定之様ニ内々所司へも可達之旨被仰出之処、依無其儀」と関白近衛基熙を詰問した（「基熙公記」）。人事権の主張である。元禄十三年（一七〇〇）東山は武家伝奏正親町公通を罷免し、幕府は事後承諾した（山口一九九八）。

江戸時代初頭、武家伝奏は武家昵近衆を母体に幕府が選定した。天皇と疎遠な禁裏外様番の日野資勝を据えたように（「後水尾院当時年中行事」正月七日諸礼、『本光国師日記』寛永七年〈一六三〇〉九月十四日条）、幕府は朝廷内部の事情を優先しなかった。

けれどもこの慣行は元禄年間までに変化し、朝廷から候補者を示して幕府に諮るようになった。将軍の上洛が絶えて昵近衆との関係が疎遠となる一方、朝幕の関係が安定し武家伝奏の職務が形式化し人選の重要性が低下したためとされる（平井一九八四）。

筆者は、朝廷に近習番衆から議奏、武家伝奏に至る内部昇進の階梯が生成・定着し、天皇や院が人事権を主張し発揮した側面を重視したい。

5　小括と展望

霊元は御所群立期に受禅・即位し、朝廷内権力の構築を課題とした。父後水尾院が設置した近習年寄・近習番や院参衆を再編し、外戚や後宮の係累を重用し、禁裏に武家伝奏・議奏・近習番、仙洞に院伝奏・評定・院参衆を組織し、親政と院政を展開した。

この後、朝廷内部に近習臣を母体とする職制昇進階梯が定着した。延享四年（一七四七）、桜町天皇（二十八歳）は皇太子遐仁親王（桃園天皇七歳）に譲位し、院政を開始した。桜町は近習臣十七名のみで院参衆を組織し、大叔父の議奏八条隆英を院伝奏とした（「通兄公記」延享四年三月二十六日条）。八条隆英は稚児→近習→議奏→院伝奏と天皇・院の側近で朝廷の中枢を累進した。桜町院は院政を敷いて幼帝に指図し、幼帝は翌寛延元年（一七四八）の例では院の近習充に披露状を認めて奉答している（「桃園天皇宸翰」、京都御所東山御文庫原蔵、東京大学史料編纂所台紙付写真）。天皇に選抜され近侍した近習衆は、宝暦事件や幕末の政局で、天皇との強い主従関係を背景に摂家等体制派と対峙することもあった。

三　堂上諸家の階層分解

1　新家、地方知行取りと蔵米取りの分岐

元和以前、江戸幕府は全ての新家に地方知行を与えた（表）。元和五年（一六一九）十月十二日、将軍秀忠は元和印

知に漏れた新家等に知行を充行った（『大日本史料』第十二編之三十一）。また武家伝奏広橋兼勝は、新家取り立てには将軍の許容が必須と認識していた（『大日本史料』第十二編之十所収「孝亮宿禰日次記」慶長十七年〔一六一二〕十二月二日条）。正保四年（一六四七）五月七日には、切米取りだった元和・寛永期取り立ての新家九名に、将軍家光が百三十石乃至百五十石の知行地を給している（「江戸幕府日記」）。

寛文期以降になると、天皇の外戚や後宮・職制関係者を朝廷で選別して幕府に申請し、将軍が知行地を給付する一部優遇策が取られた。寛文十一年（一六七一）二月十八日、武家伝奏中院通茂らは、「禁裏御蔵」から蔵米三十石を給されていた新家の「無足衆」五名を選び、京都所司代永井尚庸に善処を求めた（「中院通茂日記」）。三月十四日、将軍家綱は彼らに新知百三十石宛を給した（「厳有院殿御実紀」）。五名の内訳は、愛宕通福（議奏千種有能の女婿で霊元天皇後宮の実父、後に議奏）、葉川基起（霊元の叔父）、押小路公音（故武家伝奏三条西実条の孫）、三室戸誠光（霊元の従兄弟、後に院評定）、植松雅永（議奏千種有能の次男）であった。三室戸は近臣中の近臣で、葉川も霊元天皇に「従御襁褓之中擲身命、昼夜令奉公」めた（「基熙公記」延宝七年〔一六七九〕正月二十七日条）特別な存在だった。

寛文元年（一六六一）、十二歳で元服昇殿した新家初代の高野保春も、蔵米三十石三人扶持を給されていたが（「元禄覚書」）、議奏から武家伝奏に進んで七年目の宝永三年（一七〇六）、将軍綱吉から新知百五十石を拝領した（「常憲院殿御実紀」・『徳川家判物幷朱黒印　六』）。また八条隆英は、中御門天皇の叔父で稚児を勤めて正徳五年（一七一五）二月二十七日に新家を取り立てられ（「兼香公記」）、近習から議奏を経て桜町上皇の院伝奏に転じた延享四年（一七四七）、将軍家重から新知百五十石を拝領した（「惇信院殿御実紀」・『徳川家判物幷朱黒印　八』）。寛文以降の新家では、外戚・職制が優遇され、蔵米取りから知行取りに上昇していった。

この間、将軍の許容なしに、朝廷内々の取り立てが進行した可能性もある。新家醍醐冬基は、延宝二年（一六七四）、後水尾院に院の昇殿・官位叙任・内々の元服を許され、同六年になって家綱が「出身」を許諾して知行三百石を給付し醍醐の称号が決定し初めて参内した（「諸家伝」、「基熙公記」延宝六年四月二日条）。また禁裏蔵米を支給された新家は、寛文十一年（一六七一）には存在し、『京都御役所向大概覚書』には三十石三人扶持の六家が見え（一「五十八」）、宝永年間以降四家を加え、弘化四年（一八四七）には十家となった（奥野一九四四）。延宝八年（一六八〇）の霊元天皇女房奉書（『円通寺記』所収）の「寺領もと丶のい候までは、御内しようより三十石づ丶くだされ候」という文言も勘案すると、幕府からの料所加増で余裕が生じた朝廷が、内々の裁量で新家や新寺に蔵米を給したと考えることもできる。

寛文以降の一部優遇策に漏れ、蔵米取り三十石三人扶持のまま取り残され困窮した新家は、寛延三（一七五〇）・宝暦二年（一七五二）、武家伝奏を通じて待遇改善を願い、幕府の緊縮方針に遭い却下された（高埜一九九三）。以後三十石三人扶持の家は固定化し、十九世紀初頭の漢学者大田錦城は「同心足軽と同禄」と評した（「梧窓漫筆拾遺」『百家説林正編　下巻』）。

諸家の待遇格差は十八世紀初頭、方領の支給額でも確立した。方領は、元服して番に出た諸家の嫡男に幕府や朝廷が給した蔵米で、知行取り諸家の嫡男には年四十石（百俵）、蔵米取り新家の嫡男には半額の二十石（五十俵）と定められた（『京都御役所向大概覚書』一「五十八」・四「七」）。(補注3)

2　官職昇進問題

新家取り立てによる成員倍増は、大納言・中納言各十名という官職定員の不文律と相俟ち、新旧諸家の競望を激化させた。霊元の親政・院政期、新家第一世代は晩年を迎え、その処遇が課題となった。新家には官職昇進の家例はなく、本家の例を準用し、また人に即して出自・役労・年齢を勘案し、危篤者への推任もあって家例が蓄積されていった。

例示すると、貞享五年（一六八八）五月十七日、霊元上皇は、共に新家初代で大臣の息や孫の梅小路定矩（七十歳）・芝山宣豊（七十七歳）を、後水尾院旧臣としての「奉公労」と「年老」を評価し大納言に昇任させた。この人事は「朝恩之至」とされた（「基量卿記」貞享五年五月十六・十七日条）。芝山の本家の議奏勧修寺経慶は「新家過分之義、乍去一門之間、歓悦之至」と評し（「勧慶日記」貞享五年五月十七日条）、梅小路は十八日、芝山は二十五日に大納言を辞した。元禄八年（一六九五）、池尻勝房（四十六歳）が中納言に昇進した際、関白近衛基熙は、勅問もなく嫡孫家久（九歳）の昇進を阻んだと憤った（「基熙公記」元禄八年十二月二十七日条）。家久は右大臣家熙と霊元院の憙子内親王との所生で、新家と摂家の嫡流とが競合した事例といえる。

新家の千種有能・有維父子は、二代連続して議奏・武家伝奏に抜擢され、大納言に昇進した。有維が近習から議奏に登用されると、勧修寺経慶は「新家」に「過分抽賞」と評した（「勧慶日記」天和三年（一六八三）十一月二十七日条）。千種家の本家久我通誠は、有能・有維の連続する大納言昇進を「近代希」で「一門之繁昌」だと慶賀した（『通誠公記』元禄四年四月十三日条）。公家社会では、同族団の紐帯は強かった。桜町院の大叔父院伝奏八条隆英は、「御内意」で従三位、参議、中納言と累進した（「通兄公記」）。

官位叙任は、院や天皇から当事者への「朝恩」とされた。主従制的編成を媒介する給恩といえた。家礼の諸家は摂家を仰いで申請し、人事は勅問や関白・摂家大臣の官位評事で調整され、各摂家は力量を問われた。本家が分家に口添することもあった（「基量卿記」貞享五年五月十六日条）。

問題は、家例実績主義と給恩の恣意性、機会の不均等さにあった。位階官職は、朝廷内序列の標識で当人の格を決め、次世代以降に家格を成した。

さらに官職には利権が伴った。諸朝儀は近世中期以降拡充されたが、官職に従い役者を勤めると下行米や役料の配当に預かった。近世には武家その他の官位叙任に大量の口宣案が発給され、寛文期には当官の中納言以上が上卿料、蔵人が職事料を配分する体制が整えられた（今江一九九〇）。

格と利権に直結した官職昇進人事の秩序化は、近世朝廷全体の課題となった。正妃所生の天皇家の正嫡桜町院が、規範整備に着手した。寛延三年（一七五〇）、「官位定条々」（橋本政一九九二）では堂上「旧家」と「新家」の別を定め（「京都御所東山御文庫記録」乙七十二）、延享四年（一七四七）の譲位に先立ち皇太子（桃園天皇）に江戸幕府への内慮伺、摂家の大臣への勅問、諸家昇進の次第・先途に関し繰り返し訓戒した（帝国学士院編纂『宸翰英華』二―一二九、紀元二千六百年奉祝会、一九四四）。この後、議奏の功労による大納言・中納言昇進を「格別」とし（「裏松家譜」・「風早家譜」）、桜町院が規定した昇進の先途を突破することは困難だった。

職制には、恐らくは朝儀公事の役者としての実務経験や家記文書の蓄積も利し、多く旧家が就任した。江戸時代の武家伝奏就任者五十七名のうち新家は七名で、桜町院の治定以後では二十四名中三名に過ぎなかった。寛文三年（一六六三）創設の議奏には百四十八名が就任したが、新家は四十四名でうち蔵米取り新家は十三名、三十石三人扶持の三十余家に限れば十名のみであった。新家の議奏就任者中、武家伝奏に昇進した者は四名で元禄までに三名で、蔵米取りからは皆無だった。

蔵米取り新家は、職制就任状況でも劣勢だった。

3　近世後期の朝廷内秩序

ここでは、二つの事例を検討する。天明四年（一七八四）十二月三日、光格天皇は広橋伊光が大納言を辞退した

「闕」に中山愛親を還任させた（以下、「輝良公記」に拠る）。議奏の「御役労」（十二月一日条）への恩賞であった。光格は重病の参議正親町三条実同も昇進させるため、大納言正親町公明の官の召上げを図り辞退を迫った（十二月一・二・九日条）。摂政・摂家大臣の評議や門流の調整の間（十二月一〜九日条）、正親町は「難渋」を唱え（十二月二・八日条）、「一族親昵」以外の譲与を拒んだ（十二月九日条）。当時当官の大納言十名中摂家・清華家が八名で後進を塞いだが（十二月九日条）、辞退は求められなかった。

諸家昇進の次第を整理すると、摂家は最恵待遇で早く中納言に任官し、確実に上に進んだ。清華家はこれに次ぎ、家格を問わず天皇の外祖父は大臣昇進が可能だった。家例を継ぎ、あるいは築いた旧家や新家は、競合しつつも大納言に昇り得た。「一族親昵」の間では、譲渡もあり得た。

けれども新家では納言昇進は概して遅く、在任期間も短かった。さらに蔵米取り新家三十余家中三十石三人扶持の西四辻・入江・桜井・山井・慈光寺・沢・錦織・藤井・錦小路の九家は、歴代参議に就くこともなく終わった。これら非参議の家には、上卿料の利権も蓄積されなかった。三十石三人扶持の別の三家は参議一名宛を出したが、北小路祥光（五十三歳、文化十二年八月二十一日〜九月二日）、清岡長時（四十九歳、宝永二年七月二十八日〜八月三十日）、長谷信昌（五十五歳、文化十三年閏八月二日〜十六日）とも短期の在任で、歴代中納言以上には届かなかった。近世朝廷には、このような下積みの家があった。

寛政八年（一七九六）、光格天皇は、五十余名の廷臣を処分した（「忠良公記」）。光格は関白・摂家大臣に勅問し（八月十四日・九月二十六日条）、「一族中より問答」を受け（八月十四日条）、議奏同席で摂家から「門弟」（家礼）に説諭させた（十月四・五日条）。天皇—関白・摂家・議奏—諸家の序列で、摂家は近世的な機能を発揮した。

天皇は公家たちの利権漁りや非行を問題視した。処分を受けた者の罪状は「貪利欲」「博奕之一件」「摂州住吉郡止宿他国、不守法令」「好遊興」とされ（八月二十五日・十月四日条）、天皇に近侍する「近臣」はより高い規律を要求された（十月五日条）。

処分内容では、天皇の勅勘が最も重く、官職剥奪を伴う落餝、公家町の拝領屋敷から追放する「父子同居停止」（八月二十五日条）、無期の永蟄居、蟄居、遠慮閉門、短期の差扣があった。より軽微な処分には関白の命による短期の差扣や、摂家から門弟への説諭もあった。永蟄居・落餝を命じられ実子のなかった壬生師基の「一族」（九年閏七月二十七日条）は、「一家一同」連名で武家伝奏に養子願いを出した（九年八月三日条）。公家の家督は同族団により維持された。

この一件で光格天皇は、公家衆に規律を要求し支配を強めようとした。次項では、天皇が重視した公家衆の利権の問題について検討を加える。

4　執奏家――公家社会外への利権の展開――

執奏家は、朝廷と諸国の寺社とを専管して取り次ぐ堂上公卿の家で、近世後期に競い合って急増し、官位叙任等を取り次いで収益を得た。

「雲上明覧大全」下（京都書林竹原好兵衛、嘉永二年（一八四九）刊）の「諸社諸寺方伝奏」の記載では、神宮伝奏・武家伝奏（所管十五寺社）等を除き堂上の執奏家は三十七家ある。このうち旧家が三十三家で、新家は四家だけだった。最大勢力は神祇権大副を世襲した吉田家で、江戸幕府から寛文条目を取り付け（橋本政一九九七）、寛政三年（一七九一）に江戸役所を開設し（椙山一九八〇）経営を進めた。神祇伯を世襲した白川家は慶長期八、宝暦期六十四だった附属神社を文化期に二百九十二まで増やし（高埜一九八五・間瀬一九八五）、江戸役所も開設して（松原一九九一）吉田家を追った。陰陽頭を世襲した土御門家も天社神道を唱え、寛政三年（一七九一）に幕府の全国触を獲得して続いた（高埜一九八四）。戦国・織豊から江戸初期に伝奏を輩出した勧修寺家は、二十六寺社を管掌した。他の旧家中で、垂加神道を継承した正親町家の尾張古渡稲荷社、菅原氏の宗家高辻家の大坂天満宮は、ともに吉田家との争論を経て漸くに確保したものだった（補注4）（『神道叢説』所収「吉見宅地書庫記」、東京大学史料編纂所架蔵「正親町家史料」一六―一六九、大阪天満宮史料室一九九一）。

官位叙任の献上物は、弘化二年（一八四五）の吉田家執奏による摂津生田社の社家後神家（『生田神社史上』）、天保七（一八三六）・文久二年（一八六二）の高辻家執奏の大坂天満宮禰宜渡辺東家（「天保七年二月官位願書類」東京大学史料編纂所架蔵）に共通し、天皇や禁裏の役人・女中、関白、両武家伝奏とその雑掌、上卿、職事、執奏家とその家人に渡った。さらに献上物の台や札を調進し、人足を斡旋した業者や宿屋など京の商人職人をも潤した。

「諸社諸寺方伝奏」では新家の執奏家は四家のみで、蔵米取り新家は皆無である。山本家（元和設立、百五十石）の河内道明寺天満宮、今城家（慶長、百八十石）の京都妙満寺は不明だが、高野家（寛文、百五十石）の佐太本山来迎寺は、宝永三年（一七〇八）、武家伝奏保春が住持慈海に常紫衣綸旨を執奏したことに始まる（『守口市史　史料編』）。櫛笥家（文禄、百八十三石）の大山崎八幡宮も、享保七年（一七二二）惣中が叙任の制を定めた当初、外戚・議奏として執奏したことに始まった（『大山崎町史　史料編』）。

他の例では、宝暦四年（一七五四）三月、金毘羅山別当が風早・東久世両新家（三十石三人扶持）からの「内々」の巻数献上を止め、武家伝奏からの「表立」った執奏に変えている（『広橋兼胤公武御用日記』、「讃岐国金毘羅古来興隆之記」『町史ことひら2』）。

総じて執奏家として附属寺社を開拓し得たのは、神道を家職とする吉田家を筆頭に旧家群であった。由緒・所縁を巡る競争は苛烈で、後発分家の新家群は、職制や外戚など僅かな例外を除き、近世の政教体制の利権に参入できずに終わった。

5 小括

新家取り立てによる成員倍増は、官職昇進の競合等、集団の利権配分に影響した。外戚・職制関係者を優遇した知行給付や官職昇進人事、十八世紀前半の桜町院の秩序化策の結果、公家衆諸家間の政治的・経済的格差、近世の家格が定着していった。

集団内の閉塞状況から諸家は公家社会外に利権を求め、競って附属寺社確保や家職の組織化を進めた。けれども蔵米取り新家三十余家についてみると、朝議に参画する職制への就任は希有で、官職面でも歴代非参議の家が九家あり、執奏家も皆無だった。

近世朝廷は官職や利権、情報や経験が偏在する体制で、新たな階層序列を生み出した。

おわりに——近世朝廷の構造と変容——

最後に本章の内容を整理、要約する。第一に、公家衆の家は一族で維持され、番衆・後宮を供給する基礎単位で、天皇家の人的基盤であった。

第二に、番衆拡充のため新家が取り立てられた十七世紀後半以降、「朝恩」を媒介に天皇・院による主従制的編成が進行し、中枢機構が構築された。大納言までの官職補任、番編成、職制人事の実権等、江戸幕府への内慮伺の及ばない領域が成長し、朝廷の自律化傾向が進んだ。生まれながらの天皇でなく、群立する父・兄・姉の院御所と院参衆に囲まれて成長した霊元院は、外戚や後宮の係累を重用して近臣を編成し職制に登用しつつ、政務を掌握・展開していった。十七世紀初頭以来武家伝奏は、幕府が内々・外様を問わず武家昵近衆から指名したが、十八世紀初頭までに朝廷に内部昇進の階梯が形成され、以後定着した。近臣は職制登用の母体、資格者群となり、十八世紀後半以降を展望すると非職諸家の朝政参加運動の基盤となった。けれども将軍からの知行や職制の役料、禁裏蔵米の給付には限りがあった。天皇や院の料所も幕府の代官が支配した。近世朝廷はあくまで公儀知行制に依存・立脚する存在だった。

第三に新家取り立てによる成員倍増は、官職昇進を巡る競望を激化させた。官職は格式を決定し、利権に直結した。天皇・院による職制・外戚を重用した職制・官職昇進人事の対極で、疎外体が形成され固定化していった。この桎梏は、近世朝廷の解体まで持続した。番懈怠・放埒・営利など規律問題を惹起しつつ、朝廷には、①上層の摂家、②中間層の旧家に外戚関係・職制登用などで知行を得、納言昇進の家例を築いた一部新家が参入し、③下積みに蔵米三十石三人扶持で歴代非参議、職制昇進も希有、家職組織も執奏収入も難しい新家（分家群）が滞留する、近世的階層制が形成された。番要員として設立された新家は、御所群立の解消した十八世紀以降は剰員化し、待遇改善もなく放置されたといえる。

（付記）
典拠史料のうち公刊史料や東京大学史料編纂所架蔵本については、略記した。

引用・参考文献

明石治郎「室町期の禁裏小番」（『歴史』七六、一九九一年）
今江廣道「江戸時代の武家官位と公家の家計」（『栃木史学』四、一九九〇年）
大阪天満宮史料室編『大阪天満宮史の研究』（思文閣出版、一九九一年）
奥野高廣『皇室御経済史の研究 後篇』（一九四四年、国書刊行会、一九九一年復刊）
川田貞夫・本田慧子「武家伝奏・議奏一覧」（『日本史総覧補巻2通史』新人物往来社、一九八六年）
椙山林継「吉田家関東役所の創立と初期の機能」（『国学院大学日本文化研究所紀要』四五、一九八〇年）
高埜利彦「近世陰陽道の編成と組織」（一九八四年、『近世日本の国家権力と宗教』東京大学出版会、一九八九年所収）
同　「江戸幕府と寺社」（一九八五年、前掲『近世日本の国家権力と宗教』所収）
同　「江戸幕府の朝廷支配」（『日本史研究』三一九、一九八九年）
同　「後期幕藩制と天皇」（『講座前近代の天皇2』青木書店、一九九三年）
田中暁龍「江戸時代近習公家衆について」（『東京学芸大学附属高等学校大泉校舎研究紀要』一五、一九九〇年）
辻善之助『聖徳餘光』（紀元二千六百年奉祝会、一九四〇年）
橋本政宣「寛延三年の『官位御定』をめぐって」（『東京大学史料編纂所研究紀要』二、一九九二年）
同　「寛文五年『神社条目』の機能」（『神道宗教』一六八・一六九、一九九七年）
橋本義彦「成簣堂の尤物」（『日本歴史』五九六、一九九八年）
平井誠二「武家伝奏の補任について」（『日本歴史』四二二、一九八三年）
同　「確立期の議奏について」（『中央大学文学部紀要史学科』三三、一九八八年）
同　「『雲上当時鈔』」（『大倉山論集』二六、一九八九年）
同　「近世の大中臣祭主家」（藤波家文書研究会編『大中臣祭主藤波家の歴史』続群書類従完成会、一九九三年）
本田慧子「近世の禁裏小番について」（『書陵部紀要』四一、一九九〇年）
間瀬久美子「幕藩体制下における『河原巻物』の成立と変遷」（『部落問題研究』六四、一九八〇年）
同　「幕藩制国家における神社争論と朝幕関係」（『日本史研究』二七二、一九八五年）

松澤克行「近世の家礼について」（『日本史研究』三八七、一九九四年）
松原誠司「近世後期白川伯家の地方支配の展開」（『国学院大学大学院紀要文学研究科』二二、一九九一年）
山口和夫「近世の家職」（一九九五年a、本書第三部第一章）
同「近世天皇・朝廷研究の軌跡と課題」（『講座前近代の天皇5』青木書店、一九九五年b）
同「統一政権成立と朝廷の近世化」（一九九六年、本書第一部第一章）
同「霊元院政について」（一九九八年、本書第二部第三章）

補注

（補注1）

本章（一九九八年十月初出）は「近世支配集団の構造と変容」をテーマとする歴史学研究会大会近世史部会での報告（一九九八年五月）録である。『歴史学研究』七一九号（一九九八年五月）掲載の近世史部会運営委員会「問題提起」（企画趣意）と筆者の「報告要旨」（準備ペーパー）、同七一六号（一九九八年十月）掲載の「問題提起」と「討論要旨」も併せて参照されたい。

（補注2）

この人事の詳細については、山口和夫「朝廷機構の編成・整備」（藤田覚編『史料を読み解く3近世の政治と外交』山川出版社、二〇〇八年、二〇一二年第一版第二刷、Ⅲ―5）を参看されたい。

（補注3）

新家、地方知行取りと蔵米取りの分岐については、村和明「公家の知行・役料と家綱政権」（『近世の朝廷制度と朝幕関係』東京大学出版会、二〇一三年）がより詳細に論述している。

（補注4）

寺社執奏家の事例研究は、本章初出前後とも多数あるが、本文で示した大坂天満宮をめぐる吉田・高辻両家の相論については、井上智勝「近世神職の本所支配離脱――大坂天満宮を主たる素材として――」（『大阪歴史博物館研究紀要』二、二〇〇三年）も参照されたい。なお井上氏は、本所公家を吉田家のみと限定されるが、筆者は高辻家も本所であると考える。

第三章　霊元院政について

一　本章の課題と視角

霊元天皇（承応三年〈一六五四〉〜享保十七年〈一七三二〉）は、寛文三年（一六六三）に受禅し貞享四年（一六八七）退位、その後、院政を敷いた。この時期の朝廷の動向については、多くの優れた研究成果が発表されている。その蓄積は、初期・末期に集中した近世天皇・朝廷研究の状況を一新させつつある。

霊元は「朝廷復古」を標榜し、戦国期の窮乏で廃絶した諸朝儀の再興と自律的な朝廷運営とを志向した[(1)]。右の動向と江戸幕府の権力意図との相関を問う高埜利彦氏の研究は、この時期が朝幕関係史上の画期となることを提起した[(2)]。また久保貴子氏の一連の論考は、霊元と関白近衛基熙（慶安元年〈一六四八〉〜享保七年〈一七二二〉）との確執を基軸に朝廷の様相を検証し、幕府との関係変化を追跡している[(3)]。

朝廷の機構に関する平井誠二氏・田中暁龍氏・本田慧子氏の研究は、武家伝奏の補任手続きの変化、霊元代始の議奏制や禁裏小番近習番の創設、霊元による廷臣処分など朝廷の自律的な再編動向を明らかにしてきた[(4)]。

さらに磯前順一・小倉慈司両氏は、垂加神道受容に伴う朝廷内の変化を明らかにした[(5)]。山崎闇斎が創始し、公卿正親町公通が継承した近世の新たな学問、垂加神道を媒介とする公家衆の結合は、朝廷神事再興時、神仏隔離措置をめぐる政治的党派を形成した。

本章ではこれらを踏まえ、霊元院の院政を主題とする。近世の天皇家は、生前に譲位し童帝の成人まで院政を敷く通例を続けた。(6)近世期の天皇・朝廷研究全般の現状に鑑みても、院政期の朝議運営や院の機構を検証し、院政の実態を解明することは、重要な課題の一つといえる。(7)

霊元院は、朝廷に二度院政を敷いた。(8)第一期の院政は、三十四歳の貞享四年（一六八七）、皇太子朝仁親王（東山天皇、十三歳）への譲位に始まり、四十歳の元禄六年（一六九三）の政務委譲に終わった。霊元はこの間「御治世之院」と尊称され、譲位後最初の年頭（貞享五年正月元日）には仙洞御所で後小松院（応永十九年〔一四一二〕譲位、永享五年〔一四三三〕死去）以降途絶し、祖父後陽成院・父後水尾院も行わなかった院の四方拝を挙行した。(9)院伝奏東園基量は、「先例」の「御再興」を慶賀したが、(10)左大臣近衛基熙は、「無益之儀歟」「惣而之事今般如有二主」と批判した。(11)字義通り、院は朝廷内に君臨する君主であった。仙洞御所に公家衆四十余人を召して学問講を催し、前関白一条兼輝から「当時院御政務最為勤学、珍重々々」と称えられた。(12)元禄四年東山天皇への政務委譲の意を表明し、(13)二年後「御成人」した天皇（十九歳）に政務を譲った。(14)

東山天皇は親政を続け、三十五歳の宝永六年（一七〇九）六月二十一日、皇太子慶仁親王（中御門天皇）に譲位し、同じ年の暮十二月十七日に病死した。残された中御門天皇は九歳で、即位式もまだ挙げていなかった。

五十六歳の祖父霊元院は再び院政を敷き、朝廷の政務を執った。第二期霊元院政は、宝永六年の東山上皇の死に始まり、享保初年まで続いた。

以上の霊元院政の時期区分は、朝廷政治や朝幕関係を論じる上での画期となる。けれどもこれまでの議論は、霊元院の親政期・院政第一期に著しい近衛基熙との不和を重視するあまり、第二期の院政については等閑に付す傾向にあった。(15)(補注1)本章では霊元院の院政について、第二期を重視して検証する。

その際、次の三点に留意して進めたい。第一には、朝廷の内的構造の解明。近世の朝廷はさまざまな身分や階層の家の複合体であり、さまざまな組織や機構、結合があった。中枢には関白（摂家）・摂家の勅問衆・武家伝奏・議奏・院伝奏・評定衆という職制があり、天皇や院の下で朝議を運営した。これ以外の「非職」の堂上諸家は、禁裏小番近習番・内々番・外様番の三つと院参衆とに分けられ、前三者は禁裏御所に参内し、後者は仙洞御所に院参し、それぞれ所定の番所に詰め、宿直その他の役儀を勤めた(16)。諸家の多くはまた、五摂家の何れかに家礼として分属し、指南を仰いだ(17)。公家社会には、系譜・血脈を紐帯とする家々の「一家」と呼ばれる結合もあった(18)。また神道、学問を紐帯とする結合も、朝廷政治に作用した。これらの実態を追跡したい。

第二には、全体的な政治史への接近。近世期の天皇・朝廷に関する近代歴史学の研究は、政治史・通史叙述の構成項として初発し、展開した(19)。近世の領主権力の編成原理を問う議論(20)にも学びながら、朝廷という集団内部の分節的な把握や、朝幕関係の静態的な描写には陥らないよう留意したい。

第三には、史料の開拓。霊元院政期についての研究はこれまで、摂家や武家伝奏など公家衆の日記分析を中心に進められてきた。本章ではこれに、①基礎的事実の確定に有効な朝廷の公的記録、②同時期の幕政史研究に活用されている幕府関係記録、③記録とともに近世の公家社会に機能した文書史料、の三種を加えたい。具体的にいうと、『皇室制度史料』にも活用されている「院中番衆所日記」・「議奏日次案」(21)、江戸幕府の老中格側用人間部詮房の動静を記した「間部日記」(22)、禁裏の女房奉書や公家の書状、廷臣の誓詞(23)などである。

二　院政第二期の動向

1　第二次院政期の霊元院の政務

霊元院政第二期の様相を、主に「院中番衆所日記」・「議奏日次案」によって確認しておく。仙洞御所での公的な「出御」に際しては、正徳三年（一七一三）の落飾以前、院は常に「御剣」を奉じる侍臣を従えた。在位中とその姿に大きな変化はなかった。

宝永七年（一七一〇）十二月二十五日、霊元上皇は、摂政近衛家煕の太政大臣任官を治定した。「御冠」と「冬御直衣」を着した霊元院はこの日、家煕の息左大将家久を仙洞御所に召し、任太政大臣の宣旨と「勅語」とを与えた。家煕は即日参院して、恩を謝した。[24] 死後の追贈を除く太政大臣の就任者は、天正十年（一五八二）の近衛前久以降でいうと関白豊臣秀吉、大御所徳川家康、同徳川秀忠（辞退）と、この前年の宝永六年の家煕実父近衛基煕のみであった。近衛父子の相い次ぐ太政大臣任官は、当時の公家社会において突出し、非常の厚遇といえた。

翌八年正月一日、十一歳の中御門天皇は摂政太政大臣近衛家煕を加冠役に元服したが、四方拝は享保二年（一七一七）まで行わなかった。

二月十二日、院は仙洞御所に中御門天皇の即位・元服を祝う将軍徳川家宣の使者を引見した。家宣からの進物は真太刀一腰（銘助守）・馬代白銀三千両・綿二百把で、家宣室近衛熙子からは白銀五百両・一荷二種、三家からは各々太刀一腰・馬代白銀二百両の献上があった。[25] 関東からの献上は、さまざまな祝儀・不祝儀を機にこの後も続いた。

四月九日、摂政近衛家煕が院参し「年号内勘文」を院の「御覧」に入れ、[26]二十五日、禁中での改元の儀当日、頭中将園基香は院参して「出御」を仰ぎ「年号挙奏之字」を奏上した。[27]

院の政務は続いた。正徳二年（一七一二）八月二十八日の左大臣九条輔実の摂政宣下、同年十月七日の前摂政近衛家煕の娘尚子（十一歳）の中御門天皇（十二歳）への入内治定、将軍徳川家宣の死去が報じられた十月十八日の廃朝は、ことごとく霊元院が沙汰した。[28]

尚子には先に将軍家宣の子鍋松との婚儀の内約があったが、伯母で家宣室の近衛熙子は、尚子が七歳年長という「御年齢之御差合」から中御門天皇への入内を望んだ。[29]家煕は「家門繁昌」としてこれを歓迎した。[30]霊元院の裁可により、近衛家からは天正十四年（一五八六）の中和門院前子以来となる入内が実現した。天皇家と近衛家との結び付きは強まった。

2　徳川鍋松（幼将軍家継）への名字書出

六代将軍家宣が死去したとき、遺児鍋松（七代将軍家継）は僅か四歳であった。正徳二年十二月十二日、霊元院は京都所司代松平信庸を召し、「関東若公（徳川鍋松）名字被染　宸翰一紙」を与えた。[31]幕府から院への内々の要請に応えるものであった。同日、家継の正二位権大納言叙任の消息宣下があった。十二月二十一日、「御名之字、　仙洞（霊元院）御撰、被染宸翰」という名字書出と位記・宣旨、院からの祝儀の太刀馬代黄金十両・樽酒三種二荷は江戸に到着し、二十三日に老中格側用人間部詮房によって江戸城の「御座間御床」に安置された。[32]二十五日、三家以下は惣出仕で叙任・「宸翰」の披露を賀した。[33]

翌三年正月、家継は高家大沢基隆を上洛させ、霊元院への年始の礼に太刀一腰・馬代白銀五百両・蠟燭三百挺を献じた。[34] 次いで二月十三日に所司代松平信庸を参院させ「名字」「宸翰御礼」に太刀・綿（羽二重）三百把・馬代白銀五千両（五百枚）、「官位御礼」として太刀・絹三百疋（羽二重三十疋）・馬代白銀三千両（三百枚）を献じた。[35] 名字書出の礼銀は、年賀の実に十年分であった。

三月十一日霊元院は家継の元服用に烏帽子を、[36] 中御門天皇は冠を贈った。[37] 三月十三日、霊元院は元服・将軍宣下を祝う院使に院伝奏梅小路共方を派遣した。[38] 三月十九日、冠と烏帽子は江戸に到着し、これも城中「御座間御床」に安置された。[39]

三月二十五日、勅使・院使が江戸に到着し、[40] 翌二十六日、城中で元服の規式があった。[41] 三家・譜代大名と高家衆・詰衆・布衣以上の諸役人が登城し、この日のために江戸に下向した前権中納言高倉永福が衣紋を奉仕し、正三位土御門泰福が陰陽道の身固を勤めた。五歳の家継は間部詮房に抱かれて黒書院に「出御」し、大老井伊直該の加冠で元服した。烏帽子は間部が取り渡した。次いで四月二日に将軍宣下の規式があった。[42]

五月十二日、家継の使者伊勢桑名城主松平忠雅等は参院し、元服・将軍宣下・任槐（内大臣）「御礼」と「天英院（嫡母近衛熙子）叙位（従一位）御礼」を献じた。家継からの進物は、「元服御礼」に太刀・馬代白銀千両・二荷三種、「将軍宣下御礼」に真剣太刀（銘国吉）・綿三百把・馬代白銀五千両、「天英院叙位御礼」に太刀・綿二百把・馬代白銀三千両であった。[43] 前年の名字書出の「御礼」は、将軍宣下のそれに匹敵したこともわかる。[44]

家継への名字書出発給に至る事情を、権大納言一条兼香は次のように記録している。

> （正徳二年十二月）十四日、癸亥、晴、未刻以後陰、（中略）後聞、去十二日、鍋松君（徳川家継）任官位、後聞、官者権大納言、位ハ正二位也、有消息宣下、官、醍醐大納言（昭尹）、位、坊城大納言（俊清）、又自仙洞（霊元院）鍋松君名字、以震（宸）筆認之、亦官位位記・宣旨等、被差下関東云々、仍武士等申万歳千秋、及数盃、

退散、或人云、於武道名字儀尊存之、仍当時於関東者、雖三人家、鍋松君不進名字、仍再三被伺院御気色而已、依当時以震筆被遣之也、亦奉行頭弁（甘露寺）尚長朝臣・頭中将（園）基香朝臣等也、(45)

家継以前の徳川歴代将軍は通例、将軍から名字書出を受けて元服し、世子として大納言に任官した後に継職した。元服以前、四歳にして父将軍と死別した無官の鍋松の事態は、異例といえた。「御幼稚」な家継を補弱するため、老中・若年寄たちはこれも前例のないことだが、輪番で城中に宿衛する体制を続けた(46)。

実名（諱）は、上位者から下位者への授与を原則とした。鍋松は主君であり、徳川三家といえども名字を書き進めることはできなかった。家長を欠いた将軍家では、元服の規式を家内では挙行できない事態に陥った。近世で唯一の名付け親に院を仰ぐ将軍家継は、このようにして生まれた。鍋松の父家宣との死別、当時の武家社会での命名慣行、幕府内部での選択、以上の連鎖の産物である。通過儀礼だけに極めて属人的なものといえる。

3　皇女八十宮の入輿治定

江戸の将軍家は、院への傾斜をさらに続けた。正徳五年（一七一五）四月十七日の東照大権現百回忌は、霊元院（法皇）の勅筆の経文を得て営まれた(47)。

同年九月二十三日、法皇霊元院は二歳の皇女八十宮（吉子内親王）と七歳の将軍家継との婚姻を裁可した。摂政九条輔実・左大臣二条綱平はこの方針を支持した(48)。「院中番衆所日記」は、院御所での家継からの初鶴献上の披露に続け、霊元院の治定について次のように記録している。

（前後略）八十宮御方関東御入輿之事、内々一位御方（家継嫡母天英院近衛熙子）・月光院殿（家継生母）依御願、今日御治定[49]、

前例のない皇女の将軍家への輿入は、将軍家嫡母・生母からの内願に発したことがわかる。九月二十九日、江戸で「三家始表向惣出仕」があり、将軍家継と八十宮との定婚が布達された[50]。三家以下は登城し、幼将軍家継を仰ぎ皇女との婚約を言祝いだ。このとき紀伊中納言徳川吉宗は家継より二十五歳年長で、すでに一子長福（後の家重）をもうけていた。

これより先、天下人に相応しい弓馬の力量を実証する機会と履歴を欠いた平時の将軍家光は、権力の伝統化を枢要な政治課題とした[51]。諸大名以下を動員し、さまざまな儀礼を整備し、安定的な政治秩序を構築しようとした。地位や権力、官職・役職を実力ではなく出自によって世襲できる体制、換言すれば将軍家を高位に置く近世的な家格の確立を企図した。その将軍家で家長家宣が没した。このとき一人遺された幼児の周辺は、院を名付親としその皇女と婚姻して貴種化を図ったのである。

明けて六年、幕府は納采のため老中阿部正喬を上洛させた。将軍からの祝儀は、院に真太刀（銘宗恒）・馬代黄金五百両・二荷三種、八十宮に練絹紅白百端・色絹百疋・段子百巻・五荷五種だった[52]。中御門天皇への祝儀は太刀（銘守次）・馬代黄金三百両・二荷三種だった[53]。宮の父で治天の君でもある院への祝儀が優っている。

霊元院は、天皇家の家長であった。幼帝の祖父であり、朝廷に院政を敷いた。江戸の幼将軍との関係では名付親で、岳父にもなろうとしていた。院政の第二期、霊元院は将軍家・幕府に対し従来にない立場を得ようとしていた。正徳六年四月三十日の家継の病死により婚儀は行われなかった。院が幕政全般に影響力を行使することもなかった。けれども、天皇家の血統を崇める通念が、将軍家にも浸透したことを記憶に留めたい。

4　霊元院と近衛家

宝永七年（一七一〇）の摂政近衛家熙の太政大臣任官、正徳二年（一七一二）の家熙女尚子の入内は、ともに院政第二期の霊元院が治定した。

これ以前、院と家熙の父基熙との間では長年にわたって対立が続いた。天和二年（一六八二）二十九歳の霊元天皇は、三十五歳の左大臣近衛基熙を差し措き、三十一歳の右大臣一条兼輝を関白に任じた。この超越は異例の人事であった。元禄三年（一六九〇）基熙が関白となると確執は増し、院は同六年に政務を東山天皇に譲って第一期の院政を終えた。

院は元禄十五年以降の著作とされる「乙夜随筆」において、「当時」の摂家と家礼との関係や禁中并公家中諸法度制定の経緯に触れ、摂家の権勢に対する反感を綴った(54)。霊元院の院参衆と近衛家の家礼とを兼ねた参議滋野井公澄のように、両者の関係に翻弄される者もあった(55)。

院政の第二期、霊元院は近衛家を厚遇し、融和を図ったのではなかろうか。この時期の前関白近衛基熙・前摂政家熙父子の言動を確認すると、その批判は主に拮抗する摂家衆に向けられた。正徳四年五月、基熙と家熙は、「官位等之事」に関する摂政九条輔実の「申沙汰」を批判し合い(56)、十月には輔実の左大臣辞退がないことを怪しんだ(57)。翌五年二月、基熙は右大臣二条綱平について、左大臣を望んで関東に下向し「計略」を図ったと批評した(58)。

五年二月、六十八歳の基熙は、四十九歳の家熙、孫で二十九歳の内大臣家久、曽孫に囲まれて家門の繁盛に満足し、孫娘尚子の女御御殿の木造始を伝え聞き悦んだ(59)。霊元院に対する激しい感情は鎮まった感がある。

霊元院には、朝廷に権勢を振るう「私曲邪佞（ママ）之悪臣」の失脚と「朝廷復古」を祈願し、京都寺町の下御霊社に奉納した著名な勅筆の願文[60]がある。この願文については宝永七年（一七一〇）春の奉納で対基熙とする通説[61]と、享保十三年（一七二八）の奉納で対関白家久（基熙の孫）とする学説[62]とが併存する。

その可否を直に断ずる用意はないが、院政第一期から中間期に至る状況は、通説に適合的である。後者の提起は貴重だが、院と家久との関係を検証する補強作業が必要となろう。ここでは課題として指摘し、後考を期したい。[補注2]

三　院政支配と廷臣

1　院政始期の状況

霊元院は男系優位の世襲制を採る天皇家に生まれ、その家長となった。その家には、近世にも生前譲位と院政の伝統が続いた。江戸幕府は、貞享四年（一六八七）の譲位時に七千石、宝永三年（一七〇六）以降は一万石の料所を与え、院の財政を保障した。その石高は三万石の禁裏料に次ぎ、三千石以下の公家衆諸家とは格を異にした。[63]

そもそも院と廷臣とは、主従の関係にあった。院はその治世において主従制的支配権を行使し続けた。本節では、朝廷における霊元院の院政支配について、廷臣との関係に即して検討する。次に掲げるのは、第一院政始期の貞享四年、八月十七日附で議奏勧修寺経慶に充てた摂政一条冬経（後に兼輝と改名）の書状である。

追而　大嘗会儀、先日武家中異儀事候へ共、首尾能相済、大悦候、定而風説可被聞存、如此候、万里小路大納言（淳房）検校被　仰出、珍重候、昨日者数輩遠慮衆中御免、殊中御門亜相（資熙）・甘露寺亜相（方長）者、其方一家事候条、

可為恐悦と察入候、以上、

其後者久不能面談候、弥無異候哉、抑来廿三日　大嘗会国郡卜定被　仰出、珍重此事候、就其儀、地下輩中官候者繁多候、今日　仙洞（霊元院）へ以伝　奏・奉行、窺御内意、無別儀　思召候へ者、近日奉行可有披露候、尤就卜定儀、悠紀・主基両方、行事定文ニ載之候官候、其上窺　院之御内意候而事候間、奉行披露候ハヽ、其心得候而可有沙汰候、為其密々先如此候、相役中へも宜被伝達候、猶近日対面節、委細可申入候、謹言、

（貞享四年）八月十七日　（一条冬経）（花押）

勧修寺前大納言殿（経慶）[64]

この書状をもとに先行研究や同時期の記録も援用しながら、今後の行論の前提となる院政始期の様相を確認しておく。

第一に、本文に記された大嘗会国郡卜定の日時決定に関して。これ以前、左大臣近衛基熙ら三人の大臣は皆、体調不良を訴えて国郡卜定の儀の上卿を固辞していた[65]。その背景には、二百二十余年振りの大嘗会の再興を期す霊元院と、用途不足・儀制不備・諸司への負担転嫁を批判する左大臣基熙との路線対立があった[66]。さらには神仏隔離措置に関する垂加神道派の摂政一条兼輝と、吉田神道派の近衛との対抗関係もあった[67]。上卿問題は、前夜内大臣近衛家熙が拝命してひとまず解決したが[68]、不協和音が止むことはなかった。

第二に、本文の後段に明らかなように朝廷の政務は院が掌握し、摂政もその下にあった。

第三、追而書の前半部分について。幕府は大嘗会のための新たな出費を拒み、断念するよう迫っていた[69]。朝廷は追加支出の要請を断念し、代替り儀式全体を切り詰めながら大嘗会用途を捻出することで幕府の承認を取り付け、事態

を収拾した。幕府が設定する許容範囲が厳然と存在した当時、朝廷の営みは無限定なものではなかった。

第四に追而書の後半の「数輩遠慮衆中御免」以下について。このとき閉門に処されていた公家衆は八名を数えた[70]。基煕によればさしたる罪状もなく、院の勘当を蒙って蟄居させられていたという[71]。この書状で勧修寺と赦免になった中御門・甘露寺との関係は「一家」と表現されている。平安朝の勧修寺流藤原氏から分立した名家の間柄は、この時代にも「一家」なのであった[72]。「一家」の成員に対する霊元院の勘当は、全体の関心事とされたことを確認しておきたい。

2　勅勘・院勘

霊元院は親政期・院政期の治世を通じて公家衆や官人に勘当を下し、朝廷に君臨した。延宝七年（一六七九）七月十七日、二十六歳の霊元天皇は、禁裏小番内々衆の勤仕を闕怠した中納言鷲尾隆尹・参議右中将山本実富・左衛門佐萩原員従の三名に逆鱗し、勅勘を下した[73]。天皇は武家伝奏花山院定誠・千種有能を介して京都所司代戸田越前守忠昌の了解を取り付け[74]、近習の公家衆を御所の学問所に召集して親しく閉門処分を発令した[75]。近習の一人、頭左中将東園基量（二十七歳）は「畏入」り[76]、右大臣一条兼輝（二十八歳）は「最懲悪制法、可為善政歟」と記した[77]。肯定的な捉え方といえる。

けれども左大臣近衛基煕（三十二歳）の見解は否定的で、次のように記録している。

（前略）且又　勅勘之事、　後陽成院以来希為之間、取沙汰可有如何哉、（中略）抑今度三人　勅勘之事、於愚意者、不甘心、凡就事、有御短慮之子細、依四、五年以前度々奉諫言、雖然一向無御承引之間、近年閉口而已[78]、

慶長十六年（一六一一）に譲位し元和三年（一六一七）に死去した後陽成院以来、江戸時代に勅勘は希有のことだという言と厳しい人物評に注目したい。

江戸幕府の成立とともに朝廷はその統制下に組み込まれていった。幕府は関白・摂家を重視し、各種の特権と機能を付与し、寛永期までには近世的な朝廷統制の体制を確立した(79)。

左大臣基熙は勅勘事件とほぼ同時期の延宝六年（一六七八）に、「譜代之摂録之臣」を自認し、「官位封禄公武之御恩ニ候ヘハ、朝廷之御為之事ハ勿論、太樹様御為」という立場で霊元親政への異議を唱え、密かに幕府老中稲葉正則への意見具申を試みている(80)。

霊元の代始には、自主的な蟄居に委ねて表立った公家処分を抑制することもあったが(81)、親政の進展とともに勅勘や処罰を頻発し、院政第一期にも院勘を続けた(82)。

元禄元年（一六八八）十一月二十五日、院は非参議外山宣勝・甥の権右少弁日野有富らの出仕を止めた。有富の処分についての記録を次に掲げる。

一、仙洞(霊元院)仰云、日野弁有富諸事放埒、其上父祖和歌練習之処、左様義曽以無之、其上伯父、外山三位(宣勝)、侍従(豊岡弘昌、外山実弟)、不快之由也、諸事諷諫之人無之躰也、其身進退以外之事也、依五、七年之間小番令不参、籠居候て、学文歌学等随分可励其志由、被仰付、柳原(武家伝奏資廉)・千種(同有維)申渡云々、将又籠居之間、官位等可被停止之旨、摂政(一条兼輝)へ被仰出云々(83)、

罪状は家学の怠業と伯父外山宣勝への縁坐で、処分は番衆からの放逐と官位の停止、摂政一条兼輝と武家伝奏柳原

資廉・千種有維が手続きに関わった。処分を下した主体は、上皇霊元院である。有富は結果的には五年後の元禄六年に蔵人の官に復したが、院の勘当は廷臣としての存立を左右した。霊元院が廷臣に発動した勅勘・院勘は、院政支配の利器であった。

3　誓詞血判

霊元院は、親政期から院政の第二期まで一貫し、さまざまな契機に廷臣から誓詞血判を徴し、忠誠を確認した。ついには廷臣の筆頭で、自身に批判的な関白近衛基熙からも誓詞を取り立てた。院政支配のもう一つの利器が、この誓詞血判である。

親政期の貞享三年（一六八六）正月二日、天皇の夜食の豆腐料理に油が混入した(84)。前年来の「不調法」を重視した天皇は、五月六日、武家伝奏柳原資廉・同千種有維や議奏東園基量を介し、近習番・献奉行五名と奥の非蔵人八名に「一紙」「血判」の提出を厳命した(85)。近習の番衆は、「一、禁裏（霊元天皇）・春宮（朝仁親王）御為不忠之存念毛頭有間敷之事、一、不寄何事、御前之御沙汰他言仕間敷事、一、御膳以下惣而あかり物之類、随分入念聊無沙汰之義仕間敷之事、右堅可相守候、若令違背者、神文」という両武家伝奏充の案文に従い、各々自筆で「一紙」を認めた(86)。霊元は近習番を再編し、五月九日、柳原邸に「近臣」（近習番衆）二十八人と非蔵人を集め血判を捺させた(87)。

譲位が近づいた同三年十一月十一日には、四名の議奏に変らぬ奉公の覚悟を求め、「一紙之誓状」「血判」の「献上」を命じた(88)。十四日、議奏東園基量は武家伝奏柳原邸に両伝奏充の檀紙一紙を持参し、血判を加えて提出した。次にその案文を示す。

一、主上（霊元）御為専存忠義、聊以不可有疎略候、就夫園（基福）儀同以下　主上御為相存輩与以私儀毛頭不可為不快事、

一、東宮（朝仁親王）御為専存忠節、聊以不可抱二心候、就夫花山院前内大臣（定誠、東宮後見役）・松木前大納言（宗条、同前）・松木中納言（宗顕、同前）以下東宮御為相存輩与、以私儀毛頭不可為不快候事、

一、或為致驕奢、或為恣進退、忘　主上・東宮御為、而讒謗人、或欲退無咎之企等、且以不可有之、尤御役相勤輩与、以私儀不可為不快候事、

一、不論親疎、贔屓偏頗之儀、不可有之事、

一、雖蒙　勅語、真実御為之義者、再三可申上所存、退而任我意、令加増省略之儀、不可有之、且又早可達　叡聞事等、蔵置于心中之義、不可有之、互毎事掠　上之義、聊不可有之候事、

右於致違背者、可備梵天・帝尺・四大天王惣而　日本国中大小神祇照鑒者也、

貞享三年十一月十三日　基量（東園）血判

柳原大納言殿（資廉、武家伝奏）

千種中納言殿（有維、同前）[89]

右以檀紙一枚、書之、

二人の武家伝奏は即日参内して誓詞血判を献上し、霊元はこれを実見し、禁中に召し留めた。[90]二十四日、霊元は議奏に権中納言庭田重条を、近習番に竹内惟庸らを召し加え、[91]同じく「一紙」「血判」を徴した。[92]

朝議運営をめぐる院と関白近衛基熙との確執が激化した院政第一期の元禄四年（一六九一）四月十五日、院は自身に直属する院伝奏菊亭伊季・庭田重条の二名、院評定竹内惟庸・押小路公音・藤谷為茂の三人に誓詞血判の提出を命じた。五名は密かに武家伝奏柳原資廉邸に赴き、「神文」を書き「身血」を加え、院に献じた。[93]翌十六日院は、関白

近衛基熙と武家伝奏・議奏にも誓詞血判の提出を命じた。(94) 当事者となった基熙は、次の所感を書き残している。

（前後略）書神文、加身血云々、即献　仙洞（霊元院）云々、仙洞御在位中比以後切々有此事、於朝家古今未曽有歟、(95)
（前略）雖非無愚存、所詮不法之御沙汰、無益口入、（中略）於千種亜相（有維、武家伝奏）者有（マヽ）可談事、残留、言談其事了、此神文之事、心底如何之由問之処、落涙之外無言語、相共仰天而已、朝廷零落此日歟、凡天■魔所■為歟、(96)
（前後略）執柄臣、書神文、加身血事、開闢之後為初例者歟、(97)

基熙の言によれば、霊元院は親政のなかばから頻繁に廷臣に誓詞・血判の提出を命じてきたが、朝家に前例のない未曽有のことであり、今や朝廷は「零落」し、院の所業は「天魔」のようであり、関白が敢えて院に忠誠を誓約し血判を加える事態も空前のことだ、という。
基熙は十七日、自邸で「凡心中迷惑難愚筆」という思いのなか、次の誓詞を認め血判を加えた。

一、主上（東山天皇）御為専存忠節、惣而　朝家之御為聊不可有疎略、旦暮抛身命、可励忠勤候事、
一、朝家之御用於職掌之儀、尤可守正路、且又依衆議之品者、伝　奏・議　奏之輩与無隔意申合、御為宜様ニ可令相談候、伝　奏・議　奏之内、或於諸家之輩茂、以別魂、成荷担、而贔屓偏頗之振舞、曽以不可有之候、又以私之宿意、害人、妨他之存念等、努々不可有之候事、
一、以私之為、武士之者等与致別魂成諂、而忘　朝家候儀、毛頭不可有之候事、
右条々於違背者、可蒙　日本大小神祇殊氏神春日――御罰者也、仍神文如件、

元禄四年四月十七日　　基〔熙〕
菊亭前大納言殿（伊季、院伝奏）
庭田前中納言殿（重条、同前）
竹内三位殿（惟庸、院評定）　刑部卿・民部卿ト可書之、勧修寺亜相（経慶、議奏）頻三位ト可書由申之、此人定而存旨有之歟之間、此分各書了、
押小路三位殿（公音、同前）
藤谷三位殿（為茂、同前）

宛所の五名は院伝奏・院評定衆(98)で、彼らが仙洞御所に持参する手筈になっていた。(99)霊元院の実見に供されたと考えてよい。服属儀礼を強要し、執拗に確認する行為といえる。

廷臣からの誓詞・血判の徴収は、霊元院の院政第二期にも続けられた。正徳三年（一七一三）二月二十八日附で、武家伝奏徳大寺公全と庭田重条は、議奏大炊御門経音から次の誓詞・血判を受け取っている。

一、就御役儀勤仕、朝家御為聊以疎意存間敷候、御用之儀ニ付、相役人中不貽心底、諸事申合、依怙贔屓無之、正路可致沙汰事、
一、御前密々御沙汰、於他所雑談仕間敷候、殊　叡慮不宜覚召候輩、縦由緒候共、入魂仕間敷事、
右於致違背者、可備梵天・帝釈・四大天王惣而日本国中大小神祇照鑒者也、
正徳三年二月廿八日　　経音（大炊御門、議奏）（血判）
徳大寺大納言殿（公全）

庭田(重条)前大納言殿[100]

経音の議奏就任はこの前年の正徳二年七月七日のことで[101]、半年以上が経過していた。またこの同じ日附で、同じ両武家伝奏は坊城俊将（十五歳）・三条西公福（十八歳）・高松重季（十六歳）・石野基幸（十六歳）の四名からも誓詞・血判を受理している。日附の一致を偶然とするより、朝廷支配に関わる営為の存在を想定した方がよい。坊城俊将以下四名の誓詞は、四通とも基本的に同じ文面であった。俊将の誓詞を例示する。

一、禁裏(中御門天皇)、仙洞(霊元院)御為不忠之存念、毛頭有之間敷候事、
一、不寄何事、御前之沙汰他言仕間敷事、
一、御膳以下惣而あかり物之類、随分念入、聊無沙汰之義仕間敷事、
右堅可相守候、若於違背者、可蒙　日本大小神祇別而両太神宮・氏神春日大明神之御罰者也、仍神文如件、
正徳三年二月廿八日　　俊将(坊城)（血判）
徳大寺(公全)大納言殿
庭田(重条)前大納言殿[102]

第二条・第三条の文言や四名の年齢から、彼らは近習であったと考えられる。注目すべきは第一条で、忠誠の対象として、十三歳の中御門天皇と六十歳の霊元院とが併記されている。院政支配の現実を反映するものといえる。

このような誓詞の徴収は、形式的なもので実効性に乏しく、無意味だろうか。要求する側、霊元院自身は当然効果

を期待していた。対極にある元禄四年（一六九一）の近衛基熙の身に即しても、その誇りや声望に傷を負うなど、被った影響は少なくないだろう。また近世の公家衆が血を穢れとして忌む習俗や、神文に記した氏神や神仏に対する信仰も考慮する必要があろう。本章では、霊元院が徴した誓詞血判の意味合いを積極的に評価したい。さらに近世の朝廷における誓詞血判の制は霊元院が始めた、という基熙の言を重視したい。

4　院伝奏・評定衆・院参衆

仙洞御所は、禁裏御所とともに公家町の中心に位置した。院の下には仙洞御所に出仕する公家衆の集団、院参衆があった。戦国期、窮乏した朝廷では代替儀式の用途にも苦慮し、生前譲位は途絶えた。豊臣政権期の天正十四年（一五八六）、正親町院から後陽成院への譲位から院が復活した。院参衆は、院が存在し得る時代、近世的な朝廷の機構といえる。

霊元院の時代、院参衆は禁裏小番衆とは独立し、三番に編成されていた[103]。その規模は、院の没後の享保十七年（一七三二）十一月二十二日の右大臣一条兼香の記録に「此日洞中（故霊元院）輩廿一人被召　宮中、禁裏（中御門天皇）江小番可為勤仕之由被仰付云々」[104]とあり、最晩年の数字で二十一名であった。彼らは輪番で参院し、番所に詰め宿直して院に奉仕した。院参衆の上には、院伝奏・評定衆の職制があった。享保二年頃成立した『京都御役所向大概覚書』[105]には、院伝奏に前中納言梅小路共方と前中納言東園基長の二名、評定衆に中納言滋野井公澄・中納言六条有藤・参議四条隆安の三名が記されている。

このうち滋野井公澄の評定衆補任は、宝永二年（一七〇五）六月十三日のことで、霊元院が任命した[106]。また東園基長の院伝奏補任は、正徳三年（一七一三）七月二十八日のことで、その模様を自身次のように記している。

> 廿八日、自梅小路前黄門（院伝奏共方）被　仰、只今可令参　院之由也、則参　院、黄門被申渡云、院伝奏之事追付可被　仰出由、内意被申、其後徳大寺大納言（武家奏伝公全）・庭田前大納言（同重条）被申渡云、院伝奏之事、被仰出之由被申渡、再三御断申入、雖然関東江被仰遣、既御治定之由、早可申御請之由、両卿被申、則御請申上、此後両伝奏、其趣被言上退出、以表使新大納言殿迄御礼申入了、其後梅小路前黄門同道出武家候所、荒木志摩守（仙洞附政羽）・山田伊豆守（同真周）等令謁、有一献、其後帰番所、申刻許有召、梅小路同道、参御前（霊元院）、御礼之義、梅黄門被申上、予同言上了、其後於番所有一献、評定衆一所也、予着衣冠、参　内、以表使御礼申入、議奏当番鷲尾黄門（隆長）江も申入、（下略）[107]

任命の主体はこの場合も霊元院であり、事前に幕府の内諾を得ていたことがわかる。またこの翌日以降の記載からは、所司代への「御役之御礼」を述べていることが確認できる。[108] 月番制であり、[109] 就任に際しては「誓状」を提出する例があったこともわかる。[110] 武家伝奏に準じた補任手続きであり、公的に確立した職制であった。

院伝奏・評定衆は、院参衆を指揮して院に近任し、院と廷臣との間を取り次いだ。前項で取り上げた関白近衛基熙の誓詞の充名も、五人の院伝奏・評定衆であった。彼らは、霊元院政を支えた存在といえる。

四　朝廷の自律化志向と構造変化——むすびと展望——

霊元院の朝廷における院政について、第二期に力点を置きながら検討を加えた。以下に論点を整理し、展望と課題を示し、むすびたい。

霊元院の親政・院政は、禁裏の議奏や近習番、禁裏小番とは独立した院伝奏・院評定衆・院参衆など、近世朝廷が新たに組織した機構に支えられて展開した。霊元は勅勘・院勘や誓詞血判の徴収を繰り返して廷臣を支配した。関白近衛基熙に対しても峻烈で、元禄四年（一六九一）には誓詞血判を徴収している。基熙によれば、勅勘の発動は近世初頭以来途絶し、こうした誓詞血判の徴収は開闢以来例がなく、ともに霊元院によって始められたという。

けれども、これを霊元院の恣意のみに帰しては、正しくない。統一政権の成立過程で、朝廷は政治的宗教的諸機能を果たした。体制に寄与して反対給付を受け、その要員を維持・拡大していった。(111) 近世初頭以降、戦国期の窮乏に途絶した旧家の再興や、新家の設立が続き、(112) その組織化・規律化は朝廷の政治課題なのであった。

その治世において霊元は君主として強烈な自負を持ち、廷臣に対して強硬な主従制支配を展開し、同時に禁裏文庫を整備し、(113) 有職に励んで「公事部類」などを編み諸朝儀の再興に努めた。(114) その君主意識を象徴する事例として、東山天皇に譲位した貞享四年（一六八七）の天酌停止を挙げたい。

> 六日（元禄五年正月）、丙辰、天陰晴、（中略）、武家伝奏（千種有維・柳原資廉）対談序、余（関白近衛基熙）問云、当今（東山天皇）代始之後無天酌儀、子細如何、答云、当今即位之時、仙洞（霊元上皇）仰云、天酌之儀、後花園院以来之事也、抑後花園院ハ就諸事有御謙退、仍有天酌之儀歟之間、自今以後可被停天酌之由被仰故、于今無其儀旨也、倩案事、意既後花園院以来有天酌儀、被停之条如何、但　当今代始有御用心之沙汰、人々奉近玉躰間、被寄事於左右無天酌事歟、凡不甘心事也、又就事令依為吉例、被用後花園院御例也、於此儀被停条如何々々、(115)

天酌とは、天子から臣下が直接酒盃をいただくことをいい、内侍の酌による天盃と別であった。(116) 霊元院はこれを、貞享四年の東山天皇への譲位に際し停止させた。室町時代に伏見宮家から皇位を継ぎ、諸事に「謙退」した後花園院（在位正長元年〔一四二八〕〜寛正五年〔一四六四〕）が始めたもので、以後無用という判断を下してのことだった。霊元院にとって後花園院は、血縁上八世代を隔てた先祖である。以後の父祖歴代が受け継いできた「謙退」の廃止を宣言しているのである。朝家の正嫡を主張するものに外ならない。

霊元院の第一期院政は、大嘗会再興、天酌廃止、院の四方拝挙行に始まった。関白近衛基熙との確執、江戸幕府の朝廷統制の基本的枠組みとの抵触の末、東山天皇に譲位した。大嘗会再興をめぐる過程にも明らかなように、その院政は江戸幕府の設定した枠組みに規制され、政治的経済的に限界があったことを再度確認しておく。

第二期院政は、東山院が死去し、幼年の中御門天皇が遺されたことから始まった。近衛家との関係は、家熙の太政大臣任官裁可、その娘尚子の入内治定など、融和的といえた。江戸幕府との関係では、将軍家宣の遺児鍋松（家継）への名字書出、皇女八十宮との婚姻裁可など、将軍家からの要請に応え続けた。ともに協調的・親和的で、第一期とは好対照といえる。廷臣からの誓詞血判の徴収はなお続けられた。「禁裏・仙洞御為」というその文言が示すように、院は朝家の主であった。院の後宮では、なお暫くは子女の誕生も続いた。

中御門天皇は享保二年（一七一七）、十七歳にして代替り後最初の四方拝を挙行した。院の高齢化と天皇の成人は、政務委譲を具体化し、霊元の院政に終幕が降ろされる。

これに前後する時期、江戸幕府は権力編成上の課題を抱えていた。家長を喪失した将軍家では、幼主家継と霊元院との姻戚による貴種化を志向した。三家以下の諸侯との差別化を企図したものと推定される。家継の病死とともに将軍家の正統、秀忠系が断絶し、紀州家の吉宗が将軍家を襲う。吉宗はかつては将軍の下座にあった。将軍権力を掌握・構築するとともに、江戸城に出仕し家継の慶事を下座で賀したかつての姿を周囲の記憶から薄めること、権力の伝統化を課題とした。吉宗政権の諸政策や対朝廷政策については、右の観点を加味して検討する必要があろう。

霊元院の治世から、朝廷は確実に自律化傾向を持った。一例として元禄十三年（一七〇〇）、東山天皇の親政期の正親町公通の武家伝奏解任を挙げる。[117]

公通は垂加神道を創始した山崎闇斎の後継者に指名され、貞享二年に関白一条兼輝に神道を伝授するなど公家社会に門人を持った。[118]天和二年（一六八二）には霊元天皇から儲君朝仁親王（東山天皇）に附されていた。[119]妹町子は将軍綱吉に近仕する側用人柳沢吉保の側室であった。元禄六年公通は武家伝奏に就任した。このとき関白近衛基熙は、所司代小笠原長重からの照会に庭田重条を推したが、[120]江戸表で幕府は正親町公通を指名し、朝廷はこれを受け容れた。[121]関白近衛基熙は、公通の素行や排仏的な思想傾向に一貫して批判的であった。同十三年の解任は東山天皇の決定で、前日に処分を通告された所司代小笠原は江戸表に注進することなく「天気」を了承し、関白基熙・右大臣家熙の近衛父子は公通の失脚を祝った。[122]

この一件は、幕府が人選し在職七年になる武家伝奏を天皇が解任するもので、朝廷の自律化傾向の典型といえる。[補注3]さらに解任の背景にある、垂加神道受容をめぐる朝廷内の動向は、[123]霊元院とも無縁ではなかった。

霊元院が願文を奉納した下御霊社の神主出雲路信直は、山崎闇斎の門人で、天和二年に境内に亡師「垂加霊社」を祭る祠を建てた。[124]晩年の霊元院は父後水尾院を追慕して修学院山荘行を繰り返したが、享保八年・十三年の二度、[125]下御霊社の鳥居前に輿を止め「心のうちにいさゝか祈念し」ている。[126]

享保十七年八月六日に死去すると、信直の息神主直元への遺命と右大臣一条兼香の後援により「天中柱皇神」の神号で下御霊社の相殿に祭られた。[127]霊元院という追号も遺命により、日本書紀の人皇七代孝霊・八代孝元天皇の二者から一字宛を採るものだった。[128]その治世に一時代を画した院は、死に際しても個性を発揮した。亡骸は、中近世の歴代に続いて泉涌寺に仏式で葬られた。けれども院は、自らの意志で神々の列に加わった。院の後、歴代に法皇はいない。この点でも前後を画する存在といえる。

当該期の朝廷における自律化志向、神道や学問など多様な媒介項による結合関係、中期以降の江戸幕府の権力意図と対朝廷政策、これらの展開と相互関連性を総体的に問う作業がなお必要であると考えるが、今後の研究を期したい。

注

（1）　霊元院については日本史関係の各種の辞典項目、あるいは米田雄介「朝儀の再興」（辻達也編『日本の近世 二 天皇と将軍』中央公論社、一九九一年）、山口和夫「霊元天皇」（五味文彦編『日本史重要人物一〇一』新書館、一九九六年）参照。

（2）　高埜利彦「江戸幕府の朝廷支配」（『日本史研究』三一九、一九八九年）、同『日本の歴史　十三　元禄・享保の時代』（集英社、一九九二年）、同「一八世紀前半の日本」（『岩波講座　日本通史　十三　近世三』一九九四年）。

（3）　久保貴子「天和・貞享期の朝廷と幕府――霊元天皇をめぐって」（『早稲田大学大学院文学研究科紀要　別冊十四集　哲学・史学編』、一九八八年）、同「元禄期の朝廷」（『日本歴史』五二〇、一九九一年）、同「宝永・正徳期の朝廷と幕府」（『日本歴史』五三八、一九九三年）。

（4）　平井誠二「武家伝奏の補任について」（『日本歴史』四二二、一九八三年）、同「確立期の議奏について」（『中央大学文学部紀要　史学科』三三、一九八八年）、同「江戸時代の公家の流罪について」（『大倉山論集』二九、一九九一年）、同「前期幕藩制と天皇」（『講座　前近代の天皇　二』青木書店、一九九三年）。田中暁龍「江戸時代議奏制の成立について」（『史海』三四、一九八七年）、同「寛文三年「禁裏御所御定目」について――後水尾法皇による禁中法度」（『東京学芸大学附属高等学校大泉校舎研究紀要』十四、一九八九年）、同「江戸時代近習公家衆について――霊元天皇近習衆を中心に」（『東京学芸大学附属高等学校大泉校舎研究紀要』十五、一九九〇年）、同「近世前期朝幕関係史の一視点――寛文～元禄期の公家処罰を中心に」（『人民の歴史学』一三〇、一九九六年）。本田慧子「近世の禁裏小番について」（『書陵部紀要』四一、一九九〇年）。

（5）　磯前順一・小倉慈司「第一部　解説　第三章　正親町家旧蔵書」（島薗進・磯前順一編『東京帝国大学神道研究室旧蔵書

目録および解説』東京堂出版、一九九六年）。

（6）帝国学士院編纂・発行『帝室制度史三・四　第一編天皇　第二章皇位継承』（一九三九・四〇年）、宮内庁書陵部編纂『皇室制度史料　太上天皇　三』（吉川弘文館、一九八〇年）。

（7）山口和夫「近世天皇・朝廷研究の軌跡と課題」（『講座　前近代の天皇　五』青木書店、一九九五年）。

（8）『皇室制度史料　太上天皇　三』。

（9）「基量卿記」貞享五年正月朔日条（『皇室制度史料　太上天皇　三』）。

（10）「基量卿記」貞享五年正月朔日条（『皇室制度史料　太上天皇　三』）。

（11）「基熙公記」貞享五年正月一日条（『皇室制度史料　太上天皇　三』）。

（12）「兼輝公記」元禄三年十月二十四日条（『皇室制度史料　太上天皇　三』）。

（13）「基量卿記」元禄四年四月二十二日条（『皇室制度史料　太上天皇　三』）。

（14）「基量卿記」元禄六年十一月二十六日条（『皇室制度史料　太上天皇　三』）。

（15）久保前掲注（3）「宝永・正徳期の朝廷と幕府」、など。平井誠二「正徳改元の経緯について」（『大倉山論集』三九、一九九六年）は霊元院の第二院政開始に言及しており、貴重な存在といえる。

（16）本田前掲注（4）。

（17）平山敏治郎『日本中世家族の研究』（法政大学出版局、一九八〇年）、松澤克行「近世の家礼について」（『日本史研究』三八七、一九九四年）。

（18）例示すると五摂家のなかで一条・二条・九条の三家は、七夕・八朔の日に「一家」の親交を温めた（「兼輝公記」延宝七年七月七日・七月十四日・八月一日、天和二年七月七日、天和三年七月七日、貞享元年八月一日・二日の各条参照）。

（19）山口前掲注（7）。

（20）高木昭作「寛永期における将軍と天皇」（歴史学研究会編『歴研アカデミー　民衆文化と天皇』青木書店、一九八九年）。高埜前掲注（2）。

（21）ともに宮内庁書陵部蔵本。武部敏夫「議奏日次案について」（高橋隆三先生喜寿記念論集刊行会編『古記録の研究』続群書類従完成会、一九七〇年）、平井誠二「議奏日次案」及び本田慧子「禁裏番衆所日記」（ともに『別冊歴史読本日本歴史「古

記録」総覧　下』新人物往来社、一九九〇年）参照。

(22) 国立公文書館内閣文庫蔵本。深井雅海『徳川将軍政治権力の研究』（吉川弘文館、一九九一年、四一頁以降）が詳細に分析している。

(23) 「徳大寺家史料」（東京大学史料編纂所架蔵）。議奏・近習から武家伝奏徳大寺公全・庭田重条に充てた血判の誓詞が伝存している。

(24) 「基長卿記」宝永七年十二月二十五日条（『皇室制度史料　太上天皇　三』）。

(25) 「院中番衆所日記」宝永八年二月十二日条。

(26) 「院中番衆所日記」宝永八年四月九日条。

(27) 「院中番衆所日記」正徳元年四月二十五日条。

(28) 「院中番衆所日記」・「議奏日次案」。

(29) 「基熙公記」正徳二年九月二日条（東京大学史料編纂所架蔵写真帳）。

(30) 「基熙公記」正徳二年九月二日条。

(31) 「院中番衆所日記」正徳二年十二月十二日条。

(32) 「間部日記」正徳二年十二月二十三日条。

(33) 「間部日記」正徳二年十二月二十三日条。『新井白石日記』下　正徳二年十二月二十二日・二十五日条（大日本古記録）。

(34) 「院中番衆所日記」正徳三年正月三十日条。

(35) 「院中番衆所日記」正徳三年二月十三日条、「間部日記」正徳三年正月十九日条。中御門天皇への「御名之字御礼」は太刀・白銀三百枚・綿三百把、官位「御礼」は太刀・白銀五百枚・羽二重五十疋であった。

(36) 「院中番衆所日記」正徳三年三月十一日条。

(37) 「間部日記」正徳三年三月十九日条。

(38) 「院中番衆所日記」正徳三年三月十三日条。

(39) 「間部日記」正徳三年三月十九日条。

(40) 「間部日記」正徳三年三月二十五日条。

（41）「間部日記」正徳三年三月二十六日条。
（42）「間部日記」正徳三年四月二日条。
（43）「院中番衆所日記」正徳三年五月十二日条。
（44）さらに家継は霊元院に、芝増上寺の亡父「文昭院」廟の勅額「御礼」に白銀五千両・蠟燭千梃（「院中番衆所日記「正徳三年十月七日条）、生母月光院の従三位「叙位御礼」に太刀・馬代白銀二千両を献上した（「院中番衆所日記」正徳三年十二月十五日条）。
（45）「兼香公記」正徳二年十二月十四日条（東京大学史料編纂所架蔵謄写本）。
（46）「間部日記」正徳五年十月二十五日条。宿衛体制はこの日、家継嫡母天英院・生母月光院の意向で解かれた。
（47）「間部日記」正徳五年五月四日条。
（48）「綱平公記」正徳五年九月二十三日条（東京大学史料編纂所架蔵謄写本）。
（49）「院中番衆所日記」正徳五年九月二十三日条。
（50）「間部日記」正徳五年九月二十九日条。
（51）高木前掲注（20）。
（52）「院中番衆所日記」正徳六年二月十日条。
（53）中御門天皇女房奉書（中村直勝「歴史の発掘」一九七一年、『中村直勝著作集　十二　歴史の発見　下』淡交社、一九七九年所収）。天皇は、武家伝奏徳大寺公全・庭田重条の両名に充て勅筆で次の女房奉書を認め、答礼させた。

将軍家（家継）より、八十の宮（吉子内親王）の御かたへ、此たひの、御しゆうき申され候御使として、忍の侍従（老中阿部正喬）をのほせられ候、さん内の事にて、めてたさ、ことに、守次の御太刀・わうこん三百両・二か三しゅ、しん上、おはしまし候て、まことに、いく久しく、万々せいと、欣入らせおわしまし候、此よしを、よくよく御心え候て、つたへられ候やうに、心え候て、申とて候、かしこ、

（引点）

右大将とのへ（徳大寺公全、武家伝奏）
庭田前大納言とのへ（重条、同）

「仰正徳六、二冊」

(54) 佐佐木信綱編『乙夜随筆　複製』（大八洲出版、一九四六年）。

(55) 山口和夫「滋野井公澄日記」（『歴史読本特別増刊　日本「日記」総覧』新人物往来社、一九九四年）。

(56) 「基熙公記」正徳四年五月十九日条。

(57) 「基熙公記」正徳四年十月二十六日条。

(58) 「基熙公記」正徳五年二月二十日条（東京大学史料編纂所架蔵謄写本）。

(59) 「基熙公記」正徳五年二月二十一日条。

(60) 東京帝国大学史料編纂所編纂『古文書時代鑑』下——一三五「霊元天皇宸翰御願文」（一九三九年修訂版）。この願文は大正五年（一九一六）国宝に指定され（黒板勝美編『特建国宝目録』岩波書店、一九二七年、二二頁）、第二次大戦後重要文化財となっている（文部省文化庁監修『重要文化財　書跡・典籍・古文書　五』毎日新聞社、一九七七年、八九頁）。

(61) 例えば、高埜前掲注（2）書。

(62) 所功「霊元上皇の御祈願文」（『皇学館大学史料編纂所報』九四、一九八八年）。

(63) 橋本政宣「皇室御料」（井上光貞等編『日本歴史大系　三　近世』山川出版社、一九八八年）。

(64) 「種村信子氏所蔵文書」（東京大学史料編纂所撮影写真）。戦前期の個人の収集にかかる文書群である。兼輝の日記「兼輝公記」（東京大学史料編纂所架蔵謄写本）は貞享四年を欠き、この折紙の書状は、その一部を埋めてくれる。

(65) 左大臣近衛基熙（四十歳）は痳病と手の故障、右大臣鷹司兼熙（二十九歳）は眼病（「基熙公記」貞享四年八月十四日条）、内大臣同家熙（二十一歳）は所労を称した（「基熙公記」貞享四年八月十六日条）。

(66) 武部敏夫「貞享度大嘗会の再興について」（『書陵部紀要』四、一九五四年）。

(67) 磯前・小倉前掲注（5）。

(68) 「基熙公記」貞享四年八月十六日条。夜分名月を賞で歌を詠んでいた基熙の邸に院伝奏庭田重条が厳命を直達、息家熙が請けた。

(69) 武部前掲注（66）。

(70) 「尭恕法親王日記」貞享四年八月十七日条（『妙法院史料』吉川弘文館）。

(71)「基熙公記」貞享四年八月十六日条。
(72)享保八年九月十三日、勧修寺高顕は万里小路尚房に家伝の文書の披見を許したが、その理由は「一家」「師父」「叔父」故であった（「勧顕日記」、吉川真司編『京都大学文学部博物館の古文書　第四輯　勧修寺家本職掌部類』思文閣出版、一九八九年、一四頁）。近世公家社会には、このような「一家」の関係が機能していた。
(73)「兼輝公記」延宝七年七月十七日条、「基量卿記」延宝七年七月十七日条、「基熙公記」延宝七年七月十七日・十八日条。
(74)「基熙公記」延宝七年七月十八日条。
(75)「基量卿記」延宝七年七月十九日条（東京大学史料編纂所架蔵影写本）。
(76)「基量卿記」延宝七年七月十九日条。
(77)「兼輝公記」延宝七年七月十七日条。
(78)「基熙公記」延宝七年七月十八日条。
(79)高埜前掲注（2）「江戸幕府の朝廷支配」。藤井譲治「江戸幕府の成立と天皇」（『講座　前近代の天皇　二』青木書店、一九九三年）。山口和夫「近世の家職」（一九九五年、本書第三部第一章）、同「統一政権の成立と朝廷の近世化」（一九九六年、本書第一部第一章）。
(80)「近衛基熙口上覚書写」（『大日本古文書　伊達家文書』五巻―二二七二号）。年代比定は、本書第二部第四章を参照のこと。
(81)市野千鶴子「三条西実教の蟄居をめぐって」（『書陵部紀要』四六、一九九五年）。
(82)田中前掲注（4）「近世前期朝幕関係史の一視点――寛文～元禄期の公家処罰を中心に」。
(83)「基量卿記」元禄元年十一月二十五日条（東京大学史料編纂所架蔵謄写本）。
(84)「基量卿記」貞享三年正月四日条。
(85)「基量卿記」貞享三年五月六日条。この日、霊元は母方の従兄弟三室戸誠光を献奉行に召し加えた。
(86)「基量卿記」貞享三年五月六日条。
(87)「基量卿記」貞享三年五月六日・七日・九日条。
(88)「基量卿記」貞享三年十一月十一日条。
(89)「基量卿記」貞享三年十一月十四日条。

(90)「基量卿記」貞享三年十一月十四日条。
(91)「基量卿記」貞享三年十一月二十四日条。
(92)「基量卿記」貞享三年十二月二十一日条。
(93)「基熙公記」元禄四年四月十五日・十六日条。
(94)「基熙公記」元禄四年四月十六日条。
(95)「基熙公記」元禄四年四月十五日条。
(96)「基熙公記」元禄四年四月十六日条。
(97)「基熙公記」元禄四年四月十七日条。
(98)「基熙公記」元禄四年四月十七日条。
(99)「基熙公記」元禄四年四月十七日条。
(100)「徳大寺家史料」三九―一〇一号（東京大学史料編纂所架蔵）。
(101)川田貞夫・本田慧子「武家伝奏・議奏一覧」（児玉幸多等監修『日本史総覧　補巻二　通史』新人物往来社、一九八六年）。
(102)「徳大寺家史料」三九―九七号。
(103)「滋野井公澄日記」（東京大学史料編纂所架蔵自筆本）。
(104)「兼香公記」享保十七年十一月二十二日条。
(105)『京都御役所向大概覚書』一巻十「伝奏・儀奏・評定・昵近之事」（清文堂史料叢書）。
(106)「滋野井公澄日記」宝永二年六月十三日条。
(107)「基長卿記」正徳三年七月二十八日条（東京大学史料編纂所架蔵謄写本）。
(108)「基長卿記」正徳三年七月二十九日条。
(109)「基長卿記」正徳三年七月三十日条。
(110)「基長卿記」正徳三年七月三十日・八月三日条。
(111)山口前掲注（79）。
(112)高埜前掲注（79）。

(113) 田島公「禁裏文庫の変遷と東山御文庫の蔵書」(大山喬平教授退官記念会編『日本社会の史的構造　古代・中世』思文閣出版、一九九七年)。
(114) 米田前掲注(1)。
(115) 「基熙公記」元禄五年正月六日条。
(116) 『日本国語大辞典　十四』(小学館、一九七五年)、『御湯殿の上の日記』天和三年正月十一日条等参照。
(117) 池田雪雄「垂加神道と正親町公通」(『神道研究』三巻二号、一九四二年)。磯前・小倉前掲注(5)。
(118) 山本信哉「垂加神道の源流と其の教義」(平泉澄編『闇斎先生と日本精神』至文堂、一九三二年)。磯前・小倉前掲注(5)。
(119) 「儲君三卿誓状」(東京大学史料編纂所架蔵「正親町家史料」三九―五九七)。
(120) 「基熙公記」元禄六年七月二十六日条。
(121) 「基熙公記」元禄六年八月十六日条。
(122) 「基熙公記」元禄十三年二月五日・六日・七日条、「公通記」元禄十三年二月六日条(東京大学史料編纂所架蔵写本・写真帳)、「資廉卿記」元禄十三年二月六日条、恩賜京都博物館編纂『豫楽院遺墨』所収町尻量弘氏所蔵近衛家熙書簡図版(小林写真製版所出版部、一九三五年)。書簡の全文は次の通り。

追申、関白(近衛基熙)ニもよろしく可申入之由候、已上、

今日七つ時、於柳原(武家伝奏資廉)、議奏四人列座候て、中山大納言(篤親、正親町公通舎弟)被召候て、正親町大納言(公通)、御役被免候由、被　仰出候、首尾無残処候、珍重存候、先早々申入候、従先刻一門へ罷向候て、只今帰候故、及延引候、

一覧之後火中々々、

二月六日(元禄十三年)　　家熙(近衛)

(123) 池田前掲注(117)。磯前・小倉前掲注(5)。
(124) 下御霊神社著・発行『下御霊神社誌』(一九〇七年)。
(125) 下御霊神社前掲(124)。
(126) 「霊元院修学院御幸記」享保八年四月六日条(西和夫『近世の数奇空間』中央公論美術出版、一九八八年、一六二頁)。

(127)　下御霊神社前掲(124)。「兼香公記」享保十七年十一月二十二日条。
(128)　「難波宗建卿記」享保十七年八月九日条（東京大学史料編纂所架蔵謄写本）。

補注

本章初出（一九九八年六月）前後の研究状況について記す。

（補注1）
先行研究との関わりについて、初出以前、報告「霊元院政について――近世中期の朝廷・幕府・神道」（宗教と国家研究会例会一九九四年六月）中で、本章注（3）・(15)に挙げた久保貴子氏の論文に対し、院政第二期を踏まえた時期区分の必要を提起し、当該期の実態を述べた。久保氏の仕事については、加筆修正された同『近世の朝廷運営』（岩田書院、一九九八年五月）ではなく、初出稿を参照されたい。

（補注2）
本章では、霊元院願文と近衛基熙口上覚書の年代比定を保留したが、のち二〇〇六年の発表稿で考証・確定した（本書第二部第四章）。口上覚書については、本文の記述を改めた。

（補注3）
貞享四年（一六八七）霊元譲位時の仙洞附・禁裏附男女「人分」け（「勧慶日記」）については、別稿（山口和夫「朝廷機構の編成・整備」藤田覚編『史料を読み解く3 近世の政治と外交』山川出版社、二〇〇八年）で当該記事を掲げ人名を比定した。その後、奥の組織編成と女中について、石田俊「霊元天皇の奥と東福門院」（『史林』九四―四、二〇一一年）が比定の一部齟齬を正している。あわせて参看されたい。

（補注4）
武家伝奏正親町公通の解任人事の過程と評価について、石田俊「元禄期の朝幕関係と綱吉政権」（『日本歴史』七二五、二〇〇八年）が異なる評価を与えている。朝廷・東山天皇には武家伝奏をめぐる人事権の主張があった（本書第二部第二章）。また第三部第五章でも提示した通り、近世朝廷に固有な機構・職階が生成・整備され、幕府とも関わりながら人事慣行と職制昇進階梯とが形成され、武家伝奏・議奏・院伝奏等へは幕府から役料が支給されるようになったことは動かない。この点、筆者の問題提起をも受け実証を深めた村和明『近世の朝廷制度と朝幕関係』（東京大学出版会、二〇一三年）も参照されたい。石田氏からの批判に対し、筆者は、人事における朝廷（天皇・院）の主張と裁量領域の拡大傾向とを自律化の指標として重視している。

第四章　近世の朝廷・幕府体制と天皇・院・摂家

はじめに

本章の立場と課題

日本近世史研究は、時々の制約や課題・潮流のなかで幕藩体制論を深め、朝幕関係史の成果を蓄積して来た。(1)朝廷を幕藩体制外部の抵抗勢力でなく、体制存続のために有効な役割を担う内部的要素とする見解は、(2)ひとつの到達点といえる。近世には豊臣政権・江戸幕府により天皇の生前譲位と院の朝廷政務関与の慣行が回復され、五摂家は幕府から朝議運営・朝廷統制上の特別な地位・権限を付与された。本章の目的は、近世の朝幕体制下の天皇・院・摂家に関する歴史認識を改めることにある。以下、次の点に留意して進めたい。

第一には、先駆的研究で提唱され今日なお再生産され続ける、特定の事件を重大視した、抑圧された近世朝廷と幕府への反発感を持続する歴代天皇という図式の克服である。(3)中世朝廷再建運動論や徳川尊王論の視点にも学び、(4)(5)朝幕対抗・確執史観を脱したい。

第二に、天皇不親政の伝統論や(6)「禁中并公家中諸法度」から大政委任を説く所論、(7)霊元天皇（院）の対幕強硬路線と関白近衛基熙の協調路線との対立という説を検証する。(8)

第三には、素材と方法の問題である。思想家による天皇・将軍観は、著作・行動を介して社会に影響を及ぼしたが、その多くは局外者である。日本を訪れた異国人による天皇・将軍論も、限られた情報に基づく理解の産物である。本論では、これらを除外し、親政・院政を通じて後世にも影響を与えた後水尾・霊元・桜町天皇（院）自身や、朝議を主導した摂家近衛基熙・一条兼香等要局者の朝廷・幕府・将軍観から現実の政治との関係、権力の内実を問う。近世の天皇・院・摂家は、無名の庶民と異なり膨大な文字史料を書き残している。随筆や和歌の一節から反幕府感情や聖徳像、古代に定型化し近世に踏襲された宣命から観念的君主意識を抽出するのではなく、下御霊神社伝来の霊元院自筆願文[9]――多くの論者により扱われて来たが無年紀で、年代と性格・内容を吟味することで新たな歴史像が明らかとなる[10]――等の基本史料を検証し、彼らの体制認識・人間関係・政策意図の実態を明らかにしたい。

術語について

本章では、「天皇制」「王権」という術語を用いない。「天皇制」は、日本共産党の一九三一年政治テーゼ草案を初出とし[11]、当時の日本の国家権力を分析する概念装置であり、幕藩体制・幕藩制国家の時代である近世に用いるのは適切でない。「王権」という分析概念も、天皇制に変わって日本中世期の研究に近年多用され[12]、天皇家内部の権力・家産分割、武家政権の成長と国家公権の掌握過程の検証に成果を挙げているが、使用には慎重を期したい。慶長期に天皇・豊臣秀頼・徳川の三王が鼎立したと提唱する近世「王権」論[13]については、三者の内実の究明が必須で、俄かに賛同し難いと考える。

一　朝廷の近世化

朝廷の近世化と「禁中并公家中諸法度」

行論の前提となる私見をあらかじめ示す。[14] 豊臣政権・江戸幕府は、公家・武家・寺社等の領主階級を統一的知行体系に編入し、それぞれの身分と役儀を確定した。朝廷に対しては共通して経済基盤と構成員を整備・拡充し、官位叙任による武家身分の編成・序列化、祈禱・祭祀、秀吉（豊国大明神）・家康（東照大権現）の神格化等の政治的宗教的機能を果たさせた。[15] 朝廷は、近世の権力の編成を受容し、体制の成立・存続に寄与した領主集団である。天皇・院はその頭で、集団内では権力を行使した。朝廷・幕府はキリシタン禁制でも一致し、両者の間に基本矛盾はなかった。

豊臣政権と江戸幕府とでは、天皇・朝廷との関係に差異も見られる。豊臣期には武家の秀吉・秀次が五摂家から世襲の家職を簒奪して関白に就任し、有力武家が公家高官に参入した。天正十四年（一五八六）に正親町院の生前譲位と後陽成天皇の擁立を実現し、関白秀吉が新帝に即位灌頂の印明を伝授した。天正十六年の聚楽行幸を機に秀吉は、禁裏・院の料所を増し、諸公家諸門跡に知行八千石を加増して朝廷での奉公を義務付け、勤務評価と知行再配分の権限を後陽成天皇に保障した。朝鮮出兵当初には中国・朝鮮の併合と後陽成天皇の北京行幸・遷都を計画し、天皇は受諾した。武家が主導し内部に入り込む形で朝廷の再建が進み、天皇家がこれに応じ、摂家が疎外される傾向にあった点が特筆できる。

江戸幕府は、大陸への膨張政策を放棄し、豊臣家との対抗関係から摂家を重用し、五摂家による関白巡任制を回復し、関白・摂家・武家伝奏による朝議運営体制を構築した。元和元年（一六一五）には大御所家康・将軍秀忠・関白二条昭実連署の「禁中幷公家中諸法度」を制定・公布し、天皇をも法規範で束縛した。けれども法度制定の意図は、定員のある高官への武家の参入問題を解消して公家の官職枠を保全し、公家・武家の役・身分の別を定め、朝廷集団の運営秩序を示し、近世の体制に適合的に機能させることにあった。武家による朝廷抑圧・封じ込め策という理解は適切でなく、朝廷再建策の一環として評価すべきである。法度制定の過程・内容に[16]、朝廷から幕府への大政の委任は見出せない。

なお近世朝廷の経済基盤・構成員数は、豊臣期ではなく江戸時代前期に幕府が支援して飛躍的に増加した。天皇の料所は一万石から最終的に三万石にされ、堂上公家数は、生前譲位・院御所群立と院参衆（番衆）拡充（新家取立）により約一三〇家と倍増し、天皇家・諸公家・地下官人の知行高も、計約一一万石強へ倍増した[17]。江戸幕府こそが近世朝廷最大の支援者で、秀吉の尊王と幕府による抑圧という図式は成り立たない。

天皇の称号の多様さと「日本国王」・将軍

「日本」という国号と「天皇」の称号とは、七・八世紀に中華皇帝との関係で新たに主張され、その後に定着を見た歴史過程の所産であった[18]。

天皇の死後におくられる追号では、平安時代以来歴代八〇〇年近く「院」号が踏襲され、天保十二年（一八四一）の光格天皇への諡から「天皇」号に回帰するまで続けられた[19]。

近世の歴代天皇が残した自署奥書では、後陽成は在位中の文禄二年（一五九三）から慶長十六年（一六一一）の譲位後も「自神武天皇百余代末孫周仁」[20]等の自署を多数残し、孫の霊元の「従神武天皇百十三代孫識仁」[21]、霊元の孫桜町の「人皇百十六代孫昭仁」[22]、後桃園の急病死後に傍系から皇位を継承した閑院宮典仁親王第六王子（桜町の祖父東山院の曽孫）光格の「神武百二十世（花押）」に共通する。[23]嫡出男子による一系相続は無かったが、一貫して神武天皇の皇孫を自称した。易姓革命を拒否する自意識・主張を共有・相伝したと言える。北朝流の代数で南朝を採らなかったことにも留意したい。

近世の歴代天皇は同時に、「大王」号も併用し続けた。陰陽道を家職とする公家土御門家の当主が天皇代替等の際に調進し、歴代天皇が実名を記入した「天曹地府祭都状」（祈禱の祭文）では、[24]慶長六年（一六〇一）の後陽成天皇の場合「日本国大王」の字句に続けて実名を自署し、慶長十八年十一月五日附の後水尾天皇から安政二年（一八五五）十一月十四日附の孝明天皇までの歴代は基本的に「大日本国大王」に続け実名を自署した。例外は、霊元法皇の正徳五年（一七一五）十二月三日附都状で「日本国太政天皇識仁」とある。なお将軍宣下時の都状では、慶長八年（一六〇三）の家康から嘉永七年（一八五四）の家定まで「日本国征夷大将軍」「源朝臣」に実名が加えられた。都状は、陰陽道の習律と先例により土御門家で文言を調えて進上し、天皇・将軍が空白箇所に実名を自署して返付したもので、[25]各人の個性を発揮し難いと考えられるが、歴代天皇が「大王」号の下に自署を加える慣行を「天皇」諡号再興後の仁孝・孝明両天皇までも続けたことに留意したい。[26]

「日本国王」号は、十五世紀初頭に足利義満が明に朝貢し皇帝から冊封を受けた称号であり、義持以降の室町殿も踏襲したが、[27]明帝国・朝鮮王国の併合を意図した秀吉の場合、講和過程の一五九六年に明の皇帝からの「日本国王平秀吉」の冊封を拒絶した。[28]江戸時代には、新井白石の提唱で朝鮮王国への国書で将軍に「国王」号を一時的に使用したが、[29]秀吉も歴代の徳川将軍も朝廷・天皇の存在を否定することなく許容し、自身では中華皇帝と冊封関係を持つことはなく、「王」を自称することも基本的にはなかった。

天皇・院と、「朝臣」の称を受容し、「王」を自称はしなかった近世の武家の首長との関係を、次節から具体的に検討したい。

二　後水尾院の歴史認識

「当時年中行事」序文

後水尾院（天皇、上皇、法皇、政仁、一五九六―一六八〇）は、江戸幕府に擁立されて皇位を継承し、その子四人が相次いで皇位を継ぎ、譲位後も長命を保って三期の院政を敷き、最晩年まで朝廷内や幕府に影響力を維持した。(30)主著の一つ「当時年中行事」は、将軍家光期に皇子後光明天皇のために当初著され、承応二年（一六五三）の火災で内裏とともに焼失した後、自身の手元に残った草稿本をもとに、寛文三年（一六六三）以降皇子霊元天皇に清書本、皇子後西院に中書本が伝えられ、天皇家の文庫で相伝された一本が京都御所東山御文庫に現存する。天和元年（一六八一）後西院から披見・書写を許された左大臣近衛基熙の写本の系統も流布伝播した。(31)その序文は元来、後水尾院から皇位を後継した皇子たちに向けた言で、院の歴史認識を明示する。東山御文庫本の序文を次に示す。(32)

順徳院の禁秘鈔・後醍醐院の仮名年中行事なといひて、禁中のことゝともかゝせたまへる物あり、まことにすえの世の亀鑑なり、されと此比のありさまにハ符合せす、其故いかなれは、世くたり、時うつり、（中略）応仁の乱より諸国の武士をのれ〳〵の力をあらそひて社領・寺領・公私の所領を押領する事、かそふるにいとまあらす、これよりこのかた、宮中日々に零落して、かの建保・建武のむかしにハ似るへくもあらす、時ありて内大臣信長公あめかしたを掌のうちにしてより、漸朝廷を経営する事になりぬ、就中東照宮《（家康）》叛逆の徒をたいらけ、四海の波風をしつめ、絶たるをつき、すたれたるをおこし、上を尊敬し、下を憐愍せらるゝ志深かりしかは、金闕ふた度光をかゝやかす、相ついて台徳院（秀忠）大相国、今の征夷将軍（家光）左府にいたりて忠節をつくし、ことに百敷のふるき軒端をあらためて、玉をみかきなせる功、他日に倍せり、しかあれと、よろつの事、猶寛正の比にたにをよはさるへし、御禊・大嘗会其外の諸公事も次第に絶て、今ハ跡もなきかことくになれり、再興するに便なし、何事もみるかうちにかはりゆくすゑの世なれは、せめて衰微の世のたゝすまゐをたにうしなはてこそあらまほしきに、それたに又おほつかなく成もてゆかむ事のなけかしけれは、みてしり聞てしる人のたと〳〵しき事にハあらねと思ひ出るにしたかひて書付侍りぬ、うとき人にハゆめ〳〵見せらるましき物にこそ、

応仁の乱以降の経済的困窮、織田信長による朝廷再建始動、徳川家康・秀忠・家光三代による再建進捗と江戸時代前期当時の朝儀の状況、大嘗祭を含む応仁以前への朝儀再興の願望、披見制限の意が述べられる。豊臣政権への言及を欠いて将軍家の行為を「忠節」と表現するが、武家政権が朝廷再建の主体であり、自主自力での再建は不可能であったことが明記されている点を確認したい。

自筆口上覚書

次に、皇子後光明天皇の急病死後の承応三年（一六五四）頃、療養のため「茶屋」（山荘）や宮門跡等への微行の希望を大老酒井忠勝に示し、将軍家綱への伝達を期待した後水尾院自筆で奉書文体の口上覚書の一節を示す(33)。

（前後略）後土御門院・後かしハ原の院・後奈良院、此三代ハ乱世にて禁中も微々になり、仙洞の御しつらひもとゝのひかね候故、御脱屣なく候、其後正親町院、太閤秀吉御ちそう申され候て、院にならせられ候へとも、御年七十にをよはせられ候故、万事御忘却にて、御幸なとの沙汰もなく候、後陽成院ハ東照宮（家康）と御不和の事候つる故、万事御つゝしみの事候、其上御脱屣の後、程もなく候つる故、其御沙汰もなく候つる事候、

応仁の乱後に「脱屣」（生前譲位）が途絶し、豊臣政権・江戸幕府の支援により再興された現実が明記される。代替儀式・院御所経営の経費不足を朝廷自力では解決し得ず、近世の武家政権が再興主体であったことがここにも明記された点を確認したい。省略箇所では、他出時の所司代の警固簡素化と幕府への事前通告の緩和を求めている。近世の権力の再編を受容した朝廷集団の長である天皇・院が、移動の自由を有さなかった事にも注意したい。

三　左大臣近衛基煕の朝廷・幕府観と政治工作

「近衛基煕口上覚書」

本節では、後水尾院の皇女品宮常子内親王（霊元院の同母姉、无上法院）を室とした左大臣近衛基煕（一六四八—一七二二）の朝廷・幕府観と政治工作とを検証する。基煕は後に関白、太政大臣に進み、娘煕子が将軍家宣室となり、元禄・宝永年間に大きな影響力を行使した。検討素材は、仙台伊達家に伝わった「近衛基煕口上覚書写」である。(34)

近衛様御口上之覚
内々江戸江御下向も被遊候ハヽ、御対面ニ而可被仰入と被思召候へとも、御次而も無之ニ付、此度(延宝六年十一月十一日)兼寿(猪苗代)ニ
被仰含候、
一、禁中向近年御用之義ニ付、万事相談等区ニ候故か、諸家之存念武家江不通事、
一、関白(鷹司房輔)・三公其已下列座相談之儀、多クハ関白之御下知ニ而決定候事稀ニ候、其上関白・三公等一向領状無之
事も、或　叡慮(霊元天皇)ニことよせ、或武威を軽ニことよせ、治定候事度々ニ候故、関白之職尸位之様ニ見え候へ者、
諸家も自朝威ヲ軽々布被存事、

（一条略）

一、其身（基熙）御才学も無之、ヶ様之義被仰入事も、御遠慮之至ニ被思召候へとも、譜代之摂録之臣ニて、已ニ一上ニも被任、此上後之職（関白）ニも被補候半ヲ、御辞退可被成義も無之候故、何とそ朝廷之御様子もわけのよろしき様ニ被成度思召候か、いかゝ可有哉、又ハ唯今迄之通ニ被成候而可然事歟、当分御身持弁かたく思召候ニ付、いか様とも御了簡次第、御異見をも被仰度思食候事、

一、御内意ヲ被相頼、　朝威ヲ専ニ御執被成度と申御望ニてハ無之候、官位封禄公武之御恩ニ候へハ　朝廷之御為之事ハ勿論、　太樹様（家綱）御為、曽御搆被成間布と申儀も、御冥加如何と思召候ニ付、如斯被仰事、

一、若右被仰候品、御尤ニ思召候ニをゐてハ、　禁中御沙汰之義、関白・伝奏（花山院定誠・千種有能）一堂仕候上、越前守殿（戸田忠昌、京都所司代）へも被仰通度事、又ハ一堂ニ無之時ハ、関白より越前守殿ヲ御里亭へ被招候て、直々御談合被成候様ニ被成度事、又ハ品ニより直々其許（江戸）へも御内談被成度事、

一、大樹より之御馳走無残所様ニ思召候、此上ハ今一等朝廷之風儀之よろしく成申様ニハなり可申事之様ニ思召候故、御卒爾之様ニも可有之候へとも、被得御異見度御事、
　此趣美濃守（稲葉正則、老中）様へ御次ニ被仰達、いか様とも御差図御頼被成度由、御意ニ候、

覚書の年次・人物比定と性質

この覚書は、霊元天皇の親政を批判し、摂家の朝議運営上の特別な地位を示す史料として着目されつつ、無年号のため年代・人物比定・性質について未確定部分を残して来た。(35)

前書部分には、近衛基熙が江戸に下向し伊達綱村に対面する機会がないとある。基熙は、延宝八年（一六八〇）六

月二十三日、綱吉の将軍宣下参賀のため江戸下向の命令を武家伝奏から伝達され、七月二十三日京を発足し、八月十六日江戸で綱村と対面した[36]。これが下限となる。第四条に、すでに「一上にも任ぜられ」とあり、延宝五年十二月八日の左大臣昇任[37]が上限となる。前書部分に見える猪苗代兼寿は、仙台伊達家抱の連歌師で代々京都に在住して禄を受け、後水尾院や近衛家の連歌会にも列席した人物であり[38]、文末の美濃守は、老中稲葉正則で伊達綱村の岳父・後見人である[39]。

基煕の自筆日記を通覧すると、延宝六年（一六七八）十一月十二日条に「未刻、兼寿(猪苗代)来、明日下向奥州為暇請也、対、以序可言伝仙台少将(伊達綱村)事言含[40]」という確証が得られる。本覚書は、延宝六年十一月十二日、京都近衛邸で左大臣基煕から連歌師猪苗代兼寿に直接伝達された口上を兼寿が文章化した体裁で、基煕―兼寿―伊達綱村―老中稲葉正則の回路で江戸幕府への工作を企図した内部告発の書である。

霊元天皇（院）と近衛基煕

これより先、寛文三年（一六六三）皇位を継承した霊元天皇は、十六歳の同十年から官位沙汰の親政を開始した[41]。番衆編成や自身の素行については、なお暫く父の後水尾法皇や近衛基煕・武家伝奏に束縛されたが[42]、独自の近臣編成や譲位後の院参衆編成も企図し、母系の従兄弟東園基量・三室戸誠光や難波宗量等を取次として重用していった[43]。

基煕は、霊元親政下で朝廷運営から疎外され、前記の回路で「風儀」改善を訴えた。その要点は、①摂家間の官職競望関係から「関白之職戸位之様ニ見え候へ者」（第二条）と関白鷹司房輔の機能不全を弾劾し、②「譜代之摂録之臣ニて、已ニ一上ニも被任、此上後之職（関白）ニも被補候半ヲ」（第四条）と自身の登用を期待し[44]、③寛文印知（五年（一六六五））で将軍家綱から一七九七石余の領知判物を下付され[45]、統一的知行体系[46]に編入された身を自覚して「官位封禄公武之御恩ニ候ヘハ、朝廷之御為之事ハ勿論、太樹様《家綱》御為」（第五条）と給恩に対する奉公の対象を朝廷・幕府（将軍）の両者と規定する。「大樹より之御馳走無残所様ニ思召候」（第七条）と家綱から朝廷への支援を謝す。幕府に朝議運営上の権能を付与された摂家の自負心を読み取ることができる。[47][48]

鷹司の後任の関白職には、天和二年（一六八二）霊元天皇に近い右大臣一条兼輝が超越して登用された。基熙は、元禄三年（一六九〇）に幕府の推挙で関白となり、同六年の霊元院から東山天皇への政務移譲後は、東山からの信任と徳川家宣との姻戚関係を背景に、宝永六年（一七〇九）の東山院の死去頃まで朝幕関係で政治力を発揮した。[49]

四　霊元院後半生の意識と行動

第二期院政と公武合体路線

父後水尾院に次ぐ長命を保った霊元院（天皇・上皇・法皇、識仁、一六五四—一七三二）は、貞享四年（一六八七）の皇子東山天皇への譲位から元禄六年（一六九三）の政務移譲までの間と、皇孫中御門天皇代始の宝永六年（一七〇九）の東山院病死後から享保初年まで、二期の院政を敷き朝廷に長期間君臨した。本節では、近衛基熙から内部告発された霊元の後半生の意識と行動を検証する。[50]

先行研究は院政第一期の状況から、幕府の朝廷統制を容認し協調を図ろうとする近衛基熙と「朝廷復古」を目指し幕府の統制下に置かれることを潔しとしない霊元との立場の対立を重視するが、霊元の院政二期以降の後半生では、幕府との協調路線が顕著である。[51]

正徳二年（一七一二）院政第二期の霊元法皇は、父将軍家宣に先立たれ、元服の名付け親を欠いた四歳の鍋松に江戸からの要請に応え、勅筆の名字書出を与え家継と命名した[52]。同五年には、将軍嫡母天英院・生母月光院からの要請に応え、七歳の将軍家継と二歳の法皇皇女八十宮（吉子内親王）との婚約を「公武御合体」推進のため許諾した[53]。法皇が十五歳の中御門天皇や摂政九条輔実らを主導して裁可し、摂政や勅問に預かる摂家衆には既定方針として伝達した[54]。前関白太政大臣近衛基熙や[55]、孫の右大臣近衛家久は内心では反対だった[56]。翌六年に家継が夭折したため、八十宮の江戸入輿は実現しなかったが、この段階では、朝廷の政務を掌握した霊元院が江戸幕府の要請に応え公武合体路線を推進し、近衛家は反対しながらも公然とは異を唱え得ない非主流派と言えた。

霊元院自筆願文についての研究史

霊元院が、天皇家・諸公家・官人等の産土神で垂加神道の拠点でもあった京都寺町の下御霊神社[57]に祈願・奉納した自筆願文[58]は、その特異な内容が注目され、近世朝廷・朝幕関係史研究の基本史料の一つとして多くの論者によって取り上げられてきた。本文を提示する前に研究史を整理すると、祈願がなされた年代と文中の人物比定に定説がない。

宝永七年（一七一〇）祈願説[59]は、前年の天皇家の多病等が論拠で、願文に「悪臣」・「邪臣」と記された神慮・将軍による排斥対象は、前関白太政大臣近衛基熙に比定される。また文中で朝廷支援強化を期待された「大樹」は家宣になる。けれども、前年の宝永六年譲位したばかりの皇子東山院が急病死し、九歳の孫中御門天皇が残されて霊元が朝廷政務を再度掌握し、第二期院政を開始する状況下、神慮にすがる程不遇であったか疑問が残る。

享保十三年（一七二八）説[60]の論拠は、霊元院の修学院山荘紀行「元陵日記」の下御霊社参詣記事中、同年には鳥居前でなく神前に立ち入ったという記載である。「悪臣」・「邪臣」は基熙の孫の関白近衛家久（一六八七—一七三七）とされる[61]。家久の父は前摂政関白太政大臣家熙、生母は霊元院の女一宮憲子内親王（一六六九—八八、故人）で[62]、霊元は外孫の排斥を祈願したことになる。「大樹」は将軍吉宗と解される[63]。他に、時期を保留しつつ、近衛基熙の退隠を祈願したとする説[64]、時期・対象人物とも保留したものもあるが[65]、諸説とも積極的な史料的根拠を欠き、検討が必要である。

願文の検討

願文と奥書を全文掲出する[66]。

（本紙）

　祈願事

一、当年別而無病息災ニ、怪我・急病・不慮之災難等無之、年中安穏ニ而、所願成就之御加護偏奉憑事、

一、朝廷之儀、年々次第ニ遂日暗然、歎敷無限、是併私曲邪佞之悪臣（近衛家久）執政既重三代、□（慦）己志之故也、早以神慮正直之威力、早被退彼邪臣（近衛家久）等、可守朝廷復古之儀給事、

一、大樹（吉宗）重朝家之心、猶増加深切、早退彼邪臣之謀計、叨可有沙汰事、

（奥書、継紙）

右者、

霊元院法皇密々所被祈申于　下御霊神社之　御宸筆之　御願文也、其砌則返上了之処、後年至被祭

天中柱皇神之時、又被納之当社、仍加軸以蔵秘於社庫者也、

　旹

享保癸丑（十八年（一七三三））初春（正月）吉旦

次に、「下御霊社記録」[67]・「兼香公記」[68]の二つの同時代史料から検討を加える。

①「下御霊社記録」所収の神主出雲路直元が作成した霊元院の二度の社参記録に、願文に関する所見はなく、享保十三年（一七二八）説の確証はない。[69]

②同所収の享保十七年子二月廿二日附春原直元「法皇御所　大祈禱之留　享保十七年子二月〈廿二日より廿八日迄〉」に、「廿一日、大宮御局へ参上、此度御祈禱ニ付、（中略）御願一通御渡被遊候、」、「廿六日、（中略）今日新大納言御局（霊元法皇女中藤谷氏）より御内証ニ而先達而被仰渡候御祈禱、是茂当歳御ためニ凶年故、何之障も無之様之御祈禱廿日より一七ケ日被仰付、」「廿八日、御満日、（中略）御所へ参、新大納言御局へ上り、（中略）上様（霊元法皇）江献上物、（中略）一、祈禱之状、箱入、」とあり、願文の伝達・返上を確認できる。

祈禱を管掌した新大納言局は、堂上公家藤谷家に生まれた霊元法皇の女中で天皇在位中は勾当内侍を勤め、[70]寛保二年（一七四二）十月十七日に没した。[71]兄の故藤谷為茂（一六五四―一七一三）は、貞享四年（一六八七）の霊元の譲位当初の「人分」けで院評定に登用され、[72]元禄十年（一六九七）正月二十一日院伝奏に昇任し、[73]正徳三年（一七一三）六月七日大納言に進み、十三日に辞官し未拝賀のまま同日死去した。妹は院伝奏を勤めた東園基長（一六七五―一七二八）の室である。[74]甥の藤谷為信（一六七五―一七四〇）も享保七年（一七二二）四月十六日に院評定役を拝命し、[75]享保十三年七月一日院伝奏に昇任し、[76]晩年の霊元法皇の取次を勤めた。[77]新大納言局は、仙洞御所の表と奥の中枢に仕えた家系の出で、霊元院の仙洞御所の内儀（奥）の側近の人物である。

③享保十七年（一七三二）八月六日、霊元法皇が七十九歳で死去すると、新大納言局藤谷氏は、鍼医師御薗意斎を遣わして下御霊社相殿への合祀の遺詔を神主出雲路直元に伝達し、右大臣一条兼香の後援を得た神主は鏡等を神体に十一月二十五日に「天中柱皇神」の神号で合祀し、二十七日には一条兼香も参詣した。[78]局の使者を勤めた御薗意斎は、

下御霊前町で諸役壱軒役を免除され、法皇御所から拾人扶持を給された鍼医で、歴代意斎を襲名し、第五代常或は享保十六年に霊元法皇を診察した人物である。(79)

④「霊元院　御所持御道具御奉納之留」に「享保十九年甲寅年十一月廿一日、智徳院殿(新大納言局藤谷氏)亭江参上、取次朝山主膳・大伴幸広、御奉納之品被申渡承、一、太上天皇(霊元院)御祈願之御宸翰一通、但、此御願文書者、去享保十七年子ノ二月廿二日ヨリ廿八日ニ至ル七ケ日御不例之節、御祈禱於　当社相勤之、其御願書也、(中略、懐紙・末広・硯箱・屛風等あり)右都合十三色、　霊元院〈太上天皇職(識)仁〉御所持之御道具、此度従智徳院殿、〈新大納言局、〉御奉納所也、当日廿五日、御火焼神事、殿内江奉納、最(ママ)智徳院殿・宝樹院殿(五条庸子、元内侍)・光音院殿(東久世博子、元内侍・上臈)・長光院殿御参詣、神供調進、奉幣祝詞奉抽丹誠者也、」とあり(80)、局から神主への願文の授受と祈願年代を確認できる。

⑤「兼香公記」百四十、享保十九年十一月二十五日条に、「盛興(隠岐カ)申云、昨日、於下御霊社司亭、此度自　天中柱皇神下給御道具、〈皆、新大納言局沙汰云々、〉御懐紙、(中略)御願書、品々拝領、見門弟中、明日者御火焼、智徳院以下女中可有参詣沙汰云々、」とある。

⑥「兼香公記」百五十七、元文元年(一七三六)十月三日条に、「自下御霊　天中柱皇神御奉納道具持参、享保十九年甲寅十一月廿一日、智徳院亭被相招、取次朝山主膳・大伴幸広、奉納之品、一、太上天皇(霊元院)御祈願之御震(宸)翰一通、(中略)右近々可借遣品密々事云々、」「武家両伝　奏、〈冷泉大納言(為久)・葉室前大納言(頼胤)、〉入来、(中略)此序去比、前関白(近衛家久)内覧之事、従武家(吉宗)申所意、仍丹後守(土岐頼稔、所司代)壱分ニ両伝　奏迄申入之、仍両伝不申入、相済、以後及関東沙汰之処、無念之故、過書被送丹後守之由、乍序為心得申入之由也、又　主上(桜町天皇、母は近衛家久異母妹尚子)江ハ、此間有言上、院(中御門院)・前関白未申入、関白(二条吉忠)江モ依所労未申入之由也、予云、本人江被申テハ如何、(中略)此　御震翰ハ下御霊社御願文、是王法御大節事、近年家久公振我意之故、其心内令相改之事、被加其内事云々、御願望終可為火中、其　御願望被解ニテハ、可納陳之由也、」とある。

以上から、この願文の年代・性格と伝来・伝播を確定できる。享保十七年（一七三二）二月二十二日から二十八日まで行われた法皇七十九歳の凶年祈禱用の自筆願文であり（②④）、祈禱最終日の二月二十八日仙洞御所に返上された（②）。八月六日の法皇没後、新大納言局藤谷氏（元勾当内侍、剃髪号智徳院）が鍼医御薗意斎を介し遺詔を伝え、右大臣一条兼香が後援して十一月二十五日下御霊社相殿に天中柱皇神として合祀があった（③）。二年後の同十九年（一七三四）十一月二十一日に願文と他の遺品を保管した智徳院亭で神主出雲路直元へ授けられ、同二十五日の祭礼時に神宝として奉納されたものである（④⑤⑥）。享保十八年（一七三三）正月の年紀の奥書は、実際の授受・奉納後に遡及した後付けである。

願文中の「悪臣」・「邪臣」は関白近衛家久で、「大樹」は将軍吉宗である。霊元院は、孫の中御門天皇への政務移譲後の最晩年にも朝廷政治への執念と近衛基熙の孫家久に対する敵意を持続し（⑥）、神威と将軍吉宗の後援による家久の失脚と「朝廷復古」（私見では朝儀・神事の応仁以前への回復）を祈念したのである。願文は秘蔵されず、授受当初に神主出雲路直元宅で垂加神道の門人が（⑤）、二年後の元文元年（一七三六）十月三日には直元が右大臣一条兼香邸へ持参して兼香が借用・披見し（⑥）、兼香が院の遺志を継承した。

五　一条兼香の天中柱皇神（霊元院）祭祀と朝廷運営・朝儀再興

近衛家への対抗意識

前節に続けて、霊元院の遺志を継承した一条兼香（関白、太政大臣、一六九二―一七五一）の活動を明らかにする。兼香にとり近衛家は政敵であり、故霊元院は忠節・追慕の対象であった。「兼香公記」記載の事例を紹介する（行頭の数字は、謄写本の冊次）。

①摂政家熙（基熙・霊元院同母姉後水尾院皇女品宮常子内親王夫妻の嫡男）批判

五、宝永七年（一七一〇）二月二十一日条（記主一条兼香は大納言、十九歳）では、摂政近衛家熙（四十四歳）の無学（「不見詩書六経」）・有職不足、将軍家宣と同母姉熙子との婚姻関係による専横（「只関東いせい（威勢）為本」）と霊元院・故東山院との不和、霊元の意に副わない「行政」を批判する。

②関白家久（家熙男、異母妹は中御門院女御尚子、昭仁親王＝桜町天皇の伯父）への警戒

七十七、享保十一年（一七二六）九月十三日条（内大臣、三十五歳）では、儲君昭仁親王祗候衆の中納言庭田重孝と面談し、「近衛家義（関白家久）、当時関東存念甚不宜之趣、或人物語也、是朝廷己一人にて有沙汰之故也、当時佐渡守（所司代牧野英成）へも大樹公（吉宗）申附之哉、令其沙汰甚不然事也、又当春、松平讃岐守（頼豊、室は正親町実豊女）も於正親町亭、其儀其沙汰云々、雖然、為親王家外戚、定而為後世弥己一人可在所意沙汰、可恐々々、」と、六月一日関白となり間もない近衛家久（四十歳）の外戚関係を背景とした専横を警戒する。

③前関白家久の内覧継続批判

元文元年（一七三六）八月二十七日、近衛家久（五十歳）は関白を辞職し、左大臣二条吉忠（四十八歳）が昇任するものの、家久の異母妹（桜町天皇生母）を正妃とする中御門上皇は、家久の内覧継続を決定した。

百五十三、同年五月十二日条には、院伝奏・前大納言園基香からの伝聞を交え「去頃自関白（近衛家久）以両伝　奏、改元相済、殊ニ入内已前、可有辞退之由被申上、即　洞（中御門院）中江其段及言上之処、院両伝　奏言上被申上之由也、未沙汰、院ニハ内々ニ而、関白有御聞合歟、殊外関白儀御用也、　主上（桜町天皇）ニハ外戚申分不入思食、早速関東可被　仰遣之旨思食也、而辞退以後ハ、　主上ニハ有御器量、依其品、御父子之間、不可然事ニ令存、只今さへ様子被聞合処、院ニハ被違　霊元

院思食、陽明家申分被立、主上ニハ　霊元院思食可被立義也、」と記す。院政を敷く中御門上皇が、故霊元院の意を無視して近衛家重用を続け、霊元の意を尊重しようとする桜町天皇との父子間の意志の乖離が特筆される。

百五十六、同年八月二十五日条でも、「院《（中御門院）》伝　奏園《（基香）》前大納言・難波《（宗建）》中納言等被申云、〈基香卿申之、〉近々（二条吉忠）関白　宣下、当時、主上《（桜町天皇）》・関白《（近衛家久）》有御由緒之間、内覧如元可被　仰下、古代者度々雖有之、近代無御沙汰、」と、家久の内覧継続の異例さを説く。

百五十六、八月二十七日条にも「此日、吉忠《（二条）》公関白　宣下、（中略）此序前関白家久《（近衛）》公〈院御内意、主上不叶思召云々、〉内覧如元之由仰之由也、天文廿二年、〈二条晴良公以後中絶、〉」とある。百五十六、八月三十日条では「後光明院宸筆記、朝廷礼、自古来外戚以由緒振威、朕不願、（中略）可貴聖語、近代明主也、」と外戚重用を避ける旨の故後光明天皇の遺志を称え、百五十七、九月三日条では「建武乱世、内覧三人有之、」と極言する。

百五十七、九月十六日条では、「於霊元院者、御自身御了簡、当時　仙洞《（中御門院）》皆自近衛・閑院等家内々相定、御器量以此可知之、只院ハ前関白《（近衛家久）》ノ申沙汰仏道計也、」と中御門院の器量を疑い、「此度、　仙洞自陽明家以内通贔ニ被思食、被引中古潜例、為贅覧瘤意再興、尤　院不思食、自権門《（近衛家久）》令沙汰、既正徳三年三月三日、父家熙《（近衛）》公に給随身兵仗、而彼時雖可申内覧之事、　霊元院御在世、不及其儀、此度及其沙汰、驚象人、仍兼而堅固密々俄ニ催此沙汰、而自　宮中可被仰下事、却而自　院被立思食事、於陽明家者内知、而外不知、仍内心可為喜悦、」として、院の贔屓は近衛家の示唆が根源で、霊元院は在世中抑制に努めたが、今は遮るものがないと批判する。続けて「陽明家雖称嫡流、彼家、信尋《（近衛）》公為相続、予亭《（一条家）》、昭｜《（良）》公為相続、共後陽成院宮也、」と、近世初頭に後陽成院皇子が養子相続した近衛・一条両家は、同格で差がないと主張する。

百五十七、九月二十日条では、「抑　故殿《（養父一条兼輝）》者、自霊元院為忠臣事、思食異于他家御念比、仍去元禄三年辞退之時、

密欲蒙　内覧宣、又再補之事、有　院宣、達而被申断之由也、是外祖父備前少将光政（池田）朝臣、依好陽氏学・礼義・廉直、有尋常固辞々譲之教、」と、養父一条兼輝は霊元院の忠臣であり、外祖父池田光政の好学の教導から、家久の様な破格の扱いを辞退したと記す。

　百五十七、九月二九日条には内覧継続手続に関する江戸幕府からの異議が記される。「園前大納言（基香、院伝奏）来臨、密語、被申云、去廿四日、此度自関東、前関白内覧之事、依旧例被　仰出之上ハ、為各別、併慶長以後例ニてハ可無子細候、殊に永正比例、難用事歟、仮令慶長以後例ニも可相成事ニ候とも、関東江可有御内談事ニ令存、何様両伝　奏、此以後珍敷事、仮令雖有先例、被申止歟、又諸司代迄被　仰下事ニ令存、此度一件ハ無是非、其通ニ而可然之由、丹後守（土岐頼稔、所司代）迄従老中申来云々、」とあり、幕府が、家久の内覧継続を異例としつつ事後承認はしたが、事前に朝廷の内慮を江戸に示し将軍の裁可を受けるべき案件であったと申し入れた事が判る。

④昇進停滞への不満と前関白近衛家久への准三宮宣下批判

元文二年（一七三七）八月三日、関白二条吉忠（四十九歳）が病気で辞職し即日死去した。

　百六十三、同年七月六日条には、「予家例、関白皆四十未満関白也」と四十六歳になる自身の昇進停滞への不満を記す。五歳年長の家久と三歳年長の吉忠に塞がれた鬱屈がみえる。

　百六十四、同年八月十六日条には、「午刻、依召参　内、（中略）主上（桜町天皇）被　仰云、当時関白闕御内意被　仰出之由也、（中略）関東無別条、為用意被　仰聞之由也、予云、申畏奉之由、併此度不順道、尤予家例雖遅延、如此度儀、為邂逅、勅定之趣令畏奉之由言上之、（中略）主上被仰云、前関白（近衛家久）所労危急之由、為外戚　准后　宣下可被　仰出哉、予心中、如家熈（近衛）公為外祖父、而彼公為其子息、近年不他摂家、彼家計如何、然とも為　勅定之故、不申其儀、」とある。桜町天皇から江戸幕府の同意を得て関白に発令する旨の内示を受け、病気危急の近衛家久への准三宮宣下にも不本意ながら同意する。関白への途が開けても、近衛家優遇への批判が止まない事に注目したい。

天中柱皇神の祭祀

下御霊社の相殿に天中柱皇神の神号で合祀された霊元院への兼香の関わりを「兼香公記」と下御霊社神主の「出雲路直元日記」（東京大学史料編纂所架蔵写真帳、元文三年〔一七三八〕～延享三年〔一七四六〕、三七冊）から提示する。

①「兼香公記」から

第四節第三項③⑤⑥で前述した様に、兼香は、享保十七年（一七三二）十一月二十五日の霊元院＝天中柱皇神の下御霊社相殿合祀前後から関わりを続け、元文元年（一七三六）十月三日には願文その他の遺品を披見した。

享保十九年十二月三日には、神主出雲路直元の請願と智徳院藤谷氏・宝樹院五条庸子の申し入れに応え、「天中柱皇神日供米之事、白米二石可為寄進之由、然者来卯（享保二十年）元日以後、日供令進之、毎祭日可供神膳之由也、」と神供米寄進を決定した（百四十）。同二十年十一月二十五日には、下御霊社神主家から恒例の天中柱皇神火焼の神膳を受け取り（百五十一）、享保二十一年十二月二十一日には嫡男の大納言道香（十四歳）を下御霊社に差し向け天中柱皇神を参拝させている（百五十一）。

下御霊社は、禁裏との関係も濃く、元文二年（一七三七）九月二十八日条には「此日下御霊社、自　禁中被上御湯、内々御沙汰也、」（百六十五）、元文二年閏十一月三日条には「直元（出雲路）来、此日女御（二条舎子）々産御祈禱終（筆者注、十一月十一日、桜町天皇第一皇女美喜宮誕生）、御札幷御守等献宮中、是大典侍局沙汰、」（百六十七）という記事がある。

②「出雲路直元日記」から

本日記には、下御霊社への禁裏、一条家、諸公家・諸門跡、地下官人、洛中の町人他からの多様な帰依・信仰が綴られる。神主直元（一六八二―一七四八）の父信直（一六五〇―一七〇二）は、山崎闇斎が創始した垂加神道の有力な門人であった。[81] 直元の娘清耀院はもと霊元院の女中を勤め、寛保元年（一七四一）十二月一日に光音院（元掌侍東久世博子）宅で翌戌年の「三十三才厄」を祝われ（日記一四）、同二年十月十九日に智徳院（新大納言局藤谷氏）の訃報を宝樹院（元少将内侍五条庸子）からの触状で報知され（日記二二）、同年十一月一日にも同人からの新嘗会（祭と節会）前の僧尼参内停止を告げる触状の触留とされる等（日記二二）、故霊元院の後宮の所縁に連なり続けた。

光音院を例にすると、父の東久世通廉は、貞享元年（一六八四）二月二十三日に霊元天皇の近習年寄（議奏、役料百石）に登用されて九月二十三日に死去した人物である。[82] 本人は、貞享二年十月十三日に内侍に「めしおかれ」[83]、当初の知行高は百石で、正徳六年（一七一六）上臈とされ知行高百石蔵米二十石を給され、宝暦二年（一七五二）三月二十日に八十一歳で死去した。[84] 最晩年にも切米を給付され[85]、所有する居宅には「諸役御免除之札」を拝領していた。[86]

例年十一月二十五日の天中柱皇神（霊元院）の火焼神事への神供の備進者は、経年変化はあるが概ね関白一条兼香、智徳院（もと勾当内侍、新大納言局藤谷氏）・光音院（もと掌侍東久世博子）・宝樹院（もと内侍五条庸子）・長光院の女中、故霊元法皇最後の院伝奏藤谷為信・議奏（もと法皇の院参衆）[87] 武者小路公野・伏原宣通・芝山重豊の堂上公家、鍼医御薗意斎・絵所預土佐光芳等地下四名と宮本（神主）であった（日記一、元文三年（一七三八））。四、四年。九、五年。十三、寛保元年（一七四一）、二十四、三年）。火焼の日には、下御霊社座敷に兼香真筆の「天中柱皇神」神号が掛けられ、兼香や女中衆の代参・参詣と初穂料奉納があり、神主からは供物の赤飯・みかん・饅頭・のしが贈られた。正月元日に本社相殿の天中柱皇神に供えられた鏡餅も、四日の鏡開き後、関白兼香・女中衆・芝山重豊・御薗意斎・土佐光芳等に分けられた（日記二十九、延享二年（一七四五）。三十五、同三年）。

ここでは、霊元院の遺臣の結合とともに、関白一条兼香（在職期間一七三七―四六）・議奏武者小路公野（在役期間一七三三―四三）・同芝山重豊（在役期間一七四七―一七五二）等、霊元院亡き後の新時代の朝廷運営の中枢層や、元文三年（一七三八）に再興された大嘗祭の悠紀主基屛風を調進した絵所預土佐光芳を含む構成に注目したい。

さらに元文四年（一七三九）九月一日に一条関白家諸大夫保田忠辰・中小姓小早崎典膳が神主直元から「神代巻講習」を受け始め（日記三）、寛保二年（一七四二）九月七日に関白兼香の嫡男右大臣道香が本社や庚申相殿の垂加霊社（山崎闇斎）に参詣している（日記二十一）。貞享二年（一六八五）の関白兼輝の入門以来の垂加神道受容を、一条家は続けた。[88]

関白一条兼香を中心とする天中柱皇神の祭祀と下御霊社神主家との結合は、後に宝暦事件で問題化する公家社会での垂加神道受容拡大の一因となったと考えることができる。

昇進と朝儀再興、桜町天皇の自足・自己規定

近衛家久亡き後、一条兼香は昇進した。元文二年（一七三七）八月十八日に内覧の消息宣下があり（右大臣、四十六歳）、同年八月二十九日についに関白に就き、十一月七日には左大臣を兼ね、朝廷運営・朝儀執行の中枢を占めた。兼香は、将軍吉宗の後援下に、元文三年（一七三八）の桜町天皇の大嘗祭再興[89]、同五年の新嘗祭再興や延享元年（一七四四）の甲子改元に伴う上七社・宇佐・香椎宮奉幣使発遣再興等、朝廷神事の拡充に参画した。[90]

かつて霊元院は関白・摂政一条兼輝とともに貞享四年（一六八七）皇子東山天皇代始に大嘗祭再興を実現させたが、幕府の理解と財政支援が不足し、儀制の不備は左大臣近衛基熙の批判を招き、経済的負担は公家や地下官人に転嫁され、朝廷内に確執が残った。[91] 霊元は孫の中御門天皇との間で、大嘗祭挙行を見送る旨の「勅約」を遺して逝った。[92]

霊元法皇が晩年の享保十七年二月に下御霊社での祈禱の自筆願文で念じた「朝廷復古」を、桜町天皇や関白一条兼

香等が進捗させたと言える。けれども大嘗祭再興の意思の有無を当初打診し、一連の再興を許容し経費を支出したのは、江戸幕府・将軍吉宗であった。[93]

延享三年（一七四六）二月二十八日、兼香は近世の一条家で最初の太政大臣に昇任し（五十五歳）、同年十二月十五日に嫡男道香（二十五歳）が関白を継ぎ、一条家はかつての近衛基熙・家熙・家久三代に比肩する全盛期を迎える。

諸朝儀の再興を果たした桜町天皇は、延享三年（一七四六）三月三日、参内した関白太政大臣一条兼香に譲位の内慮を示した。「兼香公記別記」の記載を示す。[94]

> 当　御代之間、関東ヨリ毎事御丁寧ニ御沙汰有之、公事御再興も御近代ニ越候而、叡感不斜御事候、御近代　御在位廿ケ年ニ及候得共、右御連続、殊御再興等　御近代ニ越候上、多年　御在位被遊候御事、　神慮も却而被恐思召候、依之御譲位之儀被為有度被　思召候、

天皇代替は、仙洞御所の整備と移住、上皇の料所一万石の設定、譲位受禅・即位・大嘗会の儀式等、江戸幕府による臨時の財政支出が必須で、事前に朝廷から天皇の内慮を示し、幕府・将軍の承認を得る慣行が守られた。幕府の承認を得て延享四年（一七四七）五月二日に譲位が実現したが、上記の文言には桜町天皇の江戸幕府からの助成と諸朝儀再興に対する自足感が強く表明されている。

桜町院が譲位の前後に皇子桃園天皇に伝授し、桃園自筆で禁裏文庫に相伝された「宸筆禁中例規御心覚書」は、江戸幕府との関係から天皇の裁量権限を自ら限定する。[95]

> 譲位已前度々被仰聞条々、（二条略）
>
> 一、関東へ御内慮之分、
>
> 大臣已上昇進　法中紫衣　堂上養子　医師法印　臨時公事類　御再興類

一、堂上嫁組武辺へ被達計、不及御内慮、神階ハ自両伝奏披露已前、聞合ニ而相済事、
一、大礼（天皇代替）之分、御内慮已前、三公（三大臣）へ被尋下事、
（中略）
右、延享四年冬、以坊城（俊逸）御心覚之帳面、自院（桜町院）中被下之、三公（摂政左大臣一条道香・右大臣近衛内前・内大臣一条宗基）へも申入、職事も被承義也、雖然未被仰出事、

おわりに

これまで述べてきた要点をまとめ、本章の結びとする。近世の天皇・院と、江戸幕府から朝議運営・朝廷統制機能を付与された五摂家とは、天皇家内部や摂家間、及び六者相互にも種々の案件や官職・有職を巡る確執・緊張関係を内包したが、共通して江戸幕府と将軍への期待・依存を持続した。天皇・院は、朝廷＝公家身分集団の長であったが、強大な将軍権力を認識し、自身の裁量権限の範囲を認識し自己規制した。近世の体制下、天皇家は京都での最恵層にあり、幕府からの助成には一定の自足感も抱いた。

霊元院最晩年の自筆祈願文には「大樹」（将軍吉宗）への期待が明記されており、「朝廷復古」を標榜した獲得目的は、江戸幕府と共存してその人事権と財政出動に依存しつつ、助成を引き出し、応仁の乱後に廃絶した諸朝儀の再興を果たす事にあった。霊元と近衛基熙との幕府に対する路線の相違という見解[96]も、院政二期の公武合体路線・願文の内容・後継者一条兼香と桜町天皇の行動を含めて検証すると、首肯し難い。霊元院と一条兼輝・兼香の共通項として重視すべきは、垂加神道への接近と朝廷神事再興への傾斜であり、近世の歴代天皇・院が、江戸幕府に反感を持続して全面対決や権力闘争の主体となったとは考えられない、というのが本章の結論である。

幕末維新期への変化をどのように捉えるかは扱わず、課題として残したが、先行研究が重視する光格天皇の行動も、[97]江戸幕府に期待・要求し、幕府の許容範囲内に留まるものと言える。武家伝奏人事の事例では、朝廷からの候補者を江戸に示す内慮伺いに応え幕府が決定する方式が文久二年（一八六二）まで続けられ、同年末に初めて朝廷で決定し幕府に事後伝達する様に転換した。[98]文久三年三月七日に将軍家茂が参内し、初めて政務委任の勅命への謝辞を述べた。[99]幕府による大政委任の制度化は、この時に始まる。[100]宮地正人氏は、幕末の国際関係における朝廷から幕府への信頼低下や諸階層の動向を論じるが、[101]孝明天皇自身の幕府への期待と佐幕主義は不変だった。慶応三年（一八六七）の「王政復古」は、幕府とともに近世の朝廷機構と公家社会とを遍く否定・解体するものであった。[102]近世の朝廷・幕府の不可分の関係と体制の強固さを主張し、本章を終える。

注

（1）　山口和夫「近世天皇・朝廷研究の軌跡と課題」（村井章介ほか編『講座前近代の天皇 5』青木書店、一九九五年）。

（2）　深谷克己『近世の国家・社会と天皇』（校倉書房、一九九一年）一九一―一九三頁。

（3）　三上参次『尊皇論発達史』（一九〇七年から二六年にかけての東京帝大での講義録を整理刊行、冨山房、一九四一年）、徳富猪一郎「幕府の朝廷圧迫」（同『近世日本国民史22宝暦明和篇』民友社、一九二六年）、辻善之助「江戸時代朝幕関係」（同『日本文化史V』春秋社、一九五〇年）等で主唱され、以下に踏襲される。①松尾美恵子「後陽成天皇」・「後水尾天皇」・「霊元天皇」（児玉幸多編『日本史小百科　天皇』近藤出版社、一九七八年）、②樋口誠太郎「霊元天皇」（『歴史と旅臨時増刊号15歴代天皇総覧』、一九八五年）、③高瀬広居『天皇家の歴史』（河出書房新社、二〇〇五年、「第一〇六代　正親町天皇　覇王信長との闘い」・「第一〇七代　後陽成天皇　秀吉の尊王と家康の陽尊陰抑」・「第一〇八代　後水尾天皇　徳川幕府への反撃」・「第一一二代　霊元天皇　尊王の灯を燃やしつづけて」）、④篠田達明『歴代天皇のカルテ』（新潮選書、二〇〇六年）。霊元天皇（院）について、①は幕府の圧迫による「院政の挫折」を記し、②は下御霊神社の願文について、近衛基熙とその背後の幕府に対する反感を露にしたと述べ、③は幕府が霊元の意に反して前関白近衛基熙と新井白石の工作により閑院宮家を創設し、上皇は下御霊神社に願文を奉納し糾弾したとする。④は「江戸時代の朝廷はいずれも幕府によって粗略にあつかわれ、財政的に窮乏した」と記す（一一六頁）。

（4）河内祥輔「朝廷再建運動――朝廷・幕府体制成立史の視点」（「前近代における王権」シンポジウム報告、第一〇三回史学会大会、二〇〇五年十一月）。

（5）宮地正人「明治維新の論じ方」（『駒澤大学史学論集』三〇、二〇〇〇年）。同『天皇制の政治史的研究』（校倉書房、一九八一年）を前提に、幕藩体制そのものが公武合体を前提に成立し、朝幕合わさって初めて公儀・公権力たり得、江戸幕府は武威による国際関係とキリシタン禁制等で朝廷の信頼を勝ち取り、近世朝廷は自足していたという見解を示す。

（6）石井良助『天皇――天皇の生成および不親政の伝統』（山川出版社、一九八二年）。

（7）橋本政宣「禁中并公家中諸法度の性格」（『近世公家社会の研究』吉川弘文館、二〇〇二年）。

（8）久保貴子『近世の朝廷運営』（岩田書院、一九九八年）。

（9）霊元上皇自筆の著「乙夜随筆」の「武蔵野は根本魔所也」という一節は、前注（3）②等で反幕府感情の論拠とされる。和歌を素材とした近藤啓吾「霊元天皇の御聖徳」（『神道史研究』三六巻四号、一九八八年）は、章句中から「聖徳」的要素を抽出・重視する。

（10）藤田覚「宣命」（歴史科学協議会ほか編『歴史をよむ』東京大学出版会、二〇〇四年）。

（11）犬丸義一「解説・天皇制研究の歩み（上）」（同編集『歴史科学大系十七 天皇制の歴史（上）』校倉書房、一九八六年）二四五頁。

（12）上島享「中世王権の創出と院政」（共著『日本の歴史08古代天皇制を考える』講談社、二〇〇一年）、五味文彦編『日本の時代史8京・鎌倉の王権』（吉川弘文館、二〇〇三年）、村井章介『日本の中世10分裂する王権と社会』（中央公論新社、二〇〇三年）、「特集／日本中世王権論の世界」（『歴史評論』六四九、二〇〇四年）、本郷和人『新・中世王権論――武門の覇者の系譜』（新人物往来社、二〇〇四年）等。

（13）山本博文「統一政権の登場と江戸幕府の成立」（歴史学研究会・日本史研究会編『日本史講座5近世の形成』東京大学出版会、二〇〇四年）。

(14) 山口和夫「近世の家職」(一九九五年、本書第三部第一章)、同「統一政権成立と朝廷の近世化」(一九九六年、本書第一部第一章)。
(15) 山口和夫「近世初期武家官位の展開と特質について」(一九九九年、本書第一部第二章)、高木昭作『将軍権力と天皇——秀吉・家康の神国観』(青木書店、二〇〇三年)。
(16) 基本的な事実関係は、東京大学史料編纂所編纂・発行『大日本史料』第十二編之十三、慶長十九年四月五日・十六日条、同二十、元和元年五月十六日条、同二十二、元和元年七月十七日・三十日各第一条に基本史料が公刊され、明らかである。
(17) 山口和夫「天皇・院と公家集団」(一九九八年、本書第二部第二章)、同「朝廷と公家社会」(二〇〇五年、本書第三部第五章)。
(18) 吉田孝『日本の誕生』(岩波新書、一九九七年)、同『歴史のなかの天皇』(岩波新書、二〇〇六年)。
(19) 藤田覚「天皇号の再興」(同『近世政治史と天皇』吉川弘文館、一九九九年)。
(20) 前注(3)辻著、一四〇—一四二頁。
(21) 寛文九年(一六六九)十月二十七日「霊元天皇宸筆天皇系図」奥書自署(京都御所東山御文庫原蔵、東京大学史料編纂所架蔵台紙付写真)。
(22) 享保二十年(一七三五)九月二十一日「宸筆女御尚侍位次御問答」奥書自署(帝国学士院編纂『宸翰英華』二—一〇七七、紀元二千六百年奉祝会、一九四四年)。
(23) 寛政元年(一七八九)閏六月十一日「官位定条々」奥書自署(毎日新聞社編集・発行『皇室の至宝　東山御文庫御物三』、一九九二年、一六〇—一六一・二三七頁)。
(24) 「土御門文書」一(東京大学史料編纂所架蔵影写本)。
(25) 山口和夫「公家家職と日記」(二〇〇四年、本書第三部第一章補論)。
(26) 一八八九年公布の「大日本帝国憲法」により国家元首の正称は「天皇」と定められたが、外交文書邦文上では日本の天皇は一九三六年まで「皇帝」と表記され続けた(網野善彦「天皇　呼称と代数」『日本史大事典4』平凡社、一九九三年、一二五一頁)。漢字文化で天上の至高の存在を意味し、他国の「皇帝」との差異を強調した「天皇」号は、極論すれば一九三六年に漸く確立したと言える。

(27) 佐藤進一『足利義満　中世王権への挑戦』（一九八〇年初版、副題を改めて平凡社ライブラリーで一九九四年刊、八・九章）。

(28) 河上繁樹「爾を封じて日本国王と為す」（京都国立博物館編『特別展覧会　妙法院と三十三間堂』日本経済新聞社、一九九九年）。

(29) 徳富猪一郎「朝鮮に対する王号復旧」（同『近世日本国民史　元禄享保中間時代』民友社、一九二六年）六章。

(30) 山口和夫「「近世史料と政治史研究」（二〇〇四年、改題して本書第二部第一章）。後水尾院の後半生については、皇位からの退隠と風雅の趣味への沈潜が注目されるが（熊倉功夫『後水尾院』朝日新聞社、一九八二年）、修学院山荘への他出の外、延宝六年（一六七八）に父系の甥（実弟で摂家を継いだ故一条昭良の次男）醍醐冬基の清華家格での新家取立と知行三〇〇石給付の要求を実現する等、最晩年まで江戸幕府・将軍家綱との回路と影響力を維持し、厚遇を享受し続けた。

(31) 和田英松「後水尾天皇　当時年中行事」（同『皇室御撰之研究』明治書院、一九三三年）。

(32) 米田雄介「朝儀の再興」（辻達也編『日本の近世2天皇と将軍』中央公論社、一九九一年）一五八頁掲載図版に拠った。

(33) 京都国立博物館編集・発行『京都国立博物館蔵　宸翰』二〇〇五年、「57後水尾天皇宸翰覚書」）。酒井家旧蔵の長文の巻子で封紙綴目印下に「政仁（後水尾院）勅印」の墨書がある。

(34) 東京帝国大学編纂発行『大日本古文書　家わけ第三　伊達家文書』五―二二七二（一九一〇年）。なお本文での検討作業を踏まえ、人名注・傍注を付した。

(35) 高埜利彦「江戸幕部の朝廷支配」（『日本史研究』三一九、一九八九年）、同『近世日本の国家権力と宗教』（東京大学出版会、一九八九年）序四頁、同『日本史リブレット36江戸幕府と朝廷』（山川出版社、二〇〇一年）六三―六四頁。

(36) 名和修「近衛基熈延宝八年関東下向関係資料」（村井康彦編『公家と武家』思文閣出版、一九九五年）。

(37) 黒板勝美ほか編輯『新訂増補国史大系　公卿補任』第四篇（吉川弘文館、一九八二年）。

(38) 平重道編『仙台藩史料大成伊達治家記録八』（宝文堂、一九七六年）解説二二頁。

(39) 「寛政重修諸家譜」巻六百八。

(40) 「基熈公記」五、東京大学史料編纂所架蔵陽明文庫本写真帳、延宝六年十一月十二日条。

(41) 「无上法院殿御日記」五、東京大学史料編纂所架蔵謄写本、寛文十年正月十三日条。「内府（近衛基熈）、関白（鷹司房輔）とのへなる、九日にえんゐん有し御ようの事也、暮にすみしくハん位のすみやうの所きこしめさるへきとの仰ゆへ、みな〳〵猶よりあひ給ひ、くはん白殿より書付あけらるゝ、ことしより上（霊元天皇）の御さはきに成ゆへ也、今まてハ上の御おさなきにより、みな〳〵の衆・てんそうなとせんきにてさたまりし也、程なく御せいしんゆへ、何事も上の御さはきニ成事、まことにめてたき事いふはかりなし、いよ〳〵天下太平御長久と内府もろともにいはふ、」とある。

（42）田中暁龍「江戸時代議奏制の成立について」（『史海』三四、一九八七年）、同「江戸時代近習公家衆について」（『東京学芸大学附属高等学校大泉校舎研究紀要』一五、一九九〇年）。

（43）前注（17）山口「天皇・院と公家集団」。

（44）摂政・関白の人事権は、江戸幕府・将軍家にあった（前注（14）山口和夫「近世の家職」）。

（45）『内閣文庫所蔵史籍叢刊82徳川家判物幷朱黒印（一）』（汲古書院、一九八八年）一八頁。

（46）大野瑞男「領知判物・朱印状の古文書学的研究」（『史料館研究紀要』一三、一九八一年）。

（47）前注（35）高埜論文、前注（14）山口論文。

（48）但し基熙の工作は、奏功しなかった。連歌師の口上と内証の人脈に頼る行動で覚書の趣意が老中稲葉正則に届いたかは未確認だが、深刻な家中対立（伊達騒動）と寛文十一年（一六七一）の幕府の裁許を経験した綱村が、主筋の霊元天皇や上役の関白鷹司に対する下位者からの弾劾を幇助したか疑問も残る。また延宝八年（一六八〇）に家綱が死去すると、新将軍綱吉が幕閣を再編し、稲葉の地位も変化した。

（49）前注（3）三上書、八二―八八頁。前注（29）徳富著、第五章「近衛基熙」。

（50）山口和夫「霊元院政について」（一九九八年、本書第二部第三章）。

（51）久保貴子『近世の朝廷運営』（岩田書院、一九九八年）第三・四章、高埜利彦編著『日本の時代史15元禄の社会と文化』（吉川弘文館、二〇〇三年）六〇頁。久保書には、前注（50）のもととなった筆者の宗教と国家研究会例会報告（一九九四年六月）後、初出稿に十数箇所の挿入・修正が加えられている。初出稿を参看されたい。

（52）前注（50）山口論文。

（53）院伝奏東園「基長卿記」二十八（東京大学史料編纂所架蔵謄写本）・武家伝奏徳大寺「公全公記」六十三・六十四（同前架蔵原本）正徳五年九月二十三日・十月六日条。前注（50）山口論文。

（54）左大臣二条「綱平公記」七、東京大学史料編纂所架蔵自筆原本、正徳五年九月二十三日条。「院中番衆所日記」、宮内庁書陵部所蔵本、同日条。

（55）前注（3）三上書、八八頁。

（56）「家久公記」一、東京大学史料編纂所架蔵写真帳、正徳五年九月二十三日条。

（57）下御霊神社著・発行『下御霊神社誌』（一九〇七年）。

（58）「霊元天皇宸翰御願文」一巻。一九一六年「筆蹟及墨蹟」乙種（古社寺保存法施行細則第六条「由緒ノ特別ナルモノ」）として国宝に指定（黒板勝美編『特建国宝目録』岩波書店、一九二七年、二・二二頁）、現在は重要文化財である（「国指定文化財等データベース」）。

（59）東京大学史料編纂所編纂『古文書時代鑑』正輯下一三五（一九二六年、「霊元天皇宸筆御願文」解説一一七頁）、帝国学士院編纂『宸翰英華』本篇第二冊（紀元二千六百年奉祝会、一九四四年、八七八「宸筆御願文」）、日本歴史学会編『演習古文書選　続近世編』（吉川弘文館、一九八〇年、三七「霊元天皇願文」解説）、高埜利彦『日本の歴史13元禄・享保の時代』（集英社、一九九二年）二一六―二一七頁、同『日本史リブレット36　江戸幕府と朝廷』（山川出版社、二〇〇一年）六八―七〇頁、同編著『日本の時代史15元禄の社会と文化』（吉川弘文館、二〇〇三年）七三―七四頁、羽田聡「57霊元天皇宸翰祈願文」（京都国立博物館編『神々の美の世界』産経新聞社、二〇〇四年）二三八頁等。

（60）京都府編纂・発行『宸筆集』（一九一六年、下「八九　霊元天皇御祈願文」解説）、徳富猪一郎『近世日本国民史22宝暦明和篇』（民友社、一九二六年）八八―九一頁、所功「霊元上皇の御祈願文」（『皇学館大学史料編纂所報』九四、一九八八年）、近藤啓吾「霊元天皇の御聖徳」（『神道史研究』三六巻四号、一九八八年）等。

（61）前注（60）所論文。

（62）「近衛家譜」、東京大学史料編纂所架蔵原本。

（63）前注（60）京都府編纂書・所論文。

（64）文化庁監修『重要文化財22書跡・典籍・古文書Ⅴ』（毎日新聞社、一九七七年、八九頁「218霊元天皇宸翰御祈願文」）、米田雄介「朝儀の再興」（辻達也編『日本の近世2天皇と将軍』中央公論社、一九九一年）一九二―一九四頁。

（65）高埜利彦「江戸幕府の朝廷支配」（『日本史研究』三一四、一九八八年）、前注（50）山口論文。

（66）前注（60）京都府編纂書「下八九　霊元天皇御祈願文」の願文・奥書の図版・翻刻文、前注（59）日本歴史学会編書「三七　霊元天皇願文」の願文図版と願文・奥書翻刻文を参照し、本文での検討作業に基づき人名注・傍注を付した。

（67）「下御霊社記録」（東京大学史料編纂所架蔵謄写本、一八八七年京都下御霊神社蔵本写）。

（68）「兼香公記」（東京大学史料編纂所架蔵謄写本、一九〇四年東京市一条実輝蔵本写）。

（69）神主従五位下摂津守春原（出雲路）直元・悴信丸「享保八年卯四月六日修学院江霊元院法皇御所御幸之節、当社江被為御輿寄候覚書」、享保十三年戊申二月十一日神主従五位下摂津守春原直元・悴主計「享保十三戊申年二月十一日　法皇《（霊元院）》御所修学院御幸ニ付、当社江被為遊　御立寄候覚書」。

（70）「藤谷家譜」、東京大学史料編纂所架蔵原本。

（71）「出雲路直元日記」二十二、寛保二年十月十九日条（東京大学史料編纂所架蔵写真帳）。

（72）「勧慶日記」三十七、貞享四年三月十三日条（東京大学史料編纂所架蔵写真帳「勧修寺家旧蔵記録」四八〇）。

（73）「兼輝公記」二十九、元禄十年正月二十三日条（東京大学史料編纂所架蔵謄写本）。

（74）「藤谷家譜」。

（75）「滋野井公澄日記」二十三、京都大学総合博物館所蔵自筆原本。

（76）「院中御日次」（京都御所東山御文庫本、勅封番号一一八函一三―四）下、東京大学史料編纂所架蔵写真帳。

（77）今江広道等校訂『史料纂集通兄公記　第二』（続群書類従完成会、一九九二年）享保十四年二月十九・三月二十三日条、十六年二月二十二日条。「有徳院殿御実紀」三十三、享保十六年三月六日条（『新訂増補国史大系四十五徳川実紀第八篇』、吉川弘文館、一九三三年）。京都大学附属図書館所蔵平松文庫「院中条々」。

（78）享保十七年十一月下御霊神主春原直元「太上天皇〈識仁〉御魂奉祭下御霊社記」（「下御霊社記録」所収）。右大臣一条「兼香公記」百二十六、享保十七年十一月二十二日条に「下御霊直元来、見之、去夏　太上天皇《（霊元院）》、内々　院宣云、於　御尊骨者被納於泉涌寺、然とも日本国者神道之義、自往古年久」、二十六日条には「天中柱皇神之神膳令持参之」」とある。

（79）岩生成一監修『京都御役所向大概覚書』上（清文堂史料叢書、一九七三年、「諸役寄宿御免居之事　享保元申改」「諸役御免除之分」、一二八頁）、同下（「医師・儒者之事」「針立」、一二四頁）、京都府医師会医学史編纂室編纂『京都の医学史』（思文閣出版、一九八〇年）一一五〇―一一五二頁。

(80) 享保十九甲寅歳十一月廿五日下御霊社神主摂津守従五位下春原直元「霊元院　御所持御道具御奉納之留」(「下御霊社記録」所収)。
(81) 橋本政宣・小宮木代良・馬場章「採訪調査報告15　下御霊神社・出雲路家史料の調査・撮影」(『東京大学史料編纂所報』二七、一九九三年)。
(82) 「東久世家譜」、東京大学史料編纂所架蔵原本。
(83) 『お湯殿上の日記十』続群書類従補遺三(一九九五年訂正三版)。
(84) 「東久世家譜」。
(85) 『大日本近世史料 広橋兼胤公武御用日記三』(一九九五年)宝暦二年三月二十二日条。
(86) 同右(85)、宝暦二年六月二十八日条。
(87) 享保十六年「新校正御公家鑑」(朝幕研究会編『近世朝廷人名要覧』学習院大学人文科学研究所、二〇〇五年)一四四頁の霊元法皇仙洞御所院参衆に武者小路公野が見える。
(88) 山本信哉「垂加神道の源流と其の教義」(平泉澄編『闇斎先生と日本精神』至文堂、一九三二年)二二〇―二二一頁。
(89) 武部敏夫「元文度大嘗会の再興について」(『大正大学大学院研究論集』一〇、一九八六年)。宮地正人「天皇制イデオロギーにおける大嘗祭の機能」(『歴史評論』四九二、一九九一年)によれば、元文度大嘗祭は天神地祇を天皇が祭る神事と解され、本居宣長以後の復古神道により天皇に神性と日本の支配者たる権能を付与する儀式へと意義付けが転換した。
(90) 高埜利彦「近世奉幣使考」(一九八二年、『近世日本の国家権力と宗教』一九八九年所収)、「江戸時代の神社制度」(『日本の時代史15元禄の社会と文化』吉川弘文館、二〇〇三年)。
(91) 武部敏夫「貞享度大嘗会の再興について」(『書陵部紀要』四、一九五四年)。
(92) 山口和夫「近世即位儀礼考」(『別冊文芸・天皇制』一九九〇年)。
(93) 前注(89)武部論文。
(94) 「兼香公記別記」十二、延享三年三月三日条。
(95) 「桃園天皇 宸筆禁中例規御心覚書」(帝国学士院編纂『宸翰英華』第二冊―一二二九、紀元二千六百年奉祝会、一九四四年)、東京大学史料編纂所架蔵マイクロフィルム「京都御所東山御文庫記録」勅封番号一七四函四―二。前者の解説は、末尾の「坊城」の人名注を前大納言俊将とするが、延享三年三月二十九日に「中風」による言語・執筆不自由ため議奏を辞した後でありこ（『通兄公記 第八』）、本章では蔵人頭俊逸に訂正した。
(96) 前注（51）、久保書・高埜編書。
(97) 藤田覚『近世政治史と天皇』（吉川弘文館、一九九九年）。
(98) 平井誠二「武家伝奏の補任について」（『日本歴史』四二二、一九八三年）。
(99) 「大日本維新史料稿本」一六七四、東京大学史料編纂所架蔵、文久三年三月七日条。
(100) 将軍権力の正当性を天皇からの大政委任で説明する論について、前注（97）藤田書、三章は、天明八年（一七八八）の老中松平定信から将軍家斉への「御心得之箇条」教説や文化九年（一八一二）の関白鷹司政熙留任を求める京都所司代酒井忠進から武家伝奏六条有庸への口上等の早期の事例を発掘し、朝幕関係の転換を唱えるが、定信の言説の解釈と非公開性・尊号一件処理評価から異論もある（大口勇次郎「国家意識と天皇」『岩波講座日本通史15』一九九五年）。関白鷹司政熙の慰留過程でも、「禁中幷公家中諸法度」の規定と江戸幕府の人事権とは揺るがず、諸学者が著した大政委任論も幕府公認のものではない。本章では、大政委任が文久三年（一八六三）に朝廷・幕府間で初めて制度化され、公開・明示された点を重視する。
(101) 前注（5）宮地論文。
(102) 前注（17）山口「朝廷と公家社会」。

第三部　家職の体制と近世朝廷解体への契機

第一章　近世の家職

はじめに

少壮の公家として明治維新を迎えた西園寺公望は、次のように述懐している。

元来公卿の家では中世以後の儀式のことを多く学ぶのであったが、そんなことを覚えた所が仕方ない、畢竟そんな馬鹿なことをしておったから、今日のような王室式微の状態になったのだというような考えを起し、私の家は琵琶を弾く家であって、今朝廷で行う伶人のやることなどを学ばなければならぬ家であったが、私はそれが大変嫌いであって、物心がついて日本外史のようなものを読むようになると、弥々増長して、何でも王政復古になさなければならぬというて力んでいた。多少気概でもあるような公卿は、多くそういうような風潮に傾いていました。(『陶庵随筆』、一九〇三年)

近世にはさまざまな身分や階層の家があり、社会を構成する基本単位として、生業を営んでいた。近世以前に成立した公家衆の家も、家に伝わる職や技芸、「家職」(『日葡辞書』)を担って朝廷に仕えた。公家の家に相伝された家職は、五摂家に次ぐ清華家に生まれ育った公望が有害無用と断じた幕末まで、どのような意味を持って続いてきたのだろうか。
本章では、近世の家職の機能と実態について、中世史・近世史研究の蓄積にも鑑み、公家を対象に検討する。その際、時期区分と動態的把握に留意し、近世初頭の転換とその後の展開の筋道を示したい。

一　公家家職の近世化

1　豊臣政権による編成

豊臣政権は、天正十三年（一五八五）七月秀吉が関白に就き、朝廷の諸機能を動員しつつ、国内統合を進めた。秀吉の関白就職は、二条昭実・近衛信尹の相論を機に、秀吉が信尹の父前久の猶子となり藤原氏長者となることで実現した。信尹は「関白たる事、昭宣公（藤原基経）より今に至るまで、五家の外望む職にあらず」「近衛殿の称号を汚す」と抵抗したが、秀吉は近衛家に千石、他の四家に五百石宛の知行加増や将来の関白職譲渡を約し懐柔した（「近衛文書」）。摂関家から分立した五摂家が十三世紀以来占有してきた家職は、初めて他者に渡った。

山城国を検地した秀吉は同年十一月、公家衆に領知判物や朱印状を与え、「朝役を専らにす可し」と命じた（「勧修寺家文書」ほか）。このとき秀吉は、摂家充ての判物に限りこの命を記さなかった（「近衛文書」「九条家文書」「鷹司家判物類」）。関白となった当初の秀吉は、摂家に対する支配の確立を課題として残していた。

翌天正十四年秀吉は、後陽成天皇（十六歳）を擁立する。豊臣朝臣の姓で太政大臣を兼任した関白秀吉は、即位当日、高御座の新帝に即位灌頂の印明、印契と真言を伝授した（「兼見卿記」「押小路記録」）。即位灌頂は、顕密体制の王法仏法相依論に由来する皇位継承儀礼で十一世紀ないし十三世紀から幕末まで続けられた（上川・一九八七）。その印明伝授は、南北朝以降摂関の職とされてきた（東京大学史料編纂所架蔵「二条殿秘説」所収「当御流御即位御伝授之事」）。同十六年正月、秀吉は長者宣を発し、藤原氏の氏神春日社の正預職を補任した（『春日神社文書』）。三月には多武峯衆徒中に綸旨とともに長者宣を下し、藤原氏の始祖大織冠鎌足の神像を大和郡山に遷座させた（『談山神社文書』）。やがて、用途を欠いて絶えていた春日祭の上卿参向の儀も再興された。このように秀吉は、摂家が保持してきた家職や氏長者の権能を侵食していった。

同年四月の聚楽行幸は、秀吉の政権を飛躍させるさらなる画期となった。その意義は、次の四つにあった。行幸を契機に武家たちを召集し、位階官職制の序列に編入し、起請文を書かせて一律に忠誠を確認したこと。前将軍足利義昭を出仕させ、室町殿の残存「公儀」を解消したこと。天皇や上皇に知行を贈り、朝廷の財政基盤を強化したこと。諸公家・諸門跡に知行八千石を加増し、摂家を含む全ての公家や門跡に、「御奉公」を励み「家之道」を嗜むよう命じたこと。なお奉公を怠った廷臣の処分は、後陽成天皇の「叡慮」次第とされた（以上「聚楽第行幸記」「桂宮御判物御朱印文書類」「近衛文書」『大覚寺文書』ほか）。

公家たちが励むべき「御奉公」、天正十三年の秀吉文書のいう「朝役」とは、具体的には、朝廷で官位叙任や神事仏事などの朝儀公事に携わり、禁裏や院に仕えることであった。

秀吉の下に服属した諸国の領主たちは、秀吉の奏請・内覧により豊臣朝臣の姓で官位を与えられ、羽柴の苗字を授けられた。文禄二年（一五九三）五月朔日付の高麗在番衆中充秀吉朱印状案が「公家に迄させられ、御一家に仰付られ」た恩典を特記しているように（『島津家文書』）、武家に対する官位叙任は、豊臣政権の権力編成の要といえた（下村・一九九三、池・一九九三）。

また天正十八年（一五九〇）の後北条氏との合戦や文禄元年（一五九二）の朝鮮侵略の際、御所の内侍所や伊勢・賀茂・春日・八幡等の大社では、「勅定」により秀吉の戦勝祈願が営まれた（「内宮神官所持古文書」「賀茂別雷神社文書」『多聞院日記』『続史愚抄』）。文禄四年や慶長三年（一五九八）に秀吉が病に伏すと、平癒を祈願し御所では修法や内侍所の神楽、諸寺社では仏事神事が営まれた（「親綱卿記」「孝亮宿禰日次記」）。慶長三年（一五九八）秀吉が死去すると、豊国大明神の神号宣下があり、秀吉は神に祭られた（「押小路記録」）。

朝儀公事の役者や寺社への勅使を務めたのは、大・中納言や蔵人などの官職にある公家たちであった。摂家以外の諸家には、禁裏小番や院参、伝奏や奉行としての公務もあった。

左大臣近衛信尹は天正十七年（一五八九）頃、旧記の焼失や若年時の在国もたたって公務を全うできず、「称号は残り候へ共、家職は毎時恥辱重るの次第」と悲嘆した（「近衛文書」）。天正十九年（一五九一）には、秀吉の養子秀次が関白・左大臣の官を襲った。惑乱した信尹は、肥前名護屋に秀吉を訪ね「武辺の奉公」を願い出た（『多聞院日記』文禄元年八月二十四日条、『駒井日記』文禄三年四月十三日条）。家職の混乱である。

文禄二年（一五九三）関白豊臣秀次は、「諸家々業」の再興を唱え、後陽成天皇の内意を得て禁裏での「家道」「家業」稽古の制を定めた（東京大学史料編纂所架蔵正親町家史料「文禄二年諸家々業以下御沙汰事」、「時慶卿記」文禄二年二月三・四日条）。摂家・清華家・大臣家・名家の家格の者には有職、菅家・勧修寺家・日野家の家格の者には儒道と、全ての公家に新たに家業が設定された（橋本・一九九三）。なお家業は家職とほぼ同義である（『日葡辞書』）。

同四年（一五九五）関白秀次を粛清した秀吉は、「御掟」「御掟追加」を発布させた。後者の第一条は、「一、諸公家・諸門跡、家々道を嗜まれ、公儀御奉公を専らにせらる可き事」と規定した（『浅野家文書』）。公家たちに家職を嗜み、「公儀」への奉公を専一とするよう求めるものであった。秀次亡きあと関白は闕職とされ、舅の右大臣菊亭晴季も官を解かれ流罪に処された。当官（現任）の大臣は、太政大臣の秀吉と内大臣徳川家康のみとなった。

公家の官職の多くには定員があったが、武家の「公家成り」は続いた。公卿となった武家は、公家と等しく「公卿補任」に記載された。大納言・中納言の官職にあれば、叙位に際して位記に官姓名を連ねた。武家の公家には国内外での軍役があり、公家として家職を嗜むことは、期待されなかった。けれども彼らの存在は、朝儀公事の場で、本来の公家が家職を実修する機会を奪い、狭めるものとなった。

豊臣政権は、官位制度や神事仏事など朝廷の諸機能を動員し、全国統合を進めた。朝廷に仕える公家たちは、知行を与えられ、家職を設定されて役儀を勤めた。しかし秀吉以下の武家の公家当官への参入は、定員の壁に衝突した。公家を関白や大臣の職から排除したことも相俟って、公家家職の秩序は混乱に陥った。

2　江戸幕府による再編

江戸幕府は、朝鮮に対する無謀な侵略が破綻し秀吉も死去した後、激烈な権力闘争を経て成立した。当初の課題は、疲弊した国内に新たな秩序を樹立することにあった。家康は、かつて秀吉が創出し自らも服属していた領主階級統合の枠組みを換骨奪胎し、自己を頂点に再編成したが、その際、豊臣家の扱いが焦点になった。

豊臣秀頼は、江戸幕府が開かれた後も、制外性を残していた。(補注1) 摂津・河内・和泉の領分には幕府も大名役を賦課することはできず、秀頼のもとには山城・近江・備中等にも所領を有する大坂衆があった。大坂衆は、諸大名、大御所家康の駿府衆、将軍秀忠の江戸衆と並ぶ武家の第四の単位とされ（「禁裏御普請帳」「朝野旧聞裒藁」）、彼らの官位は、秀頼が独自に執奏した（「広橋文書」）。国家的祈禱を担う大寺社の修復も秀頼が檀那となり、年頭勅使や諸礼の公家衆の大坂下向も続いた。秀頼の官職も家康・秀忠に雁行した。関白任官の風聞も囁かれ（『義演准后日記』慶長七年十二月晦日条、『鹿苑日録』慶長八年四月二十日条、毛利輝元書状）、慶長十年（一六〇五）十三歳の秀頼は右大臣に進み、「公方様」とも敬称された（『相良家文書』）。

秀吉が創出した豊臣朝臣の姓による武家官位の叙任は、慶長八年（一六〇三）の土佐の山内一豊、同十七年の肥前の松浦隆信、同十九年の大和の片桐孝利の例のように続いた。秀頼には、家の先途を襲い、関白・豊臣氏長者として彼らに君臨する可能性もあった。

慶長八年（一六〇三）の家康の将軍宣下は前政権の秩序を崩し、新たな統合を開始する画期となった。新たに源氏の長者となった家康は、豊臣体制から自立する。同十年の徳川秀忠の将軍宣下は、統治権の世襲、将軍家としての家職の確立を意図したものといえる。

家康は、主従支配の根幹をなす知行充行権を段階的に掌握してゆくとともに、慶長十一年（一六〇六）武家に対する官位執奏の独占を企図し（『慶長日件録』慶長十一年四月二十八日条）、再編成を進めた。同十五年の山内忠義を例にすると、大御所家康の意を請け、三月二十日付で将軍秀忠が、「忠」の一字書出と「宜しく松平土佐守に任ずべし」という官途状を発した。朝廷は、九月二十八日付で従四位下土佐守叙任の口宣案を発し、追随した。将軍からの苗字・偏諱の授与を経、口宣案には「源忠義」の姓名が記された。叙任を媒介した豊臣家と山内家との豊臣姓の連鎖は切断され、将軍家が前者にとって代わった（『山内家史料』）。

家康は朝廷では、秀吉時代に家職を奪われていた摂家を積極的に登用した。慶長五年（一六〇〇）九条兼孝（四十八歳）を関白に還任させたのち、同十年の近衛信尹（四十一歳）、十一年の鷹司信房（四十二歳）、十三年の九条幸家（二十三歳）を経て、十七年には鷹司信尚（二十三歳）と摂家の関白が続いた。九条兼孝還任の経緯を『舜旧記』は、「去廿日、関白宣下有り、九条殿当職と云々、武家より摂家へ返さるるの始也、内府家康公申沙汰なり」と伝え、十一年の鷹司信房の任官を『義演准后日記』は「鷹司殿昨日関白職宣下、同左大臣勅許すと云々、太閤御所（秀吉）御拝任故、当職遅々、数年の御望、一時に散ずと云々、珍重々々」と評する。摂家の家職の再興は、家康の意に発した。秀吉時代の空白を取り戻し、次世代が続いた摂家間の巡任は、秀頼の任官を阻んだ。関白の任免は、元和九年（一六二三）から寛永六年（一六二九）にかけて在職した近衛信尋の例でも、幕府が決定した（『本源自性院記』）。

江戸幕府は、摂家を朝廷支配にも寄与させた（藤井・一九九三）。慶長十五年に後陽成天皇が譲位を望むと、家康は強硬に反対し撤回させた。最終的に天皇を説得したのは皇弟八条宮智仁親王であったが、家康は五摂家に事態の収拾を命じている（『三藐院記』）。

慶長十八年、幕府は「公家衆法度」を制定し、「一、公家衆家々の学問、昼夜油断無き様仰付らる可き事、一、老若に寄らず行儀法度に背く輩は、流罪に処す可し、（中略）右条々相定むる所也、五摂家并に伝奏衆より其届これある時、武家の沙汰を行う可き者也」と規定した（『駿府記』『本光国師日記』）。公家衆に家学を励行し幕府支配に服するよう命じたこの法度で、五摂家は武家伝奏とともに、その役割を明記されたのである。

3　近世化の終着

元和元年（一六一五）、服属を拒み続けた豊臣家を滅ぼした幕府は、「禁中并公家中諸法度」を制定した。大御所家康の命で起草され、二条城で家康と将軍秀忠と関白二条昭実が連署した法度は、禁中に公家衆を召集し、摂家を前に武家伝奏広橋兼勝から発令された。

第一条は、「一、天子諸芸能の事、第一御学問也」という文言に始まり、天皇が君主として体現すべき教養を規定し（尾藤・一九九二）、天皇をも幕府法度の規範下に置いた。第七条は、「一、武家の官位は、公家当官の外為る可き事」と規定した。武家の「公家成り」による当官定員の問題を解決し、公家・武家の身分の別を確定するものであった。

動乱期の公家は、戦場に従軍することもあった。元亀元年（一五七〇）織田信長が三好勢に対し摂津に出陣したとき、参議日野輝資・飛鳥井雅敦・烏丸光宣は正親町天皇に暇を乞い「陣立ち」した（『御湯殿上日記』）。天正九年（一五八一）信長の京都馬揃のときにも、「京都において陣参仕られ候公家衆」として近衛信尹・正親町季秀・烏丸光宣・日野輝資・高倉永孝が動員された（『織田信長文書の研究』九一一号、『信長公記』）。大坂夏の陣では、左中将持明院基久が秀頼に加担し陣没した（「孝亮宿禰日次記」『泰重卿記』）。

これまでの経緯や同時に制定された「武家諸法度」を勘案すると、第七条の意義は、公家は家職に努めて「朝役」を担い、武家は「文武弓馬之道」を嗜み「軍役」を担うものとした点に求められる。ここに、両者の役と身分は截然と区分され、確定された。

摂家の地位も強められた。「一、諸家昇進の次第、其家々旧例を守り、申上ぐ可し」に始まる第十条の規定は、官職昇進の次第と先途、摂家を頂点とする公家の家格階層序列を再確認した。江戸時代、太政大臣の官は将軍家と摂家が占有し、「旧例」を持つ清華家からの就任はなかった。「一、関白伝奏幷に奉行職事等申渡さるる儀、堂上地下輩相背くにおいては、流罪為る可き事」という第十一条は、関白と武家伝奏の権限をあらためて強調した。

この後、寛永七年（一六三〇）の後水尾天皇の譲位一件の事後処理でも、関白・五摂家と武家伝奏を朝廷支配の中核とする方針は、確認された（『本光国師日記』）。延宝七年（一六七九）の右大臣一条兼輝の言によると、元和寛永の頃に「執柄家」の権威を確立した摂家は諸家を「凡下」と蔑視し、恒例の官位評事の勅問には関白と摂家の大臣のみが参与し、諸家の大臣は排除されるようになった（「兼輝公記」延応七年五月二十一日条）。

元和二年（一六一六）家康が死去すると、東照大権現の神号宣下があり家康は神となった。同三年将軍秀忠は大名・公家らに一連の領知判物・朱印状を発給した。元和印知により秀忠は、公家に対する知行充行権を掌握した。公家衆は将軍から知行を与えられ、「公儀」の規範下の朝廷で家職を担い、役儀を勤めた。豊臣家に関白の家職を奪われた摂家は、江戸幕府により回復され、新たに朝議の運営に排他的に参画する権限をも付与された。延宝六年（一六七八）当時、「譜代の摂録の臣」を自認した左大臣近衛基熙は、「官位封禄、公武の御恩に候へは、朝廷の御為の事は勿論、太樹様御為」と述べた（『伊達家文書』）（第二部第四章での考証により延宝六年と特定）。

二　江戸時代の公家家職

1　公家社会の安定

豊臣政権や江戸幕府が公家に家職を設定し、役と身分を確定した結果、江戸時代になると、公家に固有な家職は何かがあらためて問われ、存在価値の証しともなっていった。

元和二年（一六一六）八月一日、暦に予告された日蝕が起こらなかった。陰陽道を家職とした土御門泰重は、「恥辱を蒙り候也、然りと雖も家職に非ず候故、御とかめにはあつからす」と日記に記し、造暦を辞退した（『泰重卿記』）。天正十三年（一五八五）に正親町天皇の勅勘を蒙り、慶長三年（一五九八）家康の庇護で復興した山科家は、寛永七年（一六三〇）明正天皇即位の礼服新調を高倉家と競望した（『本源自性院記』寛永七年九月十二日条）。寛文八年（一六六八）に京都で『諸家家業』という書物が刊行された。摂家以下家格ごとの諸家昇進の次第・先途、神祇伯・文章博士・外記など特定の家に世襲される官職、和歌・明経・能書・神楽・楽道・蹴鞠・装束・陰陽道など特定の家に相伝される技芸を解説した書である（東京大学総合図書館架蔵本）。諸家の家職が、問われたことの反映といえる。

五摂家の家職は、等しく摂政・関白を先途に、大嘗会や即位灌頂、節会等の大事の有職を相伝するものとされた（『諸家家業』）。が、江戸時代、近衛家と二条家は即位灌頂の印明伝授をめぐり相論を繰り返した。慶長十六年（一六一一）将軍家は二条家の主張を容れ、貞享四年（一六八七）霊元上皇、享保二十年（一七三五）中御門上皇がこれを追認し、「朝廷の大事」とされた印明伝授は、二条家固有の家職となった（山口・一九九〇）。二条家は伝授の場から他家の摂関を排除し、家説を秘匿した（「二条斉信手記」文化十四年九月二十日条）。

これ以前、南北朝以降の摂家はおのおの家説を相伝し、天皇即位のとき摂政関白の当職にあるものが伝授する原則とされた（「当御流御即位御伝授之事」）。貞享四年の相論に加わって敗れた摂政一条兼輝は、摂家累代の家伝を欠いて摂政の名実を汚し、家の恥辱は論ずるにも堪えないと嘲笑された（『尭恕法親王日記』貞享四年五月二十五日条）。

五摂家の間には、家職の関白をめぐる確執も続いた。元文元年（一七三六）右大臣一条兼香（四十五歳）は、関白に任官した二条吉忠（四十八歳）について、室町将軍家によって家運を開き、近代は代々行跡・有職とも有名無実ながら、ただ氏神の神助の賜物であると酷評した（「兼香公記」元文元年九月十六日条）。神器を欠く北朝の後光厳天皇の即位を印明伝授で助けた「当代の御一流（北朝系の天皇家）」に対する二条家の勲功は、十六世紀の「三内口決」、寛永二十年（一六四三）に二条家の秘記を閲覧して将軍家の儒者林鵞峰が編んだ「二条殿秘説」、寛文八年（一六六八）刊の『諸家家業』で繰り返し特筆された。また二条家歴代の当主は、元服に際し将軍家から一字書出を受け、偏諱を授与された。左大臣近衛基熙はこれを、「代々二条家公方（将軍）に就いて親睦有り」と評した（「基熙公記」貞享四年四月十六日条）。

将軍権力の保護下に朝廷経済が安定し、戦国期に廃絶した天皇の生前譲位や諸朝儀が再興されると、天皇や院に番衆として奉仕し、朝儀に従う要員が必要とされた。

堂上諸家は、慶長三年（一五九八）以降新家六十五家を加えて寛延三年（一七五〇）には百三十三家とほぼ倍増した（高埜・一九八九）。新家の設立には、慶長十七年（一六一二）土御門家の分家希望に武家伝奏広橋兼勝が「此儀は、将軍に申さずんば相叶わず」と答えたように（「孝亮宿禰日次記」慶長十七年十二月十三日条）、幕府の許諾を要したが、将軍からの知行給付で公家社会の包容力は増し（例えば「諸家元和三年以降新領知之帳」）、家数は増加した。

窮乏を脱した朝廷で、天皇も朝家の長としての自我を強めた。延宝七年（一六七九）霊元天皇は、禁裏小番を闕怠した公家衆に、後陽成院このかた例がないという江戸時代最初の勅勘を下し、閉門に処した（「基熙公記」延宝七年七月十七日条）。貞享三年（一六八六）譲位を前に霊元は、近習の公家らに奉公の覚悟を示す誓詞血判の提出を命じた。このとき神道を家職とする吉田家から分れ、豊国社社務の兼従に始まる新家の萩原員従は、神職であると主張し血判を避け手形を据えて起請した（「基量卿記」貞享三年十一月二十四日条）。江戸時代の新家もまた、自我を確立する基盤を家職と系譜に求めた。

元禄元年（一六八八）、霊元上皇は、「諸事放埒、其上父祖和歌練習の処、左様儀曽て以てこれ無く」「其身進退以ての外の事也」として右少弁日野輝光（十九歳）を籠居せしめた。官位も禁裏小番も停められた輝光は、五年か七年の間「学文歌学等随分其志を励む可」しと命じられた（「基量卿記」元禄元年十一月二十五日条）。輝光は五年後に赦免されたが、朝廷に院政を敷いた院に学問素行を疑われた公家は、身分存立の危機に直面した。

霊元院の第一院政は、江戸幕府の朝廷支配の枠組みに抵触し、確執を招いたが（高埜・一九八九）、天皇や院は、幕府が許容する範囲では廷臣を律する権能を持った。歌人藤原定家を祖とする上冷泉・下冷泉の二家は、ともに禁裏和歌会等への参仕を家職としたが、寛延二年（一七四九）桜町上皇は下冷泉宗家（四十八歳）の歌学を不足とし、若年の上冷泉為村（三十八歳）への入門を命じた（久保田・一九九二）。

近世の公家にとり家学に習熟し家職を全うすることは、家の名誉と存立、身分を維持する必須の課題であった。

2　社会への広がり

公家たちのなかには、官職を世襲して家職とするほかに、特定の技芸を家職として相伝し、教授するものもあった。文化十一年（一八一四）成立の「諸家々業記」（『改定史籍集覧』）は、室町時代の天下の動乱で支配がおぼつかなくなった家領に代え、諸家が家業の筋を申し立て、束脩を得て家の存立を維持したという観測を伝える。上冷泉家は、現に十六世紀には各地の大名や国人に歌道を伝授した（『冷泉家時雨亭叢書　冷泉家古文書』歌道入門誓紙）。飛鳥井家は、十三世紀後半以降公家蹴道家としての地歩を確立してゆき（渡辺（融）・一九九四）、寛文三（一六六三）・四年の冷泉家との相論を経、江戸幕府の公認下に諸大名への伝授を独占した（渡辺（融）・一九六八）。

家職の伝授は、近世社会の生産力向上にも照応し、対象とする地域と階層を広げていった。宗教者や芸能民らが広範に活動すると、競合する渡世の間で紛争も激化し、権利と身分の確立を求めて本所志向が生じた。公家側も、系譜や由緒により家職の本所としての権利を主張した。自我の確立と生計の確保を欲した公家と渡世民とは、相互補完的な関係にあった。渡世民の身分把握を新たな課題とした幕府にとっても、公家を介した組織化は益した。

神祇大副を極官に吉田神社社務職を兼ね、十六世紀には唯一神道の神祇管領長上を自称した吉田家は、寛文五年（一六六五）や天明二年（一七八二）に幕府から「諸社禰宜神主法度」を得、天皇綸旨も偽作して諸国の社家に官位を執奏し、各種の許状を発行した。神祇伯を家職とし、禁裏の内侍所守護や天皇・摂関への神道伝授を行った白川家も、十八世紀になると吉田家に対抗し組織化を進めた（高埜・一九八九、間瀬・一九八五）。

土御門家の例では、天和二年（一六八二）以降陰陽頭を家職として再確立したのち、歴代将軍の朱印状や寛政三年（一七九一）の幕府の全国法令を得、積極的に陰陽師の編制を進めた（高埜・一九八九）。幕末期の「御家道規則」は、日本国中陰陽師の儀は、天下の職分として公儀より決断のうえ、綸旨や朱印を以て土御門家に支配を命じられ、詩歌管弦の門弟の類とは相違する、という（「土御門家記録」一）。権力の公認を得、身分支配に寄与する特質を強調した内容である。

禁裏蔵人所御蔵職を家職とした地下官人真継家の例では、公認の要請については幕府に退けられたが、十八世紀には諸国の鋳物師の組織化を進めた（笹本・一九八四）。明和四年（一七六七）甲斐・武蔵に勧化を試みた洛西の桂女は、綾小路家を本所とした（山本・一九九〇）。西園寺家・持明院家の鷹は、「両家共数代之家業之処、持明院家は久々中絶、天明火災（天明八年（一七八八））後再興これ有り候由」とされる（「諸家家業記」）。野見宿禰を祖とするという五条家は、文政十年（一八二七）には「五条殿役所」として大坂頭取中に相撲家業の掟を発行している（『思文閣古書資料目録』一二八）。桜井木工頭具尭を祖に久我家から分かれた新家の岩倉家は、安政三年（一八五六）に「岩倉殿役所」として美濃の大工職作十郎に宛て五位装束着用の許状を発行した（『多治見市史　通史編㊤』）。

公家の家職の新たな展開の一端を、以上からも読み取ることができる。ただし、家職の伝授は、陰陽道、天文道、暦道（元文三年（一七三八）土御門泰邦宛平田永清誓詞案）、衣紋道（文化十年（一八一三）山科忠言宛平田職顕誓詞案、天保七年（一八三六）山科言知宛平田職孝誓詞案（以上、早稲田大学図書館所蔵外記平田家文書））、楽道琵琶道（万延元年（一八六〇）今出川家諸大夫中川定静許状案（京都大学附属図書館架蔵菊亭本））に共通し、伝授を受けた当人限りのものとされ他者への教授は禁止された。本所の公家は、家職の源泉の独占を企図した。

おわりに

これまで述べてきたように、近世の公家の家職は、武家を主体とする「公儀」があらためて設定したものである。その意図は、全国統合に朝廷という集団を動員することにあり、朝廷も近世の全体秩序に統合された。領主階級の結集の動向に規定され、知行充行・法規範の制定や家職と役の確定を媒介にして、近世の公家の身分が確立した。(補注2) 中世の家職は近世に直結したわけではなく、新たに確立する例もあった。公家にとり家職を全うすることは、自我の確立や身分の存立に関わった。家職を担って奉仕する対象は、「公儀」の規範下の朝廷であった。天皇や院の支配も及んだが、家職の権利を究極的に保障したのは江戸幕府であった。家職組織の全国化には、幕府の公認が必要とされた。家職はまた、血縁的相伝により維持された。門人への伝授は収入の途とされたが、秘儀性が強調された。

家職は、論争や妥当性の判定が成立する分野では、学問の発展に脅かされた。陰陽頭土御門家や陰陽助幸徳井家は形式的には暦の校閲を続けたが、編暦の実権は、西欧科学の成果を吸収した幕府天文方に移っていった（渡辺（敏）・一九八六）。考証史学的な論証態度は、家職の根拠として持ち出された偽文書や由緒書を鑑定した。吉田家の唯一神道も、垂加神道の深化のなかで吉見幸和から厳しく批判された（平・一九七二）。二条家の家職として近世に確立した即位灌頂も、宝永七年（一七一〇）に成った野宮定基の「御即位灌頂由来付私考」（「即位灌頂史料」所収）に習合附会を批判された。神仏分離は幕末維新期以降の国策となった。弘化四年（一八四七）の孝明天皇の即位灌頂は、「有志」の公家たちの排撃するところとなり、明治元年（一八六八）明治天皇即位の機に廃止された（山口・一九九〇）。

官職の世襲に由来し、政治的に形成された公家の家職は、政治の変動によって解体を余儀なくされた。江戸時代の朝議は摂家が特権的に参画した。非職の諸家は排除された。西園寺家も同様で、有職故実の家説を伝え、朝儀に従った。

慶応三年（一八六七）の王政復古の沙汰書は、摂関や門流など摂家主導の朝廷支配の枠組みを幕府とともに一掃するものであった。五摂家の家職は、将軍家の家職と同時に廃された。維新政府の官職制度の改編により、諸家が世襲の家職とした官職も廃された。幕府の公認を失った家職の本所組織も、消滅していった。家職を支えた家の文書記録も機能を停止し、宮内省図書寮等に献本され、あるいは死蔵された。

明治二十二年（一八八九）公布の『大日本帝国憲法』は、「臣民」の文武官その他への登任に関し、家職の論理をあまねく否定した。伊藤博文はこれを「維新改革の美果の一」とし、「維新の後陋習を一洗して門閥の弊を除」くと自賛する（『憲法義解』、一八八九年）。国制上、世襲の家職を保持するのは、天皇家のみとなった。

参考・参照文献一覧

池　　享「戦国・織豊期の朝廷政治」（『一橋大学経済学研究』33、一九九二年）。

同　　　「武家官位制の創出」（永原慶二編『大名領国を歩く』吉川弘文館、一九九三年）。

上川通夫「中世の即位儀礼と仏教」（『日本史研究』300、一九八七年）。

久保田啓一「上下冷泉家の確執」（『いずみ通信』16、一九九二年）。

笹本正治「近世の鋳物師と真継家」（『歴史学研究』534、一九八四年）。

佐藤進一『日本の中世国家』岩波書店、一九八三年。

下村　效「天正文禄慶長年間の公家成・諸大夫成一覧」（『栃木史学』7、一九九三年）。

平　重道「近世の神道思想」（『日本思想大系39　近世神道論・前期国学』岩波書店、一九七二年）。

高埜利彦『近世日本の国家権力と宗教』東京大学出版会、一九八九年。

辻善之助「即位灌頂史料」（東京大学史料編纂所架蔵辻善之助史料）。

富田正弘「戦国期の公家衆」（『立命館文学』509、一九八八年）。

橋本政宣「豊臣政権と公家衆の家業」（『書状研究』11、一九九三年）。

尾藤正英『江戸時代とは何か』岩波書店、一九九二年。

藤井譲治「江戸幕府の成立と天皇」（『講座前近代の天皇2　天皇権力の構造と展開(2)』青木書店、一九九三年）。

間瀬久美子「幕藩制下における神社争論と朝幕関係」（『日本史研究』277、一九八五年）。

山口和夫「近世即位儀礼考」（『別冊文芸・天皇制』一九九〇年）。

山本英二「甲斐の国「浪人」の意識と行動」（『歴史学研究』613、一九九〇年）。

義江彰夫「天皇と公家身分集団」（『講座前近代の天皇3　天皇と社会諸集団』青木書店、一九九三年）。

渡辺　融「蹴鞠の展開についての一考察」（『東京大学教養学部体育学紀要』3、一九六六年）

同　　「公家鞠の成立」（渡辺・桑山浩然『蹴鞠の研究』東京大学出版会、一九九四年）。

渡辺敏夫『近世日本天文学史』上、恒星社厚生閣、一九八六年。

補注

（補注1）

本章初出段階（一九九五年）では、江戸幕府成立後の豊臣秀頼の地位を積極的に評価し、制外性として概括的に述べた。高い官位と関白就職の可能性、駿府・江戸参勤皆無、独自の大坂衆への武家官位執奏回路維持、大坂衆所領の秀頼領国外での広範囲性等は、他の大名と異なる特性ではある。

けれども、畿内や横川中堂・熊野・出雲大社等の寺社を造営する過程で他の大名を動員し得てはいない（林晃弘「寺社修造にみる関ヶ原合戦後の豊臣家と家康」『日本歴史』799、二〇一四年）。あらためて検討しなければならないと考える。

（補注2）

この様な筆者の考え方や小稿「近世の公家身分―近世公家衆の人・家・身分」（堀新・深谷克己編『江戸の人と身分3権威と上昇願望』吉川弘文館、二〇一〇年）に対し、野村玄「近世の堂上公家と身分制」（二〇一二年初出、『天下人の神格化と天皇』

思文閣出版、二〇一五年）が批判を加えている。回答が必要だが、他日を期したい。

補論　公家家職と日記

中近世の公家衆は、家を基礎単位に朝廷の政治的宗教的機能を分掌した。公家の家が世襲・相伝した特定の官職や技芸・職能を家職や家業といった。豊臣政権・江戸幕府は、朝廷を集団ぐるみ再編・動員して成立した。構成員に知行を給付し、充行状の文言や諸法度で家職や家学を体現し近世の公武の体制に寄与することを義務付け、近世の公家の役と身分を定めた。家職の本所として宗教者・芸能民等を組織化し貢納料を得る家もあった。公家にとり家職と奉公を全うすることは、身分と家の存立に関わり、家格と収益にも直結した。家職を占有するための争論も頻発し、公家身分集団の頭である天皇・院や全体秩序を統括する幕府・将軍家の裁許・公認を経て、近世の権利関係が次第に体制化していった。

近世の公家家職を網羅的に記した文献に、寛文八年（一六六八）版行の『諸家家業』（東京大学総合図書館架蔵）や、文化十一年（一八一四）に儒者興田吉従が録上した「諸家々業記」（『改定史籍集覧第十七』所収）等がある。

公家家職は、近世の政治史・身分論・諸道史・諸学史研究のキーワードの一つとして注目されている。

家職を担った家の当主たちの日記や家政日記・本所機構の日記には、家職の故実・先例・実態や主張が記された。

朝議運営の中枢的実務を担った武家伝奏の日記には、家職を巡る争論の事例や経過が採録された。

以下本補論では、近世の公家が残した日記から具体的な事例を紹介し、家職のあり方の特質について略述したい。

1　当事者の日記——維持の努力——

陰陽道を家職とした土御門家は、豊臣政権期に失脚し、徳川家康により復権し、幕末期まで天皇代替・将軍宣下のたびに都状（祭文）を作成し一世一代の天曹地府祭の祈禱を担った。元和九年（一六二三）三代将軍家光の将軍宣下時の過程は、陰陽頭土御門久脩の子泰重の自筆日記（原本は宮内庁書陵部所蔵。写真帳は東京大学史料編纂所架蔵。刊本は武部敏夫等校訂『史料纂集　泰重卿記』二、続群書類従完成会）に詳しい。七月十九日将軍宣下が近いことを聞知した泰重は武家伝奏三条西実条・中院通村に申し入れ、二十日に京都所司代板倉重宗に会い土御門家が調進した都状に将軍家康・秀忠二代が自署した先例を伝え、折衝を重ね宣下の翌二十八日都状に公方家光の自筆の署名を得、八月四日父久脩による神事が結願し、十一月二十五日に祭料百石を請け取り、三条西の裁量のため前二代の二百石から半減したことへの憤りを記している。将軍宣下を経験したことのない武家伝奏・所司代のもと、土御門家側が執拗に運動し、家職の実績を維持した事例といえる。この時の都状の正本は土御門家が保管し、大正五年（一九一六）宮内省に献納され、現在は宮内庁書陵部が所蔵する。複本は将軍家が相伝し、徳川記念財団が現蔵する。

2　家職間争論——幕府・朝廷の裁許と占有体制——

五摂家の家職

豊臣秀吉・秀次に関白職を簒奪された五摂家は徳川家康の後援で回復し、幕末まで巡任を続けた。また天皇代替時の即位灌頂の印明（密教の秘印と真言）伝授を巡り、近衛家等と二条家は争論を繰り返した。天正十四年（一五八六）には関白秀吉が後陽成天皇に伝授したが（「兼見卿記」）、江戸時代に将軍家、霊元院、中御門院の裁許を重ね、二条家固有の家職とされ、記録や文書も整備された（「二条殿秘説」所収「当御流御即位御伝授之事」・「二条家文書」・「二条家内々番所日記」）。

飛鳥井家の蹴鞠道

同家は、武家に対する冠懸緒免許の権利と収益を占有した。冷泉為清が門人への伝授を行うと、武家伝奏飛鳥井雅章は寛文三年（一六六三）将軍家綱から権利認定の判物を得た。将軍から同家への鞠道の判物発給は天和元年（一六八一）綱吉、享保三年（一七一八）吉宗、寛延二年（一七四九）家重と続いた（『徳川実紀』）。元文五年（一七四〇）雅香は桜町天皇に蹴鞠を伝授した（「八槐御記」）。宝暦四年（一七五四）飛鳥井家の占有に不満を持った雅章の孫で同族の難波宗建は、武家伝奏広橋兼胤に訴え出たが、摂政一条道香は内済を命じ、飛鳥井雅香・雅重と難波宗建・宗城の父子四名は請書に連署した（東京大学史料編纂所編纂『大日本近世史料　広橋兼胤公武御用日記』五、東京大学出版会）。

3　武家伝奏の日記——家職励行への恩賞と出所——

ここでは、武家伝奏久我通兄の日記（今江広道等校訂『史料纂集　通兄公記』第九）から桜町院政期の延享五年（一七四八）の二例を分析する。

朝廷内部の配分

三月七日、桜町院は二条宗基に内大臣の官職を辞退させ、重病の烏丸光栄を昇任させた。和歌に関する多年の勤労と院への歌道師範に対する給恩で、烏丸は同元年院に古今伝授も行っていた（『続史愚抄』・「烏丸家譜」）。「諸家々業記」は、烏丸家の和歌は光広（寛永十五年〔一六三八〕没）以降代々継承され、近世に家業と成ったと記す。九日烏丸は辞官し二条が還任し、十四日に烏丸は死去した。暫時の内大臣昇任は、集団の頭である院から臣下への内部配分の恩典といえる。

江戸幕府からの恩賞取り付け

水無瀬家は代々摂津に在住し、後鳥羽院の霊殿の宮を守護し、禁裏小番（天皇の御所での勤番・宿直）を免除された（「雲上当時鈔」）。延享五年四月十三日、桜町院は水無瀬師成の成人（十五歳）まで八年間その任を代行し続けた分家の町尻兼久・山井氏栄両名を嘉賞し、武家伝奏・京都所司代を通じて関東に働きかけ、幕府から白銀各五百両を下賜する沙汰を実現した。集団の頭である院が、江戸幕府と交渉し、経済的恩賞を引き出し朝廷内部に配給した事例である。江戸時代に取り立てられた新家が、本家の家職を補完した事例でもある。

4　少納言の記録——位記請印料配分の体制——

平松家は、江戸時代に西洞院家から分立した新家で、少納言を家職とした。「請印覚」（京都大学文学部所蔵「平松家日記」）は、宝暦六年（一七五六）閏十一月から七年十月にかけて武家・社家等に対する位記への内印（「天皇御璽」）請印を管掌した少納言時升の記録である。近世の武家官位は、身分標識として機能した。同六年十二月十八日江戸城で将軍家重は、会津松平容綏等二名の従四位下と京都町奉行松前順広等十二名の従五位下叙任とを発令した（『徳川実紀』）。「請印覚」と対照すると、平松時升・西洞院時名・唐橋在家の少納言三名が分担し、時升は容綏の従五位下分と従五位下四名の計五件の位記請印を江戸での発令の日付で行い、官物銀六十目宛を収得していることが判る。特定官職を数家が家職として世襲し、職能と収益を寡占した事例である。

このような近世公家家職の体制と利権の構造は、王政復古と明治維新・神仏分離により解体されるまで続いた。

参考文献

川田貞夫「徳川家康の天曹地府祭都状」（一九七五年、『陰陽道叢書3近世』名著出版、一九九二年）
高埜利彦『近世日本の国家権力と宗教』（東京大学出版会、一九八九）、同編著『シリーズ近世の身分的周縁1民間に生きる宗教者』吉川弘文館、二〇〇〇年）
平井誠二「『雲上当時鈔』」（『大倉山論集』二六、一九八九年）
三鬼清一郎「徳川家康と陰陽道」（『朝尾直弘著作集月報』二、岩波書店、二〇〇四年）
山口和夫「近世即位儀礼考」（『別冊文芸・天皇制』一九九〇年）、「近世の家職」（一九九五年、本書第三部第一章）、「統一政権の成立と朝廷の近世化」（一九九六年、本書第一部第一章）、「近世初期武家官位の展開と特質」（一九九九年、本書第一部第二章）。
渡辺　融「蹴鞠の展開についての一考察」（『体育学紀要』3、東京大学教養学部体育研究室、一九六六年）

補注

本章（一九九五年）と補論（二〇〇四年）初出後に、公家吉田家および土御門家を家職の本所とする宗教者組織について、次の論文集が刊行されている。参照されたい。

井上智勝『近世の神社と朝廷権威』（吉川弘文館、二〇〇七年）
林　淳『近世陰陽道の研究』（吉川弘文館、二〇〇五年）
梅田千尋『近世陰陽道組織の研究』（吉川弘文館、二〇〇九年）

第二章　石清水八幡宮放生会の宣命使について

はじめに

本章の主題

延宝七年（一六七九）に石清水八幡宮放生会が再興された。この一件は、一九八二年から二〇〇一年にかけて朝幕研究会にて実施された右大臣一条兼輝日記「兼輝公記」（東京大学史料編纂所架蔵謄写本）同年分輪読過程で参加者共有の関心事であった。

筆者は再興後の儀式の様相を概観する過程で、宣命使（内蔵使）を担う地下官人層のあり方に通時的変化が生じたことを検出し、二〇〇二年に同研究会例会で報告した。近世地下官人集団の検討については、一九九八年の歴史学研究会大会近世史部会報告「天皇・院と公家集団」（同年に成稿初出）[1]に対する深谷克己氏の批判で指摘を受けたところである[2]。

この間、現在では地下官人研究が蓄積されているが[3]、深谷氏の批判に応えるため、一試論を以下に記して公表する。近世のなかでの通時変化を意識しつつも、前提となる基礎的事実の確定作業、細部にわたる考証が主となるが、ご一読願いたい。

基本公刊史料と研究史

近世の石清水八幡宮放生会については、『石清水八幡宮史史料第三輯』祭祀編下放生会下（同社務所、一九三四年）に再興前年の延宝六年（一六七八）から幕末の慶応三年（一八六七）に至る各種史料が採録され、『図書寮叢刊壬生家文書八』（宮内庁書陵部、一九八六年）「八幡宮関係文書一六」に再興当初の延宝七年から九年の弁方文書が、公刊されている。また並木昌史氏の研究がある。(4)

一　石清水放生会と宣命使の概要

行論の都合上、前項に挙げた『石清水八幡宮史史料第三輯』祭祀編下放生会下や並木氏の研究に依り、石清水放生会と宣命使について概要を記す。

中世の途絶と近世の再興

石清水放生会は、賀茂祭・春日祭に並ぶ主要な朝廷祭祀であった。平安後期、延久二年（一〇七〇）の後三条天皇発願から朝廷の公祭に加列され、十五世紀の内乱期、朝廷・室町幕府財政が逼迫し、寛正六年（一四六五）を最後に上卿が参向しての放生会は途絶した。

延宝七年（一六七九）上卿参向を伴う放生会再興が再興された。これは、神仏習合の石清水八幡宮社僧が江戸幕府に願い出、前年の同六年、幕府が放生会料百石下付を決定し再興を認可したもので、以後定着して幕末まで継続された。当初、旧儀再興を巡り霊元天皇・右大臣一条兼輝と左大臣近衛基熙との間には確執があったことも明らかにされている。

放生会の儀式

遷幸の儀と呼ばれる一社主催の行事があった。八月十五日早朝、男山山頂の本宮から三座神霊（応神天皇・神功皇后・比咩神）を鳳輦に載せ、別当以下社僧や神職・神人が出仕して神幸列を組み、山麓の旅所、下院に遷す儀式である。鳳輦は、下院の仮設の絹屋殿に安置された。

つづく奉迎は、朝廷主催の儀式で、堂上の上卿・参議・弁・左右近衛次将や地下官人の史・外記・六衛府武官等役者一行が朝廷から前日の八月十四日に参向して前泊し、当朝は下院域内の極楽寺礼堂に待機し、絹屋殿で神幸列に加わり下院へ至った。

奉幣の儀も朝廷の儀式で、八幡宮調達の神饌と朝廷の幣帛が奉納され、神主が祝詞を奏上し、上卿以下参向の役者は拍手拝礼した。神馬奉献で神職・上卿以下は退出した。

放生会は、八幡宮主催の仏事で、別当以下社僧が読経し、魚鳥を放った。仏事の終了後、舞楽・相撲があり、夕刻に神幸列とともに鳳輦が山頂の本宮に帰還した。

延宝七年の官幣調進競望

平安時代の朝廷祭祀制度では、官幣調進部署は明確に区分され、中世の退転期に原則が崩壊した。

近世の正保四年（一六四七）伊勢神宮例祭・例幣使が江戸幕府により再興された。神宮への幣物は大蔵寮と内蔵寮とが隔年で調進した。変則的慣行といえる。

延宝七年石清水放生会再興時には、出納兼内蔵寮年預平田職正・内蔵寮兼造酒司徳岡重能・大蔵寮年預兼木工寮堀川弘孝（一条兼輝の諸大夫並でもあった）の三者が調進について競望するなか、八月六日に堀川が病死し、徳岡重能が調進した。以後徳岡家が調進を占有していった。

宣命使

八月十五日当日辰上刻（放生会と同時）から内裏で天皇・関白・上卿・清書役の大内記（清書）・少外記・奉行等により、宣命奏聞の儀があった。宣命使は、内蔵助が務めたので内蔵使とも呼ばれ、内裏から宣命を持って石清水へ参向して午下刻に到着、神主に伝達した。宣命は、放生会の仏事後、勅楽に続いて神前に供えられ、宣命使は帰還した。

二　延宝七年放生会再興時の宣命使人選

本節では、寛正六年（一四六五）以来の再興となった延宝七年（一六七九）の宣命使＝内蔵使の人選過程を『壬生家文書』等から検証する。

延宝七年の七月二十九日附左大史壬生季連充庭田重条（頭右中将、放生会宣命奏聞奉行）書状を次に示す。

放生会自往古宣命之事、内蔵助参勤之由候、当時申内蔵助之人、花山院家ニ有之候、然共若々門下、亦其外地下輩之内、○勤来候輩無之候哉、為念可被吟味之由、其沙汰候也、

（延宝七年）七月廿九日　　（庭田）重条

左大史殿（壬生季連）[5]

放生会宣命奏聞奉行の庭田は、弁官の文書を相伝・保有する左大史壬生に対し、放生会宣命使は内蔵助が参勤することになっており、当時内蔵助の官に就いていた者は、花山院家の家来にいるが若年のため、「往古」より他の者が参勤した先例吟味を命じたのである。

花山院家当主、権大納言定誠は武家伝奏でもあったが、霊元天皇に近い右大臣一条兼輝と放生会内蔵使人選について議している。

「兼輝公記」延宝七年八月二日条の当該部を摘記する。

（前略）入夜花山亜相（武家伝奏花山院定誠）入来、談放生会内蔵使事、戌斜退出了[6]、

結果として八月十五日の放生会当日、花山院家諸大夫で内蔵助の前波由久が、宣命使を務めた。「兼輝公記」延宝七年八月十五日条の当該部を摘記する。

（前後略）辰刻宣命奏聞、上卿左大将（権大納言鷹司兼熙、関白房輔男）着殿上、奏宣命、召内蔵助〈藤（前波）吉（由）久、花山院家諸大夫、〉渡宣命、内蔵助持参宣命於八幡云々[7]、

前波由久について、「地下家伝」の記載を確認すると、近世花山院家諸夫大大夫前波家の二代目で、実は従五位下賀茂

季常の末子、放生会再興に先立つ延宝五年閏十二月十一日、十五歳で従六位上内蔵助に叙任され、延宝七年当時は十七歳、のち正四位下に昇叙され、享保十二年（一七二七）七月二十二日享年六十五で死去した人物である。(8)

以上から、延宝七年放生会再興前、たまたま内蔵助に任官していた前波由久という花山院家諸大夫が、若年で、経験も欠くなか務めたこと、官名からの指定・人選であったことを確認しておく。

三　以降の宣命使

延宝七年放生会再興時の花山院家諸大夫前波由久の参勤以降、何者が宣命使を担ったのか、『石清水八幡宮史史料第三輯』祭祀編下放生会下（同社務所、一九三四年）収載史料から抽出した一覧を、表に示した。延宝七年（一六七九）の放生会再興初度以降も前波由久が宣命使を担ったが、同人と次の者の没後、五摂家の諸大夫が内蔵助の官と放生会宣命使とを巡任するよう変わったことが読み取れる。

近衛家の家政日記による一覧の補足

つぎに五摂家のうち近世の近衛家の家政日記（財団法人陽明文庫所蔵、東京大学史料編纂所架蔵写真帳）をもとに、『石清水八幡宮史史料第三輯』収載分から表データを増補する。

享保十二年（一七二七）七月の花山院家諸大夫前波由久の内蔵助辞退・死去の後任には、権内蔵助、下北面、岡本清房が助に昇任した。

「近衛家御用雑記」享保十二年

七月廿二日条

花山院家諸大夫下野守藤原（前波）由久内蔵助辞退之事、右依病気危急（筆者注「地下家伝」によると同二十二日死去、六十五歳）、辞退之由、万里小路弁（稙房）殿御持参、披露可有之旨被仰也、

同廿七日条

申　内蔵助　内蔵権助賀茂（下北面岡本）清房六十才、右頭弁殿御持参、有内覧、可有御披露旨被仰也、

表の一覧をみると、岡本清房は、元禄七年（一六九四）内蔵権助として由久故障の代役を務めた実績もあった。なお清房は、延享元年（一七四四）十二月十四日死去した[9]。

この後の、摂家近衛家諸大夫の動向を確認すると、内蔵助巡任・内蔵使参勤の傾向が見えて来る。

「近衛家御用部屋日記繰出」寛延四年（一七五一）

（七月）廿一日、一、（中川）長喬内蔵助　勅許之事、

（八月）十五日、一、長喬、放生会参役之事、

近衛家諸大夫中川長喬は、このように寛延四年四十一歳で内蔵助に任官し、放生会宣命使を務め、のち宝暦十年四十八歳で没した[10]。

中川の後任は、九条家諸大夫石井在寛であった。石井在寛は、宝暦九年正月二十四日内蔵権助任官、同年五月二十

表　その後の宣命使＝内蔵使一覧

年次	人名	備考	出典
延宝 七・八・一五 宣命	従六位上守内蔵助藤原朝臣（前波）由久	花山院家諸大夫	石清水八幡宮文書（菊大路家所蔵）
貞享 一・八・一五	内蔵使藤原（前波）由久	同	（小槻）季連宿禰記
同 二・八・一五	内蔵使助代正六位上中原（粟津）清房、御蔵（小舎人）、内蔵助（前波由久）故障、仍以御蔵為代云々、	地下家伝8 御蔵小舎人	同
同 四・八・一五	内蔵助代紀（粟津）清房、御蔵、参向	同	同
同 五・八・一五	内蔵使藤原（前波）由久〈花山院家諸太夫、〉	花山院家諸大夫	同
元禄 三・八・一五	内蔵使藤原（前波）由久	花山院家諸大夫	同
同 五・八・一五	五位、内蔵使（前波）由久、〈花山院家諸大夫、〉	花山院家諸大夫	同
同 七・八・一五	内蔵使可尋、後聞（内蔵）権助　岡本ー（下）北面云々、賀茂清房	地下家伝18 下北面	同
同 九・八・一五	内蔵使助（前波）由久〈花山院家諸大夫、〉	花山院家諸大夫	同
同 一〇・八・一五	内蔵助〈前波〉藤原由久等参向云々、	花山院家諸大夫	（東園）基長卿記
同 一〇・八・一五	内蔵使、助（前波）由久〈花山院家諸大夫〉	花山院家諸大夫	（小槻）季連宿禰記
同 一一・八・一五	被渡宣命於内蔵使〈助（前波）由久、〉	花山院家諸大夫	（一条）兼輝公記
宝永 三・八・二五	内蔵使（前波）由久、	花山院家諸大夫	（押小路）師英朝臣記
元文 一・八・一五	内蔵寮使権頭（速見）宣益朝臣、	地下家伝18 下北面	（広橋兼胤）八槐記
同 四・八・一五	内蔵助中原（山口）千俊持参宣命於男山、	地下家伝2 外記方	同
延享 三・八・一五 宣命案	正五位下行内蔵助兼土佐守源朝臣（朝山）敬長	地下家伝21 九条家諸大夫	（一条兼香）玉明記
宝暦 二・八・一五	内蔵助（中川）長喬持参于石清水宮、	地下家伝21 近衛家諸大夫	（広橋兼胤）八槐記
同 五・八・一五	内蔵使（牧）義方〈鷹司家諸大夫、〉	地下家伝22 鷹司家諸大夫	（小槻）知音卿記
同 六・八・一五	奏宣命、内蔵助（牧）義方持向	同	（広橋兼胤）八槐記
同 八・八・一五	内蔵助大江（北小路）俊望持向石清水宮、	地下家伝22 二条家諸大夫	同
同 一〇・八・一五	内蔵助（石井）在寛持向、	地下家伝21 九条家諸大夫	同

同 一三・八・一五	内蔵助(保田)敬忠持参于石清水宮、	地下家伝22 一条家諸大夫	同
明和 三・八・一五	内蔵使助(青木)嘉邦〈鷹司家諸大夫也、〉宣命石清水へ持参	地下家伝22 鷹司家諸大夫	(押小路)師資記
同 四・八・一五	内蔵使助(河野)通知〈二条家諸大夫、〉宣命石清水へ持参	地下家伝22 二条家諸大夫	同
同 八・八・一五	内蔵助(津幡)泰貫(寛)持向石清水宮、	地下家伝22 二条家諸大夫	(広橋兼胤)八槐記
安永 六・八・一五	内蔵寮助(高橋)俊寿等参向、	地下家伝22 鷹司家諸大夫	(野宮)定晴卿記
天明 一・八・一五	内蔵助有故障不参向、定而権助為代官歟云々、		(一条)輝良公記
同 三・八・一五	内蔵使助(西村)世温	地下家伝22 二条家諸大夫	同
寛政 六・九・七 宣命草	従五位下行内蔵権助兼播磨守藤原朝臣(進藤)長詮	地下家伝21 近衛家諸大夫	同
同 八・八・一五	使内蔵助(進藤)長詮持参于石清水八幡宮、	地下家伝21 近衛家諸大夫	(今出川)実種公記
文政 六・八・一五	内蔵使助(牧)義冬(中略)如例進発也、	地下家伝22 鷹司家諸大夫	(押小路)師徳卿記
同 一一・八・一五	内蔵助(隠岐)広状(秋)等参向、	地下家伝22 二条家諸大夫	(柳原)隆光卿記
嘉永 一・八・一五 宣命	内蔵助橘朝臣(宇郷)重国	地下家伝21 九条家諸大夫	石清水八幡宮記録
同 二・八・一五	内蔵助藤原朝臣(進藤)長義	地下家伝21 近衛家諸大夫	石清水八幡宮記録
安政 五・八・一五 宣命	内蔵助兼摂津守大江朝臣(北小路)俊有	地下家伝22 二条家諸大夫	石清水八幡宮記録
同 六・九・一五 宣命	内蔵助兼備中守大江朝臣(北小路)俊良	地下家伝21 近衛家諸大夫	石清水八幡宮記録
元治 一・八・一五 宣命	内蔵権助兼肥後守藤原朝臣(隠岐)広宝	地下家伝22 二条家諸大夫	石清水八幡宮記録
慶応 二・九・一五 宣命	内蔵助兼肥後守藤原朝臣(隠岐)広宝	地下家伝22 二条家諸大夫	石清水八幡宮記録

(注)『石清水八幡宮史史料第三輯』祭祀編下放生会下(同社務所、一九三四年)による。

九日内蔵助に昇任し、一覧の通り十年八月十五日石清水へ参向（当時二十六歳）、翌十一年五月二十九日二十七歳で内蔵助を辞任した（死去は寛政九年で享年六十四）。

石井の後任は、近衛家諸大夫進藤長興（十九歳）であった[11]。家政日記類からの摘記を続ける。

「近衛家御用部屋日記繰出」宝暦九年（一七五九）
晦日《（五月）》、一、長興《（進藤）》内蔵権介《〔助〕》兼官被仰付候事、
十五日《（六月）》、一、長興権内蔵介　勅許之事、

「近衛家御用部屋日記繰出」宝暦十一年（一七六一）　進藤長興、二十二歳
廿八日《（五月）》、一、長興《（進藤）》、内蔵助頭《（木工権）》如元申上候事、
十二日《（六月）》、一、長興内蔵助頭如元勅許之事、
十五日《（八月）》、一、放生会ニ付、長興為内蔵使参向之事、

「近衛家御用部屋日記繰出」宝暦十三年（一七六三）　進藤長興、二十四歳
廿五日《（四月）》、一、長興内蔵助辞退之事、

「近衛家御用部屋日記繰出」寛政八年（一七九六）　進藤長詮、二十四歳
廿四日《（四月）》、一、長詮《（進藤）》、内蔵助転任之事、

（八月）十五日、一、内蔵助長詮、放生会参向之事、

「近衛家御用部屋日記繰出」嘉永二年（一八四九）進藤長義、二十八歳

（二月）十四日、一、（進藤）長義、内蔵助、権少輔如元、宣下、（一覧：八月十五日内蔵使）

「近衛家御用部屋日記繰出」嘉永三年（一八五〇）進藤長義、二十九歳

（八月）十日、一、（進藤）長義、依所労内蔵使御断之事、依放生会也、

「近衛家御用部屋日記繰出」嘉永四年（一八五一）進藤長義、三十歳

（七月）廿日、一、（進藤）長義、内蔵使放生会参仕被仰出候事、

（八月）十五日、一、放生会、長義、内蔵使参向、

「近衛家御用部屋日記繰出」嘉永五年（一八五二）進藤長義、三十一歳

（正月）廿一日、一、（進藤）長義、内蔵助辞退被聞召候事、

内蔵助任官と石清水八幡宮放生会宣命使参勤とは一体で、各人短期で、高齢でなく辞退し、巡任している傾向にある。

「近衛家御用部屋日記繰出」安政六年（一八五二）
朔（八月）、一、内蔵権助重袁（今小路）、放生会参向被　仰出候而差支之有無候哉問合之処、本人所労ニ付、御参勤難相成、忝存
頼之事、
二日、一、重袁、権助辞退被聞召候事、
三日、一、俊良（北小路）、内蔵助申文職事附候事、
八日、一、俊良、内蔵助　宣下、守如元、
十五日、一、依洪水、放生会御延引、
十五日（九月）、一、放生会、内蔵使俊良参向、
十七日、一、重袁所労大切ニより、昨夜為養生梅屋町へ借宅御届、
一、同人、昨夜卒去、重節忌服之事、
十九日、故重袁葬式、
廿一日、昨日分、一、故重袁へ御香資、重節へ御尋被下候事、

近衛家諸大夫今小路重袁（三十六歳）の権助辞退、病死の節は、同じ近衛家諸大夫北小路俊良（二十六歳）が内蔵助に任官し宣命使を務めたことがわかる。

傾向と時期区分

本節でみた幕末期までの傾向について、時期区分の試案を示す。

第一期は、再興当初の延宝七年（一六七九）たまたま内蔵助だった前波由久（花山院家諸大夫）が務め、以後連年勤役していた。同人故障時には御蔵小舎人や下北面、内蔵権助岡本清房が代行した。内蔵助の官にあった人に固定した時期といえる。

第二期は、元文年間頃で、享保十二年（一七二七）の前波由久没後、下北面や外記方の地下官人で内蔵権頭や内蔵助の官にある者が、官に即し勤役した時期である。

第三期は、延享年間以後幕末期までで　五摂家の諸大夫や侍たちが内蔵助を巡任しつつ占有する傾向にあった。官に即するようで、事実上は五摂家の諸大夫・侍固有の巡任の職に変化し、特定の家筋群、小集団の家職として固定化し、幕末維新期の近世朝廷祭祀終焉まで他者の参入を許さなかった、というのが本章の作業仮設である。

四　宣命使参勤の意義と収益

内蔵使は、主要な朝廷神事の一つである石清水八幡宮放生会に際し、内裏で天皇の宣命を受領し八幡宮へ伝達する使者であった。本節では、宣命使＝内蔵使を担うことの意義について考察する。

幕末期の朝廷を記憶する人々の紀文から二件を示す。

まず一条家に侍として仕えた下橋敬長「維新前の宮廷生活」（一九二二年刊）の懐旧談から摘記する。

摂家の諸大夫は内蔵助として春日祭・賀茂祭・石清水の放生会等に宣命使として参向し、また山城守として賀茂祭に参向し、（下略）(12)

下橋によれば、石清水八幡宮他への宣命使が、賀茂祭の山城使とも摂家諸大夫の任であったと理解・記憶されている。もう一つ幕末・明治の有職故実家で禁裏の執次役や明法博士大判事を経、明治維新後従四位下、皇学所、大学、宮内省に出仕した勢多章甫「思ひの儘の記」から摘記する。

○賀茂祭幷に八幡臨時祭には、内蔵使宣命を頸に掛け、騎馬にて行向ふ事なり。慶応年間、或堂上二人下鴨にて、内蔵使の前を乗輿の儘打過ぎしにより、不敬の罪に処せられ、姑く謹慎せり。如此事は稀有の事なり。(13)

騎馬に乗り、頸に宣命を掛けての参役行列中の路頭の礼節では、乗輿の堂上公家より上位であったという。格式・名誉の点での意義といえよう。

さらには、経済的な意義、収益もあった。「下行賦類抄」に「三石　内蔵使」とあり、石清水八幡宮放生会宣命使＝内蔵使として参勤した者には、江戸幕府の近江大津米蔵から下行三石が支給された。(14)無視できない収益である。

おわりに

本章の内容をまとめる。

①近世に再興された石清水八幡宮放生会の宣命使は、地下（非堂上）の内蔵助の役であった。

②近世に内蔵寮の庁舎はなく、実態に乏しく、次官の内蔵助を家職とする官人の家が存在してこの内蔵使を固定的に担うこともなかった。

③花山院家諸大夫前波家による宣命使は再興当初の由久一代のみで、同家の家職とすることはなかった。

④延享年間以後は、五摂家の諸大夫・侍諸家の者たちが、各人短期的に高齢でなく内蔵助の官を巡任し、内蔵使の役を占有した。彼らの通過儀礼化したとも見做しえる。

⑤内蔵使参勤は、晴れがましく格の高い役儀で、幕府からの下行米配当もあり、当事者に名誉と実益をもたらすものであった。

本章で扱った事例の拡充、前波由久没後の通時変化把握、摂家諸大夫巡任始期の確定、石清水八幡宮関係や近世朝廷祭祀全体の諸役の構造解明、近世摂家諸大夫家・侍家の官職・役職・機能の解明等は課題として残した。

近世中期の一朝廷祭祀＝朝儀再興を機に、中後期に五摂家諸大夫家群が特定役儀を占有、家職化したことを指摘して、本章を終えたい。

注

（1）本書第二部第二章に収載。

（2）深谷克己「一九九八年度歴史学研究会大会報告批判（近世史部会）」（『歴史学研究』七一八、一九九八年）。

（3）西村慎太郎『近世朝廷社会と地下官人』（吉川弘文館、二〇〇八年）。

（4）並木昌史「延宝七年石清水八幡宮の再興」（『国学院雑誌』九六―七、一九九五年）。

（5）『図書寮叢刊　壬生家文書　八』（宮内庁書陵部、一九八六年）「八幡宮関係文書一六」、『壬生家文書　八』二一六八。形態は折紙。

（6）「兼輝公記」延宝七年八月二日条、東京大学史料編纂所架蔵謄写本。
（7）「兼輝公記」延宝七年八月十五日条、東京大学史料編纂所架蔵謄写本。
（8）「地下家伝」廿五。
（9）「地下家伝」十八。
（10）「地下家伝」廿一。
（11）「地下家伝」廿一。
（12）下橋敬長「維新前の宮廷生活　七、坊官・諸大夫・侍」（一九二三年刊）（羽倉敬尚校注『幕末の宮廷』平凡社東洋文庫、一九七九年）。
（13）勢多章甫「思ひの儘の記」（『日本随筆大成第一期第七』吉川弘文館、一九二七年）。
（14）「下行賦類抄」上（『石清水八幡宮史史料第三輯』祭祀編下放生会下、同社務所、一九三四年）。

第三章　職人受領の近世的展開

はじめに

近世の職人たちのなかには、禁裏や門跡から諸国の守・介・掾・目や京官に補任される者があった。医師・画師・仏師等に対する僧位階（法印・法眼・法橋）の叙位を含め、職人の受領と称した。

その始期は、中世における令制の官職体系の実態喪失に照応すると考えられ、西山松之助氏の『家元の研究』によれば、十二世紀末以降の楽所の官人に対する諸国の介への遥任に求められる。(1)近世においては、「天下一対馬守」を名乗って北野社境内で興行した出雲のおくに、(2)「野々村播磨大掾藤原正弘入道仁清」の銘を作品に残す仁清等の著名な例に留らず、数多くの職人が受領名を名乗って渡世していた。(3)近世後期になると、江戸の菓子職人たちが受領するために上京している。

受領とは、本来は朝廷による官位叙任の一つであった。江戸幕府は、宝暦二年（一七五二）に京都町触を、(4)明和三年（一七六六）には全国触を発し、(5)大規模な規制を実施した。職人受領の制度は、右と関わって近世後期の社会において確立されていったのである。

従来の研究を整理すると、幕府による規制は、朝廷・職人関係に対する危惧に初発した統制の強化として理解され、一連の触流しに至る背景や触の文言の変化に即した検証は、等閑に付されてきたということができる。(6)

近世には、禁裏からの口宣案発給を伴った正規の官位叙任である勅許による受領以外に、勧修寺・仁和寺・大覚寺の三門跡が永宣旨に基く独自の受領を行っていた。(7)他の諸公家・諸門跡等から出入の職人への国名官名等の「呼名」の授与も、「受領」と称された。職人たちの間では、官位制度の原則から一代限りのものであった先祖の勅許受領名を、継目の受領を欠いて私的に世襲し、更には由緒もなく私称することさえ行われた。結論的にいうと、幕府が発した一連の触は、さまざまな非制度的な受領を淘汰して国家の官位としての制度的な受領を確立すべく、朝廷、(8)次いで三門跡が幕府に行った要請の所産なのであった。

本章では、宝暦・明和期以降の幕府による規制を直接契機とした近世職人受領制度の確立過程を、右の規制を幕府に要請した朝廷側の動向を中心に、当該期の職人の受領志向の拡大との関わりにおいて検証したい。

一　明和三年の全国触と勅許受領の確立

1　宝永五年から宝暦二年の京都町触をめぐって

近世初期において多様な職種に細分化して発展を遂げていた京都の職人の世界では、(9)朝廷との関係もあって、受領名が広く定着していたと考えられる。貞享二年（一六八五）刊行の『京羽二重』には、一六六職種七五九名の「諸職名匠」が記載されているが、そのうち五〇職種の一八二名が受領名を名乗っている。(10)

とはいえ、その全てが禁裏からの勅許受領によるとは考えることができない。次に掲げるのは宝永五年（一七〇八）八月の京都町触である。

覚

一、諸職人幷諸商人受領之儀ハ一代切之事に候処、其弁無之、先祖江被下置候口宣を子孫につたへ、永々受領名唱来候ものも有之由、向後左様之儀堅仕間鋪候事、

一、向後受領申上候もの、又ハ古来ゟ受領名唱来候而今度相改受領願申度者ハ、無遠慮願可申出候、尤奉行所江一往可相届候事、

附、口宣不致所持候得共、只今迄心得違候而受領名唱来候ものハ可令赦免候間、相改願可申出候、自然私ニ受領名付、押隠シ罷有候におゐてハ可為曲事候、

一、受領名之口宣を他人江譲り、又ハ他ゟ受之唱候義、一切仕間敷候、自然只今迄他人より受候而受領名唱来候もの於有之ハ断可申出事、

附、国名幷官名下司付不申、呼名斗ニ仕、又ハ家名に用候儀ハ不苦候事、

右之通洛中洛外江可触知者也、

子八月

国名幷官名下司なしに唱候義、たとへハ近江大掾を近江と斗申、又ハ主水正を主水と斗申候得者呼名に成候間、左様可相心得候、(11)

右の触は、官位制度の原則から、職人が受領名を名乗る資格を、口宣案を発給され勅許を受けた当人のみに限定した法令である。第二条は、正規の勅許受領の際の細則で、京都町奉行への事前の伺出を規定するものであった。付言

すると、触の規制の対象は「洛中洛外」に留まり、「諸国江散在之分」の職人については不問に付された。[12]子孫による受領名の私的世襲（第一条）・私称（第二条附）・他者への譲渡（第三条）を禁止した規定は、以上の行為の横行の証左といえる。この段階では、受領名から掾・正等の下司を除き国名や官名のみとした「呼名」や「家名」については許容されているが（第三条附）、右の京都町触は、勅許受領を安堵し、他を禁止する趣旨のものに他ならなかった。

　とはいえ、受領名の私的世襲や私称は、その行為の本質からいって、禁止の触知のみで消滅するものではなかった。より有効な措置は、受領名を名乗る職人の全てを対象に、個々に勅許の有無を判別していくことであった。かかる規制は宝暦二年（一七五二）の京都町触によって実現されたが、[13]幕府独自の政策意図に初発するものではなかった。次に掲げるのは、当時の武家伝奏広橋兼胤の「兼胤記公武御用部」宝暦二年十月二十日条である。

一、諸職人受領、守掾之類、父祖蒙　勅許候へハ、子孫更不蒙　勅許、其儘もちつけニ看板等ニ書付候、此儀武辺へ申達可遂吟味哉之段、摂政殿（一条道香）へ申入、尤之儀宜敷取計被命、讃岐守（所司代酒井忠用）へ此段申達、先京中計遂吟味、書付可被越之由御附江示合了、廿三日讃岐守へ申達、承知之段御附示了、[14]

　京の職人等が父祖の代の勅許受領を私的に世襲して看板等に掲げていた状況にあって、武家伝奏広橋兼胤が摂政一条道香の裁可を得、京都所司代酒井忠用に京の町中での規制実施と書付の提出とを要請したことがわかる。所司代が受諾を回答したことも明らかである。

　同年十一月の二つの京都町触は、その具体化であった。第一の触は、基本的には宝永五年の触の趣旨を再確認するものだが、僭称に対する罰則に「当人ハ不及申、年寄五人組迄急度咎可申付事」という文言が加えられた。[15]第二の触

は、京の町々の「看板・暖簾・表札等」を指標に徹底した「町切」の吟味の実施と書付の提出とを指示するものであった。(16)

規制の影響を受領名を名乗っていた職人に即して考えると、正規の勅許によった者は、自負の念を深めこそすれ、問題はなかった。注意すると、二つの触を通して下司無しの「呼名」は禁止されていない。先祖が勅許受領をし、その受領名を私的に世襲して代々の稼業に携ってきた職人たちは、規制の結果、正規に受領するか「呼名」として下司を除くかの選択を迫られたのである。職人が家代々の由緒に拘泥して勅許受領を願い出た場合、家例書等を要しはしたが、(17)「是迄之通奉行所へ伺出可受指図候」という規定はあっても、(18)その途が閉ざされたわけではなかった。

禁裏からの勅許受領は、官位叙任であり、摂政・関白の内覧を経るものであった。(19)近衛家久・内前の摂関時代の「御用雑記」から勅許受領の件数を検出された間瀬久美子氏の研究に依拠し、(20)医師を含む京の諸職人に即して整理すると、享保十二（一七二七）—十六・二十年には年平均二件であったのが、宝暦七（一七五七）—十四年には同七件強となっている。規制の実施は、件数増加を実現したのである。

2　明和三年の全国触をめぐって

明和三年（一七六六）八月十六日、摂政近衛内前は、武家伝奏広橋兼胤に指示を下した。その趣旨は、幕府に対し、先の宝暦二年（一七五二）の京都町触を諸国に拡大踏襲した取締りを要請することにあった。「兼胤記」の当該記事を次に掲げる。

一、摂政殿(近衛内前)被仰、諸職人他国住居之輩、受領蒙　勅許候輩、継目之受領不相願、父或祖父之受領ヲ持付ニ名乗候輩有之様ニ相聞江候、加吟味、右躰之輩於有之者、除下司国名斗可名乗候、尤継目之受領相願之輩、勝手次第ニ可願申候、且当地受領蒙　勅許候輩、去宝暦七年（一七五七）三月御吟味ニ而名前自武辺書付指越候、尚又此度遂吟味、受領蒙　勅許居候者共是又書付可差出、飛騨守（所司代阿部正孝）へ可達之由被命了、[21]

摂政近衛内前は、宝暦七年三月に幕府から提出された書付により、京の諸職人の受領の状況を把握していたと考えられる。宝暦度に所期の結果を得ていたこのとき、規制の実施が勅許受領の件数増加を実現することは、予見され得たのである。更に注目すべきは、「尤継目之受領相願之輩、勝手次第ニ可願申候」という文言である。朝廷の意向は、一貫して勅許受領について一代限りの官位制度の原則を貫徹することにあり、当初から継目受領の確立こそが主題なのであった。

幕府は、朝廷からの要請を受諾し[22]、明和三年十一月、次の触を諸国に触知した。

諸職人受領蒙　勅許候者共、継目之受領不相願、父或祖父蒙　勅許候受領を、其子孫名乗候者とも有之趣ニ相聞候、若右体之者共有之候ハヽ、向後国名幷官名共ニ、自分と相名乗候儀は可為無用候、尤継目之受領相願候儀は勝手次第たるべく候、

右之通、御料は御代官、私領ハ領主地頭より、可相触者也、

　十一月、

右之趣、可被相触候也、[23]

ここで職人受領を広義に、職人が国名や官名等を名乗ることと捉えると、①当人が口宣案を発給された勅許受領、②継目受領を欠いた先代の勅許の私的世襲、③下司の無い国名官名のみの「呼名」、④自分名乗りの私称、⑤公家・門跡からの受領、以上五つに分類することができる。行論の都合上⑤の問題を次節に譲ると、右の明和三年の全国触は、①の勅許受領の継目受領を確立すべく、②③④を否定するものであった。従来は容認されていた③が、①と紛しいという幕府側の判断から禁止されることになった結果[24]、規制の厳しさは、宝暦度以上のものとなったのである。

明和三年の全国触は、以上を要するに、受領名を私的に世襲しあるいは下司を除いた「呼名」として通用してきた諸国の職人を対象に、継目の受領を行い勅許を得るか、名乗りを断念するかの選択を迫るものなのであった。

右の趣旨を貫徹すべく、三都をはじめとする幕府直轄の七つの都市においては、町奉行配下の機構を通し徹底した調査取締りが行われた。江戸町を例にすると、「当時受領蒙勅許名乗候者共名前幷此度国名官名為相止候者共之名前」について、名主支配限りの吟味と帳面の作成とが指示され、勅許のない職人たちは改名届の提出を余儀なくされていった[25]。

一連の規制の結果は、「江戸・京幷大津・大坂・伏見・奈良・堺之内、諸職人町人共国名官名相名乗候者共、且御触後国名官名等相止候者共名前帳」という史料によって明らかにすることができる[26]。明和五・六年に各町奉行が作成した書上を合冊し、幕府が朝廷に伝達した記録である。以下、右の「名前帳」をもとに、明和三年十一月の全国触と勅許受領の動向について検討を加えたい。

表1の如く、当時、七つの都市において受領名を名乗っていた職人は一〇八八名に達したが、正規の勅許受領による者は一〇三名なのであった。

更にその一〇三名の口宣案発給（勅許）の年時分布を整理してみると、全国触の翌明和四年の一年間で六一名が勅

表1　職人受領の実態
（明和3年11月の全国触直後）

	勅許受領	先代受領・私称など差止分	「呼名」	計
江戸	16	548	16	580
京	60	83	176	319
大津	2	2	2	6
大坂	14	114	1	129
伏見		4	1	5
奈良	11	27	5	43
堺		6		6
計	103	784	201	1088

（注）①「名前帳」より作成．医師を含まず．
②公家・門跡からの「呼名」は，京・大津では差止められたが，その内訳は不明である．

表2　勅許受領の推移（年平均件数）

期　　間	総　数（年平均）	医師以外（年平均）	典　　拠
承応3―寛文5（1654―65）	298（24.8）	207（17.2）	「清閑寺熙房卿記」
享保12―16・20（1727―31・35）	30（5）	17（2.1）	「御用雑記」
宝暦7―14（1757―64）	103（12.9）	33（4.1）	同　上

（注）①間瀬久美子氏「近世の民衆と天皇」の表2・3から作成．
②7都市に限る数値ではない．
③総数欄は医師を含む．

許受領し、七つの都市に存命した触以前の受領者の通計三七名を圧倒していることがわかる。

次に表2から、年間六一名という明和四年の数値について、触以前の近世勅許受領の展開との関わりを検討したい。表の典拠にふれると、「清閑寺熙房卿記」の記載は、記主の弁官辞任後の数値をも含み(27)、当該期の勅許受領の全容を伝えるものかは保証の限りではないのに対し、「御用雑記」の数値は、前述した内覧の制度上、全容と考えてよい(28)。「名前帳」との比較のため医師を除外してみると(29)、勅許受領の件数は、承応・寛文年間には少なくとも年一七名強を数えたが、享保年間には二名強に減少し、宝暦二年の京都町触後に四名強と若干増加し、明和三年の全国触の翌年には七都市に限っても年間六一名に達したことがわかる。

右から、十八世紀前半には職人側の私的世襲の増加と勅許受領の減少とが進行し、前者に対する規制の結果、継目受領が確立されていったと理解することができる。

勅許受領の件数増加は、朝廷にとっては、官金官物献上による増収にも直結するものであった。寛政二年（一七九〇）十二月、備前長船の刀工が、京五鍛冶の一つ三品伊賀守金道の取次で、[30] 伊勢守を受領した際の献上の「目録之覚」[31] の内訳を、表3に示した。寛政期の例だが、補任に関与した朝廷の構成員の末端にまで行き届くものであったこ

表3　職人受領の献上例（寛政2年）

献上先	献上品	計
1 禁中	太刀 1腰	太刀 7腰 小刀 54本 金子 1100疋 白銀 2匁 白銀 15両 南鐐 2片 鳥目 130疋 金 6両
御局三方	小刀 15本	
御取次	金子 100疋	
小取次	白銀 2匁	
奏者	白銀 1両	
2 仙洞御所	太刀 1腰	
御局御四方	小刀 20本	
御取次	金子 100疋	
小取次	白銀 2両	
奏者	白銀 1両	
3 女院御所	太刀 1腰	
御局所御二方	小刀 10本	
小取次	白銀 1両	
4 関白	太刀 1腰	
5 上卿	太刀 1腰	
6 両武家伝奏	太刀 1腰宛	
各雑掌二人	小刀 2本宛	
7 職事	太刀 1腰	
雑掌二人	小刀 6本	
	金子 200疋	
案内者	小刀 2本	
	白銀 2両	
侍中	南鐐 2片	
小者中	鳥目 70疋	
	外＝生鯛2尾1折 御酒5升1樽	
若君	金子 300疋	
雑掌二人	金子 100疋宛	
侍中	白銀 2両	
小者中	鳥目 30疋	
8 東西御役所表	小刀 1本宛	
月番与力	小刀 1本	
月番同心	小刀 1本	
	白銀 2両	
9 町代	小刀 1本	
	白銀 2両	
10 (丹波守)吉道	金 6両	
	酒肴	

（注）『撮要録』から作成.

とがわかる。

3　小　括

ここで本節を小括すると、宝暦二年の京都町触・明和三年の全国触による職人受領に関する規制は、第一に、朝廷から幕府への要請に初発し、第二には、勅許受領制度の確立を意図するものであった。受領名の私的世襲と私称の増大による勅許受領の減少傾向に対処し、継目受領を制度的に確立することに主眼を置くものであり、官位叙任制度の原則を貫徹するとともに、官金官物の増収をも実現するものであったと理解することができる。

第三には、規制の実施と成果の達成とは、触に具現化される江戸幕府の執行権力に依拠するものであった。京の町中においてさえ検断権発動の実力装置を有さなかった当該期の朝廷には、独自の規制実施は夢想だにされなかったのである。朝廷からの要請の諾否を決定する主体は、近世の「公儀」の執行権力を掌握した江戸幕府にあったことに留意したい。

幕府からいうと、官位叙任制度の原則を乱す僭称を否定し、新規の勅許受領を町奉行レヴェルで機構的に掌握することは、「公儀」の規範の枠内に朝廷を包摂し、官位叙任や諸朝儀の執行を再生産することを媒介項の一つとして成立した近世社会の秩序と直ちに矛盾を来すものではなかったと理解し得る。(32)

二　三門跡の活動と永宣旨受領の確立

1　明和九年・安永三年の三都触をめぐって

明和三年の全国触による規制後の京都や大津では、門跡や公家から国名や官名の「呼名」を申請けていた職人の名乗りが差し止められたが、その数は一七八名に達した(33)。摂政や武家伝奏が運営した朝議が実現をみた結果、勅許受領の継目制度が確立した反面、広義の朝廷を構成する諸公家・諸門跡独自の「呼名」授与の職人受領は否定されたのであった。

仁和寺門跡の例では、すでに元文四年（一七三九）段階には「御家頼分」の御用医師・画師・仏師への僧位階叙位とともに、御用仏具師・燧師への掾補任を行っていたが、右の職人受領は、勅許とは別個に、永宣旨に基づく独自のものであった(34)。

独自の永宣旨受領の権限を否定された仁和寺は、大覚寺・勧修寺ともども三門跡として、翌明和四年（一七六七）二月七日、差止分の回復と叙任権の安堵とを獲得すべく、武家伝奏広橋兼胤に幕府との取次を要請した。次に掲げるのは、「兼胤記」の当該条である。

一、仁和寺、大覚寺、勧修寺より、此度自武辺町人呼名国名一統差止、然ル処此三室ハ以永　宣旨被申付候事故、其訳相立候様ニ致度、是迄之分ハ其通、此已後共ニ被申付度由書付、摂政殿（近衛内前）ヘ入御覧（後略）(35)

禁裏からの勅許受領制度の確立を意図した摂政近衛内前が、当初から永宣旨受領の排除をも構想していたかは不明であるが、三門跡の再度の愁訴から(36)、明和四年十二月に至り幕府への伝達が治定された(37)。

その後の朝幕間の交渉過程を整理すると、全国触後の明和六年に江戸町奉行が公家・門跡からの「呼名」をも勅許受領と同様に扱う判断を示していたことが幸いし[38]、同七年十二月になると摂政近衛内前も「三門跡より段々被相願儀、古来連綿被差免候儀故格別之事」という理解を示し[39]、明和九年十月に至り老中の裁許が下った[40]。三門跡の永宣旨受領は、差止分を回復され叙任権を安堵されることになったのである。右の趣旨を触知すべく、明和九年十月、幕府は江戸町に触を流した。

勧修寺宮、仁和寺宮、大覚寺門跡、従古来永　宣旨ニ而諸職人受領呼名等被差免候処、去ル戌年（明和三）諸職人等国名官名等自分与相名乗候儀、可為無用旨御触已後、国名呼名被差留候処、此度右三門跡願ニ付、古来之通国名呼名被差免候筈ニ候間、此旨可相心得候、尤以来三門跡江受領等相願候ものハ、京都江罷登候以前町年寄方江其段届申出、願相済罷帰候ハヽ、又々其旨早速届可申出旨、町中可触知候、

右之通従町　御奉行所被仰渡候間、自今右書付之通相心得、其時々届可申出旨、町中不残可被相触候、以上、

明和九（一七七二）辰年

十月十七日[41]

京・大坂においては安永三年（一七七四）三月に触流しがあり[42]、三門跡の永宣旨受領は、三都において公認されたのである。触の文言の如く、町年寄への届出も規定されている。

摂政近衛内前が三門跡の主張に理解を示すに至った要因は、以下のように考え得る。第一には、叙任権主張の論拠が永宣旨[43]とされたことである。その限りでは、正当な要求といえた。第二には、勅許受領との関わりの問題である。

全国触による規制後の七都市の勅許受領は、明和四年に六一件を数えたが、五年に三件、六年に二件と推移していた。(44)勅許受領の継目受領の確立を実現し、職人側の代替り継目を契機とする件数増加も当面は見込めなくなった明和七年段階において、永宣旨受領を否定する必然性に乏しかったものと理解することができる。

幕府からいうと、永宣旨受領公許の三都触流しを契機に、町奉行による職人受領の叙任の掌握を実現していた。勅許受領に共通し、「公儀」の枠内における官位叙任制度の再編と評価することができよう。

安永四年（一七七五）八月の京都町触は、永宣旨受領公許を内容とする一つだが、「依之是迄法橋被差免候節、右御門室限ニ而於他所名乗間敷旨申渡置候者共、以来何方ニおゐて相名乗候而も不苦候」という文言を含むものであった。(45)

明和三年の全国触による差止の危機を契機に、三門跡の積極的な行動によって幕府の公認を得て再生した永宣旨受領は、かつての宗派内補任的性質を払拭し、勅許受領と並ぶ国家の官位となったのである。(補注1)

2　文化十一・十二年の三都触流しと大覚寺門跡の江戸における活動をめぐって

明和九年（一七七二）以降の幕令によって、国家の官位として公認された永宣旨受領ではあったが、その制度が直ちに確立したわけではなかった。武家伝奏広橋伊光の日記の文化十年（一八一三）九月三日条を次に掲げる。

一、永宣旨漫相成候間、京、江戸、大坂触流之事、仁門、大覚寺、勧門願書四日可遣武家、被命云々、(46)

三門跡は、文化十年に至って幕府に対し、三都触流しによる永宣旨受領叙任権再確認の公示を要請したのである。

広橋伊光の後任の武家伝奏山科忠言の日記によれば、同年八月には要請が行われ、[47] 十月になると幕府は朝廷に対し触の文言での三門跡の語順について照会している。[48] 要請の実現に向け、遅怠なく進捗していったのである。

右と時を同じくして文化十年十月、江戸町では名主組合毎の「御一組限り」の受領調べが開始された。[49]「表向御調之儀ニは無之」とはされたが、三門跡からの要請に対応し、幕府が吟味を行ったものと考えることができる。江戸十一番組における調査結果による職人受領の実態を整理すると、[50] 本来の勅許受領は一件もなく、永宣旨受領は一件に過ぎなかった。自分名乗り（私称）と不明との合計は九名に達した一方、輪王寺門跡・本丸細工頭・園池中納言からの受領が各一件あり、更に注目すべきは、文化五年（一八〇八）以降の吉田家江戸役所からの受領が三件、白川家江戸役所からの受領が一件存在することである。

吉田・白川両家は神道を家職とする公家で、その江戸役所は、神職組織拡大を意図した両家の積極的な本所活動の拠点であり、専業神主への自立を意図した村々の社人の本所志向の高揚に対応するものであった。[51] 吉田家の例では、江戸役所の機能は、神職に対する各種補任の仮許状発行と京都からの神道裁許状等の取次等にあった。[52] その開設の時期は、寛政三年（一七九一）のことで、白川家江戸役所は右に対応するものであった。[53]

以上を整理すると、寛政三年以降に江戸役所を開設した吉田・白川の両家は、文化年間になると右を介し、江戸町において職人受領をも展開していったのである。明和九年（一七七二）の江戸町触によって永宣旨受領の公認を獲得していた三門跡にとっては、叙任権の侵害といえるものであった。「永宣旨漫相成候間」[54] という文言に示された三門跡の三都触流し要請の意図は、江戸における吉田家・白川家の職人受領の浸透を阻止し、永宣旨受領制度を確立することにあったと理解し得る。

幕府は、三門跡の要請に応じ、翌文化十一年（一八一四）十二月に江戸に、十二年正月に京・大坂に触を流した。[55]

新たな町触は、江戸の例では、明和九年の触に左記の文言を続けたものであった。

（前略）医師画師其外諸職人共、近来紛敷受領呼名等相名乗候ものも有之趣相聞候、以来仁和寺宮、大覚寺門跡、勧修寺御門室之外え猥ニ申込、紛敷国名呼名等相名乗申間敷候、（後略）[56]

三都における触は、職人受領を勅許受領と永宣旨受領とに限定し[57]、その他の非制度的な受領を遍く否定するものであった。触を画期に非制度的な受領が直ちに消滅したと考えることはできないが、江戸町においては、大覚寺門跡が積極的な活動を展開していった。

文政四年（一八二一）十二月の例では、大覚寺門跡から寺社奉行松平康任への内々の取締り要請により、翌閏正月十九日付で江戸町の職人一四名が新規に大覚寺門跡への受領願いを表明し、五名は受領名私称の放棄を誓約しているのであった[58]。明和三年（一七六六）の全国触後の調査では、江戸での三門跡からの永宣旨受領は四名に過ぎず[59]、一四名という数値は増加を示すものといえる。

表4は、天保四年（一八三三）以降の江戸町での職人受領の状況を示すものである。史料の性格から町年寄への上京届の事例ではあるが[60]、大覚寺から菓子職への永宣旨受領が圧倒的である。店借層が多く、代人の上京による例があったことに留意したい。大覚寺門跡は、この後嘉永三年（一八五〇）までには、江戸役所を開設していた。

中豊後大掾常磐津藤原永光、
右願之趣得其意、京地従

表4　天保期の江戸町の職人受領（上京届）

年時	職　名前	住　居	受領名	願出先	備　考
天保4	菓子職喜兵衛	谷中感応寺表門前新茶屋町家持	越後大掾	大覚寺御門跡	
6	町医師昌栄	浅草元旅籠町二丁目五郎八店	法橋	〃	「病身ニ付代藤右衛門与申者為相登候」
〃	経師理平	〃	〃	〃	「〃　正左衛門」
7	菓子職彦五郎	浅草寺地中智光院地借源次郎店	摂津掾	〃	「〃　佐助」
〃	菓子職八十吉	南佐柄木町庄三郎店	近江掾	〃	
〃	菓子職平七	本所弁天町前吉右衛門店	若狭掾	〃	
〃	菓子職吉右衛門	本石町四丁目与兵衛店	播磨大掾	〃	
9	町医師龍子	芝三嶋町家持	法橋	仁和寺宮	町年寄に届けでず上京受領．京都町奉行からの掛合で取調べられている．

（注）①「天保撰要類集」から作成．
②年時は町年寄から町奉行への上申の年．

御本殿、御免許御令
旨無程来着迄、仮
御免許状、仍如件、
　嵯峨御所
戌十二月　江戸御役所（印）[61]

右は、嘉永三年十二月十八日付で大覚寺門跡から豊後大掾を受領した四代目常磐津文字太夫[62]に対する江戸役所発行の仮免許状である。表4とあわせると、大覚寺門跡の江戸役所は、天保八年から嘉永三年までの間（一八三七―五〇）に開設され、「嵯峨御所江戸御役所」の名称で仮免許状の発行と京都からの令旨補任状の取次とを行い、上京を必要としない永宣旨受領を実現するものであった。

3　小　括

明和三年（一七六六）の全国触による差止を契機に、勧修寺・大覚寺・仁和寺の三門跡は幕府に永宣旨受領の公認を要請し、明和九（一七七二）・安永三年（一七七四）の三都触流しによって実現をみた。永宣旨受領は、宗派内補任から国家の官位と化したのである。更に文化十年（一八一三）、三門跡は、吉田・白川両家の江戸役所を介した職人受領を排除すべく、幕府に三都触流しによる永宣旨の叙任権の再確認を要請し、翌十一・十二年に実現をみた。職人受領は、勅許と永宣旨とに限定され、他の非制度的な受領は否定されたのである。化政期以降の江戸町では、江戸役所開設等の積極的な活動により、大覚寺門跡からの永宣旨受領が定着していったのである。

三　職人の受領志向をめぐって

近世後期の職人受領制度の確立過程を、主体的な役割を果たした朝廷・三門跡の動向を中心に検証してきた。本節では、当該期の職人の受領志向との関わりについて検討したい。

寛政元年（一七八九）二月、芝神明町九兵衛店の菓子司津国屋茂兵衛という職人が上京し、大覚寺門跡から播磨大掾を受領した。神明町名主植田勝賢は、津国屋からの聞取により、勅許受領について「禁裏江申上、勅許有之儀ハ甚六ヶ敷事」と記している一方、「金子五、六両」の礼金上納で「御出入」の名目での永宣旨受領が可能であるという当時の「風聞」を伝えている。(63)

右の記録の当否を実態に即して検討すると、勅許受領は、原則として家例書を要したが、(64)事実として明和三年（一七六六）の全国触後の江戸での調査では、同四・五年に勅許を得た者が一〇名であったのに対し、五四八名の職人が名乗りを放棄していた。(65)江戸の職人の多くにとって、勅許受領は、「甚六ヶ敷事」なのであった。一方の永宣旨受領については、大覚寺門跡の積極的な活動で新規の願出がなされていることから、(66)礼金の問題を別にすると、職人にとってはより実現可能なものであったと理解し得る。

度重なる規制の実施は、制度的な受領と非制度的な受領とを峻別するものであったが、正規の受領名の真価を社会に認知させる契機ともなり得た。

筑後国久留米の城主有馬家の御用絵師を世襲した三谷家の例では、師家の江戸中橋狩野家の推挙を得、はじめて法眼に叙されたのは、寛政三年（一七九一）のことであった。[67] 京都大工頭中井家の願いにより、内裏造営時以外にも配下の棟梁の受領が認められるようになったのは、寛政六年のことであった。[68]

以上の二例は、当該期の職人の勅許受領志向の高揚を示すものといえるが、先述の如く江戸では永宣旨受領が増加していた。

天保期の江戸町での職人受領は、大覚寺門跡からの永宣旨受領が圧倒的であったが、その職種は菓子職に集中していた（表4参照）。一般的にいって菓子の需要拡大は、近世後期の社会の余剰生産の所産であり、讃岐産白糖の供給等の如く、輸入品に比し安価な国産砂糖の流通の拡大に照応するものであった。[69]

かかる背景下に、江戸町の菓子職の間では「渡世為銹」の受領名乗りが拡大し、[70] 規制の実施により真の受領名の価値が認知され、叙任手続の容易な永宣旨受領が定着する素地が醸成されていったと理解することができる。

更に永宣旨によって得られた真の受領名は、単なる「銹」に留まるものではなかった。天保七年（一八三六）、大覚寺門跡から摂津掾を受領すべく、町年寄に上京届を行った浅草寺地中智光院地借源次郎店の菓子職彦五郎の例では、以下の経緯を見出すことができる。[71] すなわち、彦五郎の親専蔵は、文政二年（一八一九）二月に大覚寺門跡から摂津掾を受領して渡世していたところ、同年六月に「三番組菓子屋とも」から渡世差障りで出訴され、町奉行所の指示で内済していたのであった。相論が内済で解決した要因は、一に「専蔵儀者番外与者乍申、年来仕来候菓子渡世相上《ママ》候儀者相成間敷」という奉行所の「御理解」にあったが、相論以前に専蔵が受領していた事実に注目したい。史料に即していうと、相論を乗り切った専蔵は受領名を名乗って渡世を続け、その子彦五郎が稼業を継ぎ、天保七年（一八三六）に至って父と同じく大覚寺門跡に摂津掾受領を願っているのである。

右の彦五郎は、「浅草寺地中裏屋住居之もの」と記されている。江戸の裏店住居の職人にまで受領志向が拡大した契機は、直接には大覚寺門跡等の受領制度確立を意図した朝廷側の活動にあったが、その背景には渡世の権利をめぐる職人間の緊張を見出すことができる。

文政十一年（一八二八）の甲州都留郡野田尻村の産神之宮の再建をめぐる例では、冥加永を上納してきた郡中大工仲間が、村方の雇い入れた相州大山不動の大工棟梁明王太を排除すべく相論に及んでいるが、右の明王太は、「受領いたし候由ニて装束を付、手斧いたし候由」という大工なのであった。[72][補注2] 同じく文政十一年、東北路を巡業した江戸深川の浄瑠璃語り繁太夫の例では、豊後大掾の受領名を騙り通し、盛岡藩が定めていた寄席札銭の上限を引き上げることに成功していた。[73]

既存の集団や地域の秩序から疎外された職人にとっては、受領によって国家の官位を得ることは、渡世の権利を実現する有効な手段の一つともなり得たのである。

おわりに

近世職人受領制度の確立は、通説的理解とは異なり、宝暦・明和期以降の朝廷・三門跡から江戸幕府への要請に初発するものであった。朝廷・三門跡の意図に即していうと、一義的には官位叙任制度の原則を貫徹し、あわせて官金官物の増収を実現すべく、全国触・三都触に具現化される江戸幕府の執行権力に依拠して非制度的な受領を排除し、制度的な受領を確立しようとするものであった。同じく宝暦期以降の吉田家・白川家の神職、(74)土御門家の陰陽師、(75)真継家の鋳物師、(76)青蓮院門跡の盲僧(77)等々の全国的な家職組織の確立もまた、家職の本所・本山としての故実や由緒にまつわる権利の実現を意図した、公家や門跡から幕府への公認の要請に初発するものであった。

近世後期の社会においては、既存の秩序を打ち破る職人や芸能者、宗教者等の多様な活動の拡大の結果、未確定な職分の周辺で、渡世の権利をめぐる緊張が尖鋭化していった。既存の地域や組織の秩序から疎外された職人に即していうと、自らの渡世の権利を主張し、実現するためには、家職組織に結集し、各種の許状や職札、補任状等を得、あるいは国家の官位を得ることは、一つの有効な手段たり得た。(78)職人受領は、一つの職種や家職に特定されることなく、さまざまな職種に横断的なものであったが、(79)職人の受領志向は、本所志向とともに、渡世の権利を主張した表現の一つなのであった。

江戸幕府に即していうと、職分や渡世の場の境界の確定を、官位叙任制度や職人集団、朝廷・公家・門跡等の本所機構に補完させつつ、最上級「公儀」として諸身分の渡世をめぐる秩序を再生しようとしたのである。触に具現化される江戸幕府の執行権力が、右の秩序を再生産し、保障するうえでの最上級の規範として意識され、機能していた限りにおいては、「公儀」の枠内での秩序の再編成として理解することができる。

とはいえ、勅許受領や永宣旨受領という国家の官位が、近世後期の社会において再生し、渡世相論はもとより日常生活のさまざまな場で新たな機能を胎動したことは、元和元年（一六一五）の「禁中幷公家中諸法度」制定等により、「公儀」の規範下に朝廷を包摂して成立した近世の秩序を変容させる契機の一つとなり得るものであった。天保期の江戸町の裏店の職人にまで受領志向が拡大した現象は、以上の動向のなかで理解することができよう。

中世の職人集団と受領、近世初期の職人の「役」編成と受領、更には中世の惣村における官途成との連関等、残された課題は多いが、日本前近代の社会における身分尊卑の観念や「礼」の秩序の再生産という観点から、[80]官位叙任制度の機能の解明を意図した基礎的事実の確定作業の一つとして、近世後期の職人受領制度の確立過程を検証した本稿を終えたい。

注

（1）西山松之助『家元の研究』（一九五四年、『西山松之助著作集』一巻、吉川弘文館、一九八二年、四八八頁）。

（2）小笠原恭子『出雲のおくに』（中公新書、一九八四年、一〇四頁）。

（3）田中作太郎『陶器全集　二八　仁清』（平凡社、一九六〇年、一六頁）。

（4）『京都町触集成』三巻、（岩波書店刊）一三〇八・一三〇九号。以下、京都町触三―一三〇八のように略記する。

（5）『御触書天明集成』（岩波書店刊）二九一六号。

（6）職人受領に関する先学の研究には、①三浦周行「社会を中心とせる江戸幕府の法制」（『法制史之研究』岩波書店、一九一九年）、②西山松之助『家元の研究』（前掲（1））、③安田富貴子「近世受領考」（『古浄瑠璃正本集』六巻、角川書店、一九六七年）、④小橋保宣・守屋毅・森谷尅久「京の町人」（『京都の歴史』五巻、学芸書林、一九七二年、五二一―五二四頁）、⑤宮地正人「朝幕関係からみた幕藩制国家の特質」（一九七五年）・「幕藩制下の官位官職制度」（一九七六年）（ともに『天皇制の政治史的研究』校倉書房、一九八一年所収）、⑥間瀬久美子「近世の民衆と天皇」（藤井駿先生喜寿記念会編『岡山の歴史と文化』福武書店、一九八三年）等がある。本文での整理に補足すると、①②④⑤は詳論ではないが、⑤は、職人受領を含めた近世の官位官職制度の機能を幕藩制国家における身分制的支配の一翼を担ったものとして捉えた、見通し豊かな作業仮説といえる。より個別具体的な⑥は、職人の受領と職人集団の偽文書・由緒書とを、身分上昇意識の二つの表現形態と位置づけている。禁裏からの勅許による受領の手段については、浄瑠璃太夫の事例を中心に、③が詳細に明らかにしている。なお、以上は全て、『京都町触集成』刊行以前の研究である。

(7) 本稿では以下、前者を勅許受領、後者を永宣旨受領と表現する。
(8) この場合の朝廷は、狭義に禁裏を意味する。
(9) 『京都の歴史』五巻、五〇八頁以降。
(10) 『京都の歴史』五巻、五二二頁。
(11) 京都町触一―五〇三。
(12) 『京都御役所向大概覚書』上巻（清文堂出版、三八〇頁）。
(13) 享保五年（一七二〇）に調査が行われたが、口宣案を所持している当人を対象とし、その申告に期待するに留まった（京都町触一―一一一九）。
(14) 「兼胤記」宝暦二年十月二十日条（東京大学史料編纂所蔵謄写本）。
(15) 京都町触三―一三〇八。
(16) 京都町触三―一三〇九。
(17) 安田富貴子、前掲（6）③。
(18) 前掲（15）。
(19) 前掲（17）。
(20) 間瀬久美子、前掲（6）⑥。
(21) 「兼胤記」明和三年八月十六日条。
(22) 「兼胤記」明和三年八月二十七日条。
(23) 前掲（5）。
(24) 「兼胤記」明和三年十一月二十八日条。
(25) 「類集撰要諸職人参拾六」（『国立国会図書館所蔵旧幕引継書』三集一二二、日本マイクロ写真）。なお京都町触四―一五六六・一五七五・一九一七、『大阪市史』三巻―達六五三号参照。
(26) 陽明文庫所蔵。以下、「名前帳」と略記する。安田富貴子氏が明らかにされた史料であり（前掲（6）③）、閲覧・複写に際しては同文庫の名和修氏の御配慮を得た。

(27)『弁官補任』二巻（続群書類従完成会）。
(28) 間瀬久美子氏の御教示を得た。
(29)「名前帳」には、医師の記載がない。明和三年の規制の対象外とされたと考えられる。
(30) 刀工の勅許受領は、享保期以降、「日本鍛冶宗匠」と称した三品伊賀守金道・丹波守吉道の取次で行われた。今村秋水軒「刀工の受領の事に就て」（『中央刀剣叢書』第一輯、中央刀剣会、一九三二年）、安田富貴子、前掲（6）③参照。
(31)『撮要録』上巻（日本文教出版、一九六五年、一〇五七―一〇五八頁）。
(32) 近世の「公儀」の成立と朝廷との関わりについての検証は、別稿を期したい。
(33)「京都幷大津諸職人町人共之内、宮門跡堂上方より申請候国名官名等之呼名為相止候者共名前」（「名前帳」）。表1参照。
(34) 高埜利彦「近世の僧位僧官」（一九八〇年）（『近世日本の国家権力と宗教』東京大学出版会、一九八九年）。
(35)「兼胤記」明和四年二月七日条。
(36)「兼胤記」明和四年九月十日条。
(37)「兼胤記」明和四年十二月二十六日条。
(38)「名前帳」。
(39)「兼胤記」明和七年十二月二十七日条。
(40)「兼胤記」明和九年十月二十八日条。
(41)「類集撰要諸職人参拾六」。
(42) 京都町触五―九四四、『大阪編年史』一一巻（一九七一年、一一二―一一三頁）。
(43) 永村真「永宣旨」（『ことばの文化史　中世三』平凡社、一九八九年）参照。なお、三門跡に独自の官位叙任権を付与した永宣旨がどのようなものであったかは、「兼胤記」の記載では不明である。
(44) 前掲（38）。
(45) 京都町触五―一一七九。傍点筆者。
(46)「伊光記」文化十年九月三日条（東京大学史料編纂所蔵謄写本）。
(47)「山科忠言卿伝奏記」文化十年十月九日条（宮内庁書陵部蔵自筆本）。

(48)「山科忠言卿伝奏記」文化十年十月九日・二十日条。
(49)前掲（41）。
(50)前掲（41）。なお宮地正人、前掲（6）⑤五三頁の第五表、間瀬久美子、前掲（6）⑥の第四表参照。
(51)高埜利彦「江戸幕府と寺社」（一九八五年）（前掲（34）所収）。
(52)山口啓二「村びとたちがとらえた神仏」（『東松山市の歴史』中巻、一九八五年）。
(53)椙山林継「吉田家関東役所の創立と初期の活動」（『国学院大学日本文化研究所紀要』四五、一九八〇年）。
(54)前掲（46）。
(55)前掲（41）、京都町触九―九〇七、『大阪市史』四巻上―触四三三二号。
(56)『御触書天保集成』六四三〇号に拠った。
(57)勅許受領についての規定は触にみえないが、事実として以後も明治初年の廃止まで近世を通して続けられている。
(58)前掲（41）。
(59)前掲（38）。
(60)「天保撰要類集第百五中」（『国立国会図書館所蔵旧幕引継書』一集六七、日本マイクロ写真）。
(61)吉川英史「日本音楽の歴史をたどる――近世編五」（『季刊邦楽』一六、一九七八年）掲載図版。
(62)『近世邦楽年表　常磐津・富本・清元之部』（鳳出版、一九七七年）。
(63)「町人受領」（東京大学法学部法制史資料室蔵写本）。
(64)前掲（17）。
(65)前掲（38）。
(66)前掲（41）。
(67)『久留米市史』二巻（一九八二年、一〇五三―一〇五七頁）。
(68)島田武彦「中井役所の棟梁仲間」（『日本建築学会論文報告集』三三、一九五八年）。
(69)岡光夫「砂糖」（『講座日本技術の社会史』一巻、日本評論社、一九八三年）。
(70)前掲（41）。文化十一年の江戸十一番組の例では、受領名を名乗っていた一六名の職人中九名が菓子職であった。

（71）前掲（60）。
（72）『大月市史史料編』（一九七六年）史料番号一九七。
（73）氏家幹人「芸人の旅と騙り」（『歴史公論』一二一、一九八五年）。
（74）前掲（34）。
（75）高埜利彦「近世陰陽道の編成と組織」（一九八四年）（前掲（34）所収）。
（76）笹本正治「近世の鋳物師と真継家」（『歴史学研究』五三四、一九八四年）。
（77）加藤康昭『日本盲人社会史研究』（未来社、一九七四年、二六六頁）。
（78）高埜利彦『近世日本の国家権力と宗教』（東京大学出版会、一九八九年）。
（79）職人受領の職種については、間瀬久美子、前掲（6）⑥参照。
（80）石母田正「解説」（『日本思想大系二一　中世政治社会思想』上巻、岩波書店、一九七二年）、久留島浩・宮崎勝美「解説」（市川正一『徳川盛世録』平凡社東洋文庫四九六、一九八九年）参照。

補注

（補注1）

本章では、勅許による職人受領と三門跡からの永宣旨による職人受領とを、門跡側の意図・主張にも鑑み、等しく国家による官位と評価した。その後、絵師官位についての研究が進み、朝廷が勅許による僧位の優位性を保持すべく、永宣旨による僧位との差別化を企図し、絵師側も勅許と永宣旨の差異を意識し、永宣旨による僧位を得た者が、重ねて勅許による僧位を得た事例が明らかにされている。（山本ゆかり「永宣旨による絵師の僧位再考――勅許による僧位との差異をめぐって――」（武田庸二郎ほか編『近世御用絵師の史的研究―幕藩制社会における絵師の身分と序列』思文閣出版、二〇〇八年））。

（補注2）

相模国大山寺の大工棟梁・御師手中明太郎については、西和夫編『伊勢道中日記　旅する大工棟梁』（神奈川大学日本常民文化叢書6、平凡社、一九九九年）を参看されたい。

第四章　神仏習合と近世天皇の祭祀

——神事・仏事・即位灌頂・大嘗祭——

一　本章の課題

明治維新までの近世日本は、神道・仏教などが混淆して存存する習合の時代であった。

十六世紀に日本の在来宗教とは相容れない一神教のキリスト教が伝わると、いち早く警戒し排斥を試みたのは朝廷で、豊臣政権はその布教を禁止し、十七世紀に江戸幕府が宣教師の来航や国内の人々のキリスト教信仰を全面的に禁止した（村井早苗『幕藩制成立とキリシタン禁制』）。豊臣政権、幕府への奉仕を拒んだ日蓮宗不受不施派も、近世を通して弾圧された。

その一方で、豊臣政権・江戸幕府に服した朝廷や寺社は、権力による編成を受容して近世にも存続した（山口和夫「統一政権の成立と朝廷の近世化」、本書第一部第一章）。天皇・朝廷や寺院・神社は宗教的・政治的機能を担い、体制に寄与した（高埜利彦『近世日本の国家権力と宗教』・『近世の朝廷と宗教』）。

天皇自らが宮中で行う祭祀といえば、読者の多くは、即位に続く一世一度の大嘗祭や、宮中三殿での毎年恒例の新嘗祭等の神事を想起されることだろう。

現在の宮中祭祀の概要は、宮内庁ホームページに掲載された「主要祭儀一覧」でみることができる（http://www.

kunaicho.go.jp/about/gokomu/kyuchu/saishi/saishi01.html)。

天皇自らが祭典を行って「御告文」を奏上する大祭、掌典長が祭典を行い天皇が拝礼する小祭等があり、神道の祭祀が今日も続けられている。

中世・近世の天皇は京都に居し、在位のうち京都を離れることはなかった。天皇の御所を内裏、禁裏などと呼んだ。近世の歴代天皇たちは近代・現在とは異なり、京都の御所のなかで神道・仏教両方の祭祀を自ら行い、あるいは御所や寺院・神社で神事・仏事を行わせた。

近世までの皇位継承に際しても、新天皇は神道・仏教二つの儀礼を自ら行った。大嘗祭という重要視された神事と、即位灌頂という真言密教の頂点に立つ最重要仏教儀式とである。

現代も続く大嘗祭は、中世・近世に二百年以上廃絶し、江戸時代最初の再興後もまた中断期があり、近世の天皇の半数は行わなかった。一方の即位灌頂は、孝明天皇まで歴代が必ず実施した。即位灌頂が廃止されたのは、明治天皇即位の一八六八年のことであった。

本章では、近世の天皇自らが体現し、あるいは代行させる宗教的機能・要素について叙述する。第二節では、毎朝の御拝や後七日御修法など恒例や臨時の神事・仏事の数々を取り上げる。第三節では、近世の皇位継承と代替り儀礼の構成を概説する。第四節では即位灌頂、第五節では大嘗祭再興について記す。第六節では、即位灌頂や仏事・仏教的要素が忌まれ、隔離され、大嘗祭を中心とする神道の神事が重要視されて行く近世後期の動向、宗教観をめぐる通時変化について述べる。

近世の神仏習合から近代の神仏分離への転換ともに、天皇の祭祀や即位儀礼も再編されて変容し、天皇自らが行う仏事は廃された。残る神事にも連続面とともに切断面、変化があることを理解して頂ければ幸いである。

二　近世天皇・朝廷の祭祀——神事・仏事の様相——

1　神事の様相

神道の祭祀については、天皇自身による内の神事、御所での表の神事、畿内ほかの神社での外の神事という三重構造にあったことが提唱されている（高埜利彦「江戸時代の神社制度」）。これを援用し、近世の天皇・朝廷の仏教も含めた祭祀の概要を、行われる場と行う主体とにより分類して以下に記す。

その一は、御所内で天皇自らが行う祈禱である。

幕末に京都御所での孝明天皇の日常動作は、次のようであったと古老が語り伝えている（下橋敬長述・羽倉敬尚注『幕末の宮廷』、括弧内の記載は羽倉による補注）。

朝起床後、手水をつかい、歯にオハグロをつけ、身仕舞がすむと、常御殿で、表向きの（国の元首として正式の）御拝をした。正月元日朝の四方拝など定まった日をはじめ日々、神、仏、天皇家の陵墓等に自分限り（天皇家の首長という個人の資格で）遥拝をした。

ここにある四方拝とは、正月元日恒例の行事である。平安時代に年中行事となって近世に踏襲され、今も継受される。戦時下の昭和天皇も現代の天皇も実修している。

近世には元旦、御所の清涼殿東庭に「出御」し、まず周囲に屛風をめぐらしたなかの属星拝の座に着し、生年干支によって配当される北斗七星を拝し、呪文を音読した。つぎに天地四方拝の座に着し、四方に向かって再拝し、陵拝の座では父母の陵を再拝した。天皇によっては伊勢神宮・内侍所や天智系歴代天皇の山陵も遥拝し、拝礼対象は一定でなかった（村和明「近世の四方拝について」）。幼年時や体調不良時などは出御・拝礼が見合わされたが、年始早朝に天皇自らが年災を祓い、五穀豊穣、宝祚長久、天下泰平を祈願する祭祀で、公家衆が奉仕した。

日々恒例の神事には、毎朝の御拝があった。天皇自身が毎朝、内裏清涼殿内の拝礼の場、石灰壇で伊勢神宮等を遥拝する神事である。淵源は、元旦四方拝とされ、建武三年（一三三六）の内裏の石灰壇廃絶後は、石灰壇代で毎朝御拝が続けられた。

天下泰平・海内静謐・朝廷再興・宝祚長久・子孫繁栄・御願円満を、毎朝天皇自身が祈る祭祀である。天皇に差し障りがある時は、「御代官」の公家の神祇伯白川家当主か関白かが代行し、欠かさず日々営まれた。

皇祖神、天照大御神の神鏡を祭った内侍所も御所内にあり、内侍――女官――たちが日常奉仕し、天皇臨席の神楽が修された。享保末年からほぼ年一回天皇による「内侍所御拝」も行われるようになった（『桜町天皇実録』）。

毎朝の御拝の所作は、内侍所御神楽御拝等の所作とともに、神祇伯の官職と神道とを家職として世襲した白川家の当主が歴代天皇に伝授して維持された。

江戸幕府にとっても、天皇による清涼殿での毎朝の御拝や内侍所での御拝は、天下太平・五穀豊穣のため不可欠の祭祀であり、所作を伝え代官も勤仕する白川家には幕府が神事料の米百石を毎年給付した（高埜利彦「江戸時代の神社制度」）。

中世以来、石灰壇代での毎朝の拝礼が続けられたが、寛政二年（一七九〇）復古的な寛政度内裏再建の一環として、

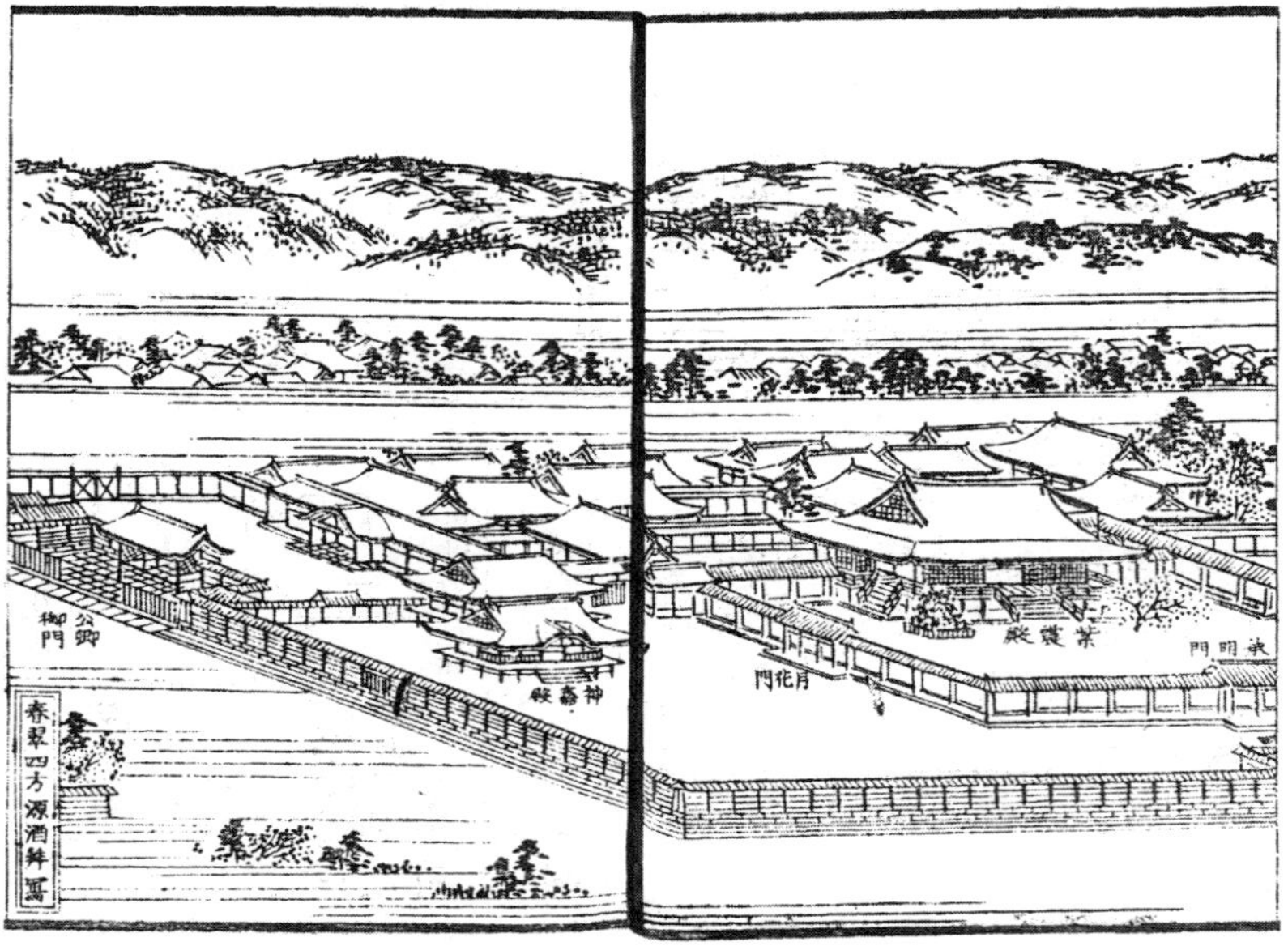

図４　内裏の神嘉殿（『雲上明覧大全』上巻，安政６年〔1859〕刊）

四百五十四年ぶりに清涼殿の石灰壇自体も考証・復元され（島田武彦『近世復古清涼殿の研究』）、幕府により場が整備され、以後、光格・仁孝・孝明・明治と四代の天皇がここで毎朝の祭祀を続けた。

東京遷都の後、東京の宮城の宮中三殿において掌典長か侍従による毎朝御拝代を行うように切り替えかれ、御所の石灰壇での天皇自身による毎朝御拝は近代に終焉を告げた（石野浩司『石灰壇「毎朝御拝」の史的研究』）。

天皇が一世一代、自ら行う神事には大嘗祭があり、毎年自ら行う恒例の親祭に新嘗祭もあったが、中世後期の戦乱による朝廷・室町幕府の経済的衰退とともに廃絶し、近世前期まで行われなかった。

江戸幕府の財政支援で大嘗祭が再興されたのは、元文三年（一七三八）のことで、同五年に新嘗祭も再興された。大嘗祭・新嘗祭は以後恒例の祭祀として定着し、継続されていった。近世の大嘗祭については、第五節以降で述べる。

新嘗祭行幸も、途絶期が長かった。天明の大火と寛政度内裏の再建を機に、寛政三年（一七九一）十一月二十日、神嘉殿代東西舎等仮屋で数百年中絶していた新嘗祭行幸が光格天皇により復活された。

寛政度の内裏から紫宸殿の西側（図の築地内、左手前）に神嘉殿が建てられた。光格・仁孝・孝明天皇は、このなかで新嘗祭の神事を行った。神嘉殿での天皇親祭の新嘗祭もまた、近世前期にはなく、後期の光格天皇から営まれた祭祀といえる。

2　仏事の様相

天皇の仏事

天皇自らが拝礼する仏教祭祀には、御所の黒戸での仏事があった。中世・近世の内裏には黒戸と呼ばれる建物があった。黒戸御殿ともいった。応永八年（一四〇一）―九年造営の内裏では清涼殿の北にあり、「福照院関白記」に図が、「洛中洛外図」上杉本（米沢市上杉博物館所蔵、狩野永徳画、十六世紀）には紫宸殿の南庭での正月の節会の様子とともに、東北側（上左）に黒戸の屋根が描かれている。

中世の称光天皇・後土御天皇は黒戸で死去（「崩御」）し、そのつど黒戸は改築された。近世では慶長から安政まで火災のつど八回再建され、位置・規模とも多少変わってはいるが、仏壇を持つ建物であった（藤岡通夫『新訂京都御所』）。黒戸の内部には、歴代天皇の位牌や念持仏・仏具が安置されていた。御所のなかの持仏堂、天皇の仏間ともいうべき存在で、女官が毎日奉仕していた。

延宝度内裏の黒戸の本尊は、地蔵菩薩だった。内裏焼失により新造され、延宝四年（一六七六）三月二十四日に開眼供養があった（『霊元天皇実録』）。

黒戸には、江戸時代を通じて歴代天皇の念持仏等が安置されて蓄積し、明治初年には六十四体ほどに達した。その内訳は、薬師如来三十一体、大日如来五体、阿弥陀如来五体、釈迦如来一体。地蔵菩薩四体、千手観音四体、観音三体、十一面観音一体、文殊菩薩一体、虚空蔵菩薩一体、不動明王四体、愛染明王一体等で、他に仏画類もあった（西谷功「近世天皇家の念持仏」）。近世の天皇家は、念持仏・仏壇を日常身辺に有していたのである。

近世の天皇は自ら御所の黒戸で経をよみ、念仏を唱え、仏を拝んだ。光格天皇の事例では、寛政九年（一七九七）七月十二日金光明経・寿量品（法華経の一品）を誦じて念仏五千反を唱え、同十年二月六日には菩薩を拝んでいる（『光格天皇実録』）。光格は、同十年六月二日の実祖父閑院宮直仁親王の忌日に黒戸で念仏を唱え、十月九日の養母盛化門院近衛維子の正忌にも金光明経・寿量品を誦え念仏七千反を唱えている（同前）。

御所のなかの持仏堂、黒戸で、天皇自らが祖先祭祀の仏事を勤めていたのである。

朝廷の仏事

近世の天皇・朝廷の仏教祭祀のその二は、勅命を受けた宗教者が御所内で勤めた朝廷の祈禱である。御所での年頭から年末まで恒例の朝廷仏事、仏教の祈禱を例に略述する。

主なものに、年始に朝家国家を護持し五穀豊穣を祈る金光明会、同時に国家の豊饒安民を祈る後七日御修法、正月八日に天皇の玉体安穏を祈る大元帥法、十八日に観音供、二月・八月吉日に大般若経を読誦する季御読経、三月・七月吉日に仁王護国般若経を講讃する仁王会、四月八日釈迦誕生日の灌仏会、五月吉日最勝講、七月十四日の盂蘭盆供、十二月一年の罪障消滅を願う仏名会等である。この他に歴代天皇の命日の供養もあった。

これら御所での朝廷仏事は、明治四年（一八七一）にすべて廃止された（石川靖志「明治以降の皇室と仏教」・横山全雄

「天皇のために行われる仏教の祈禱」)。

このうち正月恒例の後七日の御修法は、玉体安穏・皇祚無窮、鎮護国家・五穀豊穣を祈る真言宗の仏事で、平安時代に空海により始められ、室町時代の戦乱で百七十年程途絶した後、元和九年(一六二三)東寺長者、三宝院門跡義演の願いを後水尾天皇が容れて再興され(『大日本史料』第十二編之六十)、明治四年(一八七一)の廃止まで宮中で続けられた。真言院の廃絶後は、御所の清涼殿に本尊宝生如来の大壇等を設けて東寺長者が大阿闍梨を勤め、高僧も出仕して加持祈禱が行われた。

年中恒例の仏事とは別に、黒戸では臨時の法会や加持祈禱も行われた。上皇や天皇の病気平癒等のため天台宗・真言宗の諸門跡に護摩を修させるもので、慶長三年(一五九八)から四年にかけての例では、毎月の様に諸門跡が交代し七日間の護摩が続けられた(『後陽成天皇実録』)。

御所での仏事を主催し祈禱を命令するのは天皇で、天皇・朝廷・国家のための仏事が、恒例や臨時で営まれた。天皇家・世襲親王家・摂家から天台宗や真言宗の仏門に入った門跡が、僧侶を従えて加持祈禱を担った。

寺社での祈禱

近世の天皇・朝廷の祭祀のその三は、寺社で行われた神道・仏教の祈禱であった。祈禱を主宰する天皇の命令は綸旨で、上皇の命令は院宣により、奉行・蔵人や院司から寺社伝奏・執奏家の回路で伝達され、寺社の宗教者が祈禱を担った。

臨時祈禱のうち、地震祈禱の例を宮内省が編修した歴代天皇実録から摘記・紹介する。大規模な地震があると、天皇は祈禱命令を発し、寺社で無事を祈禱させた。地震祈禱を担う寺社は、近世のなかで変動し、やがて七社・七寺に固定した。

文禄五年（一五九五）の地震の場合、神宮祭主藤波慶忠を伊勢神宮に、大納言勧修寺晴豊を青蓮院に派遣して、祈禱が命じられた。

寛文二年（一六六二）の地震により祈禱が命じられたのは、伊勢・石清水・賀茂下上・春日・日吉の五社と延暦・園城・東寺の三寺で、翌三年には、伊勢・石清水・賀茂・松尾・平野・稲荷・春日の七社と比叡山山門三塔等の四寺であった。

元禄十六年（一七〇三）の場合、上記の七社と仁和寺・延暦寺・園城寺・興福寺・東寺・広隆寺・法隆寺の七寺に祈禱が命じられ、御所の内侍所でも霊元天皇「出御」の神楽が修された。

寛延四（一七五一）、文政十三（一八三〇）、嘉永七（一八五四）、安政二年（一八五五）の地震の際も、同じ七社・七寺に祈禱が命じられた。

これらの七社は、衰退した神祇官に代わり院政期以降中世に朝廷が尊崇した二十二社のうちの上七社と一致する。近世中後期、畿内を中心とする上七社・七大寺が朝廷祭祀の担い手としてあらためて位置づけられ、国家的な祈禱の機能を担ったのである。

近世の天皇・朝廷のための祭祀は、神道・仏教によるものだけではなかった。陰陽道を家職として世襲した公家の土御門家は、天皇即位と将軍宣下のつど、京都・梅小路の邸内で天曹地府祭を行った（『陰陽道叢書３　近世』）。

三　近世の皇位継承と代替り儀礼の構成

近世の皇位継承儀礼についての研究史を整理すると、神道国教化を経た近代以降の通念の影響は大きく、中期に再興された大嘗祭という朝廷神事に重きを置く傾向が認められ、その成果の蓄積に比し、即位礼を含めた神仏分離以前の特質が検討されることは一九八〇年代（昭和）末から九〇年代まで少なかった。

近世の朝廷は神仏習合下にあった。天皇の即位に際しては、即位灌頂という中世以来の密教の儀礼が必ず行われた。即位灌頂については、中世史の研究がとくに進んでいる。

近世においては、〇〇天皇という諡号自体一貫していなかった。後桃園院までの歴代は「院」号追諡の例が踏襲され、「天皇」諡号が行われたのは、天保十二年（一八四一）の故上皇（光格天皇）からのことであった（藤田覚『幕末の天皇』）。付言すると、昭和天皇のような一世一元の元号による追諡は、明治天皇の一九一二年に始まり、二十世紀までなかった。

近世の皇位継承は、中世と同様に平安朝の「吉例」を踏襲することが重視され（『帝室制度史』三）、生前譲位による受禅が定例とされ主であった。践祚とは、譲位以前に天皇が「崩御」した際の異例の皇位継承を意味する言葉であった。寛政十年（一七九八）に成立した公家柳原紀光編纂の歴史書「続史愚抄」でも、受禅と践祚とは語彙を使い分けられている。

江戸時代、後光明院（承応三年〈一六五四〉）・桃園院（宝暦十二年〈一七六二〉）・後桃園院（安永八年〈一七七〇〉）の「崩御」に際しては、皇位継承者が未定であったため、天皇の喪は秘され、江戸幕府の決定を伝える関東から京都への飛脚を待って、新天皇の践祚が行われた。皇位継承を決定する主体が江戸幕府にあり、実態として天皇「崩御」後に皇位に空白の生じる例があったことは、近世の特質といえる。

通常の譲位・受禅による即位年齢は、十代の例が主であった。中御門院即位時（宝永六年〈一七〇九〉）に大納言一条兼香が「御歳十、童帝」（「兼香公記」）と記したごとく、幼年の天皇が即位することが多かった近世には、朝儀公事の主催や朝議の決定など朝廷内部の政務を上皇が執る院政が広く行われた。史上最後の光格上皇の院政は、天保十一年（一八四〇）まで二十余年続けられた（『皇室制度史料　太上天皇　三』）。この後、上皇は存在せず、院政はなくなった。

皇位継承者を男性皇族に限定し、生前譲位を廃止したのは、明治二十二年（一八八九）の大日本帝国憲法・皇室典範制定からであった。近代以降とは異なり、近世には、女帝が二人（明正院、後桜町院）、落飾し仏門に入道した法皇も二人（後水尾院、霊元院）いた。

近代以前、近世までの朝廷と天皇家は、神仏習合を旨とした。歴代天皇（院）の葬儀は仏式で挙行され、洛南の菩提寺、泉涌寺の墓地に葬られた。内裏には、歴代天皇の位牌と仏像を祀った黒戸と呼ばれる持仏堂があり、前節で述べたように天皇自らが御所の黒戸で仏を拝み、経や念仏を唱えて先祖供養の仏事を営んだ。

近世の皇位継承儀礼は、次の三者から構成されていた。

① 即位・受禅または崩御・践祚による剣璽渡御。

② 京都御所紫宸殿における即位。即位礼とも呼ばれ、朝廷の百官が参集した。次節でみる即位灌頂はこのとき行われた。

③ 大嘗会。紫宸殿南庭に設営された大嘗宮での十一月卯日深夜の秘匿された神事を大嘗祭といい、続いて公家・官人を集めて三日間行われた辰・巳・豊明の三節会も含めて大嘗会と総称した。

近世には、後陽成院から孝明天皇まで十六代全てが即位礼・即位灌頂を行ったが、大嘗祭には途絶・中断した時期があり、近世の天皇うち七代はこれを行わなかった。

四　即位灌頂

即位礼において紫宸殿の玉座、高御座に進むとき天皇は、両手で秘印を結び、心中に真言（呪文）を唱え、顕密的な宗教世界の支配者と考えられた大日如来と一体化する秘法を行った。密教に由来するこの儀式は即位灌頂と称され、十一世紀には成立し、北朝以降の歴代天皇によって実修された。

即位灌頂を行うため新帝は秘印と真言を口伝された。これを印明伝授といった。江戸時代以前には、印明伝授は、時の摂政関白の職にある人、「当職」の任とされた（寛文八年版『諸家家業』・「尭恕法親王日記」貞享四年〈一六八七〉四月二十五日条）。

正親町院への近衛家伝授の家伝（「義演准后日記」慶長十六年〈一六一一〉四月十二日条）や、後陽成院への関白豊臣秀吉による伝授の実例もあったが（「兼見卿記」天正十四年〈一五八六〉十一月二十五日条）、やがて五摂家のうちで二条家のみが伝授するようになった。

即位灌頂の印明伝授は、行粧を飾って参内し、即位という晴れの場に臨み天子の「御師範」として勤仕するもので（「二条家内々番所日記」）、藤原氏北家良房流の正嫡である摂家の間では、家の名誉をかけて近世に勤仕をめぐる確執が繰り広げられた。

江戸時代初頭、慶長十六年（一六一一）の後水尾天皇即位の時、二条家・近衛家は伝授をめぐり争い、大御所家康の裁定を経て前関白二条昭実が伝授した（「義演准后日記」）。光平以後歴代当主が室町時代の例に倣い将軍の猶子となり偏諱を拝領した二条家は、将軍家との親密な関係も後楯にし、江戸時代前期に多く摂関を占め、印明伝授を続けた。

貞享四年（一六八七）の東山天皇即位の時、父と幼くして死別した大納言二条綱平は、秘伝を体現しているか疑問を持たれ、伝授の資格を問われた。

五摂家のうち九条・鷹司の両家は競望しなかったが、摂政一条兼輝と左大臣近衛基熙とはそれぞれ家説を主張し伝授を願い出た。二条・一条・近衛三者の争論は、朝廷内で院政を敷く霊元上皇の裁定に委ねられた。

即位灌頂を実修した経験を持つ上皇は、三者の家伝をことごとく虚構として退け、父の後水尾院と自身とに共通した二条家からの伝授を「吉例」とし、自ら二条綱平に口伝を授け、新帝に印明を伝授させた（「霊元天皇宸記」・「基熙公記」）。家伝の存在を否定された一条兼輝は、摂政の名実を汚し、家の恥辱は論に堪えないと評された（「尭恕法親王日記」）。

大織冠藤原鎌足以来の家説と自負した近衛家は、なおも引き下がらなかった。享保二十年（一七三五）の桜町天皇即位に際し、関白近衛家久は、印明伝授を「朝廷の重事」に臨む「執柄の臣」（摂政・関白）の任であると主張した（「近衛家文書」）。朝議は騒動したが（「兼香公記」）、中御門上皇の裁定によって落着した。「即位灌頂のこと重事に候」と認識した上皇は、近衛家の家伝を尊重する旨の自筆の女房奉書を与えて家久を慰撫しつつ、近世の実績を根拠に、左大臣二条吉忠に伝授を命じた（『宸翰英華』）。

この後、印明伝授は二条家に固有な職能、家職とされるようになった（文政十一年〔一八二九〕成立「諸家々業記」・「二条斉信手記」）。即位灌頂印明伝授の二条家の家職は、享保度の争論を経て確立したのである。

二条家では、伝授の度に邸内の鎮守社や天神に勤仕の無事を祈った。直前の二日三夜には屋敷をあげて潔斎の「御神事」が営まれ、門には注連縄が引かれ、奥錠口を閉めきった殿中には湯火が掛けられた（「二条家内々番所日記」）。近世公家社会での神仏習合を示す行為といえよう。

表　近世の即位灌頂と印明伝授

即位灌頂日時	天皇(年齢)	伝授者(年齢)			伝授の場	備　考
天正14(1586).11.25	後陽成(16)	関白太政大臣	豊臣秀吉(51)		紫宸殿	
慶長16(1611). 4.12	後水尾(16)	前関白	二条昭実(56)		紫宸殿ヵ	
寛永 7(1630). 9.12	明　正 (8) 女帝	右大臣即位内弁	二条康道(24)		紫宸殿	
寛永20(1643).10.21	後光明(11)	摂政	二条康道(37)			
明暦 2(1656). 1.23	後　西(20)	関白	二条光平(33)			
寛文 3(1633). 4.27	霊　元(10)	関白	二条光平(40)			
貞享 4(1687). 4.28	東　山(13)	権大納言	二条綱平(16)		常御所	前日伝授
宝永 7(1710).11.11	中御門(10)	権大納言	二条吉忠(22)			
享保20(1735).11. 3	桜　町(16)	左大臣即位内弁	二条吉忠(47)	服喪	朝餉間	前日伝授
延享 4(1747). 9.21	桃　園 (7)	内大臣	二条宗基(21)			
宝暦13(1763).11.27	後桜町(24) 女帝	権大納言右大将	二条重良(13)		朝餉間	
明和 8(1771). 4.28	後桃園(14)	権中納言左中将	二条治孝(18)		朝餉間	
安永 9(1780).12. 3	光　格(10)	権大納言	二条治孝(27)	服喪	記録所	前日伝授
文化14(1817). 9.20	仁　孝(18)	内大臣	二条斉信(30)	服喪	小御所	前日伝授
弘化 4(1847). 9.22	孝　明(17)	権大納言	二条斉敬(32)	服喪	小御所	前日伝授

〔典拠〕　山口和夫「近世即位儀礼考」(『別冊文芸 天皇制』)・『歴代天皇実録』

　貞享度（貞享四年〔一六八七〕）の争論の際、霊元上皇と左大臣近衛基熙との対談では、「後水尾院仰せて云はく、灌頂の事、朝廷の大事たるの間」、「この儀、朝家にとり大事」という発言がなされた（「基熙公記」貞享四年四月十六日条）。享保度の中御門上皇や関白近衛家久も同様の考えを持っていた。

　近世の院や関白等が「朝廷の大事」としていた即位灌頂は、二条家という公家の家職に支えられつつ、近世を通して欠かさず維持された、神仏習合に由来する即位儀礼なのであった。

五　大嘗祭の再興

1　大嘗祭再興をめぐる朝幕関係

応仁・文明の乱により、室町幕府とともに朝廷の政治的・経済的基盤は大きく動揺した。経費不足と少なからぬ公家衆が京都を離れての要員不足とから、様々な朝廷の儀式が途絶していった。大嘗祭も、後土御門院の文正元年（一四六六）を最後に天皇九代、二百二十一年にわたって廃絶した。

貞享四年（一六八七）東山天皇代始の再興は、久しく絶えていた立太子礼を経た皇太子からの即位という「嘉例」を名目に、「朝廷復古」（朝儀再興）を希求した霊元上皇の幕府への働きかけによって実現した。けれども朝廷財政を掌握・保障した幕府が、新たな支出増加に難色を示し、従来の譲位・即位用途内での挙行を許容するに留めたため、経済的な負担は公家衆や官人たちにも転嫁された。財政上の制約から三日間の節会を一日に短縮するなど儀制の不備が著しかったことは、左大臣近衛基熙等の批判するところとなり、朝廷内には確執が残った（武部敏夫「貞享度大嘗会の再興について」）。

つぎの宝永度の中御門院代始には、大嘗祭は行われなかった。その事情は、くだって享保十九年（一七三四）十月、武家伝奏中山兼親から京都所司代土岐頼稔に宛て当時の朝廷の見解を公的に伝えた書状の次の一節に見ることができる（『神道大系　朝儀祭祀編　4　践祚大嘗祭』）。

先年　霊元院御在世の内、主上（中御門天皇）へ堅く　勅約の御訳これあり候故、大嘗会の儀、御沙汰及ばれず候、（前後略）

霊元院の意向により中御門天皇との間に「勅約」（勅諚での約束）が結ばれ、挙行が見送られたのである。ここでは、当時、院政を敷いた法皇と孫の天皇とが、大嘗祭を皇位継承に必須不可欠な儀礼とは考えていなかったことに注意し、確認しておきたい。

一代五十一年の中絶の後、元文度桜町院代始（元文三年（一七三八））に、将軍吉宗の幕府主導により（『徳川実紀』）、近世二度目の再興があった。幕府が新たに臨時用途を支出し、節会が三日間に復するなど、その規模は貞享度を上回った（武部敏夫「元文度大嘗会の再興について」）。

将軍吉宗の政策意図は、朝廷権威を将軍権力に協調させて政治秩序を再編することと理解されているが（高埜利彦「近世における即位儀礼」）、これ以後、大嘗会は歴代天皇の代始に元文度の儀制を踏襲して挙行されていった。

2　大嘗宮の設営と大嘗祭の基盤

大嘗祭が再興され定例化すると、祭祀の場、大嘗宮（悠紀殿・主基殿）はそのつど京都御所の紫宸殿南庭に設営され、明治天皇までの歴代はここで神事を行った。

大嘗祭の作法は、寛延元年（一七四八）十一月七日、桜町上皇（父）から桃園天皇（子）へと伝授され（『八槐記』）、傍系の閑院宮家から皇位を継承した光格天皇はやはり経験者（もと女帝）の後桜町上皇から天明七年（一七八七）十一月十三日に伝授を受けた（「禁裏執次詰所日記」）。

秘儀性の高い神事で、その祭祀の所作は、天皇家のなかで一子相伝により維持されたのである。

近世を通して、大嘗祭の神饌の米を供する悠紀国は近江、主基国は丹波に固定された。海亀の甲羅を用いた国郡卜定は行われたが、郡・村が移動するに留まった（『大嘗祭史料鈴鹿家文書』）。

大嘗宮の壁代にあてる畳表も、近江国産に定例化された（『近江蒲生郡志』五）。近世中期以降の朝廷は、幕府により設定・管理された山城国七郡と丹波国桑田郡内に三万石の「禁裏御料」を有したが、近江には天皇の所領はなかった。孝明天皇代始の大嘗祭の例では、悠紀所の近江国甲賀郡南土山村は幕府直轄領であった。また、禁裏料の村々から木材を調達するにも、朝廷独自の実施機構はなく、幕府の京都代官が指示して行った（『日本林制史資料』）。近世の大嘗祭の特色を挙げると、主要物資を供給する村々は畿内近国に限られ、財政的・物質的基盤は江戸幕府の管理下にあった。

さらに、平安時代以来中世まで続けられた天皇の賀茂川への潔斎の「御禊行幸」も、江戸幕府が認可せず、行われることはなかった（高埜利彦「江戸幕府の朝廷支配」）。

六　習合の喪失――神仏分離と皇位継承儀礼・天皇祭祀の変容――

1　神仏分離の影響

「朝廷の大事」とされた即位灌頂、御所での仏事、天皇自らの黒戸での読経・拝礼。これら近世の天皇が営んだ仏事を一掃したのが、明治初年の神仏分離であった。

けれども、神仏分離は明治初年、急遽短期に起こったのではなく、江戸時代のなかで緩やかに時間をかけた仏教色排除、神仏習合喪失の動きがあった。

大嘗祭は、貞享四年（一六八七）朝廷から幕府への再興の働きかけにおいて、「本朝専要の御神事」とされた（『神道大系　朝儀祭祀編　4　践祚大嘗祭』）。

貞享の大嘗祭が実施されると、神事期間中、御所周辺では仏教的な要素は、死等の穢とともに忌まれ、厳しく排除された、禁裏・仙洞両御所への僧尼や服忌中の輩の参内・参院は停止された（「尭恕法親王日記」）。御所の内では、歴代天皇の位牌も撤去すべきかが論じられ、屏風や障子に描かれた仏や僧の絵画は白紙で覆い隠され、内侍所をはじめとする所々には吉田神社の札が放たれた（「基熙公記」・「尭恕法親王日記」）。

近世最初の大嘗祭挙行における一連の排仏排穢措置は、故実・先例を志向したものではあったが、二百二十余年の空白を経たこのとき、体験者は一人もなく、慣れ親しんだ神仏習合状態から突出するものと受け止められた。

霊元上皇の意を受けて儀式を総括したのは摂政一条兼輝だったが、天台宗妙法院門跡の僧籍にあった霊元の実兄、尭恕法親王は極めて批判的で、日記に「今度行わるる大嘗会の事、公武一人も甘心せず、すべて摂政（一条兼輝）一人の計なり」と排仏措置への反感を書き綴った。左大臣近衛基熙も、「惣じてこの間の体たらく、邪神時を得るなり」と先例からの逸脱に対する批判を書き連ねている（「基熙公記」）。

元文三年（一七三八）大嘗祭が再興され、以後定着してからは、しかし、神事期間中の仏事や穢に対する排除は、さらに徹底されていった。

京の市中にも幕府の町奉行所からの触が布達され、庶民たちも禁忌を規制されるようになった。仏事勤行は「穏便」を旨とされ、御所から聞こえる範囲の寺々の鐘の音は停止させられた。寛延度からは「諸事慎み」が令せられ、四条河原の芝居興行も停められた。御所周辺の公家町を囲む築地内での「僧尼法体の輩」・「不浄の輩」の往来は全面的に禁止された（以上、『京都町触集成』）。

公家たちは、屋敷の門に「大嘗会神事也、僧尼・重軽服・不浄の輩、来入すべからず」等と記した札を立てて注連縄を張った（吉岡真之「紙簡」）。

大嘗祭の神事において、仏僧は不浄な存在と併記一括され、公的に排除・隔離されたのである。

江戸時代の幕府法で「不浄」とは、血や死・産の穢を意味した（『御触書寛保集成』）。死等の穢を忌む服忌の制は、幕府では元文度服忌令で整えられ、朝廷では令制の規定に回帰し（「兼胤卿記」宝暦二年〔一七五二〕十二月二十二日条）、十八世紀中期以降になると確実に整備されていった。

延享元年（一七四四）六十年周期の甲子改元を報告する七社・宇佐・香椎奉幣使発遣の儀が再興された。続く文化元年（一八〇四）、元治元年（一八六四）と継続・定着するなかで、時期が下がるごとに奉幣使の沿道では、死穢や仏教的要素に対する排除は拡大していった（高埜利彦『近世日本の国家権力と宗教』）。

大嘗祭神事期に仏教的要素を排除隔離する措置は、天皇自らが拝礼し、仏像や歴代天皇の位牌を祭った持仏堂、御所内の黒戸にも及んだ。

文政元年（一八一八）仁孝天皇の大嘗祭に先立つ十月二十四日、黒戸の器物は長持三棹に収納されて搬出され、尼門跡第一の大聖寺に預けられた。御所に戻されたのは、神事が終わった後の十二月九日であった（『仁孝天皇実録』）。

このように近世中後期の社会では、度々の朝廷神事を契機に神道的な排仏排穢観は拡大する傾向にあり、習合の喪失が進行した。

2　大嘗祭に対する意識の変化

大嘗祭についての人々の意義付け、考え方も変化した。元文三年（一七三八）再興時の関白一条兼香は、日記に「大嘗会ハ、天子自ラ天神地祇御祭なり」と記した（「兼香公記」元文二年十二月十五日条）。天皇が神を祭る、という中世以来の大嘗祭観・神道観を受け継ぐ記述である。

この後、本居宣長の復古神道からは、大嘗祭の祭祀により天皇自身が神格化するという理解に転換を遂げた（宮地正人「天皇制イデオロギーにおける大嘗祭の機能」）。

後期水戸学を代表する会沢正志斎の文政八年（一八二五）の著作「新論」は、幕末に広く受容されたが、大嘗祭を「神州」の「国体」を維持する礼制の中枢に位置づけている。

復古神道・国学思想高揚のなかで、十九世紀になると大嘗祭観が変化し、天皇が神を祭るものから転じて天皇自身が神格化すると考えられるようになったのである。

この間、即位灌頂の動向をみると、寛文三年（一六六三）霊元院代始の関白二条光平を最後に、二条家当主は、天皇代替時の年齢構成と摂関人事とから、左大臣、内大臣、大納言、中納言の身で伝授にあたった。寛文以降、二条家当主が即位礼で紫宸殿の高御座の左の「殿下御座」を占めることはなくなった。

幕末期の即位式時に当主たちに喪が続き、即位式当日の参内は死穢を忌んで停められ、印明伝授の日は即位・即位灌頂の前日となり、伝授の場も紫宸殿を離れ、清涼殿の朝餉間や小御所に移っていった（表参照）。即位式からの印明伝授の時間的空間的分離の進行である。

弘化四年（一八四七）の孝明天皇即位と即位灌頂の前日、大納言二条斉敬は小御所で結果として史上最後の印明伝授を行った。当時の公家たちは日記に、「天子即位礼を行う、もっとも天下大事なり、この時に当たり仏家の事を用いらるるの条、甚だ謂われなし」（「野宮定祥日記」）、「この事、有志の人々庶幾わず」（「東坊城聡長日記」）と記した。仏教の即位灌頂を全面的に否定する排仏論の高揚をみとめることができる。

ついで「王政復古」を経た明治元年（一八六八）の明治天皇即位の際、神道儀礼化が追究され、唐（中国）の影響や習合的な要素は否定され（高木博志「明治維新と大嘗祭」）、即位灌頂は廃止されて今日に至っている。

七　本章の結びと近代以降の展望

1　近世天皇祭祀の特徴

近世には、御所に黒戸という持仏堂があり、天皇自らが経や念仏を唱え、仏像に拝礼し祖先祭祀の供養を行っていた。

近世の皇位継承に際し、天皇は必ず印明伝授を受け、即位灌頂という密教の修法、仏事を実施した。

けれども、近世後期になると、天皇や神道・仏教に関する公家社会内外の価値観の転換が進み、皇位継承儀礼の意義づけも変容し、明治初年から仏教由来の即位灌頂は廃止された。御所から黒戸の建物も仏像・仏具もろともに一切が撤去された。神仏分離である。

ここで、近世の天皇祭祀の特質を六つに整理する。

第一に、天皇自らが行う祭祀にも、行わせた祭祀にも、神事・仏事の両種が併存した。さらには、陰陽道の祈禱もあった。

第二に、近世の天皇祭祀は、公家らが家ごとに世襲した家職に支えられて続いた。天皇が即位灌頂で手に結ぶ印と唱える真言とは、二条家当主が歴代天皇に伝授した。毎朝の御拝や内侍所御神楽御拝等の所作は、神祇伯と神道を世襲した白川家当主が歴代天皇に伝授して維持された。天皇の即位時には、陰陽道と陰陽頭の官職を世襲する土御門家が天曹地府祭を行った。公家たちが官職や職能を世襲して天皇・朝廷に奉仕する体制は、近代になり解体されるまで続いた（山口和夫「近世の家職」、本書第三部第一章）。

第三に、江戸幕府の朝廷統制の枠組に規定され、その許容範囲内で祭祀は実施された。皇位の継承も、生前譲位による受禅を基本とした。皇位継承者はすべて江戸幕府の承認を得て決定された。女帝の例もあった。即位式・大嘗祭・新嘗祭は、朝廷独自の財力では行えず、幕府からの財政出動に依存した。大嘗祭の物質的基盤も、多く幕府管理下の畿内周辺地域に限定された。

第四に、近世中期、享保度（享保二十年（一七三五））までの皇位継承では、院や関白によって密教的な即位灌頂が「朝廷の大事」として重視され、幕末まで維持された一方で、霊元院と中御門天皇との間の勅約が示すように、大嘗祭は見送られることもあり、必須不可欠とはされていなかった。なお補足すると、即位礼は必ず挙行され、幕府法の規定により諸大名が朝廷・幕府双方に「御祝儀献上」をしたが、大嘗祭には廃絶・途絶があり、再興された後も大名からの献上はなかった（『御触書集成』）。江戸時代には即位灌頂を含む即位礼が先にあり、幕府からも重視され続けたといえる。

第五に、近世後期になると、宗教観を転換させる変化が生じた。大嘗祭や新嘗祭・甲子改元奉幣使等の朝廷神事が拡大・定例化し、国学・神道学が深化するなかで、最重要の神事の大嘗祭を行うことで天皇が神格を獲得するという宗教観が創出され、伝播した。神仏隔離の措置や排仏排穢観も拡大し、習合の喪失が進行した。幕末の公家社会には、即位灌頂を忌み否定する考えが強まり、明治天皇即位の際ついに廃止へと転換した。

第六に、近世を通して民衆が大嘗祭を「奉祝」する制度・体制はなかった。(補注)大嘗祭に際しては京の洛中洛外に触が流されたが、その趣旨は神事挙行上の必要から人々に静粛を強制するものだった。

ところが、明治四年（一八七一）の明治天皇大嘗祭を「国家第一ノ重事」とした神祇省告諭（『京都町触集成』）から国民が大嘗祭を「奉祝」する体制へと変化していった。

2　近代以降の天皇祭祀

本章の最後に、近代以降の天皇祭祀を展望する。

神仏分離によって近世までの天皇が自ら行った仏教の祈禱や朝廷の仏事は廃止された。近世までの神仏習合と即位儀礼は、近代化の過程で整理・清算され、神道の立場から純化されていった。

皇室典範の制定（一八八九年）、登極令の公布（一九〇九年）を経て、近代天皇制の皇位継承儀礼は確立した。生前譲位はなくされ、皇位は「崩御」を機に皇男子のみで継承されるものと規定された。

大正度（一九一五年）の即位礼と大嘗祭は新暦十一月中に京都御所で相次いで挙行されたが、二つの儀式の時間的な近さは、大礼使事務官を務めた柳田国男が「歴朝ノ前例」をみないと記すものとなった（「大嘗祭ニ関スル所感」）。

大正期以降になると、国学者や民俗学者によって大嘗祭を皇位継承儀礼の中核に位置づける理解が発信され、社会に定着していった。やがて即位儀礼に関する「国史学」の叙述も大嘗祭が中心となり、かつて「朝廷の大事」とされた即位灌頂の存在が顧みられることは少なくなった。

明治時代から天皇の居所は、京都御所から東京の宮城（旧江戸城、現在の皇居）へ移った。京都御所の内侍所にあった神鏡は、東京の宮城内の賢所に移され、社家出身の女性、内掌典が奉仕した（高谷朝子『宮中賢所物語』）。宮城内には、天照大神を祭る賢所とともに、歴代天皇等を祭る皇霊殿、八百万神を祭る神殿の宮中三殿が新設された。

明治維新後、廃仏毀釈・神仏分離のなかで京都御所の黒戸も廃され、位牌・仏像・仏具も御所の外に出された。撤去された位牌や念持仏・仏具は、最終的に天皇家の菩提寺泉涌寺に安置され（石川靖志「明治以降の皇室と仏教」）、黒戸の建物自体も解体されて同寺内へと移築され、海会堂となった。

御所に黒戸があった近世には、天皇自身による祖先供養の読経・念仏が行われたが、東京遷都の後、歴代天皇の霊は宮城内の皇霊殿に祭られ、神式の祭祀が始められた。

近現代の天皇が自ら行い、あるいは主催する祭祀は、新設の宮中三殿での神事が主体となった。けれども、天皇祭祀の神事が近代以前の姿をそのまま伝えている訳ではないことにも留意したい。平安時代に始まり、中世・近世を通じて維持された御所清涼殿での毎朝の御拝が明治になり廃止され、宮中三殿での掌典または侍従による代拝へと改編されたのはその一例である。天皇の行う神道の祭祀にも近代の再編が加わっているのである。

参考文献

近世の天皇・朝廷と神道・仏教、宗教については、次の二冊の書物を参照されたい。
高埜利彦『近世日本の国家権力と宗教』（東京大学出版会、一九八九年）
高埜利彦『近世の朝廷と宗教』（吉川弘文館、二〇一四年）
古代、中世、近世、近代の皇位継承と即位灌頂・大嘗祭については、次の雑誌が有用である。
『別冊文芸 天皇制』（河出書房新社、一九九〇年）

天皇・朝廷と仏教・仏事の関係については、次の仏教雑誌特集号が参考に資する。『大法輪』七九―一二（特集「知っておきたい天皇と仏教」、二〇一二年十二月）

補注

近世には、江戸幕府が大嘗祭を「奉祝」させる体制ではなかった。即位式については、京都町奉行所が札を管理して一部庶人に開放する制度があるものの（『京都町触集成』）、厳粛さに乏しい見物であったことが指摘されている（森田登代子『遊楽としての天皇即位式』ミネルヴァ書房、二〇一五年）。

〔付記〕

本章では、紙幅の限りと筆者の準備とから、譲位後の上皇やさらに仏門へ入った法皇が近世の仙洞御所ほかで行った祭祀・祈禱についてはは言及できなかった。今後の課題としたい。

第五章　朝廷と公家社会

一　はじめに

本章の課題と視角

統一政権に先行する領主集団、朝廷は豊臣政権・江戸幕府の成立過程で知行充行・諸法度を媒介に役と身分を設定され、政治的宗教的機能を果たし、近世に存続した（山口・一九九六）。朝廷は固有の機能を担う複合的な身分集団で、天皇・諸公家・諸門跡・地下役人等の家を基礎単位に役儀を分掌し、近世の体制に寄与した。

天皇と治世の院は、近世の権力の編成を受容した集団の頭といえる。五摂家は、豊臣家に奪われた家職の関白を徳川家康の後援で回復し、諸法度の条文や事件処理の過程で幕府から朝廷運営の責務を委ねられた。公家集団の老臣の家といえる。堂上諸家は、番衆・後宮を供給する母体で天皇家を支えた人的基盤を成した。

本章では、元和元年（一六一五）の「禁中幷公家中諸法度」第一条で天皇の本務を規定され、第七条で公家身分を確定され（山口・一九九五ａ）、近世化を遂げた後の朝廷と公家社会の展開を主題に、近世政治社会における朝廷勢力の基本的位置と集団内部の構造について論じる。集団外の諸身分との関係や研究蓄積の薄い近世京都の公家町の問題にも言及する。(補注1)

その際、研究史を顧み（山口・一九九五ｂ、藤田・一九九九、高埜・二〇〇一、橋本・二〇〇二、高木・二〇〇三等）、次の点に留意して進めたい。すなわち、第一には公武・朝幕の確執を過大視する傾向の克服。朝廷の自律志向と武家による統制とは時に確執を生じたが、構造的理解を期す。第二に、豊臣政権期から近世中期以降の通史的展望を示し、江戸時代朝幕関係史と事件中心史観を止揚する。第三に、近世固有の朝廷の内部構造の解明と成員個々の機能の動態的把握。天皇家は公家社会とともに近世の統一知行体系に組み込まれ、生前譲位と神仏習合を常態とした。近代天皇制の相対化が必須で、院とその機構は特に重要な要素である。第四に、宗教的機能や文化の検証である。以下、先行研究に学ぶとともに、史料に即した基礎的事実の確定と事例分析を加え、作業仮説を示したい。

近世朝廷の知行―江戸幕府による拡充

朝廷は、近世の国是となったキリシタン禁制に早期から積極的に取り組んだ（村井・一九八七）。豊臣政権・江戸幕府は一貫して朝廷の構成員に経済的基盤を保障し、体制のために機能させつづけた。慶長六年（一六〇一）徳川家康は禁裏（後陽成天皇）料一万石余を確定し（藤田・一九三七）、二親王家・五摂家・諸公家父子七九名約三万石、局方・内侍所二百石・女院（国母新上門院勧修寺晴子）二千石・女御（近衛前子）六百石等十八件四千二百九石、門跡衆・院家二十九件一万六千六百八十一石、比丘尼御所十七件二千六百五十三石余、地下官人（西村・二〇〇三）・御所役人九十九件二千九十八石余の計五万五千九百二十一石余の知行地を確定した（「京都諸知行方目録」）。将軍秀忠は元和三年（一六一七）諸大名・公家・門跡・寺社に領知判物・朱印状を発給し、元和五年には堂上新家等に新地を充行った（『大日本史料』第十二編）。寛永期加賀前田家に仕えた小瀬甫庵の著「永禄以来事始」は、秀忠の治世下に摂家・親王家・大臣家や諸公家・諸門跡の江戸参礼が始まったと記す（嗣永・一九八二）。関白九条忠栄の例では、元和七年辞職と江戸下向の内意を示したが、秀忠が延期させ（「江戸幕府朱黒印内書留」一）、翌八年江戸に下り（『大日本史料』第十二編之四十九)、九年将軍家光が近衛信尋を関白職に就けた(「関白宣下里亭次第」)。

慶安四年(一六五一)の「諸家元和三年以来新領知之帳」によると幕府は、摂家九条家・諸家・諸門跡への加増、高松宮や堂上新家への新知、後水尾院・東福門院徳川和子夫妻の女二宮(近衛尚嗣室)・女五宮(二条光平室)各三千石、禁中(後光明天皇)・仙洞(後水尾院)・新院(明正院)の女中や一条教輔室(家光養女)等合計六十四名に約二万石を新たに給付している(「壬生家記録」七)。地下の知行も、万治三年(一六六〇)には地下官人・摂家諸大夫・北面等百二十七件二千三百六十二石余に増やしている(同)。元和九年幕府は禁裏(後水尾天皇)に一万石を加増し、寛文三年(一六六三)から延宝六年(一六七八)の間、禁裏(霊元)二万石・法皇(後水尾院)一万石・本院(明正院)五千石・新院(後西院)五千石・女院(東福門院)三千石の計四万三千石の料所があった(蘆田・一九三七)。十七世紀後半には、朝廷関係の知行高は概算十一万六千石に達した。

文政十一年(一八二八)幕府普請改方本を書写した系統の「禁裏御料公家衆家料村方帳」でも、院の群立が解消した十九世紀前半に山城と近国で十一万石強を維持している(「筆叢」十六)。

幕府は十七世紀には朝廷の構成員を拡充し、積極財政路線を採った。寛永三年(一六二六)の後水尾天皇の二条城行幸は、天正十六年(一五八八)の後陽成天皇の聚楽第行幸を凌駕すべき盛儀で、幕府は行幸御殿を新営し、公家衆には供奉の装束料を与えた(「泰重卿記」)。寛永十一年の家光の上洛時には、京の町中に銀五千貫を配分した(『大日本近世史料細川家史料』十八)。

幕府は緊縮財政に転じたが、宝永七年(一七一〇)九月十六日中御門天皇の元服装束料に白銀三万両を(「議奏日次案」)、延享三年(一七四六)三月二十七日桃園天皇の立太子・受禅前に親王料千俵を(「通兄公記」)、宝暦四年(一七五四)十一月九日桃園天皇女御一条富子の装束料に白銀二百貫を支出し女御御殿・里御殿修復を承諾したように(「広橋兼胤公武御用日記」）、一定水準は維持した。

二　構成員と機能

政治的宗教的機能

政教一致の近世社会では、諸身分の編成に官位制が機能した（宮地・一九八一）。領主階級の統合と序列化のため武家への官位叙任が、秀吉や将軍家主導で進められた（山口・一九九九ａ）。僧位僧官・社家官位の叙任（高埜・一九八九）、職人受領の口宣案・永宣旨発給もあった（山口・一九九〇ａ）。

習合の時代、歴代天皇は中世以来の顕密体制を具現化する即位灌頂を実修した（上川・一九八七、山口・一九九〇ｂ）。天皇は内侍所の神楽を主催し、豊臣家や徳川家のための祈禱を神楽衆の公家・官人諸家や女官とともに担った。秀吉を豊国大明神、家康を東照大権現に祭る宣命と正一位位記を発給し、祭礼・法会に勅使を派遣し、勅額や縁起・贈経に執筆した。寺社に綸旨・院宣を下し、国家安全や天皇家・豊臣家・徳川家のため祈禱を命じることもあった。通時的な構造変化を述べる前に、本節では、集団の構成員とその機能について概説する。

天皇家と後宮・門跡

近世の天皇家は北朝（持明院統）の系統で、一夫多妻・男系中心で相続された。戦国期に窮乏から生前譲位は途絶し、正親町天皇は、明応九年（一五〇〇）在位のまま死去した後土御門天皇以来の宿願を織田信長に書き送っている（『宸翰英華』一―四二一）。天正十四年（一五八六）秀吉により後陽成院への譲位が実現した。皇位継承儀礼の用途、内裏・院御所の整備、院の料所は、豊臣政権・江戸幕府が賄い、譲位には武家の事前承認を要した（後水尾院は例外的に事後承認を得た）。近世には院が十一人いて、二人は法皇で六人が院政を敷いた。在位中も譲位後も移動は制限された。穢忌避の習律、供連の儀制の経費抑制が理由として想定できる。近現代と異なり御所には位牌を祀った持仏堂の黒戸があり、歴代天皇は泉涌寺に葬られた。

後陽成天皇の場合、天正十六年（一五八八）の聚楽行幸時、秀吉から公家衆支配と知行再配分の権限を保障された（山口・一九九六）。正妃は摂家出身の女御近衛前子で、その皇子は本家と摂家を継ぎ（後水尾院・近衛信尋・一条昭良）、高松宮好仁も幕府から千石を給付され世襲親王に取り立てられた。女院となり廷臣の官位昇叙も斡旋した（「泰重卿記」寛永二年五月十日条）。後宮には職階があった。後陽成院自筆の「禁中女中衆覚」（『宸翰英華』一―五五〇）によると、典侍五人・内侍四人は堂上家、命婦四人は地下の典薬や社家の出である。大納言日野輝資の娘藤大典侍輝子の子尊性親王は大覚寺門跡を継いだ。地下の春日社家中東時広の娘土佐局の子道周親王は、元和八年（一六二二）十一月十日故院生前の厚意と将軍秀忠の決定で、照高院門跡に入寺し知行千石を給された（「春日社司祐範記」）。後宮の女中は、天皇のため誕生日等に諸社への祈禱も管掌した（「御湯殿上日記」延宝五年〔一六七七〕五月二十五日条等）。

長命を保った後水尾院・霊元院は譲位後も二度の院政を敷き、後宮に子を儲け続けた（霊元は後水尾院が落飾・入道し法皇となった後に出生）。皇子女は、天皇家・世襲親王家の外に天台・真言等の宮門跡・尼門跡にも入寺した。近世の門跡は諸宗の本山として本末体制編成に寄与し、将軍から知行を給され、国家安全鎮護や天皇家・将軍家のため加持祈禱を担った（高埜・一九八九）。新設の輪王寺宮門跡は、江戸の東叡山寛永寺本坊に常住し、日光山東照宮の祭祀を担った（「社家御番所日記」）。宝永七年（一七一〇）無住だった実相院門跡の院家等が、十月十六日附霊元上皇院伝奏雑掌充の書状（「旧京都帝国大学法学部日本法制史々料」五〇〇五）で生後一ケ月の院の第十五皇子を望んだように、天皇家の子は、近世の政治社会の体制下で仏教の役務も期待された。

元禄四年（一六九一）八月十八日、後西院皇子実相院義延親王が不行跡のため所司代により蟄居させられた（「基熈公記」「尭恕法親王日記」「兼輝公記」）。朝廷の上級構成員に対する人身支配を幕府が執行した事例である。この場合、集団内の自治は必ずしも貫徹されなかったといえる。

世襲親王家

一夫多妻制でも天皇家の継承は難しかった。正長元年（一四二八）にも天皇家に後嗣なく、伏見宮彦仁（後花園天皇）が践祚している。近世には在位中に病死した天皇が六人と女帝二人とがいた。正妃の所生は男帝四・女帝二人で、姉弟・兄弟等親子間以外での継承が六件あった。後宮に加え武家が分家を整備し、本家の相続を補完した。天正十八年（一五九〇）秀吉は後陽成天皇の同弟母弟六宮（智仁親王）に三千石を与え（「晴豊公記」）八条宮家を創設した。慶長三年（一五九八）秀吉の死後、後陽成天皇は親王への譲位を望んだが、家康が諫止し未遂に終わった。承応三年（一六五四）後光明天皇が後嗣なく急死し、将軍家綱から千石を給され江戸に参礼した難点のある花町宮良仁親王（後西天皇）が、後水尾院・東福門院の判断と家綱の承認を得て異母弟霊元の成長まで中継ぎとして践祚した（「宣順卿記」）。宝永七年（一七〇五）幕府は東山院皇子直仁親王に千石を給し閑院宮家を新設し、安永八年（一七七九）後桃園天皇が病死し皇位に空白が生じ、聖護院入寺を予定されていた閑院宮典仁親王の第六王子が践祚した（光格天皇）。

世襲親王家の相続には、幕府が介入することもあった。安永三年（一七七四）空主となっていた伏見宮家の場合、朝廷では桃園天皇の皇子出生を待っていたが、将軍家治の申し入れを容れて勧修寺門跡に入道していた四十三歳の邦頼を還俗・相続させた（「八槐記」）。親王家の娘は、徳川諸家にも嫁いだ。

「禁中并公家中諸法度」第一条

「禁中并公家中諸法度」は大御所家康・将軍秀忠・関白二条昭実連署で、禁中に公家衆を召集して発令された（『大日本史料』第十二編之二十二）。第一条では、「一、天子諸芸能の事、第一御学問也、（下略）」と規定した。「芸能」の語は鎌倉時代から室町時代にかけて書き継がれた「二中歴」に拠ると（橋本・菊池・一九九八）、「徳行・言語・政事・文学」の四科から構成される言葉である。

この条文は、建暦三年（一二一三）順徳天皇が著した「禁秘抄」の「一、諸芸能事」の箇条が、管絃・音曲関係を除いて引用され（補注2、松澤・二〇〇七）、「貞観政要」も部分引用され、法度固有の字句は冒頭の「天子」の二字と末尾の「禁秘抄に載する所、御習学専要に候事、」の章句のみである（河内・一九九五）。漢籍「貞観政要」は平安初期に将来され、文明十六年（一四八四）後土御門天皇が三条西実隆に校合させ、慶長五年（一六〇〇）徳川家康が伏見で出版させ（池田・二〇〇二）、後には将軍家光・吉宗や桃園天皇・光格天皇が進講を受ける等（「大日本史料総合データベース」）、中近世を通じて公武で受容された。

同じく第一条で誦習するよう規定された漢籍「群書治要」も、寛弘元年（一〇〇四）藤原道長から一条天皇に献上され（「御堂関白記」）、鎌倉時代の朝廷で受容され（「大日本史料総合データベース」）、金沢文庫本を入手した家康が駿府版銅活字で出版し（住吉・一九九六）、寛永二年（一六二五）四月十九日家光から後水尾天皇に進上されている（「泰重卿記」）。

第一条は、末尾に加えられた字句が重要である。「禁秘抄」は、「賢所」（内侍所）の記載に始まり宮中神事が重視され、永禄五年（一五六二）正親町天皇が三条西公条から進講を受けている（「御湯殿上日記」）。京都御所東山御文庫所蔵

「禁秘抄」の奥書には、正和五年（一三一六）花園天皇の禁裏本から某写→文明九年（一四七七）中院通秀写→慶長二年（一五九七）細川幽斎写という転写関係がみえる。法度以前から朝廷で受容されてきた書である。第一条は、内容面では伝統的な政事・祭事・文学（和歌）を含む学問の体現という前代からの規範を踏襲しているが、天皇の職分を近世の公武の実力者が規定し、法度で拘束し制外性を否定した点に画期性がある。

近世の天皇が体現・実修・相伝したもの

中世以来の即位灌頂は、孝明天皇まで続けられ、神仏分離により廃された。その印明（秘印と真言）は、後陽成天皇には関白秀吉が、後水尾以降の歴代には二条家が伝授した（山口・一九九〇a）。歴代天皇は毎朝の神拝も続け、その作法は代始めに白川神祇伯家から伝授された（橋本・二〇〇二）。

年頭には四方拝も行った（「後水尾院当時年中行事」・「当今（中御門）年中行事」）。不調時・諒闇中や政務委譲前の幼帝と女帝とは行わず、江戸時代前期には明正天皇在位十四年と後光明天皇代始八年・霊元天皇代始五年の中絶があった（「公卿補任」・「史料稿本」）。貞享五年（一六八八）霊元院は後花園院以来中絶していた院の四方拝を再興した（山口・一九九八a）。以後、後桜町天皇在八年・後桃園代始七年・光格代始七年・孝明代始五年の空白を除き、男帝成人までは院が四方拝を行う体制が、光格上皇の文政十年（一八二七）頃まで続けられた（「公卿補任」・「史料稿本」）。四方拝は近現代の宮中祭祀に引き継がれ（川出・一九九〇）、昭和天皇は空襲警報下にも実施している（『徳川義寛終戦日記』、藤田尚徳・一九六〇）。

近世の歴代天皇が伝授を受けた学問の体系を「御読書始」・「諸道御伝授」（「続史愚抄目録」一）から確認すると、漢学は、舟橋・伏原家（明経道）や五条家（紀伝道）が侍読として奉仕した。書目は「史記」・「孝経」・「周易」・「漢書」・「文選」等で、寛永二十年（一六四三）後光明天皇代始には「貞観政要」もあった。琵琶の伝授は西園寺家、楽道の伝授は四辻家の家職で、管楽器の伝授は地下の楽人たちが師範した。能書は、院や親王が伝授し、神拝作法の伝授は白川神祇伯が担った。

和歌をめぐる動向を整理すると、寛永二年（一六二五）叔父八条宮智仁親王から古今伝授を受けた後水尾院は（「泰重卿記」）、皇子後光明天皇の病死のため急遽皇位を継承した皇子後西天皇の歌道を指導した（上野・一九九九）。寛文四年（一六六四）には御所伝授を行い、中世以来歌道を家職としてきた諸家の輩を自身の門弟に組み込んだ（海野・二〇〇一）。当主が早世した冷泉家の文庫を寛永年間までに勅封し、京都所司代・武家伝奏が管理を続けた（「公通記」元禄十年八月十五日条等）。霊元は貞享二年（一六八五）冷泉家の蔵書三百二十余巻を御所に召し寄せ写本を作成させ（「続史愚抄」）、享保六年（一七二一）院宣を発し勅封を解除させた（久保田・二〇〇三）。父院に先立たれた桜町天皇は、烏丸光栄から古今伝授を受け（山口・二〇〇四b）、後桃園天皇も有栖川宮職仁親王から伝授を受けたが（「諸道御伝授」）、桜町天皇は誓状・歌道入門制度を創設した（盛田・二〇〇二）。傍系で年少の光格天皇が皇位を継承すると後桜町院が御所伝授をし、父閑院宮典仁・兄美仁親王等と修練し、長じて宮廷歌壇に君臨し、中世来の歌道の家から天皇家に主導権が移った（盛田・二〇〇一・二〇〇二・二〇〇三）。

禁裏文庫は、火災を乗り越えて整備され（田島・二〇〇三）、天皇家の学問と政務を支えた。後水尾院は、寛永二十年（一六四三）院参衆中御門宣順等に命じ「公卿補任」を九条家から借用し続修している（「道房公記」三月九・十日、八月二十四日条）。貞享元年（一六八四）十月三十日霊元天皇は禁裏小番衆に非常時文庫守護の体制を組ませた（「通誠公記」・「南部文書」五所収久我通誠書状）。

五摂家

秀吉・秀次に簒奪され、家康により回復された家職の関白（幼帝・女帝時は摂政）を王政復古で廃されるまで五家で巡任した。(補注3)幕府から朝廷運営の要に位置づけられて諸事を内覧し、霊元天皇親政時、関白と摂家の大臣のみが官位評事の勅問に参画した（山口・一九九五a）。摂政一条道香は延享四年（一七四七）桜町院譲位時に文書を預かり、宝暦四年（一七五四）十月二十七日関白復辟前に桃園天皇に返上している（「広橋兼胤公武御用日記」）。五摂家は家礼の門流諸公家を説諭・統制し、官職昇進も最も恵まれた（山口・一九九八b）。子弟は摂家門跡にも入寺し、女御や将軍家正室も輩出した。摂家の後継が絶えた場合、清華家に養子に入った男系の血脈があっても、摂家を相続させることを拒み、高い家格を維持しようとした（木村・二〇〇二）。

幕府は、関白を優遇した。天和二年（一六八五）将軍綱吉は関白一条兼輝・前関白鷹司房輔に五百石を加増した（「兼輝公記」・「基熙公記」三月二十五日条、「一条家譜」）。文政四年（一八二一）から関白一条忠良に現米百石を支給した（「野宮定功公用日記」慶応元年十二月十八日条）。弘化四年（一八四七）十二月二十八日鷹司政通の勤労に在職中年金二百両を、安政六年（一八五九）八月十五日九条尚忠に千石を加増し在職中年五百俵を給し、慶応元年（一八六五）十二月十八日関白二条斉敬の役料を五百俵と定め七百五十俵に増した（「大日本維新史料稿本」）。関白の役料は、幕末により手厚くされた。

堂上諸家

諸家は、禁裏や院御所の番衆として勤番宿直した。寛永十一年（一六三四）頃の細川忠利書状でも、将軍からの知行拝領と勤役とは不可分のものと認識され（「加々山文書」〔松澤・一九九八〕）、禁裏・院御所の番は公家衆諸家にとり基本的な役儀であった。官職・家職に応じ四方拝・節会・内侍所神楽等の役者を務め、叙任文書発給の上卿・職事（蔵人）を担った。伊勢・春日・石清水八幡・日光・江戸等への使者も務めた。執奏家として寺社伝奏を担い、写本を作成して禁裏文庫の充実にも寄与した。武家伝奏・議奏・院伝奏・評定・諸奉行・番頭等の職制に登用され、朝廷運営に参与することもあった。幕府は役料を武家伝奏に五百俵・議奏に延宝七年（一六七九）から四十石（「京都御役所向大概覚書」）、新院（明正院）伝奏に三十石を与えた（「江戸幕府日記」正保二年（一六四五）五月八日条、「寛慶日記」貞享四年（一六八七）三月七日条）。

家職（山口・一九九五a）について例示すると、白川家・吉田家は神道を奉仕し、白川家は延宝七年幕府から米三十石を給された（「厳有院殿御実紀」）。少納言平松家等は位記請印を、土御門家は天皇即位・将軍宣下時の一世一代の天曹地府祭を担った（山口・二〇〇四b）。高倉家・山科家は天皇家・豊臣家・将軍家の衣文を奉仕した。諸家の子弟は、他家を養子相続し、門跡寺院の院家に入室することもあった。娘は後宮の外、江戸城の女中にも召された（「泰重卿記」寛永二年（一六二五）十月十一日条）。

公家衆諸家は、番の束縛（山口・一九九八b）と所司代による洛外他出規制（「兼輝公記」延宝七年三月二日条）という公武からの編成を受け、移動の自由を制限された。

地下官人と堂上方家来

大外記平田家・左大史壬生家は、叙任文書の宣旨を調進し、中務少輔・主鈴は少納言の下で位記への内印（「天皇御璽」）捺印に従事した（堀・一九九九）。

武家に対する叙任文書について附言すると、元和六年（一六二〇）徳川頼房の正四位下参議昇進の際には綸旨（口宣案）の授受のみが記録され（「水戸家乗略」『大日本史料』第十二編之三十四）、同九年上杉定勝の従四位下侍従叙任時の「公家成御進物目録」には口宣案・宣旨発給は確認できるが位記はみえない（『上杉家御年譜』四）。寛永二十年（一六四三）将軍家光は元和六年の正三位権大納言叙任の位記・宣旨等を遡及調進させた（「忠利宿禰日次記」二月三十日条、「二条家番所日次記」五月十一日条）。正保二年（一六四五）四月二十三日の家綱元服時には武家伝奏から従三位大納言の宣旨・位記が伝達された（「江戸幕府日記」）。その際家光は伝奏に家康・秀忠の叙任文書の不足分と藤原姓・豊臣姓での発給分の源姓での遡及調進を求めた（米田・一九九四）。家綱元服の加冠役を果たした井伊直孝の正四位上左中将昇進に関った京都所司代板倉重宗は、正保二年の七月三日附書状で、「口宣は早速出来仕まつり候へ共、宣旨初而出申候ニ付て昨日出来仕まつり（中略）武家ニ宣旨ハ此度初にて御座候、」と発給遅延の事情を記している（「井伊家文書」―五三七五）。万治元年（一六五八）十二月二十五日附武家伝奏雑掌の富士屋六兵衛充「礼物之覚」と同年十一月二十五日附富士屋の立花家年寄充覚書によると、立花宗茂の天正十三年（一五八五）従五位下侍従の位記・宣旨と十六年従四位下の位記、忠茂の寛永六年（一六二九）従五位下左近将監の位記・宣旨と十七年従四位下位記は、一括して遡及調進されたものである（「立花文書」四）。武家に対する官位叙任に口宣案に加え宣旨・位記の三種が一式発給されるようになるのは、十七世紀半ば以降のことといえる。この後、管掌する公家・官人の官物収入と料紙や軸等の需要とは、確実に増した。

楽人は、節会や日光・紅葉山の法会に仕えた。寛文五年（一六六五）家康五十年忌法会に法皇（後水尾院）使四辻公理や楽人たちが日光山で舞踏し、江戸城で管弦を奏楽した（「厳有院殿御実紀」）。朝廷からの要請に応え（「公規公記」寛文五年六月十九日条）、家綱は寛文六年三月二十六日に五年五月二十六日附で朱印状を発給し新たに楽人料二千石を充行った（「国史館日録」「寛文朱印留」「徳川家判物幷朱黒印」）。家綱の伝記は「当代の聖恩」と特記する（「厳有院殿御実紀附録」下)。公武の儀礼を家職として担う集団の経済的基盤を、朝廷の要請に応え幕府が整備した事例である。

番衆を支え御所で勤番した非蔵人は、慶長十一年(一六一一)後陽成天皇により再興され、洛外近畿の社家から抽出された(羽倉・一九三五)。摂家・親王家の諸大夫や堂上諸家の雑掌・侍、門跡の坊官等は主家の家政に従事した(松田・二〇〇〇)。

天保十三年(一八四二)八月の江戸南町奉行充京都町奉行問答書は、天保改革期の江戸市中の宗教者の市中住居規制に連動するものだが、京都での地下官人・堂上方家来の町人地住居には、従来から支配・主家より武家伝奏—禁裏附—京都町奉行への届出の手続きを要すると告げている(『大日本近世史料市中取締類集』十八)。支配機構や主家に拘束され、居住の自由を制限された存在だったといえる。

三　十七世紀の成長と内部矛盾

天皇親政と院政の循環構造

十七世紀には、天皇家の相続事情から院御所が群立し、番衆を拡充するため堂上新家の取立てが進められ、新旧約百三十家に倍増した(山口・一九九八b)。

慶長十六年に皇子(後水尾)に譲位した後陽成院の場合、固有の院参衆を持ち、幕府支給の料所三千石中から知行を内分した。院参衆秋篠忠治は、院と公家衆・将軍家・京都所司代・社家・大名家の間を取次ぎ、院宣を発給し、院の没後に清水谷家を相続して後水尾天皇に内裏の昇殿を勅許され主従関係を結び、明正天皇の禁裏小番内々衆に編入され、明正院の新院伝奏として家光から合力米三十石を加増された(山口・二〇〇四a)。後水尾院、明正院、後西院も固有の院参衆をもった。

後水尾院は、在位中の親政期に公家衆法度を増定し（「資勝卿記抄」寛永四年〔一六二七〕八月二十四日条）、二度の院政を敷き、寛文三年（一六六三）皇子霊元天皇代始に禁裏に年寄衆（議奏）・近習番を創設し、法度を定めた（田中・一九八八・八九）。霊元への政務委譲（「无上法院殿御日記」寛文十年〔一六七〇〕正月十三日条）後も幕府との間に独自の回路と影響力を維持した。晩年の延宝二年（一六七四）には同母弟故一条昭良の次男醍醐冬基を元服させ院の昇殿を許し、六年に将軍家綱から清華の家格での新家取立てと知行三百石を取り付け（山口・二〇〇四ａ）、六年正月二十二日には女婿左大臣近衛基熙の家司代桜井兼里の子兼供に院の昇殿を許し院参・勤番を命じている（「基熙公記」）。醍醐・桜井とも霊元天皇の内裏の昇殿勅許は後まわしにされた。

霊元は、父・異母姉兄の院御所と分属する院参衆の主従に囲まれて成長し、自身を頂点とする朝廷秩序の再編・統合を課題とした。独自の近臣編成と譲位後の院参衆編成を念願し（「霊元天皇宸翰」）、親政を開始すると後陽成院以来途絶していたとされる勅勘を連発し、廷臣の忠誠を質す誓詞血判徴収の制度を創設し、皇子東山天皇に譲位し院の四方拝を再興し、後花園院以来続けられた臣下への天酌を廃止させ、二度の院政を敷いた（山口・一九九八ａ）。霊元は後水尾院・後西院の院参衆を吸収し、貞享四年（一六八七）譲位に際して自身（三十四歳）の院附と皇太子（十三歳）の禁裏（東山天皇）附とに男女を「人分け」した（「勧慶日記」）。院伝奏・評定・献奉行・院参衆の職階を新設し、公家衆召集には従来の女房奉書に代え、院の評定衆の奉書（「院宣」）による伝達制度を始めた（山口・二〇〇四ａ）。元禄四年（一六九一）四月十七日には院伝奏・評定五名に命じ関白近衛基熙から誓詞血判を徴収し忠誠を質した（山口・一九九八ａ）。同年四月二十三日には政務に関する奏上は院伝奏を介するよう発令し、武家伝奏・議奏との対面を拒んだ（「基量卿記」）。霊元の第一次院政は関白近衛基熙と確執を重ね、元禄六年東山天皇への政務移譲で終わった。

宝永六年（一七〇九）中御門天皇受禅まもなくの東山院（三十四歳）が死去し、第二期院政を開始した。正徳二年（一七一二）には八月二十四日附で、亡き乳母開基の円通寺が永続するよう命じた院宣を院伝奏藤谷為茂・梅小路共方から本山妙心寺伝奏甘露寺尚長充に発給させた（「妙心寺文書」八・『増補妙心寺史』）。同三年二月二十八日には武家伝奏に中御門天皇の近習番衆から「禁裏・仙洞御為」に忠誠を約した誓詞血判を徴収させている（「徳大寺家史料」）。

後桜町院の院伝奏、光格天皇の議奏を経、文化十四年（一八一四）光格上皇最初の院伝奏となった平松時章は、藤谷為信の享保期の日記に霊元院が「内慮」を院伝奏から所司代に直談した所見があり、後桜町院の時代に武家伝奏を介するよう改められたと記している（「院中条々」第五条）。

朝儀の再興

内裏と公家町は十七世紀に相次ぐ火災に罹ったが、幕府により再建され、延宝度内裏という場が安定し、集書活動・文庫整備と有職学も進み、戦国期の窮乏で廃絶した朝儀の再興が図られた。大規模な朝儀の経費は、幕府の支出に依存したが、延宝七年（一六七九）石清水八幡宮放生会が再興された（並木・一九九五）。貞享四年（一六八七）霊元は東山天皇代始に二百二十一年ぶりの大嘗会を再興した。幕府からの経費上積みのないまま負担を朝廷内に転嫁し、儀制も整わず、軋轢を生じ、孫の中御門天皇との間に以後大嘗会を見送る旨の「勅約」を遺した（山口・一九九〇b）。

官職の競望

五摂家は、家職の関白を巡る競望を続けた。江戸幕府は豊臣家との関係から摂家を関白に登用し、諸法度で関白・摂家を朝廷運営の要に位置づけた（山口・一九九五a・九六）。延宝六年（一六七八）十一月十二日左大臣近衛基熙は連歌師猪苗代兼寿に仙台城主伊達綱村に対する「口上覚」を手交し、綱村の岳父老中稲葉正則への政治工作を企図した（『基熙公記』、『大日本古文書伊達家文書』五―二二七二）。霊元天皇の朝廷運営と関白職の機能不全を批判し、「譜代の摂録の臣」と自認して関白昇任を予期し「官位封禄公武の御恩ニ候ヘハ、朝廷の御為の事ハ勿論、太樹様（家綱）御為」に朝廷の「風儀」改善を訴える内部告発である。近衛は同年十二月二十九日に右大臣一条兼輝と文通し、翌七年正月二日共に諒闇直衣を着用して参内し、東福門院諒闇中に吉服を着用して来た関白鷹司房輔への反目を録している（『基熙公記』）。霊元親政への批判とともに関白就任への意欲を読み取りたい。

後水尾天皇は寛永六年（一六二九）九月十一日、公家衆に戦国期の窮乏で廃絶し近世に再興された諸家や新家の官位昇進の規範について勅問した（『泰重卿記』）。諸家官位昇進の沙汰は明正天皇の代に停滞し、寛永十一年（一六三四）家光による後水尾院政認定を経、十六年に一時解消した（野村・二〇〇二）。新家取り立てによる成員倍増は、大納言・中納言各院一〇名という定員と抵触し、新旧諸家間の競望を激化させた。新家の第一世代が成長した霊元院の親政・院政期には、その処遇が課題となった。霊元は当事者の後水尾院への勤労や出自・年齢等を勘案し、人事を決していった（山口・一九九八b）。

職制の人事権

武家伝奏任命人事は、慶長から貞享にかけては幕府が禁裏小番内々衆・武家昵近衆から人選し、元禄から文久二年（一八六二）までは朝廷から候補を「内慮」として伝え幕府の選考と同意を得て決定され、幕末には朝廷が決定し幕府に通知するように変わった（平井・一九八三）。

この間、元禄六年（一六九三）、東山天皇は武家伝奏の任命に関し関白近衛基熙に人事権を主張した（山口・一九九八

b）。同十年（一六九七）十一月三日東山は関白基熙に議奏中御門資熙の罪科を挙げ、解任すべく所司代松平信庸を介し将軍綱吉の了解を求めたが、七日所司代は拒んだ（「基熙公記」）。十二年江戸城で勅使武家伝奏柳原資廉等は綱吉に中御門の罪科を告げ（「基熙公記」同年三月三十日条）、五月三日所司代邸で天皇の意向を伝え、所司代は江戸に達するに及ばず即日罷免を了承し、解任が発令された（「基熙公記」）。同十三年東山天皇は、武家伝奏正親町公通を罷免し、幕府は事後承諾した（山口・一九九八b）。朝廷側に人事権の主張があり、幕府の了解を要したといえる。

院伝奏人事について検証すると、貞享元年（一六八四）の後西院の新院伝奏今城定淳解任の場合、院が決定した（「尭恕法親王日記」十二月十九日条）。同四年霊元院の院伝奏東園基量・庭田重条任命の際は、三月七日院が人選を所司代に伝え（「基量卿記」）、三月十三日に発令された（「勧慶日記」）。元禄四年（一六九一）の院伝奏今出川伊季罷免の場合、霊元院の意向を伝えられた関白近衛基熙と武家伝奏が京都所司代充の武家伝奏書状案を作成し、既定の人事とし「御心得として」申し入れた（「基熙公記」七月二十七日条）。同五年の今出川の再任人事、同十一年の庭田重条の後任に清閑寺熙定を任命した事例では、ともに霊元院が事前に関白へ諮った形跡はない（「基熙公記」五年正月二十三日・十一年十二月十三日条）。院が主体的に任免した傾向を読み取ることができる。

四　十八世紀以降の変容

内部規範の整備

新家取立てにより成員が倍増した朝廷では、諸家昇進の次第と先途について、規範整備が課題として残された。享保九年（一七二四）三月大納言に欠員が生じた。三月九日中御門天皇から関白二条綱平に候補六名に関し勅問があり、翌日関白は家例のない新家の岩倉乗具（千種有維男）を推した。理由は岩倉の議奏としての勤労で、同族の新家千種有能・有維二代の先例が準用された（『綱平公記』）。千種父子の大納言昇任は武家伝奏の勤労によるものだった（山口・一九九八b）。岩倉は三月二十一日附で昇任し、四月二十四日に辞退した（『公卿補任』）。三月九日に勘解由小路韶光も大納言に昇任している。祖父の法皇霊元院から孫の中御門天皇への推任で、関白への勅問には及ばず即日勅許された（『綱平公記』）。勘解由小路韶光は貞享四年（一六八七）の霊元の譲位当初にも享保三年（一七一八）段階にも院参衆で（『勧慶日記』三月十三日条、「雲上当時鈔」）、享保十四年死去した際には院が七言律詩の挽歌で「多年風雅ノ客」と悼んだ存在だった（『列聖全集御製集』九）。こうして新たな家例が開かれたが、官職は家格と集団内での上卿料等の利権配分に直結し、給恩の恣意性と不均等さは問題だった。

後水尾院・明正院以来の正妃所生で天皇家の正嫡桜町院は、寛延三年（一七五〇）までに堂上諸家の「旧家」・「新家」の別を定め、清華家・諸家の官位昇進の次第・年令・先途を規定した（「京都御所東山御文庫記録」勅封一一三―四―六―一四「官位定条々」）。院の皇子桃園天皇宸筆の「禁中例規御心覚書」にも「故院為覚悟被定候条々」として同様の規定が録されている（「京都御所東山御文庫記録」勅封一七四―四―二）。寛政元年（一七八九）天明大火で罹災し、聖護院仮内裏滞在中の光格天皇は、関白鷹司輔平所蔵の「官位定条々」を借り、書写している（山口・一九九九b）。

桜町院が規定し後代に相伝された昇進の先途を超えることは、困難だった。新家では大納言・中納言昇進年齢は高く、在任期間も短かった。新家の裏松恭光は、「大内裏図考証」を編み寛政度内裏造営に貢献した固禅の子で、広橋伊光から抑留された父の遺稿の返還を受け（「隆光公記」文政十二年六月三日条）、嘉永七年（一八五四）安政度内裏の修理職奉行を務め、慶応三年（一八六七）八月二十六日六十八歳で家例のない大納言に昇任した。文化三年（一八〇六）からの光格天皇への稚児としての勤仕、安政五年（一八五八）から万延元年（一八六〇）までの孝明天皇の議奏としての勤労、老年に対する格別の憐憫が理由とされ、拝賀することなく九月十三日に辞退した（「裏松家譜」）。蔵米取り三十石三人扶持に据え置かれた新家では、九家が歴代参議就任者を出すことなく終わった。これらの家には上卿料の収益も入らなかった（山口・一九九八b）。

江戸幕府との関係についての内規も作られた。桜町天皇が譲位（延享四年〈一七四七〉）以前に皇太子（桃園天皇）に度々伝授した「条々」中には「一、関東へ御内慮の分」として、「大臣已上昇進、法中紫衣、堂上養子、医師法印、臨時公事類御再興の事」を列挙し、「一、大礼（譲位と即位、筆者注）の分、御内慮已前三公へ尋下さるる事、」と記されている（「禁中例規御心覚書」）。慶長十五年（一六一〇）の後陽成天皇の譲位問題、同十八年（一六一三）の「勅許紫衣之法度」と元和元年（一六一五）の「禁中幷公家中諸法度」制定、寛永四年（一六二七）の紫衣事件、同六年の後水尾天皇の譲位問題、貞享四年（一六八七）の霊元院による大嘗会再興等々の経験を経てきた近世の天皇家が、吉宗政権との協調関係（高埜・一九九三）のなかで培い、父子間で相伝した内部規範で、一つの到達点といえる。

公家衆新家の階層分解—知行取りと蔵米取り

秀吉は公家たちに段階的に知行を給付した（山口・一九九六）。元和三年（一六一七）将軍秀忠は元和印知を行い、同五年には故後陽成院の院参衆、近世に再興された旧家や増設された新家に知行を給した（『大日本史料』第十二編之三十一）。寛永十五年（一六三八）三月十九日将軍家光は百石取の十二人の新家の衆に各五十石を加増し（病気で欠番していた一名を除外）、正保四年（一六四七）切米取新家九名に新知を与えた（「江戸幕府日記」「資勝卿記」「大猷院殿御実紀」）。寛文三年（一六六三）将軍家綱は故八条宮智仁親王の三男忠幸を清華家に加える事を執奏し（「禁裏番衆所日記」）、七年権中納言広幡忠幸に新地千石を給した（「殿中日記」）。次代に末期養子相続で家料を五百石に半減したが、幕府は清華家の増設・存続を許容した（『広幡家略記』）。

寛文十一年（一六七一）武家伝奏中院通茂らは「禁裏御蔵」から内分で蔵米三十石を分与されていた「無足衆」から霊元天皇の外戚や武家伝奏・議奏の係累等五名を選び所司代と交渉し、家綱は新知百三十石宛を充行った（山口・一九九八b）。延宝六年（一六七八）の後水尾院の甥醍醐冬基の清華の家格での取り立てと新知三百石充行は、院からの要望に家綱が応えた例外措置で、当時幕府は新家増設を望まなかったとされる（山口・二〇〇四a）。この後、寛文元年取立てで蔵米三十石三人扶持だった新家初代の高野保春が議奏・武家伝奏を歴任して宝永三年（一七一五）綱吉から百五十石を、中御門天皇の叔父で稚児を経て正徳五年（一七一五）に取り立てられ近習・議奏を経、延享四年（一七四七）桜町院の院伝奏に登用された八条隆英が家重から新知百五十石を拝領している。寛文以降、新家の中で縁戚や職制が優遇され、職制昇進階梯も形成された（山口・一九九八b）。

後水尾院・後西院に取立てられ蔵米取のまま放置されて困窮した新家衆は、寛延三年（一七五〇）・宝暦二年（一七五二）新知拝領を願い出たが、幕府に却下された（高埜・一九九三）。

十七世紀の御所の群立が解消すると、拡充された番衆は剰員化し、幕府の緊縮財政策と相俟って階層分解したといえる（山口・一九九八b）。

朝儀の再興

元文三年（一七三七）の大嘗会再興は、桜町天皇の即位に際して幕府（吉宗政権）から打診したが、朝廷は当初霊元院の遺した「勅約」から留保し、後に新嘗祭または神今食再興の希望を伝えたことを機に折衝を重ね、幕府が経費を上積みし貞享度より儀制を整えて実現し、以後定着した（武部・一九八六）。同五年十一月の新嘗祭再興も、吉宗政権が主導して二百七十七年ぶりに実現した（高埜二〇〇三）。

光格天皇期にも、寛政度内裏造営を機に諸朝儀の再興が進められた（藤田・一九九九）。寛政三年（一七九一）十一月二十日には神嘉殿代東西舎等仮屋を立て、数百年中絶していた新嘗祭行幸が再興された（裏松固禅「新嘗祭備忘」六）。朝廷神事が拡充される傾向にあったことに留意したい。

院政の展開と院の祈禱主催

霊元院の後も院政は続けられた。延享四年（一七四七）桜町天皇（二十八歳）は七歳の皇太子（桃園天皇）への譲位に際し、院伝奏に外戚の議奏八条隆英を指名し近習番十七名を院参衆に抽出した（「通兄公記」二月三日・三月二十六日条）。寛延元年（一七四八）桜町院は四辻実胤の家業修練を賞し、冠の紫組掛緒許可と扇下賜を決めて桃園天皇に伝達し、天皇は院の近習中に充てた七月二十五日附の披露状で復命した（「桃園天皇宸翰」）。同二年の大和多武峰竹林坊の大僧正転任も七月五日院が先に裁許して院伝奏八条隆英から内示があり、二十五日天皇の勅許があった（『談山神社文書』一四二）。院伝奏八条隆英は、寛延三年（一七五〇）の桜町院の臨終に際し、閑院宮直仁親王や武家伝奏・議奏を召集し、桃園天皇に皇子が誕生しなかった場合閑院宮に皇統を相続させる旨の遺詔を伝達し（摂政一条道香に伝達された）、院の死を告知している（「通兄公記」四月二十二・二十三日条）。院が政務を掌握し皇位継承の順も定め、院伝奏が取次として機能した事例である。

後桜町院は後桃園天皇への中継ぎとして皇位を継ぎ、後桃園が死去し喪を秘していた安永八年（一七七九）十月三十日夜、神祇伯白川資顕を仙洞御所に召し、院伝奏難波宗城を介し書附を伝達し、国家安全の祈願を命じた（「白川家文書」二）。寛政二年（一七九〇）正月二十八日には生母青綺門院二条舎子の病気平癒を祈願させるため院伝奏正親町公明を介し院司裏辻公理に命じ、七社（伊勢神宮・石清水・賀茂下上・平野・松尾・稲荷・春日）七寺（東大寺・興福寺・延暦寺・園城寺・仁和寺・東寺・広隆寺）に院宣を発給させた（「公明記」）。天明六年（一七八六）から寛政三年の間の二月十三日には院伝奏正親町から松尾社伝奏白川資延充に院宣を発給させ、一七日間の「天下泰平・宝祚長久・玉体安穏・聖寿無窮（中略）延齢安全の御祈」を命じた（「松尾月読神社文書」四）。文化五年（一八〇八）正月十九日附の院伝奏梅小路定福・平松時章連署奉書では、尾張徳川斉朝からの参議任官の礼物への返辞を伝達させている（京都大学附属図書館所蔵平松文庫「書翰留」七）。

光格上皇の例では、文化十四年（一八一七）将軍家斉に在位中着用していた装束を贈り、返礼の上使を迎え、四月二十三日附で幕府老中松平信明等充の院伝奏平松時章からの院宣で礼物への謝辞を伝達させた（「書翰留」十四）。文政二年（一八一九）には正妃欣子内親王（後桃園天皇皇女）所生の第七皇子高貴宮の病気平癒祈願に大覚寺門跡から院伝奏平松時章・大覚寺肝煎石井行宣を介し、寺宝の嵯峨天皇宸筆の心経を借用している（「大覚寺文書」二、平松文庫「平松家日記」）。

院伝奏が朝廷内部や将軍家・大名家・寺社との取次に当たり、院の祈禱命令を伝達し、入道して法皇とはならなかった光格上皇も、密教の寺宝の霊力に期待したことを確認したい。続く仁孝・孝明天皇は在位のまま没し、幕末の朝廷は、院を欠く状態だった。

職制人事──「内慮」伺いの定着

正徳三年（一七一三）の東園基長の霊元院伝奏任命は、事前に江戸幕府へ伝えたうえで発令されている（「基長卿記」）。延享四年（一七四七）の議奏八条隆英の桜町院伝奏任命も、江戸幕府に諮ったうえで発令された（「通兄公記」）。

安永三年（一七七四）十一月二十二日の後桜町院伝奏平松時行解任の際には、院と関白近衛内前・武家伝奏が後任候補に四辻公亨を選び、「例の如く」所司代土井利里を介し江戸に「内慮」を伝え（「兼胤記」）、十二月十三日に平松の辞任と四辻の発令とが了承された（同）。天保七年（一八三六）八月二十七日に武家伝奏甘露寺国長が辞職すると、後任候補の光格上皇院伝奏日野資愛を御所に召し、仁孝天皇・関白鷹司政通・武家伝奏・議奏が列座で申し渡したが、当人は上皇の意向を伺うため仙洞御所に参院し、院の裁可を受けたうえで再度参内して人事案を請け、武家伝奏に転じた日野資愛は十月六日所司代松平信順へ院伝奏跡役について院の「内慮」を伝えた（「公武御用資愛日記」）。十月十日院評定橋本実久は参院し、先任の院伝奏藤谷為修から自身の院伝奏昇格人事を伝えられ拝命した（「実久卿記」）。

以上、院伝奏任命人事についても、武家伝奏任命人事同様、「内慮」伺いの制度が遅くとも霊元院の院政二期には存在したことが確認でき、以後定着したと考えることができる。議奏人事についても、宝暦四年（一七五四）摂政一条道香は武家伝奏広橋兼胤に「例の通り」正親町三条公積への発令前に所司代酒井忠用に伝達させ、了解を得ている（「広橋兼胤公武御用日記」十二月七・八日条）。「内慮」伺い制度の定着と解したい。

摂家の権勢拡大と対抗軸

摂家は諸家の大臣を除外し、排他的に勅問衆を構成した。その始期は元和・寛永の頃で後光明天皇期は別であったとされ（「兼輝公記」延宝七年〔一六七九〕五月二十一日条）、当初摂関と大臣のみで構成されたが、元文三年（一七三八）以降当主の大納言が加わり、文化年間以降は当主・嫡子を問わないようになり、安政元年（一八五四）には中納言一条実良までが加列し、構成を拡大した（田靡・二〇〇二）。摂家の家格が官職制度に優先して機能した事例である。

関白・摂家・伝奏・議奏の職制による朝議運営と統制の枠組みに対し、公家衆は放埒、番の懈怠や利殖の追究（高埜・一九九三、山口・一九九八b）等で消極的に抵抗し、宝暦事件における新興の垂加神道受容を巡る桃園天皇と近習番衆等との結合（高埜・一九九三、山口・一九九八b）、寛政期の尊号一件での群議や安政五年の条約調印勅許を巡る群参、幕末の朝議参画機構の改編等で積極的に対峙したが（高埜・一九八九）、幕府は関白の役料を幕末に加算し、摂関と摂家を重用しつづけた。

石清水八幡宮放生会の宣命使＝内蔵使の例では、延宝七年（一六七九）の再興当初に内蔵助の官職に就いていた花山院家諸大夫前波由久が参役し、地下官人で後任の内蔵助岡本清房が継いだが、延享元年（一七四四）に死去すると、五摂家の諸大夫・侍諸家が内蔵助を巡任し、内蔵使の役と下行米を占有する体制が幕末まで続いた（山口・二〇〇二）。

公家社会外への利権拡大

幕府からの知行加増も止まり、官職昇進の競望も激化した閉塞状況下、官物収入を伴う寺家・社家の官位執奏を巡り、争論を繰り返しながら執奏家（寺社伝奏）の体制が拡大・整序された。神祇管領長上を自称した吉田家が先行し、白川神祇伯家が追跡し、天社神道を唱えた土御門家も諸国の陰陽師・売卜人を組織した（高埜・一九八九）。近世以前からの実績を持つ勧修寺家等の旧家群が続き、新家の執奏家は四家に留まり、蔵米取りの新家は皆無だった（山口・一九九八b）。

家職組織の経営も進められた。冷泉家では享保十九年（一七三四）為久が武家伝奏に補され、江戸に赴いて将軍吉宗に近侍する幕臣等を門人として組織していった（久保田・二〇〇三）。

江戸役所を構えた家もあった。寛政三年（一七九一）吉田家は関東役所を開いた（椙山・一九八〇）。白川家も続き

（松原・一九九一）、陰陽頭土御門家も江戸役所を整備した（高埜・一九八九）。本所と東国の神職や陰陽師等との間を取次ぎ、家職門人組織拡大の拠点として機能した。文政・天保年間には大覚寺門跡も江戸で職人受領を広げ、嘉永三年（一八五〇）までには江戸役所を開設している（山口・一九九〇a）。

相模大山不動の棟梁明王太郎家は、安永二年（一七七三）以降白川神祇伯家に入門し、代々継目許状を得（西・一九九九）、文政十一年（一八二八）には甲斐郡内地方の大工仲間二百三十四人の領分に参入し、野田尻村の産神の社殿造営を請け負い、受領名を誇示し装束を着用し手斧立を行った（『大月市史史料編』近世一九七）。地域的な渡世の秩序を、京都の公家を本所とする職人が動揺させた事例といえる。

概ね十八世紀半ば以降、幕府は摂家・親王家・諸門跡・比丘尼御所・堂上諸家・寺社方に名目銀の貸付活動を公認している（三浦・一九八三）。寺社御免富公許に伴い、安永年間以降、諸門跡も富籤を興行している（倉本・一九九六）。諸公家・諸門跡が社会に利権を求めた動向として理解したい。

五　近世京都の公家町

公家町の形成過程—仙洞御所と院参町の成立

南北朝期以降、土御門里内裏の地に内裏は定着した。十六世紀の景観を描いた第一定型「洛中洛外図屛風」諸本では、公家衆の邸宅は洛中に散在している。天正三年（一五七五）七月十三日、織田信長は御所の東・南に摂家以下の公家衆諸家を集住させる構想を奏上し、正親町天皇は受諾した（「御湯殿上日記」）。秀吉は内裏造営に加え、正親町上皇の院御所を内裏の東五十間四方の地に造営した（「兼見卿記」天正十二年十月四日条）。築地普請役は京の町人に賦課し（同十三年正月十七日条等／『大日本史料』第十一編之十三）、十三年八月八日附で朱印状を近江代官観音寺賢珍に発し、作事の用途米を京都奉行前田玄以に渡付させた（「西川良三氏所蔵文書」）。

同年秋には内裏の近所に堂上衆の屋敷を移転させ、近衛家邸も上立売から今出川に移された（『大日本古記録上井覚兼日記』天正十四年三月十八日条）。八条宮屋敷地の測量も前田玄以が監督した（「晴豊公記」天正十八年二月十九日条）。公家町は天正十三年から秀吉が主導して具体化され、用地選定の権限も掌握した。

慶長二年（一五九七）秀吉は内裏東南に京の城を造営し、高台院が継承し、その死後跡地に寛永四年（一六二七）から江戸幕府が後水尾のために仙洞御所を造営した（西ヶ谷・一九六六）。近世公家町の重要な構成要素で、現在も痕跡を留める仙洞御所はこうして成立した（後陽成の院御所は内裏の北隣にあった）。

寛永七年（一六三〇）十二月十日後水尾院・東福門院夫妻は仙洞御所に移住した（「大内日記」「本源自性院記」「舜旧記」等）。「寛永十四年洛中絵図」では院御所の南の東西街路沿いの十三区画中九つが後水尾院の院参衆の屋敷で占められている（「本源自性院記」寛永八年正月一日条、「大内日記」後編八と対照）。「延宝三年卯三月日公家衆町絵図」（京都府立総合資料館中井家文書三九三）では法皇御所の南の街路は「院参町」と記され、十一区画中六つが新家で後水尾院の院参衆長谷忠能・風早実種・芝山宣豊・梅小路定矩・池尻共孝・交野可心の屋敷で（「江戸幕府日記」寛永十一年七月十四日条、「泰重卿記」正保五年（一六四八）正月七日条、「无上法院殿御日記」延宝六年（一六七八）正月八日条、「洞裏日記」延宝八年九月二十八日条と対照）、三つは院の後宮櫛笥隆子（後西院生母）や院の皇女文智女王・光子内親王の屋敷である（延宝五年刊の「新改内裏之図」も同様）。寛永期に江戸幕府により造営された仙洞御所と延宝八年の臨終まで後水尾院に仕えた新家の院参衆（山口・二〇〇四ａ）に由来する「院参町」の呼称は、院参するための路の意もあり得るが、幕末まで存続した。後西院・東山院の新院御所の故地の南の街路は、その西にあり、「西院参町」と称された（「御築地辺絵図」等)。

幕府は、宝永大火(一七〇八)を機に隣接する町を転出させ、丸太町通の北・寺町通り、烏丸通の東側まで公家町を拡張した(歴史資料課・一九八一、大塚・一九九四)。御所や公家屋敷・諸門跡の里坊等が立ち並ぶ近世都市京都固有の街区は、このようにして形成された。集住化策は、公武双方にとり朝廷構成員の把握と役儀履行・機能維持の確実化に資した。

土地制度

〔拝領屋敷〕 慶長六年(一六〇一)十月二十三日の山科言経・冷泉為満等の屋敷所替、同二十六日の久我敦通旧宅の勾当内侍への給付は、後陽成天皇が発令している(「言経卿記」)。土地支配の権限を天皇が行使しえた事例である。同十年八月二十一日から始められた内裏拡張のための八条宮・鷹司・九条・四条家と三宝院門跡里坊への代地交付、船橋・九条・鷹司家への宅地造作料支給は、ともに幕府が行った(『大日本史料』第十二編之三)。慶安二年(一六一八)の家光養女池田輝子の輿入れ(「忠利宿禰日次記」)に備えた一条邸拡張でも、京都所司代板倉重宗が、御所役人徳岡十左衛門尉の屋敷を収公し替地を支給している(「中央大学図書館所蔵古文書」中・近世文書の二―二〇)。寛文十一年(一六七一)正月の類火を機に、幕府は町・寺を所替し、武家伝奏は諸家から幕府への屋敷拝領願いを扱った。築地(公家町)の外に居住し、屋敷拝領を願い出た者は十三名で、うち十二名は慶長から寛文にかけて取立てられた新家だった(「中院通茂日記」二月二十七日条)。同様に築地外に居住し屋敷未拝領だったが「当分苦しからず」とされた者は大納言東園基賢等八名で、慶長から寛文にかけて取り立てられた新家である(同)。六月三日附の所司代永井尚庸充老中奉書により、将軍家綱から大納言油小路隆貞等堂上八名への屋敷下付が伝達された。彼らは当時他の公家屋敷や本誓寺・上立売等に借宅していた。下付されたのは、築地外の荒神口・常林寺・長徳寺の地と寺町の町屋跡だった。同時期に新知百三十石を拝領したため屋敷は遠慮した四名では、葉川基起は姉の新中納言局園国子（霊元天皇生母）下屋敷に居住し、押小路公音は兄鳴滝実業と同居、三室戸誠光は寺町の上に借宅、植松雅永は父千種有能の本家に同居していた（「中院通茂日記」六月十七日条）。幕府からの知行・拝領屋敷給付前に新家の取立てが先行し、新家は本家や係累を頼って同居し、または寺や町に借宅しながら番を務めていた状況を読み取ることができる。

延宝六年（一六七八）に清華の家格で取り立てられ、家綱から新知三百石を給された醍醐冬基は、七年十二月三十日家綱から本院附旗本岡部正綱の屋敷を拝領し、所司代戸田忠昌に謝辞を伝え、霊元天皇・後水尾法皇に奏上している（「兼輝公記」延宝八年正月二十五日条）。給地は、院参町の一筋南の街路に面して禁裏附・院附の武家屋敷が並び、当時「武家町」と呼ばれた街区の内だった（「新改内裏之図」、「兼輝公記」延宝八年正月二十五日条）。元禄十年（一六九七）、祖父為景が買得した梨木町に居住していた下冷泉為経は、武家伝奏を介し屋敷地拝領を願い出、禁裏附から裏寺町に敷地四百坪を下付されたが、御所に遠く卒塔婆が群立し、東山天皇の神事の際に憚りがあるとして代地を求めた（「公通記」四月三日、七月十八日、八月十七・三十日、九月四日、十一月二十二日条）。寺町の墓地が忌避された事例である。

〔買得地と負担〕　元禄十年（一六九七）、下冷泉と並行して前権中納言東園基量も息中将基長・孫藤丸・次男の侍従波多基親が同居して屋敷が狭小であるとし、武家伝奏に明屋敷の拝借を願い、禁裏附から裏寺町で二百五十四坪の地を交付されている（「基量卿記」四月一日・八月三十日条）。武家伝奏からの現在する屋敷について照会された東園は、寛永十七年（一六四〇）大伯母円光院（園基任の娘で霊元院の乳母）が医師半井琢庵から買得し、さらに明暦二年（一六五六）父基賢が買得し、円光院以来諸役免許の札を拝領し町屋敷並の地であるが現在も無役の地であると回答した（「基量卿記」八月十七日条）。

享保元年（一七一六）に改められた「京都御役所向大概覚書」「諸役寄宿後免許之事」の項では、「諸役御免除之分」として「一、烏丸頭町三軒役　東園殿」を含む町方住まいの公家・地下官人・御所役人・医師・職人・商人等二百九十九名、「寄宿御免除之分」として陰陽師・職人・商人三十名が記載され、以前からの寄宿免除の札に加え後陽成院の治世から諸役免許が始まり、禁裏附から京都町奉行所に通達される制度があると注釈している。京都における軍勢寄宿は、中世・近世を通じて洛中町人の本来的な負担として存続した（吉田・一九八〇、高橋・一九九四）。寛永三年（一六二六）後水尾天皇は藤原惺窩・林羅山門人の儒者菅徳庵（鎌田屋）に寄宿免許の札を勅許した（「泰重卿記」四月二十日・五月十二日条）。天保十三年（一八四二）左兵衛府駕輿丁兄部役に下付された諸役免除札の写には長橋局の印・御所の執次衆の連署・禁裏附の印がみられる（熊谷・一九九四）。

町方住まいの公家衆以下朝廷に奉仕する者たちには諸役・寄宿免除の特権が与えられたこと、近世初頭には天皇が勅許し、制度が整えられた中後期には京都町奉行が把握する仕組みができ、免除札の発行の権限を幕府の役人とともに女官も分掌していたことが確認できる。

〔相対替の規制〕　享保六年（一七二一）霊元法皇は、青蓮院門跡尊祐親王の梨木町にある里坊を、後宮で尊祐親王養母帥局東久世博子の里屋敷として召し上げようとした（「基長卿記」二月四日条、「華頂要略」十六・十七）。青蓮院は買得地であるとして替地を願ったが、所司代松平忠周は買得分に対する替地支給に難色を示した（同五日条）。法皇は、公儀（幕府）の明地を所望して青蓮院に与えようとしたが（同六日条）、江戸に帰府した所司代と老中との内談の結果、元来買得地であるので替地支給は法皇からの所望でも叶え難いとの返答を得た（同閏七月九日条）。

続く閏七月十四日、公家衆は拝領屋敷を明き置かずに居住すべきこと、拝領地・拝借地・買得地を問わず相対替については武家伝奏を通じて指図を受けるべきことを触知された（「綱平公記」「兼香公記」『久我家文書』三―八二八）。所司代松平忠周から武家伝奏に伝達された触で（「基長卿記」閏七月十三日条、「妙法院日次記」十七日条）、朝廷独自の規制でなく、幕府法であった。幕府が公家町や周辺の土地管理を強化した事例といえる。

六　おわりに

本章では、近世化を遂げた後の朝廷と公家社会の展開を主題に、近世政治社会における朝廷勢力の基本的位置について論じ、外の諸身分との関係や近世京都の公家町の問題にも具体的に言及した。後宮・内儀、地下官人・堂上方家来、地域社会との関係、諸道諸学の広がりについては略述するに留まった。最後に大綱と幕末・維新期への展望を述べ、結びとしたい。

近世の朝廷と公家社会は、豊臣政権・江戸幕府の成立過程で存在ぐるみ動員され、政治的経済的に体制に組み込まれて京都に存在・成長した主従制・世襲制の集団であった。諸身分への官位叙任・神事・仏事等の朝儀執行を役務とし、政権に寄与した。内部には、天皇・院や摂家による編成の進展と官職・利権・情報が偏在する近世的な階層制の桎梏があり、懈怠・確執を内包しつつ存続した。

結果的にいうと、慶応三年（一八六七）十二月九日の王政復古の沙汰書は、摂関・幕府・勅問衆・議奏・武家伝奏、摂籙門流を廃止し（『法令全書』）、江戸幕府とともに近世の朝廷と公家社会を否定・解体するものであった。近世の幕府と朝廷は不可分の関係にあった。近代天皇制が幕府・朝廷両者を否定して成立したことは、そのこと端的に物語っているといえよう。

引用・参考文献一覧

蘆田伊人『御料地史稿』(帝室林野局、一九三七年)
池田　温「『貞観政要』の日本流伝とその影響」(『東アジアの文化交流史』、吉川弘文館、二〇〇二年)
上野洋三『近世宮廷の和歌訓練　『万治御点』を読む』(臨川書店、一九九九年)
海野圭介「後水尾院の古今伝授」(『講座平安文学論究』一五、風間書房、二〇〇一年)
大塚　隆編『慶長昭和京都地図集成』(柏書房、一九九四年)
上川通夫「中世の即位儀礼と仏教」(『日本史研究』三〇〇、一九八七年)
川出清彦『大嘗祭と宮中のまつり』(名著出版、一九九〇年)
木村修二「近世公家社会の〈家格制〉」(藪田貫編『近世の畿内と西国』、清文堂出版、二〇〇二年)
久保田啓一『近世冷泉派歌壇の研究』(翰林書房、二〇〇三年)
熊谷光子「帯刀人と畿内町奉行所支配」(『身分的周縁』、部落問題研究所、一九九四)
倉本修武『江戸時代大流行の富突興行と熊野三山の富興行』(倉本修武、一九九六年)
河内祥輔「学芸と天皇」(『講座　前近代の天皇4』、青木書店、一九九五年)
椙山林継「吉田家関東役所の創立と初期の活動」(『国学院大学日本文化研究所紀要』四五、一九八〇年)
住吉朋彦「群書治要」(『週刊朝日百科皇室の名宝07宮内庁書陵部　書籍と考古資料』、一九九六年)
高木昭作『将軍権力と天皇』(青木書店、二〇〇三年)
高埜利彦『近世日本の国家権力と宗教』(東京大学出版会、一九八九年)
同　「後期幕藩制と天皇」(『講座　前近代の天皇2』、青木書店、一九九三年)
同　『江戸幕府と朝廷』(山川出版社、二〇〇一年)
同　「江戸時代の神社制度」(『日本の時代史15　元禄の社会と文化』、吉川弘文館、二〇〇三年)
高橋慎一朗「中世日本における軍勢寄宿について」(『歴史学研究』六六二、一九九四年)
武部敏夫「元文度大嘗会の再興について」(『立正大学大学院研究論集』一〇、一九八六年)
田島　公「近世禁裏文庫の変遷と蔵書目録」(『禁裏・公家文庫研究』一、二〇〇三年)

田中暁龍「江戸時代議奏制の成立について」(『史海』三四、一九八八年)
同　「寛文三年「禁裏御所御条目」について」『東京学芸大学附属高等学校大泉校舎研究紀要』一四、一九八九年)
田靡久美子「近世勅問衆と朝廷政務機構について」(『古文書研究』五六、二〇〇二年)
嗣永芳照「小瀬甫庵『永禄以来事始』」(『史観』一〇七、一九八二年)
帝国学士院編『帝室制度史第一編天皇』(帝国学士院、一九三九年)
同　『宸翰英華』(紀元二千六百年奉祝会、一九四四年)
並木昌史「延宝七年石清水放生会の再興」(『国学院雑誌』九六―七、一九九五年))
西　和夫編『伊勢道中日記』(平凡社、一九九九年)
西ヶ谷泰弘「京都における足利政権・織豊政権の築城」(『城郭史研究』一六、一九九六年)
西村慎太郎「近世地下官人組織の成立について」(『歴史科学と教育』二二、二〇〇三年)
野村　玄「明正天皇論」(『京都産業大学論集』人文科学系列二九、二〇〇二年)
羽倉敬尚編『非蔵人文書』(羽倉敬尚、一九三五年)
橋本政宣「天皇の毎朝御拝と臨時御拝」(『古文書研究』五四、二〇〇一年)
同　『近世公家社会の研究』(吉川弘文館、二〇〇二年)
橋本義彦・菊池紳一「尊経閣文庫所蔵「二中歴」解説」(『尊経閣善本影印集成16　二中歴3』、八木書店、一九九八年)
平井　聖「内裏仙洞御所等造営関係略年表」(『中井家文書の研究10』、中央公論美術出版、一九八五年)
平井誠二「武家伝奏の補任について」(『日本歴史』四二二、一九八三年)
藤田　覚『近世政治史と天皇』(吉川弘文館、一九九九年)
藤田尚徳『侍従長の回想』(講談社、一九六〇年)
堀　新「近世中期武家官位叙任の実態」(橋本政宣編『近世武家官位の研究』、続群書類従完成会、一九九九年)
松澤克行「東京大学史料編纂所所蔵「加々山文書」」(『東京大学史料編纂所研究紀要』一〇、一九九八年)
松田敬之「冷泉家の家司たち」(『しくれてい』七二、二〇〇〇年)
松原誠司「近世後期白川伯家の地方支配の展開」(『国学院大学大学院紀要』文学研究科二二、一九九一年)

三浦俊明『近世寺社名目金の史的研究』（吉川弘文館、一九八三年）
宮地正人『天皇制の政治史的研究』（校倉書房、一九八一年）
村井早苗『幕藩制成立とキリシタン禁制』（文献出版、一九八七年）
盛田帝子「光格天皇とその周辺」（『文学』二―五、二〇〇一年）
同「近世天皇と和歌」（兼築信行・田渕句美子編『和歌を歴史から読む』、笠間書院、二〇〇二年）
同「光格天皇論」（『大航海』四五、二〇〇三年）
山口和夫「職人受領の近世的展開」（一九九〇年a、本書第三部第三章）
同「近世即位儀礼考」（『別冊文芸・天皇制』、一九九〇年b）
同「近世の家職」（一九九五年a、本書第三部第一章）
同「近世天皇・朝廷研究の軌跡と課題」（『講座　前近代の天皇5』、青木書店、一九九五年b）
同「統一政権の成立と朝廷の近世化」（一九九六年、本書第一部第一章）
同「霊元院政について」（一九九八年a、本書第二部第三章）
同「天皇・院と公家集団」（一九九八年b、本書第二部第二章）
同「近世初期武家官位の展開と特質について」（一九九九年a、本書第一部第二章）
同「官位定条々」（『皇室の至宝　東山御文庫御物3』、毎日新聞社、一九九九年b）
同「石清水八幡宮放生会の宣命使（＝内蔵使）について」（学習院大学人文科学研究所例会報告、二〇〇二年、成稿し本書第三部第二章）
同「近世史料と政治史研究」（二〇〇四年a、「生前譲位と近世院参衆の形成」と改題して本書第二部第一章）
同「公家家職と日記」（二〇〇四年b、本書第三部第一章補論）
吉田伸之「公儀と町人身分」（『歴史学研究別冊・世界史における地域と民衆（続）』、一九八〇年）
米田雄介「徳川家康・秀忠の叙位任官文書について」（『栃木史学』八、一九九四年）
歴史資料課（京都府立総合資料館）「総合資料館所蔵の中井家文書について」（『資料館紀要』一〇、一九八一年）

補注

本稿初出（二〇〇五年））後の研究状況から補注を加える。

（補注1）　公家町の形成過程についての仕事に、登谷伸宏『近世の公家社会と京都』（思文閣出版、二〇一五年）等がある。

（補注2）　「禁中幷公家中諸法度」第一条の条文と解釈ついて、松澤克行「近世の天皇と学芸――「禁中幷幷公家中諸法度」第一条に関連して――」（国立歴史民俗博物館編『和歌と貴族の世界　うたのちから』、塙書房、二〇〇七年）を援用し、本文を一部加筆修正した。

（補注3）　江戸時代前期の関白人事の事例を、山口和夫「朝廷重職の人事」（藤田覚編『史料を読み解く3　近世の政治と外交』、山川出版社、二〇〇八年）で紹介した。

終　章　天皇・院・朝廷の近世的展開と豊臣政権、江戸幕府

序章で筆者は、日本の天皇・院・朝廷が、豊臣政権・江戸幕府と関わりながら、どのように近世期に存在していたか、その実態解明を課題とした。各部の結論を以下に整理・要約する。

＊

第一部「公儀権力成立と朝廷の近世化」では、戦国期の動乱で衰退した朝廷が、統一政権成立に関わり、近世的秩序化を遂げる過程を、第一章を中心に論じた。豊臣政権・江戸幕府は、天皇家・公家・武家・寺社などの領主階級に知行を充行い、近世の統一的知行体系と法度支配の体制に編入して、それぞれの役儀と身分を確定した。朝廷に対しては、一貫して経済基盤と構成員を整備・拡充し、内裏・仙洞・公家町を設営して公家衆を集住させ、官職・家職・番による役儀規定・行動規制・人身掌握を進め、身分的・空間的支配を達成した。近世京都の公家町については、第三部第五章「朝廷と公家社会」第五節で論じた。

統一政権の政策意図、目的は、官位叙任（叙任文書、口宣案調進）による武家身分の編成・序列化、祈禱・祭祀（綸旨・院宣による祈禱命令、公卿勅使参向、祈禱）、秀吉（豊国大明神）・家康（東照大権現）の神格化（宣命・神位記・太政官符発給、祭祀）など朝廷の政治的・宗教的機能を引き出し、果たさせることにあった。

第二章・三章・四章で論じた武家官位の叙任は、律令制に由来する位階官職のしくみによるもので、叙任文書を作

成する機関は、朝廷だった。その作成要員、担い手の天皇、公家、官人は、戦国期から窮乏状態にあり、公家以下の員数も減少していた。祭祀祈禱――秀吉のための戦勝祈願や国家・徳川将軍家のための祈禱――の担い手も、天皇・院・公家と伊勢神宮・東大寺等の大寺社の僧侶・神職であった。神道・仏教の朝廷祭祀については、天皇を中心に第三部第四章「神仏習合と近世天皇の祭祀」で概括的に論じたが、中世末から近世初頭にかけての動乱期には、朝廷とともに寺社の経済基盤も動揺していた。

秀吉は、官位叙任や祭祀祈禱に関わる要員、人を把握し、知行充行を媒介に「朝役」「勤行」「祈禱」の役儀を設定し、政権の成立・強化に動員した。この施策を江戸幕府も踏襲した。衰退した朝廷という組織を、構成員ぐるみ再建・動員し、政治的に利活用したといえる。

前近代の天皇家は、一夫多妻制で、生前譲位を旨とした。秀吉や徳川将軍は、仙洞御所を整備し、複数御所を存立させ、皇位継承の安定化を助けた。豊臣政権と江戸幕府による保障・後援の施策である。天皇家側も、秀吉・秀次の関白就職、戦勝祈願、渡海しての北京移動要請、家康・秀忠父子の将軍就職などを受任・受諾して応えた。柔軟な協調・共生路線を選択したといえる。

朝廷は、近世の権力の編成を受容し、体制の成立・存続に動員され、寄与した領主集団である。天皇・院はその頭で、集団内では権力を行使した。朝廷・幕府は第五章で論じたように、キリシタン禁制でも一致し、両者の間に基本矛盾はなかった。

ただし、豊臣政権期には、朝廷中枢から摂家が疎外された。秀吉をはじめとする武家が主導し、公家高官として内部に入り込む形で朝廷の再建が進み、天皇家がこれに応じ、摂家が疎外される傾向にあった点が特筆できる。

江戸幕府は、大陸への膨張政策を放棄し、豊臣家との対抗関係から朝廷では摂家を重用した。五摂家による関白職巡任制を回復し、関白・摂家・武家伝奏による朝議運営体制を構築した。

慶長二十年（一六一五）には、大御所家康・将軍秀忠・関白二条昭実連署の「禁中并公家中諸法度」を制定・公布し、天皇をも法規範で束縛した。けれども、法度制定の意図は、天皇の習得・体現すべき「諸芸能」「学問」を規定して、定員のある公家当官への豊臣期の武家参入問題を解消し、公家の官職枠を保全して公家・武家の役・身分の別を定め、朝廷集団の朝議運営と朝儀執行体制を整備し、近世の体制に適合的に機能させることにあった。近世の武家権力、江戸幕府による朝廷抑圧・封じ込め策という理解は適切でなく、朝廷再建策の一環として評価すべきものである。

＊

第二部「近世朝廷の成長と変容」では、近世化を遂げた以降の、近世前期の御所群立と朝廷構成員増加による諸相を論じた。十七世紀には、天皇家の相続事情もあり、院御所が群立した。第二章で述べたように、江戸幕府は、天皇・院への料所加増や新規給付を続けた。慶長六年（一六〇一）段階では、後陽成天皇の禁裏料は一万石で、上皇はいなかった。元和九年（一六二三）、幕府＝将軍家は後水尾天皇に料所一万石を加増し、合計二万石とした。さらに宝永二年（一七〇五）、将軍綱吉が東山天皇に一万石を加増し、禁裏料は三万石とされ、以後幕末まで維持された。

近世朝廷の経済基盤・構成員数は、豊臣期ではなく江戸時代前期に、幕府が支援して飛躍的に増加した。堂上公家の数も、生前譲位・院御所群立と院に奉仕する院参衆（番衆）充足＝新家取立により、近世中期までに約百三十家へと倍増した。天皇家・諸公家・地下官人の知行高も、計約十一万石強へ倍増した。江戸幕府こそが近世朝廷最大の支援者であり、秀吉の尊王と幕府による抑圧という図式も成り立たない。

近世朝廷内部には、禁裏に武家伝奏・内々番衆・外様番衆に加え議奏・近習番衆、仙洞に院伝奏・評定・院参衆の機構・職制が生成・整備されていった。院と院参衆との関係は、第一章で論じた初期の後陽成院の場合、個別属人的色彩が濃く、人事・知行とも院の内部措置であった。やがて後水尾以降の天皇家の世代交代、天皇親政と院政の循環構造のなかで、院参衆・禁裏番衆の吸収・再編を重ねながら、幕府にも認知され、公的な職制として議奏・院伝奏・評定が位置づけられ、役料も支給される傾向にあったことを、第一章・二章と第三部第五章とで明らかにした。

職制昇進階梯も、同時並行的に編成・形成された。第二章・第三部第五章で論述したとおり、貞享四年（一六八七）の霊元天皇譲位前後から霊元の院政第一期・二期を起点に、桜町天皇（上皇）の親政・院政期にかけて、おおむね一六〇〇年代終りから一七〇〇年代前半期までに、番を免除され、大臣→関白という途が保障された摂家以外の公家衆諸家に、天皇の稚児→禁裏の近習番（近臣）→議奏→武家伝奏・院伝奏という昇進階梯と、院参衆→院評衆→院伝奏という職制昇進階梯とが形成され、幕末まで維持された。正妃の多くは摂家出身であったが、正妃以外から出生した天皇が、外戚を稚児や近臣に登用し、職制に登用してゆく事例もみられた。

さらに、渡辺修氏により、ほとんどが内々衆であった天皇側近公卿に、賀茂伝奏・神宮伝奏→儀式伝奏→議奏→武家伝奏、あるいは賀茂伝奏・神宮伝奏→議奏→儀式伝奏→武家伝奏という典型的な昇進順序ができ、近世朝廷において賀茂伝奏・神宮上卿・儀式伝奏への就任は、議奏・武家伝奏に登用され、朝廷の枢機に参画するための登竜門であったことが指摘されている(1)。

近世化を遂げた朝廷内部で、江戸時代固有の新たな機構が整備され、その職制昇進階梯が、江戸幕府や大名家中よりも遅れて形成された点も、近世の朝廷と公家社会の特徴の一つといえる。

新家を番衆として拡充し、公家衆が倍増した近世朝廷では、官職昇進をめぐる人事問題が深刻化した。この問題も

第二章・第三部第五章で論じた。大納言・中納言の定員は十名ずつだった。後水尾院の晩年から霊元天皇（院）の親政・院政期・晩年、すなわち一六七〇年代から一七二〇年代にかけて、かつて群立した院御所の番衆＝院参衆充足のため取り立てられた新家第一世代が、成長して高齢化するとともに、構成員が倍増した朝廷では、家例のない新家の処遇が大きな課題となった。

五摂家・清華家は有利な家格・旧例を持ち、外戚（天皇生母の父や兄弟ら）への優遇、近臣に対する推任も相俟って、限られた官職をめぐる競望は激化した。霊元は、当事者の後水尾院への勤労や出自・年齢を勘案し、本家の家例を準用して人事を決定していった。多年の近侍者を、孫の中御門天皇に推任し、関白への勅問もなく大納言に昇任させたこともあった。このようにして新たな家例・実績が開かれたが、大納言・中納言の官職は、家格と集団内での上卿料や、公事の役者の下行米配当などの利権に直結し、給恩の恣意性と不均等さは問題であった。

この課題に対し近世朝廷では、内部規範の整備が進められた。寛延三年（一七五〇）までに、後水尾院・明正院以来の嫡出で配慮すべき諸家の係累の少ない桜町院は、「新家」「旧家」の別と、諸家官位昇進の次第・先途を規定した「官位定条々」を策定し、皇子、桃園天皇にも同様の規定を伝授した。(2) 公家衆諸家にとって、桜町院が規定し、後代まで相伝された昇進の次第・先途を超えることは困難であった。新家では、大納言・中納言昇進年齢は高く、在任期間も短い傾向にあり、九つの家では歴代参議に就く者さえ一人もなく、近世を終えた。

近世朝廷という集団の頭である天皇家は、自己規制――朝幕関係の権限区分と安定化――をも志向した。四章と第三部第五章では、桜町院から桃園天皇へと父子間で譲位以前から伝授され、延享四年（一七四七）に天皇が自筆で書き残した「禁中例規御心覚書」を扱った。

「一、関東へ御内慮の分」として江戸幕府へ事前伺いをすべき事項に、職制人事とは別に、「大臣已上人事、法中紫衣、堂上養子、医師法印、臨時公事類御再興類」を列挙し、「一、大礼の分（注：天皇代替で臨時の費用は幕府が賄った）、御内慮已前、三公（大臣）へ尋ね下さる事」という箇条も見られる。これらの事項は、江戸幕府に事前に伝達・了解、許諾を得なければならないと、天皇家内部で裁量権限を自己規制・抑制して認識し、父子間で相伝した規定である。編成を受容した朝廷集団の長である天皇・院が、集団内で完全な自治権を有さなかったこと、江戸幕府の権限と財力に依存していたことを示す重要な事例である。

朝廷内機構の新設・整備が進むとともに、江戸幕府が人事権を掌握し、役料を給付し、公的な職制として位置づける傾向にあった。十八世紀前半までに、朝廷内部に公家諸家の職制昇進階梯が形成された。成員が倍増した公家社会では、官職・利権をめぐる競望が激化して配分問題が深刻になり、桜町院の規定で秩序化が図られたが、官職・利権に預かれない新家群が固定化した。十八世紀半ばには、天皇家内部で裁量権限を自己規制・限定した規定が作成・相伝された。江戸幕府の財力・権力への依存の産物に他ならない。

近世天皇・院・摂家の幕府観については第四章で扱い、朝廷・幕府体制の強固さ、天皇・院・摂家の幕府依存を論じた。後水尾院については、皇位を継いだ三人の皇子たちに伝授した「当時年中行事」序文と、江戸幕府大老酒井忠勝への自筆「口上覚書」の二つから検討し、戦国期に没落した朝廷は自主再建できず、近世の武家政権により再興された、という歴史認識を紹介した。

ついで左大臣近衛基熙の「口上覚書」の年代・目的を特定し、延宝六年（一六七八）十一月十二日、「官位・封禄公武の御恩」として自身が奉公すべき対象を、朝廷・幕府（将軍家綱）の両者と規定し、連歌師猪苗代兼寿―仙台城主伊達綱村―老中稲葉正則の内証の回路で霊元天皇親政の恣意性を内部告発して、自らの関白登用と朝廷風儀改替を訴える政治工作を企図したことを明らかにした。

この後、法皇となった霊元院は、第三章で論証したとおり、院政第二期の正徳二年（一七一二）、将軍家継と皇女八十宮との婚約を許諾するなど、明確に公武合体路線を選択・推進した。第四章では、下御霊神社に伝えられ、年代・対象人物・内容とも定説のなかった霊元院自筆願文を、同時代史料から検証・特定した。この願文は、霊元最晩年の享保十七年（一七三二）二月の祈願文であり、神慮と将軍吉宗の人事権と幕府の財政支援に期待し、外戚（中御門天皇女御の兄で皇太子（桜町天皇）の伯父）として権勢を振るう関白近衛家久の失脚と、「朝廷復古」（応仁の乱以降途絶した朝儀や大嘗祭の再興）を祈願した、きわめて政治的な文書であった。同年八月に院が死去し、十一月の下御霊社相殿合祀を経た二年後の十九年十一月には、遺品を管理した新大納言局藤谷氏（智徳院）が、神主出雲路直元に授与して神宝とされた。十八年正月という奥書は後付けであり、秘蔵されずに右大臣一条兼香が披見し、近衛家久への反感と「朝廷復古」の遺志を共有していたことを明らかにした。晩年の霊元法皇が、将軍吉宗に期待し、祈願していたことにあらためて留意したい。

桜町天皇は、将軍吉宗の支援による元文三年（一七三八）の大嘗祭、同五年の新嘗祭など朝儀再興への自足感を持ち、幕府への謝意を抱いて皇太子（桃園天皇）に譲位した。さらに天皇が裁量しうる権限・自己決定の範囲を、抑制的に規定した家法を伝授していた。

近世の天皇・院と、江戸幕府から朝議運営・朝廷統制機能を付与された五摂家には、天皇家内部や摂家間、および六者相互にも、種々の案件や官職・有職をめぐる確執・緊張関係を内包したが、共通して江戸幕府と将軍への期待・依存を持続した。

天皇・院は、朝廷＝公家身分集団の長であったが、強大な将軍権力を認識し、自身の裁量権限の範囲を自己規制していた。近世の体制下、天皇家は京都での最恵層にあり、幕府からの助成には一定の自足感も抱いた。霊元院最晩年の自筆祈願文には「大樹」（将軍吉宗）への期待が明記されており、「朝廷復古」を標榜した獲得目的は、江戸幕府と共存してその人事権と財政出動に依存しつつ、助成を引き出し、応仁の乱後に廃絶した諸朝儀の再興を果たすことにあった。霊元と近衛基熙との幕府に対する路線の相克という見解も、(3)院政第二期の公武合体路線や願文の内容、さらに後継者一条兼香と桜町天皇の行動を含めて検証すると、肯定できない学説である。

霊元院と一条兼輝・兼香の共通項として重視すべきは、垂加神道への接近と朝廷神事再興への傾斜であり、近世の歴代天皇・院が、江戸幕府への反感を持続して、全面対決や権力闘争の主体となったとは考えられない、というのが第四章の結論である。

幕末維新期への展望に言及すると、先行研究が重視する光格天皇の行動も、(4)江戸幕府に期待・要求し、幕府の許容範囲内に留まるものであった。武家伝奏人事の事例では、朝廷からの候補者を江戸に示す内慮伺いに応え幕府が決定する方式が、文久二年（一八六二）まで続けられ、同年末に初めて朝廷で決定し、幕府に事後伝達するように転換した。(5)文久三年三月七日に将軍家茂が参内し、初めて政務委任の勅命への謝辞を述べた。幕府による大政委任の制度化はこの時に始まった。管見の限りでは、これ以前に幕府が大政委任論を公表したことはない。

幕末の国際関係と国内の政局で、朝廷から幕府への信頼は低下したが、孝明天皇の幕府への期待と佐幕主義は不変だった。慶応三年（一八六七）の「王政復古」は、幕府とともに近世朝廷の摂関・武家伝奏らの職制と、公家社会の五摂家・門流諸家間の隷属関係などの秩序を、あまねく否定・解体するものであった。

本書では、朝幕関係の転換を早い時期に検出しようとする動向に対して、(6)近世の朝廷・幕府の不可分の関係と体制の強固さを主張する。

＊

第三部「家職の体制と近世朝廷解体への契機」では、かかる強固な体制を揺るがせ、変質させる要素について論じた。朝廷は、天皇なしにはあり得ない集団である。天皇あっての近世朝廷で、天皇や院も朝廷も政治的・経済的に幕府に依存した。朝廷・公家のなかでは、摂家の特権への対抗意識、機構・風儀改変の動き、天皇個人の行動への人物批判は存在したが、天皇存在、天皇家を全否定する動きはあり得なかった。幕府の施策への疑問や不満があっても、処罰される懼れから表立っては表明しがたかった。けれども、社会との関係に、変化は生じた。公家集団の閉塞状況と、公家社会外への利権追求の動向などの変化を追究した。

その前提には、第二部第二章で挙げた近世堂上公家の階層分解の問題がある。御所群立が解消し、拡充された番衆公家が剰員化し、幕府財政も悪化した宝暦六年（一七五六）前後、幕府は蔵米取り三十石三人扶持に据え置かれた諸家二十七家からの再三の家領給付願いを、却下した。三十石三人扶持の公家は、十九世紀初頭の漢学者大田錦城から「同心足軽と同額」とさえ評された。

番衆公家の嫡男が元服・成人し、番を勤めるようになると、基本的に幕府から方料＝扶持米を支給されたが、その年額は、知行取りの家の子には四十石（百俵）、蔵米取りの家の子は半分の二十石（五十俵）とされた。知行取りの家と、新家のうち蔵米取に据え置かれた家筋とでは、経済的な待遇でも格差があり、固定化され続けたのである。朝廷・公家社会は、本来的に家格・序列の世界であったが、新家の約半数が旧家相当の地方知行取り・官位昇進階梯に上昇した一方で、近世的な朝廷内格差が一七五〇年代には確定した。

高橋博氏により、禁裏女官のうち、上級の典侍は、武家伝奏・議奏の娘ほか旧家・内々番衆の家出身者が多数で、

皇子皇女も産む機会の少なかった掌侍は、新家・外様番衆の家出身者に多い傾向、差異も指摘されている。(7)

第二部第二章で分析した寛政八年（一七九六）の公家処分の事例も、近世後期の閉塞状況を示すものである。この年、光格天皇は公家五十余名の処分を断行した。処分内容には、最も重い勅勘、官職剝奪を伴う落飾、公家町から放逐する「父子同居停止」、無期の永蟄居、蟄居、遠慮閉門、短期の差扣があり、より軽い処分には関白の命による短期の差扣や、摂家から家礼の諸家への説諭もあった。

天皇が問題視したのは、「利欲を貪る」「博打の一件」「他国に止宿し法令を守らず」「遊興を好む」という、公家たちの利権漁りや非行だった。朝廷内秩序の弛緩を、傍流の閑院宮家から皇位を継いだ二十五歳の天皇が正そうとし、関白・摂家―家礼の筋で統制・引き締めを図ったのだが、特筆すべきは公家たちの経済的問題である。

執奏家は、朝廷と諸国の寺社を専管して取り次ぐ堂上公家の家で、おおむね一七〇〇年代後半期に競い合って急増した。僧侶や社家・祭神の官位叙任などを仲介し――その結果、全国各地の寺社には、朝廷から叙任文書が今日なお相当量遺されている――収益を得た。

嘉永二年（一八四九）に木版で刊行された「雲上明覧大全」下巻末の「諸社諸寺方伝奏」の記載では、神宮（伊勢神宮）伝奏、武家伝奏（所管十九寺社）を除く執奏家は、三十七家あった。旧家六十八家からは三十三家があるのに対し、新家からは六十八家中四家があるに過ぎなかった。最大勢力は、中世以来「神祇管領長上」を自称し、家綱以降には歴代将軍から「神社条目」も得た吉田家で、(8)神祇伯を世襲した白川家が猛追し、陰陽頭を世襲して天社神道を唱えた土御門家、(9)戦国・織豊期から江戸初期まで武家伝奏を輩出した勧修寺家（所管二十六寺社）も、大きな存在であった。

由緒・所縁をめぐる苛烈な競争下、後発の分家である新家からは、職制（武家伝奏・議奏就任者）や外戚などからのわずか四例を除き、近世の政教一致の利権の体制に参入できなかった。さらに、蔵米取の新家からは皆無であった。

朝廷内部での新たな利権確保の一事例を、第二章で明らかにした。すなわち延宝七年（一六七九）、幕府の支援で再興された石清水八幡宮放生会の宣命使と内蔵助の官職を、十八世紀から五摂家諸大夫が巡任・占有し、下行米収入とも家職化していったことである。この動向も、朝廷内での摂家の特権的な地位、権勢の浸透・拡大と照応するものであった。

伊勢神宮との取次にあたる神宮上卿も、渡辺修氏によれば安永八年（一七七九）の光格天皇即位以降、就任者に清華家公卿らが寡占する家職化が進み、議奏就任者の割合も増加した(10)。

近世後期に公家家職組織の経営が進められたことは、第一章で論じた。和歌の冷泉家では、享保十九年（一七三四）に為久が武家伝奏に任じられ、江戸に定期的に赴くようになり、将軍吉宗に近侍する幕臣らを、歌道門弟として組織していった(11)。

経営の拠点として、江戸役所を構えた家もあった。寛政三年（一七九一）に、吉田家は関東役所を開き(12)、白川家も続き(13)、土御門家も江戸役所を整備した(14)。京都の本所と東国・巨大都市江戸の神職・神道者・神子、陰陽師・売卜人・三河万歳、神楽師らとを取り次ぎ、渡世・装束着用などの許状・職札発行と上納金確保、組織拡大の拠点としてこれら江戸役所は機能した。

幕府はこれらの動向を公認した。吉田家・土御門家には歴代将軍の朱印状（吉田家には四代家綱から「神社条目」、土御門家には五代綱吉から「諸国陰陽師支配」等を認可した朱印状）が与えられた。天明二年（一七八二）には、両家の家職組織を後援する全国触れ（法度）も発令した。

勧修寺・仁和寺・大覚寺の真言宗三門跡による職人受領も、第三章で論証したとおり、明和九年（一七七二）の江戸町触と、安永三年（一七七四）の京都・大坂町触、文化十一年（一八一四）の江戸町触、翌年の京都・大坂町触による公認・後援を得て展開したものであった。文政・天保期には、大覚寺門跡も江戸で菓子職人や医師・絵師・仏師・大工などを対象とする職人受領を広げ、嘉永三年（一八五〇）までに江戸役所を開設している。

家職組織の形成と広域展開には、全国政権である幕府の公認・後援や、巨大都市江戸での役所開設が効果的で、本所の公家や門跡は、貢納料や官金収入を得ることができた。

近世後期の社会の変動の中で、宗教者・芸能民・諸職人の活動の領域・内容が多様化し、家職間争論が激化した。公家を本所とする家職組織に所属して許状を得ることは、渡世民側にとっても、領主権力からの身分統制上の認知や、他者との競合関係上、利点があり、組織化が進展したのである。

さらに、おおむね十八世紀半ば以降、幕府は摂家・親王家・諸門跡・比丘尼御所・堂上諸家・寺社方に、名目銀貸付という特権的な金融活動を公認した。[15]

このような十八世紀後半以降の、諸公家・諸門跡らの家職組織経営や金融活動の近世後期社会への広がりを、朝廷の近世化の徹底とみるか、[16]幕末維新期に向けた朝廷権威の浮上と評価するかは、[17]研究者間で見解が分かれている。だが、朝廷内部の閉塞状況下、公家・門跡が公家社会外での活動に乗り出し、利権を確保していったことは確実である。公家たちの近世社会における存在感が増すと、朝廷の頂点にある天皇への意識・関心も高揚したと考えることができる。

公家社会内外での天皇観の転換については、第四章で述べた。論点の第一は、朝儀再興・朝廷神事拡充と神仏隔離・排仏排穢措置の拡大である。元文三年（一七三八）、江戸幕府・将軍吉宗の後援下で大嘗祭が再興され、五年に新嘗祭が再興された。天明の大火と寛政度内裏再建を機に、寛政三年（一七九一）十一月二十日には、内裏に神嘉殿代東西舎など仮屋を建て、数百年中絶していた新嘗祭行幸が光格天皇により再興された。前年には、建武三年（一三三六）廃絶後は、石灰壇代の流用で凌がれていた清涼殿石灰壇が復元され、天皇の「毎朝の御拝」の場も整備された。[18]

これ以前、延享元年（一七四四）には、甲子改元時の上七社・宇佐・香椎宮奉幣使発遣が、幕府の許容と経費負担を得て再興された。[19]内裏には、黒戸と呼ばれる持仏堂があり、歴代天皇の位牌や念持仏が祀られていたが、文政元年（一八一八）、仁孝天皇の大嘗祭の前後、黒戸の器物は大聖寺へと搬出・預託された。朝廷神事のたびごとに、内裏や公家町、洛中で、また奉幣使発遣の沿道でも、仏事・仏具や寺の鐘・僧侶らの仏教的要素は隔離・遠慮させられた。

近世の大嘗祭・新嘗祭再興と恒常化、場としての神嘉殿再興など、天皇親祭神事の充実と朝廷神事の拡充とは、天皇の宗教性に関わる重要な論点といえる。

論点の第二は、廃仏論・即位灌頂否定論の台頭である。中世に成立した即位灌頂という仏教、密教の即位儀礼は、天皇と大日如来が一体化する秘儀として代々承継された。近世には摂家間で新天皇に対する印明（手に結ぶ秘印と唱える真言）伝授の権利をめぐる争論を繰り返しながら、関白・摂政の職分ではなく摂家二条家という家の家職として確立・定着した。

享保二十年（一七三五）の最後の争論で、関白近衛家久は「朝廷の重事」に臨む「執柄の臣」（摂関）の任とであると主張したが（「近衛文書」九）、「即位灌頂のこと重事に候」と認識した中御門上皇は、近世の実績を勘案して、左大臣二条吉忠に桜町天皇への伝授を命じた。

上皇は、家久には女房奉書を自ら認めて慰撫し、印明伝授は二条家固有の家職として確立し幕末まで存続した。けれども弘化四年（一八四七）、孝明天皇の即位灌頂時、参議野宮定祥や議奏東坊城聡長は、日記に即位灌頂を全面的に否定する廃仏観を記している。つづく慶応四年（一八六八）の明治天皇のとき、即位灌頂は廃止された。

天皇観の転換に関する論点の第三は、天皇の神格化の問題である。即位灌頂の意義低下と対照的に、江戸幕府の財政援助により近世に再興され、持続された大嘗祭の理解・意義付けが変化した。元文三年(一七三八)、再興時の関白一条兼香は、大嘗祭は天皇が神に供え物をする儀式である、という近世以前からの理解を踏襲したが[20]、本居宣長以降の復古神道神学では、天皇が神格化する、という理解に転換を遂げた[21]。

後期水戸学を代表する会沢正志斎の文政六年(一八二五)の著作「新論」は、幕末に広く受容されたが、大嘗祭を「神州」の「国体」を維持する礼制の中枢に位置づけている。

天皇観変化の要因として、天保十一年(一八四〇)の光格上皇没後、近世朝廷に院が不在で、仙洞御所に主がなく、朝廷内権力の分散もなく、天皇家の少子化による皇位継承への不安を増しつつ、天皇一人への求心性を高める状況が続いたことも想定しうる。

本居国学、後期水戸学などの動向を解くためには、平田国学神道論の深化を含む思想史の問題を組み込む必要があるが[22]、本書ではなし得ていない。

朝廷内外で価値観、天皇観の転換が進んだ一方で、朝廷・公家社会では、幕府に後援された関白・摂家が、絶大な権限、特権を維持し続けた。天皇の諮問に預かる勅問衆は、江戸前期には摂家の大臣に限定され、やがて摂家の当主であれば、大納言や中納言にまで構成を拡大した[23]。官位評議での諸公家の官位昇進人事も、天皇・院と摂家との間で調整・決定され続けた。

朝廷の意思決定から疎外された非職の公家たちは、安政五年(一八五八)の条約調印勅許問題をめぐる群参、幕末の朝議参画機構の改編などを要求したが、摂関職と摂家・門流諸家間の隷属関係とは、慶応三年(一八六七)暮の王政復古で幕府と共に廃止されるまで、厳然と存続した。

＊

最後に総括的なまとめを記す。近世朝廷の展開を端的に表すと、豊臣政権・江戸幕府の後援による再建と成長、近世的組織機構編成の進展と集団内部の変容、内部矛盾・閉塞状況という過程を辿った。

第一部「公儀権力成立と朝廷の近世化」で近世の権力の成立に寄与し、編成を受容して存続した天皇・公家身分集団の実態を、第二部「近世朝廷の成長と変容」ではそれ以後の近世中期（十七世紀後半期）から十九世紀までの時期を対象に、朝廷という集団の成長（構成員・知行の拡大）、構成員が増えた集団内での組織・機構整備と官職定員・利権配分をめぐる構造的な内部矛盾、内部規範の整備と家格階層秩序の桎梏・固定化を院の存在を加味して論じた。

第三部「家職の体制と近世朝廷解体への契機」では、公家社会外への利権追求の動向、天皇の宗教性や天皇観の転換、近世京都の公家町の空間等について論じた。

天皇家自身が作成・相伝した内部規範に明らかなように、近世朝廷は、将軍権力と幕府財政とに依存し、財政面では江戸幕府に組み込まれた構造にあり、(24) 自立・単立しえなかった。幕末・維新期との接続と思想史の問題については展望を示すに留まったが、公家家職組織経営の広域展開、天皇や神道・仏教に関する公家社会内外の価値観の転換、摂家の特権的な地位に代表される江戸時代的な朝廷内部の強固な職制に対抗する公家衆の行動に、近世的朝廷体制解体契機を見いだした。さらに今後の検証を期したい。

注

（1） 渡辺修「近世儀式伝奏の補任」（『人文』三、学習院大学人文科学研究所、二〇〇四年）

（2）橋本政宣「寛延三年の「官位御定」をめぐって」（一九九二年、同『近世公家社会の研究』吉川弘文館、二〇〇二年所収）、山口和夫「官位定条々」（毎日新聞社「至宝」編集委員会『皇室の至宝　東山御文庫御物3』毎日新聞社、一九九九年）
（3）久保貴子『近世の朝廷運営』（岩田書院、一九九八年）
（4）藤田覚『近世政治史と天皇』（吉川弘文館、一九九九年）
（5）平井誠二「武家伝奏の補任について」（『日本歴史』四二二、一九八三年）
（6）藤田覚『近世天皇論』（清文堂、二〇一一年）
（7）高橋博「朝廷運営における女官と勾当内侍——近世中後期を中心に——」（二〇〇九年、同『近世の朝廷と女官制度』吉川弘文館、二〇〇九年所収）
（8）橋本政宣「寛文五年「神社条目」の機能」（一九九七年、同『近世公家社会の研究』吉川弘文館、二〇〇二年所収）
（9）高埜利彦「近世陰陽道の編成と組織」（一九八四年、同『近世日本の国家権力と宗教』東京大学出版会、一九八九年所収）
（10）渡辺修「神宮伝奏の補任」（同『神宮伝奏の研究』山川出版社、二〇一七年所収）
（11）久保田啓一『近世冷泉派歌壇の研究』（翰林書房、二〇〇三年）
（12）椙山林継「吉田家関東役所の創立と初期の活動」（『国学院大学日本文化研究所紀要』四五、一九八〇年）
（13）松原誠司「近世後期白川家の地方支配の展開」（『国学院大学大学院紀要』文学研究科二二、一九九一年）
（14）高埜利彦「近世陰陽道の編成と組織」（一九八四年、同『近世日本の国家権力と宗教』東京大学出版会、一九八九年所収）、林淳「土御門家江戸屋敷の組織改革」（二〇〇一年、『近世陰陽道の研究』吉川弘文館、二〇〇五年所収）
（15）三浦俊明『近世寺社名目金の史的研究』（吉川弘文館、一九八三年）
（16）宮地正人「明治維新の論じ方」（『駒沢大学史学論集』三〇、二〇〇〇年）
（17）高埜利彦『近世日本の国家権力と宗教』（東京大学出版会、一九八九年）
（18）石野浩司『石灰壇「毎朝御拝」の史的研究』（皇学館大学出版部、二〇一一年）
（19）高埜利彦「近世奉幣使考」（一九八二年、同『近世日本の国家権力と宗教』東京大学出版会、一九八九年所収）
（20）「兼香公記」元文二年十二月十五日条（東京大学史料編纂所架蔵謄写本）
（21）宮地正人「天皇制イデオロギーにおける大嘗祭の機能」（『歴史評論』四九二、一九九一年）

（22）宮地正人編『国立歴史民俗博物館研究報告一二二集　平田国学の再検討（一）』（二〇〇五年）、同『通史の方法』（名著刊行会、二〇一〇年）、同「色川三中をめぐる江戸と地域の文化人たち」（『土浦市立博物館紀要』二六、二〇一六年）

（23）田靡久美子「近世勅問衆と朝廷政務機構について」（『古文書研究』五六、二〇〇二年）

（24）佐藤雄介『近世の朝廷財政と江戸幕府』（東京大学出版会、二〇一六年）

初出・成稿一覧（初出時の原題を記す）

序章　「近世日本政治史と天皇・院・朝廷――研究史と主題――」（新稿）

第一部　公儀権力成立と朝廷の近世化

第一章　「統一政権の成立と朝廷の近世化」（山本博文編『新しい近世史1国家と秩序』新人物往来社、一九九六年年三月）を「統一政権成立と朝廷の近世化」と改題し表1～3を増補、末尾に補注と補論「後陽成天皇の秀吉に対する二通の勅書」を加筆。

第二章　「近世初期武家官位の展開と特質について」（橋本政宣編『近世武家官位の研究』続群書類従完成会、一九九九年二月）を「近世初期武家官位の展開と特質」と改題。

第三章　「将軍権力と大名の元服・改名・官位叙任」（山口和夫編『将軍父子上洛と将軍宣下の政治社会史的研究』〔『東京大学史料編纂所研究成果報告』二〇一〇―二、二〇一一年三月〕を一部改稿。

第四章　「徳川秀忠・家光発給の官途状・一字書出について」（小宮木代良編『十七世紀前半西南諸藩における大規模軍事動員』〔『東京大学史料編纂所研究成果報告』二〇一二―六〕、二〇一三年）を一部修正。

第五章　「寛永期のキリシタン禁制と朝廷・幕府」（新稿）

第二部　近世朝廷の成長と変容

第一章　「近世史料と政治史研究――江戸時代前期の院近臣の授受文書を中心に――」（石上英一編『日本の時代史30歴史と素材』吉川弘文館、二〇〇四年十一月）を「生前譲位と近世院参衆の形成」と改題、一部改稿。

第二章　「天皇・院と公家集団」（『歴史学研究』七一六、一九九八年十月）

第三章　「霊元院政について」（今谷明・高埜利彦編『中近世の宗教と国家』岩田書院、一九九八年六月）
第四章　「近世の朝廷・幕府体制と天皇・院・摂家」（大津透編『史学会シンポジウム叢書　王権を考える――前近代日本の天皇と権力――』山川出版社、二〇〇六年十一月）

第三部　家職の体制と近世朝廷解体への契機

第一章　「近世の家職」（朝尾直弘ほか編集『岩波講座日本通史第14巻近世4』岩波書店、一九九五年一月）
同補論　「公家家職と日記」（歴史科学協議会ほか編『歴史をよむ』東京大学出版会、二〇〇四年十一月）
第二章　「石清水八幡宮放生会の宣命使について」（新稿）
第三章　「職人受領の近世的展開」（『日本歴史』五〇五、一九九〇年六月）
第四章　「神仏習合と近世天皇の祭祀」（島薗進ほか編『シリーズ日本人と宗教1将軍と天皇』春秋社、二〇一四年九月）
第五章　「朝廷と公家社会」（歴史学研究会・日本史研究会編『日本史講座6近世社会論』東京大学出版会、二〇〇五年一月）

終章　　「天皇・院・朝廷の近世的展開と豊臣政権、江戸幕府」（新稿）

あとがき

歴史上の人物や遺跡への関心を十代からもった。父の蔵書の中央公論社版『日本の歴史』の林屋辰三郎『天下一統』・辻達也『江戸開府』を読んだ。幼いながらに近世初頭の天皇と全国戦没者追悼式等に現れる昭和天皇とがどのように繋がるのかと思った。ついでNHKドキュメンタリー「未来への遺産」の番組・書籍に魅せられ、世界各地の文明に関心を移した。

浪人中の一日、東京国立博物館の特別展「正倉院宝物」に出向いた。混み合った展示室で「東大寺献物帳」を実見し、「天皇御璽」や藤原仲麻呂等の署名のある日本の古文書が伝存することに強い印象を抱いた。一九八二年、学習院大学文学部史学科に進み、二年時から日本古代史の演習を履修した。黛弘道先生による国史大系『令義解』「軍防令」講読の授業で、『日本思想大系3律令』を手にした。古代史の学生なら同書から多くを学ぶのだろうが、印象に残ったのは挟み込まれた月報誌上の一文だった。上山春平氏の「律令的天皇制」が明治維新期まで存続するという議論である（「律令と天皇制」『日本思想大系月報』56、一九七六年十二月）。さらに高埜利彦先生の日本史特殊講義で幕藩制国家論や近世武家官位の問題等を学んだ。

近世史専攻に決する最大の転機は、学部三年時に履修した高埜先生の古文書学演習であった。『演習古文書選続近世編』（吉川弘文館）をテキストにした授業で、「霊元天皇願文」を担当し、調べ得たことを報告した。このとき近世の院や院政についてはじめて知った。年度末に書いたレポートは、本書第二部第三章「霊元院政について」の祖型である。後には同願文の年代・内容解釈を確定することもできた（本書第二部第四章）。

一九八五年十二月に卒業論文「職人受領の近世的展開」を提出した（のち『日本歴史』に投稿・掲載、本書第三部第三章）。翌年四月、大学院に進み、井上勲（日本近代史）・高木昭作（日本近世史）両先生の演習も履修した。一九八九年一月、修史論文「「公儀」権力の成立と朝廷」を提出し、朝廷の近世的秩序化を扱った（後に改稿を重ね、本書第一部第一章となった）。諸氏の取り組みにより近世の天皇・朝廷研究が盛んになり、天皇代替りが現実となる時期が、学生・院生時代であった。

一九九一年、東京大学史料編纂所の助手公募で採用され、当初は『大日本史料』第十二編、現在は『大日本近世史料　細川家史料』の編纂・出版の協業にあたっている。今日まで元所員の黒田日出男・藤田覚・宮地正人氏等や同僚たちから多くの刺激をうけている。学生・院生時代から就職後を通じ朝幕研究会、歴史学研究会近世史部会、宗教と国家研究会等はありがたい勉強の場で、近世史サマーセミナー、歴史学研究会大会等報告の場にも恵まれた。さらに各位から折々に寄稿・発表の機会を頂いて来た。史料閲覧では多くの機関・関係者のご配慮に預かっている。

吉川弘文館の斎藤信子氏には早くから本書刊行のお話しを頂いた。個人的な事情から遅滞し歳月を要したが、斎藤氏、ついで宮川久氏の力を得て本書は成った。

これまで学恩を下さった全ての方々に感謝申し上げたい。

二〇一七年九月

山口和夫

著者略歴

一九六三年　東京都に生まれる

一九九一年　学習院大学大学院人文科学研究科博士後期課程中退

現在　東京大学史料編纂所准教授

〔主要編著・論文〕

『将軍父子上洛と将軍宣下の政治社会史的研究』（編著、東京大学史料編纂所研究成果報告二〇一〇—二、二〇一一年）

「池田家旧蔵林原美術館本「洛中洛外図屏風」の内裏と公家町」（黒田日出男編『第二定型洛中洛外図屏風の総合的研究』、二〇〇五年）

「江戸時代「洛中洛外図屏風」の景観・制作年代についての一考察」（『東京大学史料編纂所附属画像史料解析センター通信』四三、二〇〇八年）

近世日本政治史と朝廷

二〇一七年（平成二十九）十一月十日　第一刷発行

著者　山《やま》口《ぐち》和《かず》夫《お》

発行者　吉川道郎

発行所　株式会社　吉川弘文館

郵便番号一一三—〇〇三三

東京都文京区本郷七丁目二番八号

電話〇三—三八一三—九一五一〈代〉

振替口座〇〇一〇〇—五—二四四番

http://www.yoshikawa-k.co.jp/

印刷＝株式会社 理想社

製本＝株式会社 ブックアート

装幀＝山崎　登

ISBN978-4-642-03480-7

索　　引

あ　行

か　行

さ　行

た 行

な　行

は　行

ま　行

や・ら・わ　行